L'obligation d'auto-contrôle des entreprises en Droit européen de la sécurité alimentaire

Du même auteur

- *Análisis de riesgos y su aplicación en el comercio internacional de alimentos*, IJSA, 2004

Marlen León-Guzmán

L'obligation d'auto-contrôle des entreprises en Droit européen de la sécurité alimentaire

Préface de François Collart Dutilleul

INIDA
INSTITUTO DE INVESTIGACIÓN EN DERECHO ALIMENTARIO

Instituto de Investigación en Derecho Alimentario, 2011

INIDA
P.O. Box 161-2400 Desamparados,
San José, Costa Rica

c o n t a c t @ i n i d a . e u

w w w . i n i d a . e u

L'obligation d'auto-contrôle des entreprises en Droit européen de la sécurité alimentaire

INIDA, Collection thèses (*Serie de tesis*), Vol. 2

1ère édition, 2011

ISBN : 978-2-918382-03-4

« Un maître nous instruit par ce qu'il nous donne. Il nous excite par ce qui lui manque et qui nous sollicite à être notre propre maître intérieur. »

Jean Guitton.

Je remercie vivement le Professeur François COLLART DUTILLEUL pour son aide dans ce merveilleux voyage.

Je remercie le Professeur René HOSTIOU, Mme Catherine HOSTIOU et le Professeur Rafael GONZALEZ BALLAR pour leur aide et leurs précieux conseils.

Je remercie Mlle. Fanny GARCIA pour ses précieux conseils et Mme. Mai-Anh NGO et Mlle. Lise RIHOUEY pour la lecture de ce travail.

Les recherches menant au présent résultat ont bénéficié d'un soutien financier :

- du Conseil européen de la recherche au titre du 7e programme-cadre de la Communauté européenne (7e PC/2007-2013) en vertu de la convention de subvention CER n° 230400 ; *Programme Lascaux*, programme européen de recherche sur le droit alimentaire (www.droit-aliments-terre.eu)

- du *Programme Alßan*, programme des bourses de haut niveau de l'Union européenne pour l'Amérique latine, bourse n° E04D027240CR (www.programalban.org) ; et

- de l'Université du Costa Rica (www.ucr.ac.cr).

à María José et Hugo

SOMMAIRE

LISTE DES ABREVIATIONS

A

ADPIC	Accord sur les aspects des droits de propriété intellectuelle qui touchent au commerce
AESA	Autorité européenne de sécurité des aliments
AFSCA	Agence fédérale pour la sécurité de la chaîne alimentaire (Belgique)
AFSSA	Autorité française de sécurité sanitaire des aliments (devenue Anses le 1er juillet 2010)
AJDI	Actualité juridique droit immobilier
Al.	Alinéa
Anses	Agence nationale chargée de la sécurité sanitaire de l'alimentation, de l'environnement et du travail (France)
Art.	Article

B

BICC	Bulletin d'information de la Cour de Cassation
BID	Bulletin d'information et de documentation de la DGCCRF
BOCCRF	Bulletin officiel de la concurrence, de la consommation et de la répression des fraudes
BOE	Boletín Oficial del Estado, (Gouvernement espagnol)
BPA	Bisphénol A
BRC	British retail consortium
BSE	Bovine spongiform encephalopathy
Bull. crim.	Bulletin des arrêts de la chambre criminelle de la Cour de Cassation
Bull.	Bulletin
Bull.civ.	Bulletin des arrêts des chambres civiles de la Cour de cassation

C

C. consom.	Code de la consommation
C. pén.	Code pénal
C. rur.	Code rural
C. santé publ.	Code de la santé publique
C. civ.	Code civil
CA	Competent authority
Cass. civ.	Arrêt de la Cour de cassation
Cass. com.	Arrêt rendu par la chambre commerciale de la Cour de cassation
Cass. soc.	Arrêt rendu par la chambre criminelle de la Cour de Cassation
Cass. crim.	Arrêt rendu par la chambre criminelle de la Cour de cassation
CCA	Central competent authority
CCPs	Control critical points
CE	Communautés européennes
CFR	Code of federal regulations (États-Unis)
Chap.	Chap.
Chron.	Chronique
CIPV	Convention international pour la protection de végétaux
CJCE	Arrêt rendu par la Cour de justice des communautés européennes
CNA	Conseil National de l'Alimentation
CODEX	Commission du Codex Alimentarius
COFRAC	Comité français d'accréditation
COM	Communication
Comm.	Commentaire
Contra	Position contraire
Contrat.conc.	
Consomm.	Contrats, concurrence, consommation

D

D. aff.	Recueil Dalloz Cahier droit des affaires
D. G. C.C.R.F	Direction générale de la concurrence, de la consommation et de la répression des fraudes
D.	Recueil Dalloz
D.G.A.L	Direction générale de l'Alimentation
DC	Recueil critique de jurisprudence et de législation Dalloz
DG SANCO	Direction générale de la santé et de la protection des consommateurs européenne
DH	Recueil hebdomadaire de jurisprudence Dalloz
Dir.	Direction
Doc.	Document
Doctr.	Doctrine
DP	Recueil périodique et critique mensuel Dalloz
DPCI	Droit et pratique du commerce international
Dr. et patr.	Droit et patrimoine

E

ECJ	European Court of Justice
Éd.	Édition (s)
EFFL	European Food and Feed Review
ESB	Encéphalopathie spongiforme bovine
Ét.	Étude

F

FAO	l'Organisation des nations unies pour l'agriculture et l'alimentation
Fasc.	Fascicule
FDA	Federal Drug Administration, (États-Unis)
FDCA	Federal Food, Drug and Cosmetic Act (États-Unis)
FP	Fish products

FSIS	Food safety and inspection service, Department of Agriculture (États-Unis)

G

GATT	General Agreement on tariffs and trade (Accord général sur les tarifs douaniers et le commerce)
GAO	Government Accountability Office, (États-Unis)
GAP	Good agricultural practices
Gaz. Pal	Gazette du Palais
GBP	Guide de bonnes pratiques
GBPH	Guide de bonnes pratiques d'hygiène
GHPs	Good hygiene practices
GMPs	Good manufacture practices

H

HACCP	Hazard Analysis Control Critical Point

I

IAEA	International Atomic Energy Agency
Ibid	Même référence
IFS	International featured standards
IN	Dans
Incoterms	International commercial terms
Infra	Ci-dessous
INVIMA	Instituto nacional de vigilancia de los medicamentos y los alimentos (Colombie)
IR	Informations rapides
ISO	International standard organisation

J

J.Cl.	Juris-Classeur
J.T.	Journal des tribunaux
JCP A.	La semaine juridique, administration et collectivités territoriales
JCP E.	La semaine juridique, entreprise et affaires
JCP G.	La semaine juridique, édition générale
JOCE	Journal officiel des communautés européennes
JORF	Journal officiel de la République française
JOUE	Journal officiel de l'Union européenne
Jurisp.	Jurisprudence

L

L.G.D.J	Librairie générale de droit et de jurisprudence
La doc.fr.Éditions	La documentation française
LFGB	Lebensmittel- und Futtermittelgesetzbuch (Code alimentaire allemand)
LPA	Les petites affiches

M

MAG	Ministerio de Agricultura de Costa Rica
MEGAREG	Inspection des établissements élaborant des produits carnés et agréés à l'exportation vers les Etats-Unis
MERCOSUR	Mercado Común del Sur
MT	Mission team

N

NASA	National Aeronautics and Space Administration
No.	Numéro (s)
NOM	Norma oficial mexicana
NQS	Nestlé quality system

O

Obs.	Observations
OCDE	Organisation de coopération et de développement économique
OIE	Organisation Mondiale de la Santé Animale
OMC	Organisation Mondiale du Commerce
OMPI	Organisation Mondiale de la Propriété Intellectuelle
OMS	Organisation Mondiale de la Santé
Op.cit.	Ouvrage cité
Ord.	Ordonnance
OTAN	Organisation du traité de l'Atlantique Nord
OV	Officer veterinary

P

p.	Page
PGR	Procuraduría General de la República, Costa Rica
PME	Petites et moyennes entreprises
Préc.	Précité (e)
Pref.	Préface
Prop.	Propositions
P. U. A. M.	Presses Universitaires d'Aix-Marseille
P.U.B	Presses Universitaires de Bordeaux
P. U.C-F	Presses Universitaires de la Faculté de droit de Clermont-Ferrand
P.U.F	Presses Universitaires de France
PYME	Micro, petites et moyens entreprises

R

RCA	Responsabilité civile et assurances
RCDIP	Revue critique de droit international privé

RD inm.	Revue de droit immobilier
RD rur.	Revue de droit rural
RDC	Revue de droit de contrats
RDSS	Revue de droit sanitaire et social
RDT com.	Revue trimestrielle de droit commercial
RDUE	Revue de Droit de l'Union Européenne
Rec. CJCE	Recueil des arrêts rendus par la Cour de justice des communautés européennes
REDC	Revue européenne du droit de la consommation
Rev. crit. lég. et jur.	Revue critique de législation et de jurisprudence
RFID	Radio frequency identification technologies
RIDC	Revue internationale de droit comparé
Risques	Les cahiers de l'assurance
RJDA	Revue de jurisprudence de droit des affaires
RLDC	Revue Lamy droit civil
RTD civ.	Revue trimestrielle de droit civil
RTD eur.	Revue trimestrielle de droit européen
RMCUE	Revue du marché commun et de l'Union européenne
RRJ	Revue de la Recherche Juridique. Droit prospectif

S

S.	Recueil Sirey
SAG	Servicio Agrícola Ganadero, Chili
Somm.comm.	Sommaire commenté
SOP	Standards operating procedures system
Spéc.	Spécialement
SPS	Accord sur l'application de mesures sanitaires et phytosanitaires
Sps	sanitation performance standards
ss.	Suivant, suivante, suivants, suivantes
SSOP	Sanitation sanitary operating procedures

Supra	Ci-dessus

T

t.	Tome
T.	Titre
TA	Tribunal Administratif
TCom.	Tribunal de commerce
TFUE	Traité sur le fonctionnement de l'Union européenne
TGI	Tribunal de grande instance
TI	Tribunal d'Instance
TPICE	Tribunal de première instance des communautés européennes
Trad.	Traductions

U

U	Union européenne

V

v.	Voir
Vol.	Volume
VWA	Voedsel en Waren Autoriteit, Autorité néerlandaise de sécurité des aliments

Avertissement

Sauf mention contraire, les traductions en français des textes en langue étrangère contenues dans cet ouvrage sont le fait de l'auteur.

PREFACE

Il faut avant tout remercier et féliciter Mme Marlen León-Guzman d'avoir accepté de consacrer plusieurs années de travail à réaliser le présent ouvrage qui porte sur un sujet vital et réellement original. Je dois aussi la remercier de contribuer au développement du programme de recherche Lascaux (http://www.droit-aliments-terre.eu) qui étudie les questions juridiques liées à la sécurité sanitaire et alimentaire, au développement durable du secteur agroalimentaire et au commerce international des produits agricoles. Entre l'accaparement des terres agricoles, les crises alimentaires, le déséquilibre des développements du Nord et du Sud, l'effectivité du droit des paysans d'accéder à la terre et du droit de chacun à une alimentation suffisante et saine, le programme Lascaux concerne tout autant les Etats, les opérateurs, les citoyens et les consommateurs. En nous permettant d'acquérir une meilleure connaissance et compréhension du droit européen de l'alimentation mis en perspective avec le droit international et le droit d'autres continents, Mme Marlen León-Guzmán contribue pleinement à la réalisation de ce vaste programme et le présent livre forme une partie de cette contribution.

Après avoir accompli un cycle complet d'études de droit à la Faculté de droit de l'Université du Costa Rica, Mme Marlen León-Guzmán est venue poursuivre ses études durant 6 années en France, à Nantes. Venue avec déjà une solide expérience dans les questions juridiques liées à la sécurité alimentaire, aux entreprises agroalimentaires et au commerce des produits agricoles et des aliments, elle a commencé par se spécialiser en droit agroalimentaire européen. Elle a complété cette formation par une approche pratique, en particulier en travaillant durant quelques mois pour le Ministère français de l'agriculture et pour l'Organisation mondiale de la santé animale (OIE) à Paris, avant de se lancer dans ce beau travail de recherche qui a conduit au présent livre.

Ce livre a d'abord été une thèse, soutenue en septembre 2010 à la Maison des Sciences de l'Homme de Nantes qui, avec l'Université de Nantes, l'a accueillie dans le cadre du programme Lascaux. C'est d'ailleurs l'une des deux premières thèses issues du programme Lascaux, toutes deux soutenues le même jour. il s'agit d'une vraie thèse dans la mesure où Mme Marlen León-Guzmán y traite d'un sujet original dans la doctrine européenne et en s'appuyant sur une démonstration et sur une argumentation à la fois scientifiques et personnelles.

Dans ce cadre, ce livre est d'autant plus important et réussi que la thèse l'a été également et je voudrais dire pourquoi.

Le thème de ce livre est d'abord le résultat et l'aboutissement d'une histoire. Il est en effet directement issu de l'adoption en Europe d'un nouveau droit de l'alimentation dont la nécessité s'est fait sentir en raison de l'affaire dite de la « vache folle ». Ce nouveau droit de l'alimentation, peu à peu adopté depuis 2002 et applicable depuis 2005, vise à établir un haut niveau de protection de la santé du consommateur. Il le réalise en assurant l'indépendance des institutions européennes chargées des expertises scientifiques, en prévoyant des procédures d'urgence en cas de crise, et en adoptant des règles substantielles fondées sur quelques principes forts comme le principe d'analyse des risques et le principe de précaution.

Dans ce contexte, le nouveau droit européen a déplacé le curseur des responsabilités entre les trois acteurs principaux du monde agroalimentaire : les entreprises, les administrations et les consommateurs. Auparavant, le cœur de la sécurité alimentaire se trouvait entre les mains des administrations. Chaque Etat était l'architecte et le maître d'œuvre de la sécurité sanitaire sur son territoire. Cette sécurité reposait sur le contrôle des entreprises par les administrations compétentes et la confiance du consommateur était liée à celle qu'il pouvait avoir dans le sérieux de ces contrôles officiels. Mais c'est précisément parce que la qualité sanitaire relevait de la compétence de chaque Etat membre, sans coordination véritable ou en tout cas suffisante au plan européen, que l'affaire de la vache folle a pu survenir et prospérer.

Dans le nouveau modèle de droit européen de l'alimentation, le cœur de la sécurité alimentaire se trouve entre les mains des opérateurs et donc des entreprises. Il est fondé sur un principe d'auto-contrôle que les entreprises mettent en œuvre, en particulier en respectant des procédures internes permettant de maîtriser les risques des denrées alimentaires qu'elles produisent, transforment ou distribuent, en étant surveillées par des contrôles de second niveau réalisés par les administrations (« contrôles officiels »).

Paradoxalement, ce nouveau cœur de la sécurité alimentaire n'est pas présenté comme tel dans la législation européenne. En effet, il ne ressort pas clairement comme tel des nouveaux textes européens et en particulier du premier d'entre eux (par la chronologie et l'importance) : le règlement n° 178/2002 du 28 janvier 2002. C'est précisément l'une des raisons pour lesquelles Mme Marlen León-Guzmán a eu le grand mérite d'avoir mis en lumière ce principe d'autocontrôle qui modifie radicalement le point d'équilibre de l'organisation de la qualité sanitaire des aliments en Europe.

Ainsi que l'écrit très justement Mme Marlen León-Guzmán, « au-delà du contrôle intégral de la chaîne de production agroalimentaire, l'obligation d'auto-contrôle établit la responsabilité juridique et économique de l'exploitant agroalimentaire en relation avec les risques inhérents aux aliments qui sont sous son contrôle. Cette responsabilité primaire de l'exploitant agroalimentaire lui donne le rôle principal dans le système de contrôle sanitaire des denrées alimentaires. Ce rôle est le fondement de l'obligation d'auto-contrôle ».

A partir de là, Mme Marlen León-Guzmán nous livre une analyse très complète et très approfondie de cette obligation d'auto-contrôle. Elle commence ainsi par la double démonstration, très convaincante, de l'existence de l'obligation et de son autonomie. Cela lui permet d'en rechercher ensuite la nature juridique et surtout d'en montrer la grande originalité. En effet, il s'avère que cette obligation a un objet cohérent mais complexe de telle sorte qu'elle n'est vraiment réductible ni à une obligation de moyens, ni à une obligation de résultat.

A partir de cette analyse très convaincante, qui montre à quel point l'Europe a réalisé une véritable révolution juridique du secteur économique agroalimentaire, Mme Marlen León-Guzmán entre dans le détail de l'analyse en présentant les principales modalités de mise en œuvre de l'obligation. Parmi d'autres, elle fait ainsi ressortir la liberté des opérateurs dans cette mise en œuvre, même si cette liberté n'est bien sûr pas totale. Certaines modalités, comme le recours à la procédure HACCP, est imposée par la loi. D'autres viennent de règles professionnelles. Mais la mise en œuvre de l'obligation se décline librement dans chaque entreprise. Cela n'est d'ailleurs pas sans conséquences, en particulier en termes de concurrence mais aussi au regard des échanges commerciaux internationaux.

Finalement, à partir de cette porte d'entrée qu'est l'obligation d'auto-contrôle, c'est une visite de l'ensemble du droit de l'alimentation que l'ouvrage nous permet de faire. Le lecteur sortira de sa lecture avec une connaissance fine du droit substantiel qui s'applique aux opérateurs agroalimentaires en Europe, précisément parce que ce droit nous est présenté à partir de son centre de gravité qu'est l'autocontrôle. L'analyse approfondie du centre nous permet ainsi de découvrir la périphérie, tant dans ses aspects théoriques que dans ses conséquences pratiques pour les opérateurs.

Au passage, l'ouvrage pose de nouvelles questions que la doctrine pourra utilement aborder grâce au franchissement de cette première étape. C'est ainsi que l'ouvrage fait naître de nouvelles questions en droit de la propriété intellectuelle ou en droit de la responsabilité.

Il va de soi que la thèse de Mme Marlen León-Guzmán fait et fera naître des discussions. C'est là la rançon de la nouveauté et de l'originalité du sujet, mais c'est aussi celle de la marque personnelle et de la force de conviction de l'auteur. Il est toutefois probable que la reconnaissance même de l'existence de l'obligation d'auto-contrôle ne sera remise en cause et discutée ni par la doctrine, ni par les opérateurs. Mais il va de soi que certains aspects de l'ouvrage donneront lieu à des contre-analyses. La nature juridique de l'obligation d'autocontrôle, les difficultés de sa mise en œuvre par les petites entreprises, les conséquences de l'obligation en termes de distorsion de concurrence internationale, tout cela est sujet à débat. Il n'en reste pas moins que si l'ouvrage n'épuise évidemment pas toutes les implications de l'auto-contrôle dans le droit européen de l'alimentation, il n'en reste pas moins remarquable de précision et de clarté. Les développements techniques sont menés avec une grande rigueur et Mme Marlen León-Guzmán apparaît comme une spécialiste de très haut niveau.

De bout en bout de l'ouvrage, Mme Marlen León-Guzmán fait preuve d'autant d'aisance que de compétence, au surplus dans une langue française qu'elle maîtrise particulièrement bien. L'apport de sa compétence à la compréhension et à la diffusion du droit européen de l'alimentation mérite toutes nos félicitations et nos remerciements. Docteur de l'Université de Nantes, Mme Marlen León-Guzmán est maintenant enseignant-chercheur à l'Université du Costa Rica. Elle fait ainsi pleinement honneur à son université et à son pays. Et je suis tout particulièrement heureux de la compter comme un membre éminent et un ambassadeur du programme de recherche Lascaux.

François Collart Dutilleul
Professeur à l'Université de Nantes
Membre de l'Institut Universitaire de France
Directeur du programme Lascaux
http://www.droit-aliments-terre.eu

INTRODUCTION

1. La relation entre les aliments et la santé est établie depuis l'Antiquité. Hippocrate[1] avait déjà reconnu la nécessité de bien se nourrir pour préserver une bonne santé. La préservation de la santé implique entre autres aspects, une alimentation suffisante et sûre.

Or, l'alimentation comporte deux conditions. L'une de nature quantitative et l'autre de nature qualitative. La disposition d'une quantité suffisante d'aliments est une condition fondamentale pour assurer la vie. L'insuffisance d'aliments peut entraîner de très graves problèmes de santé et même la mort. L'insuffisance d'aliments est aujourd'hui l'une des problématiques les plus importantes de notre société contemporaine[2].

---

1 *"Hippocrates (circa 460 B.C.) is credited as being the founder of medicine because he related all health and disease to natural, rather than supernatural causes. He pointed out "differences of diseases depend on nutriment" and stressed the importance of understanding "the power severally by all the foods and drinks of our regimen, both the power each of them possessed by natural and power given them by the constraint of human art". Hippocrates concluded that either too little or too much food "harms the man just as much".* HUTT (P), HUTT (P). *A history of government regulation of adulteration and misbranding of food.* IN, *Food Drug and Cosmetic Journal.* Chicago: Ill Commerce Clearing House, 1984, Vol. 39, 2-73, p. 3. Aussi, HIPPOCRATES, Jones (W.H.S). *Ancient Medicine. Airs waters places. Epidemics I and III. The Oath. Precepts. Nutriment.* London : W. Heinemann Cambridge (Mass.) , Harvard University Press. Collection: The Loeb classical library. 1962, LXX-362 p.

2 « *Même avant les crises alimentaire et économique, la faim était en progression. L'objectif du Sommet mondial de l'alimentation, à savoir réduire de moitié le nombre de personnes souffrant de sous-alimentation à pas plus de 420 millions d'ici 2015, ne sera pas réalisé si les tendances qui régnaient avant ces crises se poursuivent. La FAO estime à 1,02 milliard le nombre de personnes sous-alimentées dans le monde en 2009. Cela représente plus d'affamés que jamais depuis 1970 et une accentuation des tendances défavorables qui étaient enregistrées avant même la crise économique. L'augmentation de l'insécurité alimentaire n'est pas due à de mauvaises récoltes, mais à l'envolée des prix alimentaires nationaux, à la baisse des revenus et à une augmentation du chômage, qui ont réduit l'accès des pauvres à la nourriture. En d'autres termes, tous les avantages*

Sur le plan qualitatif, il est également indispensable que les denrées alimentaires soient sûres. La « *sécurité des aliments* » suppose que les denrées alimentaires ne provoquent pas de préjudices à la santé des personnes. Les aliments ne doivent pas causer des maladies.

2. La protection de la santé des risques alimentaires implique que les aliments doivent être sûrs. La sécurité des denrées motive la mise en œuvre de contrôles afin de repérer les agents pouvant être à l'origine des maladies. La législation alimentaire européenne impose la mise en œuvre de ces contrôles tant par les autorités compétentes que par les exploitants agroalimentaires.

L'autorité compétente est définie comme «*l'autorité centrale d'un État membre compétente pour organiser les contrôles officiels ou toute autre autorité à laquelle ladite compétence a été attribuée. Cette définition inclut, le cas échéant, l'autorité correspondante d'un pays tiers*; »[3]. L'exploitant agroalimentaire est « *la ou les personnes physiques ou morales chargées de garantir le respect des prescriptions de la législation alimentaire dans l'entreprise du secteur alimentaire qu'elles contrôlent* »[4]. Il s'agit de deux acteurs principaux dans la démarche du contrôle sanitaire des aliments.

---

liés à la chute des cours mondiaux des céréales ont été largement annulés par le ralentissement économique mondial. » Organisation des nations unies pour l'alimentation et l'agriculture. *L'état de l'insécurité alimentaire dans le monde*. Rome, 2009, p. 2.

3 Règlement CE n°882/2004 du Parlement européen et du Conseil du 29 avril 2004 relatif aux contrôles officiels effectués pour s'assurer de la conformité avec la législation sur les aliments pour animaux et les denrées alimentaires et avec les dispositions relatives à la santé animale et au bien-être des animaux 882/2004, art.2, §4. Journal officiel de l'Union européenne, L 31 du 8 février 2005, p.1.

4 Règlement CE n°178/2002 du Parlement européen et du Conseil établissant les principes généraux et les prescriptions générales de la législation alimentaire, instituant l'Autorité européenne de sécurité des aliments et fixant des procédures relatives à la sécurité des denrées alimentaires, Journal officiel de l'Union européenne, L 31 du 1 février 2002, art 3 §3.

Les autorités ainsi que les exploitants sont tenus de garantir la sécurité de personnes à l'égard des denrées alimentaires. L'intérêt général justifie la mise en œuvre des actions collectives et dirigées par l'État dont l'objectif est de garantir la sécurité des personnes. Cette sécurité est également un objectif de l'exploitant car il est tenu de respecter l'intérêt public. Mais aussi, parce que la protection de la sécurité lui permet de garantir la continuité de son activité économique. De ce fait, à côté des autorités, il est tenu de veiller à ce que la sécurité des personnes ne soit pas mise en danger par les denrées alimentaires.

3. La sécurité des personnes en ce qui concerne les denrées alimentaires mérite aussi d'être précisée. En premier lieu, la sécurité dans un sens large est « *l'état d'esprit confiant et tranquille d'une personne qui se croit à l'abri du danger* »[5]. Or, il faut remarquer que l'expression « *sécurité des denrées alimentaires*» fait référence à la condition d'absence des dangers ou à la maîtrise des risques des aliments qui permet d'assurer la confiance des personnes qui vont les ingérer.

En deuxième lieu, nous devons définir les contours du terme « *denrée alimentaire* » ou « *aliment* ». Le règlement CE 178/2002[6] définit ces concepts dans un sens négatif et positif. Dans un sens positif, l'aliment est « *toute substance ou produit, transformé, partiellement transformé ou non transformé, destiné à être ingéré ou raisonnablement susceptible d'être ingéré par l'être humain. Ce terme recouvre les boissons, les gommes à mâcher et toute substance, y compris l'eau, intégrée intentionnellement dans les denrées alimentaires au cours de leur fabrication, de leur préparation ou de leur traitement. Il inclut l'eau au point de conformité défini à l'article 6 de la*

---

5 REY-DEBOVE, (J); REY, (A). (sous la direction de); *Petit Robert, Dictionnaire alphabétique et analogique de la langue française*. Paris : Dictionnaires le Robert, 2003, p 2393

6 *Op.Cit.* v. note n° 1, p. 31.

directive 98/83/CE, sans préjudice des exigences des directives 80/778/CEE et 98/83/CE »[7].

Dans un sens négatif, le règlement CE 178/2002 exclue de cette définition les aliments pour animaux, les animaux vivants à moins qu'ils ne soient préparés en vue de la consommation humaine, les plantes avant leur récolte; les médicaments; les cosmétiques; le tabac et les produits du tabac, les stupéfiants et les substances psychotropes et les résidus et les contaminants[8]. Toutefois, nous devons remarquer que les aliments pour animaux, les plantes avant leur récolte, les résidus et les contaminants font l'objet de la législation alimentaire même s'ils ne sont pas définis comme aliments. Ceci car l'absence d'innocuité des aliments pour animaux peut affecter la sécurité des denrées destinées à la consommation humaine, de la même manière que par exemple, la mauvaise utilisation des pesticides avant la récolte affecte la sécurité des plantes pouvant être consommées par l'être humain et que les résidus et les contaminants peuvent avoir un effet négatif sur l'innocuité des denrées.

Dès lors, la sécurité des personnes face aux denrées alimentaires est déterminée par la condition des aliments de ne pas présenter de danger pour la santé. Cette condition permet à la personne de se sentir rassurée et confiante. Cette confiance est le résultat du contrôle des risques que les autorités et les exploitants ont réalisé. Il s'agit donc, d'un contrôle d'ordre sanitaire.

4. Dans le langage commun le terme « *contrôle* » est défini comme « *la vérification d'actes, de droits, de documents* »[9]. Dans un sens juridique, il est

---

7 Article 2 du règlement CE 178/2002.

8 Article 2 du règlement CE 178/2002.

9 *Op.cit,* note n°5, p. 39.

définit comme la « *vérification de la conformité à une norme d'une décision, d'une situation, d'un comportement, etc ; opération consistant à vérifier si un organe public, un particulier ou un acte respectent ou ont respecté les exigences de leur fonction* »[10]. En dehors du fait que dans le sens juridique ce terme est plutôt lié au contrôle des autorités publiques, tant dans un sens comme dans l'autre, les définitions du contrôle ne présentent pas de distinction par rapport à son objet.

Le terme « *sanitaire* » se réfère « *à la santé publique et à l'hygiène* »[11]. La santé[12] publique est définie comme l'ensemble de « *connaissances et techniques propres à prévenir les maladies, à préserver la santé, à améliorer la vitalité et la longévité des individus par une action collective (mesures d'hygiène et de salubrité, dépistage et traitement préventif des maladies, mesures sociales propres à assurer le niveau de vie nécessaire)* »[13]. La santé publique est donc un ensemble d'actions qui permettent de garantir la vie des personnes.

L'hygiène fait partie de ces actions. L'hygiène est définie dans le sens commun comme l'«*ensemble des principes et des pratiques tendant à préserver, à améliorer la santé. [...] ensemble de soins visant à la propreté du corps* »[14]. Il s'agit d'une notion associée à l'idée de propreté. Au regard des aliments elle suppose la « *propreté* » des denrées.

---

[10] CORNU, (G). (sous la direction de), Association Henri Capitant. *Vocabulaire Juridique*. 8ème édition, Paris: Quadrige, Presses Universitaires de France, 2007, p. 237.

[11] *Op.Cit*, note n°5, p. 2360.

[12] La santé est le «*bon état physiologique d'une être vivant, fonctionnement régulier et harmonieux de l'organisme pendant une période appréciable* ». *Op.Cit*, note n°5, p. 2361, point 1.

[13] *Op.Cit*, note n°5, p. 2361, point 4.

[14] *Op.Cit*, note n°5, p. 1203, points 1 et 2.

La notion « *d'hygiène* » est comprise dans celle de « *contrôle sanitaire* » de même que dans celle de santé publique. Le « *contrôle sanitaire des aliments* » implique la vérification des actions visant à éviter les maladies transmises par les aliments, comportant parmi d'autres les mesures d'hygiène. L'ensemble de ces actions intègrent le contrôle sanitaire qui doit permettre d'assurer que les denrées ne provoquent pas de préjudices à la santé de celui qui les ingère.

5. Le contrôle sanitaire des aliments est une activité qui permet la protection de la santé publique dans le cadre du droit agroalimentaire européen. Ce droit est, comme le signale le professeur Collart Dutilleul, un « *système [...] assis sur des valeurs sociales déterminées, orienté vers des objectifs identifiés et fondé sur des règles de portée générale* »[15]. Le droit agroalimentaire régule l'activité économique de la production, la transformation et la distribution des denrées alimentaires tout en ayant pour objectif la protection de la santé publique. Ces objectifs, valeurs et règles ont été explicitement encadrés par le règlement CE 178/2002 du Parlement européen et du Conseil, établissant les principes généraux et les prescriptions générales de la législation alimentaire, instituant l'Autorité européenne de sécurité des aliments et fixant des procédures relatives à la sécurité des denrées alimentaires.[16]

Ce texte a réaménagé la législation alimentaire opérant une « *migration du centre de gravité juridique du secteur agroalimentaire, parti du*

---

15 COLLART DUTILLEUL (F). *Éléments pour une introduction au droit agroalimentaire*. IN, *Études sur le droit de la concurrence et quelques thèmes fondamentaux. Études en l'honneur d'Yves Serra*. Paris : Dalloz, 2006, p. 97.

16 *Op.Cit*, v. note n° 4.

droit rural pour aller vers le droit des affaires »[17]. Or, le droit agroalimentaire intègre entre autres, des connaissances de droit des obligations, droit des contrats, droit du commerce international, droit de la propriété industrielle, droit de la santé publique et en particulier, du droit des affaires et du droit économique. Cette « *migration* » est due principalement à la régulation des conditions sanitaires et de la qualité des denrées alimentaires dans l'Accord sur l'application de mesures sanitaires et phytosanitaires (SPS) et dans l'Accord sur les obstacles techniques au commerce (OTC) de l'Organisation mondiale du commerce (OMC).[18]

La régulation économique des denrées alimentaires dans le droit du commerce international a conduit à « *l'élaboration du droit agroalimentaire international* »[19] qui affecte le droit communautaire. Le droit agroalimentaire s'inscrit dans un contexte économique où il établit des éléments qui permettent d'affirmer son autonomie : des principes généraux, des obligations générales, des prescriptions générales, des instances européennes et tout un système de contrôle sanitaire qui assure son exécution, où le contrôle qu'effectue l'exploitant se trouve à la base.

6. La définition du contrôle de l'exploitant, en tant que fondement du système de contrôle sanitaire européen est le résultat de la mise en cause de la gestion sanitaire des acteurs de la filière. Cette mise en question a eu lieu au moment des crises sanitaires des années quatre-vingt-dix[20]. Ces crises

---

17 COLLART DUTILLEUL (F). *Op.Cit*, note n° 15, p. 95. Dans le même sens, voir COLLART DUTILLEUL (F). *Les transformations du droit agro-alimentaire ou l'histoire d'un trait d'union.* IN, *Études offerts au professeur René Hostiou*. Paris : Litec, 2008, p. 103 et ss.

18 *Ibid.*

19 COLLART DUTILLEUL (F). *Op.Cit*, note n° 15, p. 95.

20 La bibliographie sur ce sujet est très vaste. Voir en particulier, LORVELLEC, (L). *L'action des autorités publiques françaises dans la crise de la vache folle*. Revue de droit rural, *RD rur*, n° 252, 1997, p. 214-225; HERMITTE, (M-A) et DORMONT, (D). *Propositions pour le principe de précaution à la lumière de l'affaire de la vache folle*. IN, KOURILSKY, (P) et

ont révélé la nécessité de redéfinir les rôles des intervenants de la filière dans le contrôle des risques alimentaires.

Les crises sanitaires et, en particulier celle de l'encéphalopathie spongiforme bovine, ont montré que la capacité des autorités publiques pour contrôler l'innocuité des denrées était limitée. Cette limitation était à la fois fonctionnelle et économique.

Il s'agissait d'une limitation fonctionnelle dans le sens où les autorités ne pouvaient pas organiser de manière efficiente le système de contrôle. En effet, ce système exigeait l'organisation des contrôles selon les besoins spécifiques des secteurs de la filière, car « *la production alimentaire est extrêmement complexe. Les produits d'origine animale et végétale comportent des risques intrinsèques liés à la contamination microbiologique et chimique.*»[21] L'organisation des contrôles sanitaires au long de la filière suppose donc la prise en compte des différents risques que pourrait présenter chaque denrée, et cela aux niveaux sectoriel, national et communautaire. Cependant, comme l'a indiqué la Commission à l'époque: « *[...] bon nombre d'obligations de contrôle qui incombent à la Commission dans la législation existante ne peuvent pas être respectées entièrement en tenant compte des modalités de contrôle sectorielles/thématiques actuelles.*»[22] En effet, même si les autorités communautaires pouvaient

---

VINEY, (G). *Le principe de précaution. Rapport au Premier ministre*. Paris : La Documentation Française, Éditions Odile Jacob, 2000, p. 350 annexe 3, p. 341-386 (v. note 526); BUTAULT, (J). *Les causes juridiques de la crise de la vache folle*, 2010, publié au site web du Programme Lascaux : www.droit-aliments-terre.eu. LUGT (M). *Enforcing European and national food law in Netherlands and England.* Utrecht: Koninklijke. 2000, introduction.

21 Commission des Communautés européennes. *Livre blanc sur la sécurité alimentaire*. Bruxelles, 2000. COM 1999, 719 final, §65.

22 Commission des Communautés européennes. *Proposition de Règlement du Parlement Européen et du Conseil relatif aux contrôles officiels des aliments pour animaux et des*

coordonner certaines activités de contrôle, celles-ci ne constituent pas un système de contrôle capable d'assurer la maîtrise intégrale des risques au long de la filière européenne.

Il s'agissait aussi d'une limitation économique, dans la mesure où les coûts des contrôles officiels étaient particulièrement élevés. Les budgets des États ne permettaient pas d'effectuer toutes les activités de contrôle nécessaires. Ainsi, par exemple, lors de la discussion sur les dispositions d'hygiène des aliments pour animaux, la Commission a indiqué : «*des crises successives liées aux aliments pour animaux ont montré que des défaillances à tout stade de la chaîne de l'alimentation animale peuvent avoir des conséquences économiques importantes. Les caractéristiques de la production des aliments pour animaux et la complexité de leur chaîne de distribution rendent difficile le retrait de ces aliments du marché. Le coût de la réparation du préjudice économique subi le long de la chaîne de l'alimentation animale et humaine est souvent financé par des fonds publics.*»[23]

Cette problématique a compris aussi le contrôle des denrées en provenance des pays tiers. Sur ce point, la Commission a signalé que «*... d'une manière générale, la législation communautaire impose des inspections uniquement dans le secteur vétérinaire, pour lequel les directives verticales applicables en matière d'hygiène prévoient que les contrôles communautaires "sont" effectués dans l'optique de vérifier que les normes appliquées par le pays tiers concerné sont conformes ou qu'elles offrent un niveau de protection équivalent à celles appliquées dans la Communauté. [...] En raison de contraintes budgétaires, seule une faible proportion de ces pays et*

---

denrées alimentaires. Bruxelles, 5 février 2003, COM (2003) 52 final, 2003/0030 (COD), p.12, §21.b et p. 116, §2. Non publié au JOUE.

23 Règlement (CE) No 183/2005 du Parlement européen et du Conseil, du 12 janvier 2005 établissant des exigences en matière d'hygiène des aliments pour animaux, du 8 février 2005, JOUE L35/3, considérant §22.

exploitations fait effectivement l'objet chaque année d'une visite de contrôle portant sur les produits concernés »[24]. Par conséquent, les contraintes économiques ont aussi limité la mise en œuvre des contrôles officiels.

7. La gestion des professionnels de l'agroalimentaire a été aussi mise en question. D'une part, de nombreuses défaillances dans la surveillance de la sécurité avaient leur origine dans les exploitations, où les professionnels pouvaient mettre en œuvre les contrôles sanitaires. Or, la méfiance des consommateurs au regard des denrées était aussi motivée par l'insuffisance et l'inefficacité de la maîtrise des risques qui incombaient aux exploitants. D'autre part, les exploitants tiraient des profits économiques sans pour autant assumer la responsabilité financière des risques que leurs activités généraient, responsabilité qui avait été supportée principalement par les fonds publics. Alors, la participation des acteurs professionnels fut considérée nécessaire pour rétablir la confiance du consommateur et restituer l'équilibre économique dans le contrôle des risques alimentaires.

8. La mise en question de l'ensemble du système de contrôle de la sécurité des denrées[25] motiva la redéfinition des responsabilités des

---

24 Commission des Communautés européennes. *Op.cit.* v. note n°22, p. 12.

25 Au niveau communautaire, «*...Il est devenu évident que le système actuel est handicapé par un manque de capacité et à peiné à suivre l'augmentation de la charge qui lui était imposée. En outre, la récente crise de la dioxine n'a pu être gérée qu'en retardant les travaux dans d'autres domaines et a démontré la nécessité de disposer d'un système capable de réagir avec rapidité et souplesse. Ce manque de capacité a entraîné des retards qui ont des conséquences tant pour les programmes législatifs de la Commission, et donc sa capacité à répondre aux problèmes de santé des consommateurs, que pour l'industrie, là où des dossiers commerciaux sont en jeu. Cette situation sera exacerbée par l'alourdissement des tâches demandées aux comités scientifiques, à la suite, par exemple, du projet de programme de réforme de la législation alimentaire, exposé plus loin dans ce Livre blanc.*»

Dans le même sens, «*le cadre juridique et la structure opérationnelle actuels ont généralement assuré au consommateur de l'UE un niveau élevé de protection de la santé. Le véritable problème ne provient pas nécessairement d'un manque d'instruments juridiques, mais de la grande disparité des moyens de réagir à une situation dans des*

exploitants et des autorités. Les autorités communautaires ont considéré que « *l'une des principales faiblesses du système réside dans l'absence d'engagement clair de toutes les parties concernées à donner rapidement l'alerte sur un risque potentiel de façon que l'évaluation scientifique et les mesures de protection requises puissent intervenir suffisamment tôt, afin de garantir une action proactive plutôt que réactive à l'échelon de l'UE.* »[26] Ainsi, le règlement CE 178/2002 a redéfini les rôles des acteurs de la filière.

Les autorités sont tenues désormais de faire un contrôle de « *deuxième niveau* » qui vise à évaluer la gestion de l'exploitant. L'exploitant pour sa part, fait un contrôle de « *premier niveau* ». Il doit maîtriser les risques des denrées qu'il produit, transforme ou distribue. Les résultats du contrôle des risques qu'effectue l'exploitant font l'objet de contrôle officiel. Or, le contrôle de l'exploitant, aussi appelé « *autocontrôle* » se situe à la base du système de contrôle sanitaire européen. Afin d'assurer l'application de cette nouvelle organisation des contrôles, l'exploitant est contraint de réaliser le contrôle sanitaire de son activité. C'est ainsi que l'obligation d'autocontrôle est établie.

9. Toutefois, la définition de l'obligation d'autocontrôle suppose la prééminence du contrôle sanitaire des exploitants sur le contrôle officiel. Même si le contrôle officiel s'avère plus objectif, indépendant et s'il fournit une plus grande crédibilité lors des échanges communautaires et internationaux, ce sont les critères de l'efficacité et de l'opportunité économique qui ont été privilégiés.

---

secteurs spécifiques ou à la multiplicité des actions qui doivent être initiées lorsqu'un problème se répercute d'un secteur à l'autre. [...]. » Commission des communautés européennes. *Op.Cit, v.* note n°21, §14 et §65.

26 Commission des communautés européennes. *Op.cit.* n°21, §65.

L'obligation d'autocontrôle suppose que l'exploitant réalise la maîtrise des risques de manière efficace et qu'il assume les coûts économiques qu'elle génère. La présomption d'efficacité réside dans le fait qu'il s'agit d'une gestion restreinte et spécifique à l'exploitation et aux denrées dont l'exploitant connaît les risques ainsi que les moyens pour les contrôler. Dans la mesure où il choisit les moyens de mettre en œuvre, il doit prendre en charge les dépenses financières que la maîtrise des risques provoque. Il est ainsi le principal intéressé à ce que le contrôle des risques soit efficace.

L'efficacité et l'opportunité économique de l'autocontrôle face aux contrôles officiels ont justifié qu'il ait été privilégié par les autorités européennes lors de la réforme du système de contrôle officiel. Dès lors, l'autocontrôle constitue la base du système, ce qui va permettre de le définir comme une obligation autonome du droit agroalimentaire européen.

10. Notre étude cherche à démontrer cette affirmation. L'obligation d'autocontrôle n'a été étudiée à ce jour, en tant que telle, ni par la doctrine française ni par la doctrine européenne. Lorsqu'il arrive que des auteurs mentionnent l'obligation d'autocontrôle dans le droit agroalimentaire, dans le droit commun ou dans le droit des affaires, on constate qu'ils la présentent comme une obligation rapprochée d'autres obligations semblables, sans distinguer son autonomie[27]. Aussi, les techniciens la décrivent souvent à partir du fait qu'elle intègre la pratique industrielle. Ils évoquent son « *application* » et ses « *effets* », sans que ses aspects juridiques aient fait l'objet d'une analyse. C'est pourquoi nous allons étudier l'existence de cette obligation dans le droit agroalimentaire européen.

11. Affirmer que l'obligation d'autocontrôle constitue une véritable obligation autonome du droit agroalimentaire impose de surmonter deux

---

[27] *Infra*, Section 2, Chapitre II, § 85 et ss. Egalement, v. note n° 37 et n° 268.

difficultés. La première concerne la démonstration de l'existence de cette obligation dans le droit agroalimentaire. En ce sens, il est nécessaire de la mettre en évidence et de définir son cadre juridique. Pour ce qui concerne la mise en évidence, il s'avère indispensable d'évoquer les indices qui nous permettent d'affirmer les origines et les manifestations de l'obligation d'autocontrôle, avant d'analyser sa consécration dans la législation alimentaire européenne. Il faudra donc la distinguer des obligations voisines, de manière à démontrer son caractère autonome. La définition du cadre juridique nous permettra ensuite, de déterminer le contenu de l'obligation ainsi que le rôle de l'exploitant agroalimentaire.

Cette analyse nous confrontera à la deuxième difficulté, celle de déterminer comment cette obligation est mise en œuvre. Ce travail suppose de présenter les principales modalités d'application définies par la législation et celles qui sont issues de la liberté managériale et contractuelle de l'exploitant. Nous nous efforcerons non seulement d'analyser comment ces modalités permettent de réaliser l'objet de cette obligation, mais nous tenterons aussi de dégager les problèmes que son application peut poser. La démarche devrait conduire à une analyse des effets de l'inexécution de l'obligation ainsi que des limites potentielles de son exécution.

12. Il reste à savoir quelle démarche méthodologique adopter afin de mettre en lumière l'existence de l'obligation autonome d'autocontrôle dans le droit agroalimentaire. Compte tenu du développement constant et récent de ce domaine du droit, nous pensons qu'il est nécessaire d'étudier la législation alimentaire en vigueur depuis l'année 2002, tout particulièrement les textes concernant les aspects fondamentaux du droit agroalimentaire européen, les règlements qui fixent les mesures d'hygiène des aliments et les règlements qui organisent les contrôles officiels.

Nous ferons ainsi d'abord l'analyse de l'obligation d'autocontrôle dans le règlement CE n°178/2002 sur les principes généraux et les prescriptions générales de la législation alimentaire[28].

Ensuite, nous reprendrons les aspects qui guident l'application de l'obligation d'autocontrôle présents dans le « *Paquet hygiène* », composé par les règlements communautaires (CE) n° 852/2004 du Parlement Européen et du Conseil du 29 avril 2004 relatif à l'hygiène des denrées alimentaires[29] ; CE n° 853/2004 du Parlement européen et du Conseil du 29 avril 2004 fixant des règles spécifiques d'hygiène applicables aux denrées alimentaires d'origine animale[30] et CE n°183/2005 du Parlement Européen et du Conseil du 12 janvier 2005 établissant des exigences en matière d'hygiène des aliments pour animaux[31].

Enfin, nous allons étudier les éléments de l'obligation d'autocontrôle qui sont établis dans le « *Paquet contrôles* », composé par le règlement n°854/2004 du Parlement européen et du Conseil du 29 avril 2004 fixant les règles spécifiques d'organisation des contrôles officiels concernant les produits d'origine animale destinés à la consommation humaine[32], et le règlement CE n°882/2004, du Parlement européen et du Conseil du 29 avril 2004, relatif aux contrôles officiels effectués pour s'assurer de la conformité avec la législation sur les aliments pour animaux et les denrées alimentaires et avec les dispositions relatives à la santé animale et au bien-être des animaux[33]. L'étude de ces règlements nous permettra de connaître le

---

28 *Op.Cit*, v. note n°4.

29 Journal officiel de l'Union européenne, L 139 du 30 avril 2004, p. 1.

30 Journal officiel de l'Union européenne, L 226 du 25.6.2004, p. 22.

31 *Op.Cit*, v. note n°21, p. 1.

32 Journal officiel de l'Union européenne, L 226 du 25.6.2004, p. 83.

33 *Op.Cit*, v. note n°3, p. 1.

contexte juridique dans lequel l'obligation d'autocontrôle est conçue et mise en œuvre.

13. Nous considérons également qu'il est important d'analyser les différentes solutions pratiques que les autorités et les professionnels communautaires et étrangers ont définies afin d'exécuter cette obligation. Dès lors, dans certains aspects ponctuels, où les critères d'analyse le permettent, nous allons avoir recours à l'approche comparative dans le but de mettre en évidence certains concepts et solutions, tout en gardant un regard central sur le droit communautaire. Seuls les aspects comparables feront l'objet de cette approche.

14. Nous allons aussi analyser la conception de l'obligation d'autocontrôle par rapport à la normalisation technique et à l'harmonisation des mesures sanitaires et phytosanitaires dans le commerce international. Ceci justifie que nous prenions en considération des éléments du droit de la régulation économique et du droit du commerce international. A cette fin, l'analyse de l'obligation d'autocontrôle au regard des instruments utilisés dans la normalisation et dans les échanges commerciaux sera réalisée.

15. Cependant, nous allons laisser de côté les généralités du droit commercial international et du droit comparé général. Une étude comparative supposerait un état similaire de la législation alimentaire des pays avec lesquels l'Union européenne a des échanges commerciaux, ce qui n'est pas le cas des législations étrangères. Nous allons mettre à part également les considérations générales du droit commercial international prenant en compte uniquement les aspects relatifs au contrôle sanitaire des marchandises. Enfin, cette étude n'a pas pour objet de déterminer la situation des consommateurs au regard de cette obligation, mais plutôt de l'analyser dans la perspective de l'exploitant agroalimentaire.

16. Nous partirons de cette perspective car elle implique une conduite active de l'exploitant. Cette conduite est fondée sur la responsabilité primaire que la législation a fixée à cet acteur économique. Ainsi, le droit a choisi la voie de l'obligation d'autocontrôle pour garantir la sécurité des denrées.

Il s'agit d'un choix entre deux types de contrôles. Le contrôle officiel cherche la protection de la santé publique tandis que le contrôle des exploitants vise la performance de l'activité économique.

Toutefois, ces deux types de contrôle n'en sont pas moins complémentaires. Le contrôle de l'intégralité de la filière agroalimentaire suppose l'intervention conjointe de ces deux acteurs. Or, la responsabilité primaire de l'exploitant agroalimentaire fixe le rôle principal de ce dernier dans le système de contrôle sanitaire. C'est l'exploitant qui doit mettre en application les moyens de contrôle des risques sanitaires qu'il considère les plus efficaces, afin de rendre les denrées alimentaires sûres. C'est pourquoi nous essayerons de prouver d'abord l'existence de l'obligation autonome d'autocontrôle (**Première partie**), pour analyser ensuite les modalités de sa mise en œuvre (**Deuxième partie**).

PARTIE I. L'EXISTENCE DE L'OBLIGATION D'AUTOCONTROLE

17. La notion[34]d'«*autocontrôle*», est utilisée couramment par les professionnels du management[35], pour définir le mode de contrôle qu'une personne exerce sur « *les résultats de son travail et dont les règles sont formellement définies dans les dispositions d'assurance [...] ou de la gestion de la qualité*»[36]. Cet «*autocontrôle*» est employé depuis longtemps, comme étant un outil habituel de l'entreprise moderne, y compris, de l'entreprise agroalimentaire. A la suite de la réforme de la législation alimentaire en 2002, « *l'autocontrôle* » est devenu une obligation pour l'exploitant.

L'étude de la coutume, des textes législatifs et réglementaires, ainsi que des solutions jurisprudentielles, confirme l'existence de cette obligation. Cependant, son analyse n'est apparue que récemment dans les ouvrages spécialisés[37], sans qu'il ne lui soit encore consacré, une étude systématique.

---

34 Notion ainsi entendue comme une «*connaissance élémentaire*». REY-DEBOVE, (J); REY, (A). *Op.Cit*, note n°5, p. 692.

35 CRUCHANT, (L). *La qualité*. Paris: Presses universitaires de France, 2000, p.95-96.

36 International Standard Organisation, ISO. *Norme ISO 8402, relative au management de la qualité et assurance de la qualité, Vocabulaire*. NF X 50-120, 1987, cité par CHEVALIER, (F); DESCAMPS, (P). JUDDE, (A); LEBRUN, (G); LEVESQUE, (C) ; MAJOU, (D). *Qualité § sécurité des aliments. Guide pratique d'utilisation des référentiels*. Paris : ACTIA, 2008, p. 141.

37 CALAIS-AULOY, (J), STEINMETZ, (F). *Droit de la consommation*. 7ème éd. Paris: Dalloz, 2006, §206, qui affirment l'imposition de l'obligation d'autocontrôle à partir de l'article L. 212-1 du Code de la consommation: «*Le responsable de la première mise sur le marché d'un produits est donc tenu de vérifier que celui-ci est conforme aux prescriptions en vigueur*». Les professeurs COLLART DUTILLEUL, (F) et DELEBECQUE, (P). *Contrats civils et commerciaux*. 8ème éd. Paris: Dalloz, 2007, §297-3, signalent dans l'article L. 212-1 le «*devoir général imposant aux professionnels concernées d'autocontrôler la sécurité des*

C'est ce que nous tâcherons d'accomplir. Nous commencerons dans un premier temps, par identifier les différents éléments qui rendent évident qu'il s'agit d'une obligation autonome (Titre I), avant d'identifier dans un deuxième temps, les conséquences de cette autonomie (Titre II).

---

produits qu'ils mettent en circulation». Le professeur COLLART-DUTILLEUL considère que le Règlement CE 178/2002 renforce certaines obligations, y compris, celle de contrôler à chaque stade de l'activité le respect des règles et des procédées. COLLART DUTILLEUL, (F). *Op.Cit*, note n°15, p. 98. Dans le même sens, FRIANT-PERROT, (M). *La sécurité alimentaire: nouvelles enjeux pour les secteurs agricoles et alimentaires*. Revue de Droit Rural. IN, *RD rur.* Paris : Dalloz, n°327, novembre 2004, étude 3, p.14. Autrement, le professeur DOUSSIN explique la manifestation implicite de cette obligation dans la loi du 2 juillet 1973: «*Le contrôle, comme cela était déjà le cas avec la loi du 2 juillet 1973 sur la publicité mensongère à propos de la vérification du contenu d'un message publicitaire, va donc commencer, non pas par une investigation sur les produits, mais par une demande d'information sur l'organisation du contrôle interne (appelé parfois autocontrôle) et ses résultats*». DOUSSIN, (J.P). *Effectivité de la loi du 1er août 1905, évolution des textes, évolution des contrôles*. IN, *1905-2005: un siècle de protection du marché et protection du consommateur*. Direction générale de la concurrence, de la consommation et de la répression des fraudes. Colloque du 25 novembre 2005, Université de Pau et des Pays de l'Adour. Paris : La Documentation française, 2007, p.318.

TITRE I. LA MISE EN EVIDENCE D'UNE OBLIGATION AUTONOME

18. L'intérêt économique des activités de la filière[38] agroalimentaire et l'exigence de garantir la sécurité des denrées, a motivé l'instauration d'une obligation d'autocontrôle, autonome et spécifique au droit agroalimentaire. Il s'agit donc, de vérifier cette proposition, en analysant les indices (Chapitre I) et la consécration de cette obligation dans la législation agroalimentaire (Chapitre II).

---

38 Une «*filière*» est définie couramment comme l'«*ensemble d'activités productrices qui, de l'amont à l'aval, alimentent le marché final déterminé*». REY-DEBOVE, (J); REY, (A). *Op.Cit*, note n°5, *p.* 1070, V. note n°17. Le Vocabulaire Juridique de l'Association H. Capitant, la définit comme un «*titre à ordre créé pour liquider des opérations de ventes de marchandises et contenant une offre de livraison, dont la transmission pour voie d'endossement, d'acquéreur en acquéreur, permet l'exécution (grâce à une seule délivrance faite par le premier vendeur au dernier acquéreur) d'une série des ventes successives portant sur la même marchandise*». CORNU, (G). *Op.cit*, v. note n° 10 p. 236. La première définition révèle, l'objectif de production de la filière. La deuxième, met en évidence leur finalité: l'exécution des opérations économiques. Tous les deux, montrent implicitement ou explicitement, la relation successive des différents acteurs concernant une même marchandise.

CHAPITRE I. LES INDICES

19. Pour garantir à la fois, la sécurité sanitaire des aliments et le développement économique, il convient d'instaurer une obligation d'autocontrôle dont les origines (Section 1) et les manifestations (Section 2) doivent être analysées.

Section 1. Les origines

20. Les crises, quelle que soit leur nature, permettent de déterminer les situations graves et, provoquer un changement qui même s'il est imprévu, est décisif[39]. Sur le plan sanitaire[40], la crise de l'encéphalopathie spongiforme bovine[41] (ESB) fut à l'origine de la réflexion sur la difficulté, institutionnelle[42] et

---

39 « *Crise : 1. Moment d'une maladie caractérisé par un changement subit et généralement décisif, en bien ou en mal. [...] 3. Phase grave dans l'évolution des choses, des événement, des idées*». REY-DEBOVE, (J); REY, *Op.Cit*, note n° 5, p. 594.

40 *"The safety and wholesomeness of foodstuffs is receiving more and more attention in the media. Some examples of recent coverage are the use of genetically modified soya and maize in many foodstuffs, dioxin in foodstuffs, the outbreak of BSE, instances of food poisoning such as salmonella and E.coli, extraneous matters in foodstuffs, an residues of pesticides on foodstuffs.[...]."* LUGT, (M). *Op.Cit*, v. n° 20, introduction.

41 «*Comme d'autres grandes zones commerciales, la Communauté européenne a connu plusieurs problèmes de contamination de la chaîne alimentaire et d'autres types de situations d'urgence liées à la sécurité des denrées alimentaires, dont certaines résultaient d'une contamination de l'alimentation animale.*» Proposition de Règlement du Parlement européen et du Conseil établissant les principes généraux et les prescriptions générales de la législation Alimentaire, instituant l'autorité alimentaire européenne et fixant des procédures relatives à la sécurité des denrées alimentaires. Bruxelles, le 8.11.2000 COM (2000) 716 final 2000/0286 (COD). JOCE, C 96E du 27.3.2001, p. 6. *De même, "In the light of this economic developments in the food industry and following the BSE crisis, the Commission in the Green Paper stated that there was a need for an European food policy requiring that only foodstuffs which are safe, wholesome and fit for consumption be placed on the marked for consumers"*. O'ROURKE, (R). *European Food Law*. 3ème Éd. London : Thomson, Sweet and Maxwell, 2005, p. 106, §1.

42 LORVELLEC, (L). *Op.Cit*, v. note n° 20, p. 214-225. Sur l'échec des administrations sur la gestion de la crise de la vache folle, HERMITE, (M.A.); DORMONT, (D). IN, *Op.Cit*, v. note n° 20, p. 350. Sur les «*mesures françaises incontestablement tardives, compte tenu de l'expérience anglaise*» dans l'affaire de la vache folle; DERIOT, (G). (*Rapporteur*). *Rapport remis à Monsieur le Président du Sénat de la commission d'enquête sur les conditions d'utilisation des farines animales dans l'alimentation des animaux d'élevage et les conséquences qui en résultent pour la sante des consommateurs, créée en vertu d'une résolution adoptée par le sénat le 21 novembre 2000.* Rapport, n° 321, tome I, 2001. p.131. Aussi, CHEVALLIER, (D) et LEYZOUR, (F). *Rapport fait au nom de la Commission*

économique[43], de garantir la sécurité des denrées. L'obligation d'autocontrôle est née de cette réflexion, fixant ses origines dans l'insuffisance du contrôle officiel (Sous-section I) et dans l'indétermination des compétences des acteurs en matière de la sécurité sanitaire des denrées alimentaires (Sous-section II).

§1. L'insuffisance du contrôle officiel

21. L'obligation d'autocontrôle trouve son origine dans l'insuffisance, fonctionnelle (A) et économique (B), du système de contrôle officiel.

A. L'insuffisance économique

22. L'insuffisance économique du contrôle officiel est due à deux raisons principales. En premier lieu, elle est le résultat des limitations budgétaires de l'administration publique. En deuxième lieu, elle résulte de la nécessité d'augmenter la quantité de contrôles officiels pour couvrir les

---

d'enquête sur la transparence et la sécurité sanitaire de la filière alimentaire en France. Rapport d'information n°2297, Paris : Assemblée nationale, 2000, introduction. CAPP, (G). *La sécurité sanitaire des aliments : un enjeu majeur.* Conseil économique et social, Paris : Assemblée Nationale, 2001, p. 111.

43 Sur les limitations budgétaires de la mise en œuvre des contrôles officiels, au niveau communautaire, la Commission expliqua, à propos de la discussion de la proposition du Règlement sur contrôles officiels «[...] *a) aux termes de la décision 97/778/CE de la Commission, cette dernière doit normalement inspecter chaque année les postes d'inspection frontaliers (il en existe environ 290 dans la Communauté) [...] L'obligation énoncée au point (a) n'a jamais été entièrement remplie en raison de contraintes budgétaires.*» [...] « *Actuellement, étant donné les contraintes budgétaires, bon nombre d'obligations de contrôle qui incombent à la Commission dans la législation existante ne peuvent pas être respectées entièrement en tenant compte des modalités de contrôle sectorielles/thématiques actuelles.*» Commission des Communautés européennes. *Op.Cit*, V. note n° 22, p.12, §21.b et p. 116, §2. Non publié au JOUE.

défaillances de la maîtrise de risques des exploitants[44]. La conjonction de ces deux aspects a occasionné un déficit de ressources publiques destinées à la protection de la sécurité alimentaire.

Ce déficit a été mis en évidence par les difficultés rencontrées lors de l'exécution des contrôles officiels, la mise en œuvre des mesures administratives [45] et la réparation des préjudices[46]. Beaucoup de ces

---

44 Dans le même sens, « *Les crises dans le domaine de l'alimentation animal ont démontré à quel point la défaillance à tous les stades de la filière peuvent avoir des conséquences financières considérables. Par le passé, les frais encourus ont été financés en bonne partie au moyen de fonds publics.* » Comité économique et social européen. *Avis du Comité économique et social européen sur la Proposition de règlement du Parlement européen et du Conseil établissant des exigences en matière d'hygiène des aliments pour animaux.* (COM(2003) 180 final–2003/0071 (COD))(2004/C 32/21), JOCE C 32/97, du 5 février 2004, §1.1.

Voir également, note n° 23, considérant §22.

45 « *En cas de survenue d'accidents d'envergure, la société doit supporter les coûts de retrait du marché, de transport, d'entreposage et de destruction des aliments pour animaux, des animaux et des denrées alimentaires, ainsi que des coûts et autres dépenses administratives. Qui doit payer?* » Commission des Communautés européennes. *Rapport de la Commission au Parlement européen et au Conseil sur les dispositions juridiques, les systèmes et pratiques en vigueur dans les états membres et au niveau communautaire concernant la responsabilité des secteurs de production de denrées alimentaires et d'aliments pour animaux et sur les systèmes applicables de garanties financières dans le secteur de l'alimentation animale, conformément à l'article 8 du règlement (CE) n° 183/2005 du Parlement européen et du Conseil du 12 janvier 2005 établissant des exigences en matière d'hygiène des aliments pour animaux.* Sec (2007) 1066, Bruxelles, du 14.8.2007, COM (2007), 469 final, p. 2. Non publié au JOUE.

46 « *Le coût de la réparation du préjudice économique subi le long de la chaîne de l'alimentation animale et humaine est souvent financé par des fonds publics. Il pourrait être mieux porté remède à ces conséquences économiques, à un coût faible pour la société, en tenant pour financièrement responsable l'exploitant dont l'activité entraîne un préjudice économique dans le secteur de l'alimentation animale. Toutefois, il peut ne pas être possible ni approprié d'établir un système obligatoire général de responsabilité financière et de garanties financières, par exemple par la voie d'assurances, s'appliquant à tous les exploitants du secteur de l'alimentation animale. La Commission devrait, partant, étudier cette question plus attentivement, en tenant compte des dispositions de la législation existante en ce qui concerne la responsabilité dans d'autres domaines, ainsi que des systèmes et pratiques existant dans les États membres. À cet effet, la Commission devrait présenter un rapport, assorti, le cas échéant, de propositions législatives.* » Règlement (CE) No 183/2005, considérant §22.

obligations n'ont pas été respectées[47] par les administrations. Ces raisons expliquent l'insuffisance du contrôle officiel, ainsi que la décision de la Communauté de redistribuer les coûts du contrôle sanitaire et d'envisager l'exigence de garanties financières à cet égard.

Le contrôle de la sécurité sanitaire des aliments représente des coûts très élevés. Étant donné que par le passé, celui était pris en charge par les administrations publiques, la législation alimentaire établit une nouvelle organisation financière du système de contrôle officiel[48]. Cette réforme intègre, dans un système unique, les contrôles officiels et redistribue leurs coûts, entre les autorités et les professionnels[49]. Ce système est désormais, garanti par l'apport des Etats et des professionnels. Ainsi, d'une part, les Etats ont l'obligation d'assurer la disposition d'un minimum de ressources pour l'organisation et l'exécution des contrôles[50], de même qu'ils sont autorisés à percevoir des redevances[51]. Les professionnels, d'autre part, bien qu'ils continuent à assumer les coûts des contrôles prévus par la législation[52], doivent supporter, en plus, ceux qui sont liés aux contrôles résultant de l'inobservation des leurs obligations[53]. En effet, la nécessité de remédier à

---

47 Commission des Communautés européennes. *Op.cit.* note n°22, p. 12, § 22 et p. 116, § 5.2.2.

48 Cette réforme est réalisée moyennant la mise en vigueur des instruments juridiques suivants, dénommés couramment «*Paquet contrôles*».

49 Commission de l'environnement, de la santé publique et de la politique des consommateurs. *Rapport sur la proposition de règlement du Parlement européen et du Conseil relatif aux contrôles officiels des aliments pour animaux et des denrées alimentaires.* (COM (2003) 52- C5-0032/2003-2003/0030 (COD), final, A5-0449/2003, 4 décembre 2003, p.28.

50 Règlement (CE) No 882/2004, art. 27.

51 Règlement (CE) No 882/2004, art. 27.

52 Règlement (CE) No 882/2004, art. 27.

53 Règlement (CE) No 882/2004, art 28.

l'insuffisance économique du contrôle officiel, motiva la transmission de la charge financière du contrôle sanitaire, au professionnel. Or, cela constitue la motivation économique de l'obligation d'autocontrôle des professionnels.

Dans la mesure où cette réforme a pour objectif la diminution des dépenses publiques, imposant une charge financière sur les contrôles extraordinaires[54] liés au non-respect des devoirs normatifs des professionnels[55], ceux-ci sont tenus d'investir dans la réduction préalable des dangers[56]. Cela permettra, d'un côté, d'éviter des coûts administratifs supplémentaires. D'un autre côté, cette responsabilisation économique cherche à alléger le contrôle officiel ex-post, qui a du mal à s'adapter aux nouvelles contraintes commerciales et aux avances technologiques[57]. Le

---

54 « *En tenant en compte de l'expérience acquise jusqu'à présent, il est proposé d'établir les principes qui sous-tendent le financement des contrôles officiels et notamment : [...]lorsqu'un manquement à la législation sur les aliments pour animaux et les denrées alimentaires est relevé au cours de contrôles officiels, les coûts supplémentaires induits par une intensification des contrôles éventuellement liée à ce manquement doivent être supportés par l'exploitant du secteur de l'alimentation animale et du secteur alimentaire concerné...* ». Commission des Communautés européennes. *Op.cit.* note n°22, § 43.

55 Dans le même sens, «*Il va de soi cependant que lorsqu'une infraction est relevée lors des contrôles, le coût de ceux-ci doit essentiellement être supporte par l'exploitant concerne. En revanche, il y a lieu d'envisager la possibilité d'octroyer des primes aux exploitants qui appliquent volontairement les procédures de certification de conformité.*» Comité économique et social européen. *Avis du Comité économique et social européen sur la Proposition de règlement du Parlement européen et du Conseil relatif aux contrôles officiels des aliments pour animaux et des denrées alimentaires.* COM (2003), 52 final 2003/0030 /COD/(2003)/234/08, §2.12. JOUE 234/25 du 30 septembre de 2003.

56 « *Une approche préventive et la responsabilité des exploitants sont des éléments essentiels pour améliorer l'efficacité du système public de contrôle, dans la mesure où ils en diminuent le coût et permettent aux autorités compétentes de se concentrer sur les risques prioritaires*». Comité économique et social européen. *Op.Cit,* v. note n°55, § 2.8.

57 "*Because technological advances made it possible for food manufacturers to adulterate their products in ways that consumers could not easily detect even after consumption, reputation mechanisms, which rely on ex post verifiability of product quality, may not have been sufficient to ensure the delivery of quality food items*". LAW, (M. T.) *How do Regulators Regulate? Enforcement of the Pure Food and Drugs Act, 1907-38.* IN, *Journal of Law, Economics, and Organization*, Vol. 22, No. 2, Fall 2006, p. 6. (Consulté le 15 janvier, 2007, http://ssrn.com/abstract =833944)

contrôle préalable, est même incité financièrement, «*sous la forme d'une réduction des redevances dues pour les inspections et les contrôles*»[58].

23. L'impact financier de ces charges est contestable. Celui-ci représente un investissement économique très important pour l'entreprise, quelque soit de sa taille. Compte tenu du fait que le secteur agroalimentaire européen est constitué à 99% des petites et moyennes entreprises[59], on pourrait se demander si la mise en œuvre de cette obligation affectera leur compétitivité, notamment au regard de l'application des règles d'hygiène[60]. De même, si cela peut entraîner des effets sociaux négatifs, tels que la suppression d'emplois[61]. Ces questions sont aujourd'hui, source de débat sur

---

58 « *Il est très important que les entreprises se sentent concernées par la sécurité alimentaire. Il doit donc être (financièrement) intéressant d'investir dans une réduction constante des risques et, partant, une amélioration de la sécurité alimentaire. Les entreprises où le risque est moindre devraient en retirer un avantage, sous la forme d'une réduction des redevances dues pour les inspections et contrôles.*». Commission de l'environnement, de la santé publique et de la politique des consommateurs. *Op.Cit,* v. note n°49, p. 28.

59 *"[...] 99% of the food businesses in the EU are small and medium-sized enterprises. Many of these produce traditional products, applying traditional production methods. Diversity in ways of producing is important for the vitality and versatility of the economy".* European Commission. *Competitiveness of the European Food Industry. An economic and legal assessment.* The Hague: WIJNANDS, (J.H.M), VAN DER MEULEN (B.M.J), POPPE (K.J), (Éds), November 28, 2006, p. 85.

60 Après la mise en vigueur des réformes de la législation alimentaire, à partir du 2004, la Commission s'interroge sur les avantages et les obstacles que représentent certaines obligations, y compris celles liés à l'exécution des autocontrôles, comme le HACCP, pour ces entreprises. Comité économique et social européen. *Avis du Comité économique et social européen sur le thème «Règles d'hygiène et entreprises artisanales de transformation»*, JOUE, (2006/C 65/25, C 65/141, §4.1 et ss.

61 « *4.10 Exemple 2: les États membres d'Europe de l'Est, notamment la République tchèque, la Pologne, la Slovénie et les États baltes ont connu, lors de l'adaptation de la législation nationale à l'acquis communautaire, des processus similaires à ceux observés après la réunification allemande dans les nouveaux länder. Les difficultés économiques ont non seulement entraîné des mutations structurelles majeures des laiteries et des abattoirs se traduisant par des suppressions d'emplois mais, au-delà, les intérêts des grandes entreprises de transformation souhaitant utiliser au maximum leurs exploitations ont souvent pesé dans la définition des procédures d'agrément.*» Comité économique et social européen. *Op. Cit.* note n°60, § 4.10.

le plan communautaire et international. Dans le cadre des échanges avec des pays tiers, et notamment, avec les pays en développement, l'investissement économique visant le respect de ces dispositions, peut être très important, pouvant même limiter le commerce[62].

24. La participation financière de l'entreprise agroalimentaire continue à être débattue. Malgré cela, elle est renforcée. Ceci est mis en évidence, par la proposition de l'exigence des garanties financières dans la filière de

---

62 "*With regard to sanitary measures, developments concerning pesticides regulations in the EU, Japan and the United States suggest that government regulations may de facto discriminate against developing countries. For example, since most fruit and vegetables exported by developing countries constitute so-called minor crops (that in many cases are not produced in the importing country), in the development of new regulations insufficient attention tends to be given to the implications for tropical producers. Developing countries can no longer use certain active substances in plant protection products that leave traces in crops exported to developed-country markets. In addition, they may face tougher MRLs for authorized substances. [...] Another development in food safety regulations is the greater responsibility given to the authorities in the exporting country to control food safety. For example, in accordance with Regulation (EC) No 882/2004, developing countries exporting FFV (and other food products) to the EU will need to provide information on the general organization and management of their national food control system (NFCS) and assurance of compliance or equivalence with the requirements of Community legislation. This may place a burden on many developing countries, for example smaller countries and new entrants to global markets that have not previously been obliged to develop EU-compliant food safety systems. Low initial export volumes may weaken the case for developing such systems (Humphrey, 2005). It should be noted, however, that Article 50 of the regulation seeks to ensure that developing countries are able to comply through technical cooperation and consideration of a possible phased introduction of the requirements. Some have expressed concern that Regulation (EC) No 882/2004 may also place new burdens on export industries in countries with weak NFCS by limiting their options to operate their own systems to satisfy buyers in the EU. However, whereas for foods of animal origin, the Commission establishes a positive list of countries and establishments that are allowed to export to the EU, for foods of non-animal origin, such as FFV, a positive list of countries and establishments is not required. Private business operators can decide if they want to source from certain third counties or establishments (based on the reports that the Commission receives and that are also available to the private sector).*" United Nations Conference on Trade and Development. *Food Safety and Environmental Requirements in Export Markets - Friend or Foe for Producers of Fruit and Vegetables in Asian Developing Countries?*. Genève, New York: HOFFMANN, (U). VOSEENAAR, (R). STEVENSON, (A). (éds), 2007, p. 40, 41. (Consulté le 12 décembre 2008, http://www.unctad.org/en/docs/ditcted20008_en.pdf.)

l'alimentation animale, envisageant le financement préalable du contrôle sanitaire.

Par le passé, la gestion des crises sanitaires avait été principalement financée par des fonds publics[63]. Face aux limitations budgétaires, les autorités européennes ont soumis à discussion l'exigence de garanties permettant d'instaurer un mécanisme de financement des mesures imprévues. Cela a été proposé dans le Règlement CE 183/2005[64], pour le secteur de l'alimentation animale[65].

C'est ainsi qu'en complément du payement des contrôles additionnels liés à l'inobservation de la législation, s'ajoute pour les exploitants une autre forme de charge économique de la sécurité des denrées qui vise à couvrir les coûts des mesures inattendues, liées à la commercialisation des produits, dont les professionnels pourraient être tenus responsables. Ces mesures comprennent essentiellement le retrait, le rappel,

---

63 « *Les crises dans le domaine de l'alimentation animale ont démontré à quel point la défaillance à tous les stades de la filière peuvent avoir des conséquences financières considérables. Par le passé, le frais encourus ont été financés en bonne partie au moyen de fonds publics.* » Comité économique et social européen. *Op.Cit*, v. note n° 44.

64 L'article 8 du Règlement CE 183/2005, sur l'hygiène de l'alimentation animale établit : « *2. Les exploitants du secteur de l'alimentation animale sont responsables de toute infraction à la législation applicable en matière de sécurité des aliments pour animaux et les exploitants au sens de l'article 5, paragraphe 2, doivent prouver qu'ils sont couverts par les garanties financières requises en vertu des mesures législatives communautaires visées au paragraphe 1.* »

65 « *Le Comité estime avec la Commission que les défaillances à tous les stades de la chaîne de production des aliments pour animaux et des denrées alimentaires peuvent avoir des conséquences financières majeures. Il y a lieu de se prémunir contre ces défaillances en imposant des garanties financières. Toutefois, il estime que la proposition de la Commission ne définit ni ne précise de manière satisfaisante ni la nature exacte de cette garantie financière, ni la forme que devrait prendre cette garantie. Compte tenu de l'importance de cette question, toute exigence relative à l'imposition d'une garantie financière doit faire l'objet de contrôles stricts de la part de la Commission, spécialement en ce qui concerne l'impact financier sur les producteurs primaires et les entreprises du secteur des aliments pour animaux* ». Comité économique et social européen. *Op.Cit*, v. note n° 44 § 4.5.

le traitement et la destruction des aliments pour animaux, des animaux et des denrées alimentaires[66].

25. La proposition des garanties financières a donné lieu à un débat très large, qui comprend des aspects substantiels et formels. Parmi les aspects substantiels, il est possible de citer le caractère facultatif ou obligatoire de l'assurance, l'exigence des garanties et des épargnes bancaires, ou des systèmes de mise en réserve commune par secteur. Les aspects formels concernent principalement la définition des moyens de garantie, comme par exemple, l'assurance mutuelle, la création des fonds spéciaux à participation publique ou des lignes de crédit de substitution[67].

Quelle que soit la forme choisie, cette possible exigence financière, accentue l'objectif de la législation alimentaire de renforcer le rôle des exploitants, non seulement dans l'application de la législation alimentaire, mais aussi, en assurant leur participation financière renforce le rôle des exploitants, non seulement dans l'application de la législation alimentaire, mais aussi, en assurant leur participation financière.

26. Toutefois, contrairement à ce qui est préconisé dans le texte règlementaire, cette proposition ne se limite pas au secteur de l'alimentation animale. Etant donnée la relation étroite entre les différents stades de la chaîne alimentaire, lorsqu'une telle garantie est exigée dans un maillon, elle sera ensuite transférée, de manière successive, aux autres. Or, l'objectif de

---

66 « *Les exploitants du secteur de l'alimentation animale doivent dès lors fournir l'assurance, sous la forme d'une garantie financière, qu'ils sont couverts pour les risques liés à leur activité, et plus particulièrement pour les coûts résultant du retrait du marché, du traitement et/ou de la destruction des aliments pour animaux, ainsi que des denrées alimentaires qui en sont issues, pouvant présenter un risque grave pour la santé humaine ou animale et/ou pour l'environnement.* » Commission des Communautés européennes. *Op.Cit*, v. note n° 44, p. 5.

67 Commission des Communautés Européennes. *Op.Cit*, v. note n° 45, p.4

cette proposition est d'établir, progressivement, des instruments de garantie financière dans toute la filière. Cependant, afin de renforcer le rôle des acteurs privés, le législateur européen a choisi de ne pas imposer les dispositifs financiers dans le règlement CE 183/2005[68], mais, de les accorder aux opérateurs[69].

---

68 Règlement (CE) N° 183/2005, art. 8. « *Article 8. Garanties financières. 1. Afin de préparer la mise en place d'un système efficace de garanties financières pour les exploitants du secteur de l'alimentation animale, la Commission présente au Parlement européen et au Conseil au plus tard le 8 février 2006 un rapport sur les garanties financières dans le secteur de l'alimentation animale. Ce rapport, outre l'examen des dispositions juridiques, systèmes et pratiques nationaux en vigueur en matière de responsabilité dans le secteur de l'alimentation animale et dans les secteurs connexes, est assorti, le cas échéant, de propositions législatives pour un tel système de garanties réaliste et applicable au niveau de la Communauté. Ces garanties devraient couvrir le total des coûts dont les exploitants pourraient être tenus responsables en conséquence directe du retrait du marché, du traitement et/ou de la destruction des aliments pour animaux, des animaux et des denrées alimentaires qui en sont issues. 2. Les exploitants du secteur de l'alimentation animale sont responsables de toute infraction à la législation applicable en matière de sécurité des aliments pour animaux et les exploitants au sens de l'article 5, paragraphe 2, doivent prouver qu'ils sont couverts par les garanties financières requises en vertu des mesures législatives communautaires visées au paragraphe 1.*»

69 « *Un grand nombre de représentants d'opérateurs du secteur de l'alimentation animale sont aussi opposés à un système de garanties financières et, si un tel système devait voir le jour, ils préféreraient que ce soit facultatif. Un système facultatif a pour avantage de laisser la possibilité de conclure des contrats en fonction des besoins et conditions spécifiques de chaque opérateur, sans forcer la main aux opérateurs qui ne veulent pas ou ne peuvent pas participer. Cette solution a pour inconvénients principaux que la prime serait probablement élevée, et si l'assurance n'est pas obligatoire, que le pourcentage d'opérateurs assurés serait sans doute faible, plus encore si la prime est élevée. Si tel était le cas, les opérateurs responsables victimes d'un incident, mais non couverts par des garanties financières, devraient trouver les moyens de faire face aux coûts du rappel et de la destruction. Si ces opérateurs devaient ne pas pouvoir y faire face ou payer, en définitive, l'objectif qui est d'éviter de devoir affecter des fonds publics à la réparation d'atteintes à la sécurité des aliments pour animaux s'en trouverait compromis. Il est donc improbable qu'un tel système puisse réduire la charge financière des autorités publiques en cas de crises à grande échelle, et la pression exercée sur les gouvernements par la nécessité d'aider les entreprises concernées se maintiendra. Certaines autorités compétentes apportent leur soutien, et d'autres pourraient envisager un système de garanties financières, mais elles sont partagées quant à la nécessité ou non de rendre ce système obligatoire.* » Commission des Communautés Européennes. *Op.Cit*, v. note n° 45, p. 11.

Cette garantie vise la préservation des ressources économiques pour mettre en œuvre des mesures préventives et précautoires. La nécessité que les professionnels participent à l'application du principe de précaution, et par conséquent, à la protection de la santé, y compris à la sécurité alimentaire, avait été déjà exprimée par Mme. Viney et M. Kourilsky, dans leur rapport sur ce principe: *« Pour assurer pleinement sa fonction de modérateur des intérêts purement économiques par des considération tirées de la protection de la santé, de la sécurité humaine et de l'environnement, le principe de précaution doit s'imposer à tous les décideurs, c'est-à-dire, à toute personne qui a le pouvoir de déclencher ou d'arrêter une activité susceptible de présenter un risque pour autrui. Les décideurs privés, à savoir les entreprises, doivent donc y être soumis, …»*[70]. L'application de ce principe se matérialise clairement par le devoir d'initiative à la charge des entreprises, en cas de suspicion d'un risque, ayant trois objets distincts: la vigilance, l'information aux autorités compétentes et la possibilité de prendre des mesures en cas de suspicion.[71]

La proposition qui vise à exiger une garantie sur les coûts que ces mesures peuvent représenter confirme l'objectif d'assurer économiquement, l'application du principe de précaution. La participation économique des acteurs privés dans leur mise en œuvre, permettra de combler l'insuffisance financière du contrôle officiel. Ceci constitue l'une des origines les plus évidentes, de l'obligation d'autocontrôle des professionnels de l'agroalimentaire.

---

[70] VINEY, (G); et KOURILSKY, (P). *Op.Cit,* v. note n°20, p. 143.

[71] LORVELLEC, (L) et COLLART-DUTILLEUL, (F). *Principe de précaution et responsabilité dans le secteur alimentaire.* IN, *Écrits de droit rural et agroalimentaire*. Paris: Dalloz, 2002. p. 473.

Il est à remarquer, cependant, que l'insuffisance du contrôle officiel ne se limite pas aux aspects économiques, elle comprend aussi, des aspects d'ordre fonctionnel.

B. L'insuffisance fonctionnelle

27. Le contrôle de la sécurité des aliments est le résultat de la mise en œuvre des mesures coordonnées. L'ensemble de ces mesures constitue le système de contrôle sanitaire. Ce système fonctionne grâce à l'articulation des contrôles mis en œuvre de manière jointe par les professionnels et les autorités publiques, nationales[72] et communautaires[73]. Cependant, avant la réforme instaurée par la législation alimentaire à partir de 2002, le contrôle sanitaire n'était pas organisé de cette manière. Sur le plan fonctionnel, il avait devenu donc, insuffisant.

D'une part, les contrôles officiels avaient été organisés en suivant une approche partielle, selon les besoins particuliers de chaque secteur productif[74]. D'autre part, la responsabilité de la sûreté des aliments, avait été

---

[72] En France, sur «*Les rapports de mission du service d'inspection de la Commission, diffusés au public depuis l'été 1998, offrent un catalogue exhaustif des nombreux dysfonctionnements constatés par les vétérinaires européens dans les systèmes de contrôles nationaux. Ces dysfonctionnements ont entraîné des procédures d'infraction à l'encontre de treize Etats membres.*» DERIOT, G. (Rapporteur), (2000). *Op.Cit*, note n° 42, p. 104.

[73] Commission des Communautés européennes. *Op.Cit*, v. note n°21, §14 et §65.

[74] *Op.Cit*, v. note n°22, p.2, §2.

"*1.1. Dans son Livre blanc sur la sécurité alimentaire présenté en 2000, la Commission imputait la responsabilité des crises alimentaires qui se sont succède au cours des dernières décennies notamment a l'insuffisance, aux contradictions et aux lacunes des réglementations en vigueur au niveau communautaire, et estimait plus particulièrement que l'approche sectorielle et l'absence d'harmonisation entre Etats membres concernant l'application des règles et l'organisation des systèmes de contrôle en constituaient les points faibles.*» Comité économique et social européen. *Op. Cit*, v. note n°55, §1.1.

conçue comme étant du ressort exclusif des autorités publiques. La crise de l'ESB démontra que, la mise en œuvre des contrôles officiels sous une approche sectorielle, ne permettait pas de garantir la sécurité dans l'ensemble de la filière et que, les autorités publiques ne pouvaient pas, à elles seules, accomplir cette tâche[75].

Ce constat a conduit à une évolution. Il y a un passage d'une approche partielle du contrôle, à une approche intégrale et, par en la mise en œuvre conjointe, des professionnels et des autorités publiques, du contrôle de la sécurité des denrées.

28. Au moment de l'instauration du marché intérieur et de la politique agricole commune, le contrôle sanitaire des denrées, ni constituait ni faisait partie d'une politique intégrale[76]. Il était conçu comme une démarche sous-jacente au développement du marché commun, lié à la mise en œuvre des conditions relatives aux échanges d'animaux, de végétaux et de denrées d'origine végétale ou animale.[77] Ainsi, les premières directives communautaires d'ordre sanitaire, cherchaient à résoudre les problèmes en

---

[75] Sur les limitations des pouvoirs publics pour gérer les crises sanitaires, AUBRY-CAILLAUD, (F). *Sécurité alimentaire en Europe: la mise en place du nouveau cadre juridique*. In, *Journal des Tribunaux*. No. 114, 12ème année, Bruxelles : Lancier, décembre 2004, p, 289. Sur l'incapacité institutionnelle, scientifique et politique pour gérer la crise de l'ESB, SEGUIN, (E). *La crise de la vache folle au Royaume-Uni : Quelques explications possibles*. In, *Revue française de science politique*. Paris: Presses de la Fondation nationale des sciences politiques, vol. 52, n° 2-3, avril-juin 2002, p. 273-289. Sur la perdre de confiance dans les autorités publiques et dans l'industrie alimentaire, pour protéger la santé publique à la suite des crises de l'ESB. KREBS (J). *Establishing a single, independent foods standards Agency: The United Kingdom's experience*. In, *Food and Drug Law Journal*. Vol. 59, Washington: Food and Drug Law Institute, 2004, p. 387.

[76] COLLART-DUTILLEUL, (F). (Rapporteur). Conseil national de l'alimentation. *Avis sur la préparation de l'entrée en vigueur au 1er janvier 2005, de certains dispositions du règlement CE n°178/2002 du Parlement européen et du Conseil, qui concernent les entreprises*. Avis n° 48, adopté le 9 novembre 2004, p. 7. Dans le même sens, AUBRY-CAILLAUD, (F).*Op.cit*, v. note n°75, p. 289.

[77] COLLART-DUTILLEUL, (F). *Ibid*.

matière d'échanges communautaires des viandes fraîches[78] et de police sanitaire sur les viandes porcine et bovine[79].

La nécessité d'harmoniser la législation pour assurer le fonctionnement du marché[80], et établir la libre circulation des marchandises, n'a pas modifié cette vision de la sécurité sanitaire. La promulgation des directives concernant les denrées alimentaires, cherchait à faciliter l'information du consommateur et la loyauté des transactions commerciales. Les directives promulguées se référaient par exemple, à l'évaluation des additifs alimentaires[81], à l'étiquetage, à la présentation et à la publicité des denrées alimentaires[82], à l'indication des prix des denrées[83], au

---

[78] Directive 64/433/CEE du Conseil, du 26 juin 1964, relative à des problèmes sanitaires en matière d'échanges intracommunautaires de viandes fraîches, JOCE 121 du 29.7.1964, p. 2012-2032.

[79] Directive 64/432/CEE du Conseil, du 26 juin 1964, relative à des problèmes de police sanitaire en matière d'échanges intracommunautaires d'animaux des espèces bovine et porcine, JOCE 121 du 29.7.1964, p. 1977-2012.

[80] Arts. 113 (ex-article 93 du *Traité instituant de la Communauté européenne*), article 115 (ex-article 94 ex-article du *Traité instituant*), 114 (ex-article 95 du *Traité instituant*), du Traité sur le fonctionnement de l'Union européen. Journal officiel de l'Union européenne, C155/47, du 9 mai 2008.

[81] Directive 64/54/CEE du Conseil, du 5 novembre 1963, relative au rapprochement des législations des États membres concernant les agents conservateurs pouvant être employés dans les denrées destinées à l'alimentation humaine, JOCE 12 du 27.1.1964, p. 161-165.

[82] Directive 79/112/CEE du Conseil, du 18 décembre 1978, relative au rapprochement des législations des États membres concernant l'étiquetage et la présentation des denrées alimentaires destinées au consommateur final ainsi que la publicité faite à leur égard, JOCE L 33 du 8.2.1979, p. 1-14.

[83] Directive 79/581/CEE du Conseil, du 19 juin 1979, relative à la protection des consommateurs en matière d'indication des prix des denrées alimentaires, JOCE L 158 du 26.6.1979, p. 19-21.

rapprochement des législations sur des produits, tels que les confitures[84] ou les jus de fruits[85].

Malgré ces efforts, le marché fut entravé par des barrières douanières et techniques. Parmi ces entraves les aspects sanitaires commencèrent à constituer des causes récurrentes de conflits entre les pays. A partir de 1987, la législation communautaire relative aux conditions sanitaires pour les échanges des produits agricoles, fut complétée par une politique d'harmonisation des conditions de production, de mise sur le marché et d'importation des produits agricoles.[86] Cependant, le contrôle sanitaire resta, jusqu'à la crise de l'ESB, seulement une condition à la circulation de marchandises[87].

---

[84] Directive 79/693/CEE du Conseil, du 24 juillet 1979, relative au rapprochement des législations des États membres concernant les confitures, gelées et marmelades de fruits ainsi que la crème de marrons, JOCE L 205 du 13.8.1979, p. 5-16.

[85] Directive 81/487/CEE du Conseil, du 30 juin 1981, portant deuxième modification de la directive 75/726/CEE relative au rapprochement des législations des États membres concernant les jus de fruits et certains produits similaires, JOCE L 189 du 11.7.1981, p. 43-45.

[86] COLLART-DUTILLEUL, (F). *Op.Cit*, v. note n° 76.

[87] "*c) La santé publique oubliée. Si une approche dogmatique du marché unique a pu si aisément s'imposer, c'est principalement en raison de l'absence d'une véritable prise en compte des impératifs de santé publique au niveau européen. La commission d'enquête a constaté que, jusqu'à une date récente, le dossier de l'ESB avait été entièrement géré par les responsables européens chargés de l'agriculture, tant au niveau du Conseil qu'au niveau de la Commission, et non par ceux chargés de la santé. Ainsi, il a fallu attendre 1994 pour que, sur l'insistance de la France, les ministres de la santé se réunissent à Bruxelles pour s'entretenir d'une possible transmission à l'homme de l'ESB. Au sein de la Commission européenne, c'est la direction générale de l'Agriculture qui a accaparé le dossier. Il est vrai que jusqu'à Maastricht, la santé publique n'occupait qu'une place marginale dans la construction européenne, car la compétence de la communauté était limitée aux maladies professionnelles.*

L'Europe de la santé, parent pauvre de la construction communautaire. Ce n'est que par le traité de Maastricht, soit quarante ans après le début de l'unification communautaire, qu'un nouvel article 129 a reconnu formellement la santé publique comme une compétence de l'Union européenne, cette reconnaissance n'ayant d'ailleurs été formulée qu'avec de fortes réserves. Tels que définis par l'article 129 du traité, les objectifs de cette

29. La crise de l'ESB montra, que la sécurité des denrées avait été reléguée à une place secondaire. Le contrôle de la sécurité des denrées était régulé, de manière à ne pas constituer une entrave à la libre circulation, et à ne pas affecter donc, le fonctionnement du marché. Or, la réglementation communautaire avait été employée comme un instrument visant le développement économique, et en conséquence, les pouvoirs publics ont eu du mal à faire prévaloir l'intérêt public sur le privé[88]. A ce moment là, la

---

action européenne présentent des aspects déconcertants. Il ressort, en effet, selon cet article, que l'action de la Communauté en matière de santé publique est limitée à la seule prévention des maladies en favorisant la recherche sur leurs causes et leur transmission, ainsi que l'information et l'éducation en matière de santé. Or, la notion de « prévention des maladies » paraît quelque peu réductrice, dans la mesure où elle semble exclure le traitement des maladies. En fait, la rédaction de l'article 129 traduit bel et bien une méfiance vis-à-vis des excès possibles de l'intervention communautaire. Ainsi, le même article énonce plus loin que «l'action de la Communauté vise à encourager la coopération entre les Etats membres», et toute harmonisation des dispositions législatives et réglementaires des Etats membres est expressément exclue. En outre, les seuls instruments disponibles sont des actions d'encouragement ou des recommandations. Enfin, toute action d'encouragement ne peut être prise que selon la procédure de codécision, qui nécessite un accord complet entre le Conseil et le Parlement européen. Au total, tout se passe comme si la santé avait été introduite à contrecœur dans les traités et qu'à partir du moment où elle y figurait, la principale préoccupation était de se prémunir contre un possible centralisme bruxellois. Certes, la rédaction embarrassée de l'article 129 manifeste sans doute la crainte de la plupart des Etats membres de voir la Communauté intervenir dans les politiques de santé publique nationales et de menacer l'organisation des systèmes de santé. » DERIOT, G. *Op.Cit*, V. note n°42, p. 105-106,

88 «*Consumer organisations and the media attributed his loss of public confidence to the secrecy surrounding the food industry and its regulation, and to the perception that consumer and public health concerns were subordinate to political and industrial interest. This is illustrated by the findings of survey conducted by the Consumers' Association in April 1996, shortly after the announcement the BSE in cattle and a variant of Creutzfelt JaKob disease (vCJD) in humans were linked, Seventy percent of the survey respondents felt that the government had withheld information about the risks associated with BSE, and three-quarters felt that it was difficult to know whether government advice about risks associated with food was independent of political pressures.*" KREBS (J). *Op.Cit*, n°75, p. 387.

législation alimentaire était constituée par plusieurs directives et décisions[89], organisant les contrôles officiels sous un critère thématique[90]. Cette

---

[89] Sur l'alimentation animale, la directive 95/53/CE du Conseil, du 25 octobre 19953, établit les principes relatifs à l'organisation des contrôles officiels dans le domaine de l'alimentation animale, JOCE L 265 du 8.11.1995, p. 17. Dans le secteur de l'alimentation animale, le financement des contrôles officiels été organisé par la décision 98/728/CE du Conseil, JOCE L 346 du 22.12.1998, p. 51. Les modes de prélèvement d'échantillons et les méthodes d'analyse communautaires pour le contrôle officiel des aliments pour animaux sont définis dans la directive 70/373/CEE du Conseil, JOCE L 170 du 3.8.1970, p. 2. La directive 98/88/CE de la Commission, du 13 novembre 1998, établissant des lignes directrices pour l'identification et l'estimation, par examen microscopique, des constituants d'origine animale pour le contrôle officiel des aliments pour animaux, JOCE L 318 du 27.11.1998, p. 45.

La réglementation concernant l'alimentation humaine comprenait, la directive 89/397/CEE du Conseil relative au contrôle officiel des denrées alimentaires, JOCE L 186 du 30.6.1989, p. 23. et la directive 93/99/CEE du Conseil relative à des mesures additionnelles concernant le contrôle officiel des denrées alimentaires, JOCE L 290 du 24.11.1993, p. 14.

Les contrôles vétérinaires étaient réglés par des directives de nature générale, applicables à toutes les denrées : la directive 89/662/CEE du Conseil relative aux contrôles vétérinaires applicables dans les échanges intracommunautaires dans la perspective de la réalisation du marché intérieur, JOCE L 395 du 30.12.1989, p. 13; la directive 97/78/CE du Conseil fixant les principes relatifs à l'organisation des contrôles vétérinaires pour les produits en provenance des pays tiers introduits dans la Communauté, JOCE L 24 du 30.1.1998, p. 9 .

L'organisation des contrôles vétérinaires était régie par, la directive 89/608/CEE du Conseil présente des règles détaillées sur l'assistance mutuelle entre les autorités administratives des États membres et la collaboration entre celles-ci et la Commission en vue d'assurer la bonne application des législations vétérinaire et zootechnique, JOCE L 351 du 2.12.1989, p. 34, et la directive 96/43/CE du Conseil modifiant et codifiant la directive 85/73/CEE pour assurer le financement des inspections et des contrôles vétérinaires des animaux vivants et de certains produits animaux, JOCE L 162 du 1.7.1996, p. 1.

Enfin, le Règlement (CE) n° 999/2001 du Parlement européen et du Conseil fixant les règles pour la prévention, le contrôle et l'éradication de certaines encéphalopathies spongiformes transmissibles, a revêtu une importance majeure pour l'organisation des contrôles officiels dans le secteur vétérinaire, ainsi que le Règlement (CE) n° 1774/2002 du Parlement européen et du Conseil du 3 octobre 2002 établissant des règles sanitaires applicables aux sous-produits animaux non destinés à la consommation humaine, JOCE L 273 du 10.10.2002, p. 1.

[90] « *Jusqu'à présent, les contrôles communautaires dans les États membres étaient organisés en fonction des mandats confiés à la Commission par les différentes directives sectorielles. Cette organisation n'a pas toujours permis de procéder à une évaluation globale des systèmes de contrôle des États membres.* » *[...]* « *À l'heure actuelle, les*

législation régula le contrôle de la sécurité selon les priorités sectorielles[91], excluant certains stades de la filière, activités et produits, créant par conséquent, des vides. La sécurité des denrées était donc, mise en œuvre par une approche partielle, qui ne permettait de garantir ni la sécurité des intrants, ni l'innocuité des produits, lors de la production, de la transformation ou de la distribution.

Afin de résoudre cette situation, le Livre blanc sur la sécurité alimentaire propose une «*approche globale*[92]*, intégrée*»[93], qui est incorporée

---

contrôles communautaires dans les États membres et dans les pays tiers sont organisés essentiellement par secteur, en fonction des mandats confiés à la Commission par les différentes législations sectorielles ou thématiques. Le projet de règlement propose une nouvelle approche de la manière dont la Commission, et notamment l'Office alimentaire et vétérinaire (OAV), contrôle la mise en œuvre de la législation relative aux aliments pour animaux et aux denrées alimentaires, y compris la santé des animaux et celle des plantes, par les États membres et par les pays tiers qui exportent des aliments pour animaux, des denrées alimentaires, des plantes ou des animaux vers l'Union européenne.» Commission des communautés européennes. *Op.Cit,* v. note n°22, p. 115.

91 « *Des dispositions en matière de contrôles officiels existent déjà dans différents secteurs tels que le domaine vétérinaire en rapport avec la santé publique, la police sanitaire, les denrées alimentaires et les aliments des animaux. Cette approche sectorielle a abouti à une situation où il est satisfait de manière différente selon les secteurs à des exigences de nature similaire, ou bien où certains aspects sont négligés dans un secteur particulier si bien que la législation présente des lacunes.*» Commission des Communautés Européennes. Proposition de Règlement du Parlement européen et du Conseil, relative a l'hygiène des denrées alimentaires, Proposition de Règlement du parlement européen et du conseil fixant les règles spécifiques d'hygiène applicables aux denrées alimentaires d'origine animale, Proposition de Règlement du Parlement européen et du Conseil fixant les modalités d'organisation des contrôles officiels concernant les produits d'origine animale destines a la consommation humaine, Proposition de Règlement du conseil fixant les règles de police sanitaire régissant la production, la mise sur le marche et l'importation des produits d'origine animale destines a la consommation humaine proposition de directive du Parlement européen et du Conseil abrogeant certaines directives relatives a l'hygiène des denrées alimentaires et aux règles sanitaires régissant la production et la mise sur le marche de certains produits d'origine animale destines a la consommation humaine, et modifiant les directives 89/662/CEE et 91/67/CEE. Bruxelles, le 14.07.2000, Com(2000) 438 final, 2000/0178 (cod), 2000/0179 (cod), 2000/0180 (cod), 2000/0181 (cns), 2000/0182 (cod), p. 12, §IV.1. JO, C 365E du 19.12.2000, p. 43-134.

92 AUBRY- CAILLAUD, (F). *Op.Cit,* v. note n°75, p. 289.

dans la législation comme le «*principe*»[94] directeur de la politique de sécurité alimentaire. Sous cette approche, s'instaure l'exécution des contrôles sur chacun des différents maillons de la filière, permettant une nouvelle organisation de la gestion sanitaire. Désormais, les contrôles officiels sont définis dans un cadre communautaire harmonisant les contrôles nationaux. Chaque pays établit un plan pluriannuel de contrôle, qui est, à la fois, la base du contrôle sanitaire national et communautaire[95]. Ce plan pluriannuel national, repose sur les systèmes de contrôle mis en place par les opérateurs contrôlés, qui dorénavant, doivent appliquer les dispositions législatives[96].

---

93 « *Cette nouvelle approche nécessitera impérativement que tous les États membres et pays tiers présentent à la Commission (pour les produits qu'ils exportent vers l'Union) un plan de contrôle pluriannuel général décrivant la manière dont les autorités nationales veillent au respect des exigences de la législation communautaire relative à la sécurité des aliments pour animaux et des denrées alimentaires "de la ferme à la table". En ce qui concerne les pays tiers, le plan de contrôle général constituera la garantie fondamentale que les produits exportés dans la Communauté satisfont aux exigences. Les plans de certains de ces pays tiers seront relativement modestes, étant donné la gamme de produits limitée qu'ils exportent vers l'Union. Sur la base de ces plans de contrôle pluriannuels généraux, la Commission effectuera régulièrement des audits généraux des activités de contrôle des États membres et des pays tiers. Ces audits généraux de l'ensemble des systèmes de contrôle, complétés, selon les besoins, par des inspections de secteurs ou points de contrôle particuliers, remplaceront en grande partie l'approche sectorielle/thématique existante tant dans les États membres que dans les pays tiers.* » *Actuellement, étant donné les contraintes budgétaires, bon nombre d'obligations de contrôle qui incombent à la Commission dans la législation existante ne peuvent pas être respectées entièrement en tenant compte des modalités de contrôle sectorielles/thématiques actuelles. Par contre, la nouvelle approche ne nécessite pas d'effectif supplémentaire, car elle doit permettre à la Commission d'utiliser plus efficacement ses ressources existantes en fusionnant ses diverses activités de contrôle en un seul processus intégré global. Cette approche permettra également de garantir que le respect par les autorités nationales de toutes les principales exigences de la législation communautaire est régulièrement vérifié et que le processus de contrôle ne comporte pas de lacunes.*» Commission des communautés européennes. Proposition de Règlement du Parlement européen et du Conseil relatif aux contrôles officiels des aliments pour animaux et des denrées alimentaires. *Op.Cit*, v. note n° 22, p.116, § 5.2.1.

94 Commission des Communautés européennes. *Op.Cit*, V. note n° 21, p. 9, §9.

95 Règlement (CE) 882/2004, arts. 41-45.

96 Commission des Communautés européennes. *Op.Cit*, v. note n° 21, p.33, §88.

C'est ainsi, que le contrôle sanitaire devient une compétence conjointe aux autorités et aux professionnels.

30. L'une des causes de l'insuffisance du contrôle officiel, évoquée fréquemment, est « *l'absence d'engagement clair de toutes les parties concernées*»[97] dans la protection de l'innocuité alimentaire. Bien que cette affirmation fut employée pour justifier les défaillances du système de contrôle, il faut remarquer que les autorités ont promu cette situation, en établissant d'une part, le contrôle de la sécurité alimentaire comme étant de leur ressort exclusif, et d'autre part, en accordant un caractère volontaire et secondaire à l'intervention des professionnels. Ceci est évident, lorsque le Comité économique et social (UE) considère que la mise en œuvre du principe de précaution, «*relève de la seule décision du décideur, en l'occurrence l'autorité politique et/ou administrative compétente*»[98], excluant les acteurs privés de participer à la protection de la santé, dans les différents domaines que cela implique, y compris, la sécurité des aliments.

Paradoxalement, les autorités publiques se sont trouvées face aux crises, très limitées pour contrôler l'innocuité. L'approche intégrale vient à imposer un contrôle sanitaire sur l'ensemble des activités. Ce contrôle, cependant, doit être mis œuvre par tous les acteurs. Le contrôle sanitaire n'est plus conçu comme une compétence exclusive des autorités. C'est ainsi, que cette nouvelle approche révèle la nécessité de définir les compétences des acteurs de la filière, compétences qui avaient été pendant longtemps, indéfinies.

---

97 Commission des Communautés européennes. *Op.Cit*, v. note n°21, p. 25, §.65.

98 Comité économique et social européen. *Avis sur le «Recours au principe de précaution»*, du 12 juillet 2000, C 268/04, JOCE, 19.9.2000, §5.5.1.

§2. L'indétermination des compétences

31. La deuxième raison que motive l'émergence d'une obligation d'autocontrôle, se trouve dans l'absence de définition des compétences des intervenants de la filière. C'est pour cette raison que tout au long de la discussion concernant la réforme de la politique alimentaire européenne, on insista dans la définition sur les «*rôles*»[99] des différents acteurs. Ces «*rôles*» prennent la forme des compétences, définies par la législation alimentaire selon l'approche d'analyse des risques.

32. L'un des apports fondamentaux du Livre blanc de la sécurité alimentaire, réside dans la définition explicite des compétences des autorités, consommateurs et professionnels[100]. Celle-ci est établie à partir de l'application du «*principe d'analyse de risques*».

---

99 « *Il convient de définir clairement les rôles de toutes les parties prenantes à la chaîne alimentaire (les fabricants d'aliments pour animaux, les exploitants agricoles et les producteurs de denrées alimentaires/les opérateurs; les autorités compétentes des États membres et des pays tiers; la Commission; les consommateurs). Les fabricants d'aliments pour animaux, les exploitants agricoles et les opérateurs du secteur alimentaire assument la responsabilité primaire de la sécurité alimentaire. Les autorités compétentes supervisent et font appliquer cette responsabilité en utilisant des systèmes nationaux de surveillance et de contrôle. La Commission, quant à elle, évalue, par des audits et des inspections au niveau national, la capacité des autorités compétentes à faire fonctionner de tels systèmes. Enfin, les consommateurs doivent aussi être conscients qu'ils sont responsables des conditions dans lesquelles ils stockent, manipulent et préparent les aliments. Ainsi, la politique «de la ferme à la table», couvrant tous les secteurs de la chaîne alimentaire, y compris la production des aliments pour animaux, la production primaire, la transformation des aliments, le stockage, le transport et la vente au détail, sera mise en œuvre systématiquement et de façon cohérente.*» Commission des Communautés européennes. *Op.Cit.* v. n° note n°21, §.9, p. 9.

100 « *Within the context of this article it is important to refer to the fact that the White Paper provides for a shared responsibility for safe food production between food business operators, national authorities and the European Commission*". VAN DER MEULEN, (B.M.J.)

Ce principe est évoqué par le Livre blanc[101]et, postérieurement est repris par le Règlement CE 178/2002. La définition apportée par ce dernier, le décrit comme étant un processus «*comportant trois volets interconnectés: l'évaluation des risques, la gestion des risques et la communication sur les risques*»[102]. Ces «*volets*» sont, à leur tour, définis comme des processus indépendants, mais étroitement liés.

L'évaluation des risques, est «*un processus reposant sur des bases scientifiques et comprenant quatre étapes: l'identification des dangers, leur caractérisation, l'évaluation de l'exposition et la caractérisation des risques*». La gestion est entendue comme «*le processus, distinct de l'évaluation des risques, consistant à mettre en balance les différentes politiques possibles, en consultation avec les parties intéressées, à prendre en compte l'évaluation des risques et d'autres facteurs légitimes, et, au besoin, à choisir les mesures de prévention et de contrôle appropriées*»[103]. La communication des risques est définie, comme «*l'échange interactif, tout au long du processus d'analyse des risques, d'informations et d'avis sur les dangers et les risques, les*

---

and FRERIKS, (A). *Millefeuille: The Emergence of a Multi-Layered Controls System in the European Food Sector*. In, *Utrecht Law Review, Vol. 2, No. 1, pp. 156-176, June 2006*, p. 159.

Aussi, le Comité économique et social européen signala « *Le Comité se félicite plus particulièrement des aspects suivants contenus dans la proposition, qui sont nouveaux ou dont l'efficacité a été améliorée: a) une meilleure définition des responsabilités des Etats membres en ce qui concerne leurs compétences directes en matière de contrôles, que ce soit en qualité de « détenteurs des pouvoirs de contrôle » ou de « garants de la santé des citoyens» tout en respectant le principe de la responsabilité de l'exploitant établi dans les réglementations sur l'hygiène; b) la responsabilité de l'exploitant et de l'importateur comme outil de simplification des contrôles, dans la mesure ou elle encourage un « autocontrôle » réel du respect des dispositions en matière d'hygiène et de sécurité* ». Commission des communautés européennes. *Op. Cit*, V. note n°22, § 2.3, a et b.

101 Livre Commission des Communautés européennes. *Op.Cit*, v. note n°21, p. 9, §11.

102 Règlement CE 178/2002, art.3.10.

103 Règlement CE 178/2002, art.3.12.

facteurs liés aux risques et les perceptions des risques, entre les responsables de l'évaluation des risques et de la gestion des risques, les consommateurs, les entreprises du secteur alimentaire et du secteur de l'alimentation animale, les milieux universitaires et les autres parties intéressées, et notamment l'explication des résultats de l'évaluation des risques et des fondements des décisions prises en matière de gestion des risques;»[104].

Ces définitions sont constituées par un amalgame d'aspects, à la fois techniques et politiques. D'une part, l'évaluation des risques est définie selon la référence aux fondements scientifiques, ce qui semblerait la limiter, aux aspects strictement techniques. D'autre part, les autres «*volets*», de la gestion et de la communication des risques, comportent des éléments plus politiques, qui vont de la large participation de la société civile à la gestion gouvernementale des risques.

33. Sur le plan juridique, l'analyse de risques est considérée comme un principe[105] ou «*fondement impératif*»[106] de la politique de sécurité alimentaire. Il vise à sauvegarder la santé publique et établit directement une base autonome des droits et des obligations, pour les différents intervenants. Ainsi, l'analyse de risques guide la définition d'une compétence générale et des compétences spécifiques, toutes liées à la protection de la sécurité des denrées alimentaires.

34. Dans un premier temps, l'analyse des risques en tant que principe, établit la compétence générale et commune à tous les acteurs, consistant en

---

104 Règlement CE 178/2002, art.3.13.

105 LORVELLEC (L) et COLLART-DUTILLEUL, (F), le décrivent comme étant un « *un principe-règle*». LORVELLEC, (L) ; COLLART-DUTILLEUL, (F). *Op.Cit.* p. 448, v. note n°71.

106 Commission des Communautés européennes. *Op.Cit*, v. note n°21, p. 0911.

la réalisation d'un ensemble des activités, qui permettent de protéger les personnes des risques présents dans les aliments. Ces activités résultent de chacun des processus d'évaluation, de gestion et de communication, qui intègrent l'analyse des risques et dans lesquels, participent les intervenants de la filière, mais de manière différente.

Les autorités, interviennent dans chacun de ces processus. Concernant l'évaluation des risques, le Règlement CE 178/2002, attribue et accentue, cette compétence à une autorité communautaire, l'Agence Européenne de Sécurité Alimentaire[107]. Cependant, cette compétence figure parmi d'autres et, est aussi, exercée au niveau national, par les institutions qui réalisent leurs propres évaluations des risques[108].

---

107 « *Article 22. Mission de l'Autorité. [...] 2. L'Autorité fournit des avis scientifiques et une assistance scientifique et technique à la politique et à la législation de la Communauté dans tous les domaines ayant un impact direct ou indirect sur la sécurité des denrées alimentaires et des aliments pour animaux. Elle constitue une source indépendante d'informations sur toutes les questions relevant de ces domaines et assure la communication sur les risques. [...]*

4. L'Autorité recueille et analyse les données afin de permettre la caractérisation et le contrôle des risques ayant un impact direct ou indirect sur la sécurité des denrées alimentaires et des aliments pour animaux. [...]

8. L'Autorité, la Commission et les États membres coopèrent afin de favoriser la cohérence effective entre les missions d'évaluation des risques, de gestion des risques et de communication sur les risques. [...]

Article 23. Tâches de l'Autorité. [...] c) fournir une assistance scientifique et technique à la Commission dans les domaines relevant de sa mission et, lorsqu'elle en fait la demande, pour l'interprétation et l'examen des avis sur l'évaluation des risques; [...] f) mener une action d'identification et de caractérisation des risques émergents, dans les domaines qui relèvent de sa mission; [...] i) apporter, lorsque la demande lui en est faite par la Commission, un soutien scientifique et technique en vue d'améliorer la coopération entre la Communauté, les pays ayant introduit une demande d'adhésion, les organisations internationales et les pays tiers, dans les domaines qui relèvent de sa mission;... »

108 Ainsi, entre autres exemples, c'est le cas de l'Agence Française qui « *[...]évalue les risques sanitaires et nutritionnels que peuvent présenter les aliments destinés à l'homme ou aux animaux, y compris ceux pouvant provenir des eaux destinées à la consommation humaine, des procédés et conditions de production, transformation, conservation, transport, stockage et distribution des denrées alimentaires, ainsi que des maladies ou*

En ce qui concerne le consommateur, il peut réaliser uniquement une évaluation très simple du risque. Ceci, étant donné qu'il ne dispose pas des moyens suffisants pour identifier les risques et parce que l'information que lui est donnée, est souvent imprécise. Cependant, il peut dans certaines circonstances où le risque est très évident, l'identifier, prendre des mesures visant à éviter un préjudice et le communiquer, soit au professionnel, soit aux autorités.

---

infections animales, de l'utilisation des denrées destinées à l'alimentation animale, des produits phytosanitaires, des médicaments vétérinaires, notamment les préparations extemporanées et les aliments médicamenteux, des produits antiparasitaires à usage agricole et assimilés, des matières fertilisantes et supports de culture, ainsi que des conditionnements et matériaux destinés à se trouver en contact avec les produits susmentionnés. De même, elle participe à la mission de défense nationale dans le domaine alimentaire. [...] L'Agence française de sécurité sanitaire des aliments est également chargée de l'évaluation des produits phytopharmaceutiques, des adjuvants, des matières fertilisantes et des supports de culture pour l'application des dispositions du titre V du livre II du code rural » Article L 1323.1- du Code de la Santé Publique.

En Espagne, la Agencia Española de Seguridad Alimentaria y Nutrición remplit la fonction de "*Actuar como centro de referencia de ámbito nacional en la evaluación de riesgos alimentarios y en la gestión y comunicación de aquéllos, especialmente en las situaciones de crisis o emergencia.* » *et qui integre un Comité Científico qui "[...] tendrá, entre sus funciones, la de proporcionar a la Agencia dictámenes científicos en materia de seguridad alimentaria, definir el ámbito de los trabajos de investigación necesarios para las funciones de la Agencia y coordinar los trabajos de los grupos de expertos que realicen actividades de evaluación de riesgos en el marco de las actuaciones de la Agencia. b) La composición tendrá en cuenta la diversidad de disciplinas que requiere el análisis y la gestión de los riesgos relacionados con la seguridad alimentaria.*" Ley 11/2001, de 5 de julio, por la que se crea la Agencia Española de Seguridad Alimentaria. Boletín oficial del Estado, Gobierno de España, BOE n° 161, 6/7/2001, arts. 1.c 4.a., 4.b.

En Belgique c'est l'Agence Fédérale pour la Sécurité de la Chaîne Alimentaire, qui « *est chargée de l'élaboration, de l'application et du contrôle de mesures qui concernent l'analyse et la gestion des risques susceptibles d'affecter la santé des consommateurs.* » Art. 4.2, la loi du 4 février 2000, M.B. 18/02/2000.(Consulté le 14 mai, 2009, http://www.ejustice.just.fgov.be/ loi/loi.htm).

Sur l'analyse comparative des compétences concernant la protection de la sécurité sanitaire des aliments des agences européennes, Japon et le Canada, GAO. *Food Safety. Selected Countries' Systems can offer insights safety and responding to foodborne illness.* United States Government Accountability Office. Report to congressional requesters. GAO-08-794, June 2008, p. 16.

La situation de l'exploitant est très différente. D'abord, il peut grâce à ses contrôles, identifier et caractériser les risques. Il peut réaliser ceci, dans la production, la transformation ou la commercialisation. Il peut également, appliquer les mesures que lui permettent de corriger les problèmes de sécurité et communiquer les risques aux autorités et aux consommateurs.

En effet, d'une manière ou d'une autre, les autorités, les professionnels et les consommateurs, réalisent des activités comprises dans les différents processus intégrant l'analyse de risques.

35. Dans un deuxième temps, nous pouvons constater que la vaste étendue des activités résultant des processus intégrant l'analyse des risques, délimite les compétences spécifiques de chaque intervenant. Ces compétences sont limitées à la capacité réelle dont dispose l'intervenant pour réaliser une action d'évaluation, de gestion ou de communication des risques. De cette manière, si l'intervenant ne dispose que de moyens très limités pour identifier ou maîtriser un risque, son action sur la sécurité de l'aliment, est assez restreinte.

Ceci est le cas du consommateur. Même, si le Livre blanc indique que, les consommateurs «*doivent aussi être conscients qu'ils sont responsables des conditions dans lesquelles ils stockent, manipulent et préparent les aliments*»[109], ses compétences se réduisent à la vérification du caractère sûr de l'aliment, une fois que l'aliment, se trouve entre ses mains. Au-delà, le consommateur n'intervient à aucune autre action de contrôle des risques.

En revanche, une autorité bien qu'ayant des instruments et la connaissance pour exercer un contrôle ex-ante ou à posteriori, n'intervient pas directement dans la sécurité des denrées : « *Les autorités compétentes*

---

109 Commission des Communautés européennes. *Op.Cit*, v. note n°21, §.9, p. 9.

supervisent et font appliquer cette responsabilité en utilisant des systèmes nationaux de surveillance et de contrôle. La Commission, quant à elle, évalue, par des audits et des inspections au niveau national, la capacité des autorités compétentes à faire fonctionner de tels systèmes.» [110] Cette compétence de «*supervision*»[111], est reprise par l'article 15 du Règlement CE 178/2002, en indiquant que «*Les États membres assurent l'application de la législation alimentaire; ils contrôlent et vérifient le respect par les exploitants du secteur alimentaire et du secteur de l'alimentation animale des prescriptions applicables de la législation alimentaire à toutes les étapes de la production, de la transformation et de la distribution. À cette fin, ils maintiennent un système de contrôles officiels et d'autres activités appropriées selon les circonstances, y compris des activités de communication publique sur la sécurité et les risques des denrées alimentaires et des aliments pour animaux, de surveillance de la sécurité des denrées alimentaires et des aliments pour animaux et d'autres activités de contrôle couvrant toutes les étapes de la production, de la transformation et de la distribution.»*[112] Or, les compétences des autorités, nationales ou communautaires, sont définies par rapport à l'évaluation et la constatation de ce que réalise le professionnel. En effet, leur capacité à intervenir directement sur la sécurité est conditionnée à la gestion de l'exploitant.

Au contraire, l'exploitant participe directement à la sécurité des denrées. L'élément essentiel de sa compétence consiste en la gestion des risques. La gestion des risques est ainsi, un résultat de la reconnaissance de sa capacité à envisager les mesures de contrôle de l'innocuité et à les mettre

---

110 Commission des Communautés européennes. *Op.Cit*, v. note n°21, §9, p. 9.

111 En ce sens, Mme. AUBRY-CAILLAUD remarque la fonction « *d'audit* » des autorités européennes. AUBRY-CAILLAUD, (F). *Op. Cit*, v. note n°75, p. 290.

112 Règlement CE 178/2002, art. 17§2.

en œuvre. Si cette compétence spécifique comprend implicitement l'évaluation et la communication des risques, elle se centre sur l'effectivité de son action, autrement-dit, sur la gestion.

36. L'accent sur l'effectivité de l'action de l'exploitant est un élément clé de la reforme de la législation. Il montre l'intérêt d'atteindre réellement, la sécurité des aliments. En effet, la redéfinition et le renforcement de la compétence de l'exploitant agroalimentaire, n'est autre chose que le reflet d'un changement général opéré dans plusieurs filières économiques. Ce changement a pour objectif la recherche de l'effectivité de la législation que le professionnel doit mettre en application. C'est dans ce contexte que se dessinent les contours de l'obligation d'autocontrôle.

Section 2. Les manifestations

37. Le droit commun ne traite pas de l'obligation d'autocontrôle. Cependant, dans le droit spécial, et plus précisément, dans le droit de la consommation, nous pouvons constater que les références à cette obligation se multiplient. Celles-ci, mettent en évidence une obligation d'autocontrôle ayant pour objectif l'effectivité d'une règle de droit. Il s'agit d'une obligation qui est introduite dans le droit, sous différentes formes. Le législateur l'instaure comme étant une obligation de vérification de l'effectivité de la loi (§1), tandis que les professionnels l'établissent sous la forme d'un usage professionnel d'autocontrôle (§2).

§1. L'obligation de vérification de l'effectivité de la loi

38. En principe, la loi doit être effective[113]. L'effectivité est définie comme «le *caractère d'une règle qui produit l'effet voulu, qui est appliquée réellement...»*[114]. Une multiplicité des causes empêchent, cependant,

---

113 En critiquant cette affirmation le professeur CARBONNIER signale : « *La phrase banale, que les règles de droit sont faites pour s'appliquer, quoiqu'elle ait l'air d'un truisme, n'est pas une vérité. Du moins, pas une vérité générale. S'il est des règles qui ont dans leur vocation d'être appliquées et pour lesquelles, partant, l'inapplication peut être présumée échec, il en est d'autres dont la vocation, paradoxalement, est de n'être pas appliquées, a tout le moins de ne l'être pas constamment, ni jusqu'au bout.*» CARBONNIER, (J). *Flexible droit.* Paris : Librairie Générale de Doctrine et Jurisprudence, (L.G.D.J), 10ème édition, 2001, p. 146.

114 CORNU, (G). *Op. Cit.*, p. 345, v. note n° 10.

l'accomplissement de cet objectif[115]. Cette situation inquiète d'avantage le législateur, qui cherchant à que la loi soit respectée[116], a décidé d'exiger son effectivité[117].

39. C'est à partir de cette obligation de vérifier l'effectivité de la loi que l'autocontrôle commence à être défini. Il se manifeste sous la forme d'une obligation de vérifier (A) et de prouver (B), le respect d'une autre obligation.

A. L'obligation de vérifier le respect d'une autre obligation

40. L'autocontrôle se dessine comme une obligation sous-jacente à une autre principale. C'est de cette manière, qu'elle se manifeste dans les obligations de sécurité et de conformité.

41. Au regard de l'obligation générale de sécurité[118], l'autocontrôle se présente sous la forme d'une «*obligation de vérification*». Selon l'article L221-

---

115 « *La diversité des causes (tolérance administrative, politique des parquets, désuétude stricto sensu, rébellion des sujets, etc.) imprime sans doute à chaque groupe de phénomène d'ineffectivité une autonomie suffisante pour justifier un traitement séparé.*» CARBONNIER, (J). *Op. Cit.*, v. note n° 113.

116 « *Il paraît donc pas légitime d'inclure l'effectivité dans une définition sociologique : puisque la règle de droit : ce serait faire du contingent le nécessaire. Certes, l'application de la règle est un fait sociologiquement considérable. Mais la règle est un phénomène sociologique dès avant son application et indépendamment de celle-ci. L'exigence d'effectivité est excessive. [...] « Nous sera-t-il permis d'ajouter qu'elle peut être dangereuse ? Elle mène une à une caricature de raisonnement législatif, que l'on qualifie trop légèrement de sociologique : puisque la règle ne réussit pas à se faire obéir, il n'y qu'à la changer...* ». *Ibid.*

117 « *Le droit dogmatique considère qu'il y a règle de droit véritable dès qu'un texte émanant de l'organe constitutionnellement compétente a été régulièrement promulgué. Peu importe que ce texte ne soit pas effectivement appliqué ; l'appliquer est une tâche de gouvernants. L'inapplication des lois atteste qu'une fonction gouvernementale n'est pas remplie : c'est un non sens, quelque chose d'anormal et de condamnable. Mais la loi, inappliquée n'en reste pas moins la loi : l'application effective, l'effectivité n'appartient pas à la définition de la règle de droit* ». *Ibid.*

1 du Code de la consommation: «*Les produits et les services doivent, [...] présenter la sécurité à la quelle on peut légitimement s'attendre et de ne pas porter atteinte à la santé des personnes* »[119]. Cette obligation de sécurité impose, implicitement, une autre exigeant la vérification des conditions permettant d'affirmer que le produit ou service en question, ne présente pas de dangers. Cette «*obligation de vérification*» n'est qu'une forme d'autocontrôle, car il s'agit d'un contrôle qui doit être effectué, par le responsable de la première mise sur le marché, sur la sécurité de ses propres produits ou services.

L'obligation d'autocontrôle conditionne celle de sécurité. La présomption de sécurité ne suffit pas pour assurer le respect de l'obligation de sécurité. A l'égard d'un produit, le responsable peut, avoir respecté l'obligation de sécurité, sans que cela signifie qu'il ait respecté celle d'autocontrôle ou de vérification. L'importation des produits en offre quelques exemples.

Un produit importé dont un certificat atteste le respect de l'obligation de sécurité, n'exempte pas le responsable de l'importation de son obligation de vérification[120]. La conformité à une norme de sécurité, n'exempte pas non

---

118 Selon le professeur CALAIS-AULOY, la sécurité peut être entendue tant comme étant un accessoire à la conformité que comme étant une fin en soit même. Il s'agit d'un phénomène d'évolution de la législation. Dans un premier temps, avec la loi du 1er Août de 1905 et «*jusqu'1978, il n'existait pas en France, aucune loi concernant, de façon générale, la sécurité de produits et des services. [...] Mais, l'existence de ces textes, qui conçoivent la sécurité comme un but en soi, n'interdit pas d'utiliser les textes plus anciens, qui font de la sécurité un accessoire de la conformité.*» CALAIS-AULOY, (J) et STEINMETZ, (F). *Op. Cit*, v. note n°37, p. 306, §255.

119 Art. L 221-1 du Code de la consommation.

120 Cass. Crim. 7 avril 1999, (Il incombe au vendeur de s'assurer de la conformité de la marchandise aux prescriptions relatives notamment à la sécurité des personnes, même si le produit comportée un certificat délivré par un organisme agréé par le pays exportateur membre de la CEE (la Belgique), rejet) n°de pourvoi: 98-83770 *Bull. Crim.* 1999 N° 72 p. 200; *D.* 1999. *IR.* 136; *Ibid.* 2000. Somm. 130, obs. Roujou de Boubée ; *RSC 2000.* 626,

plus de l'obligation d'autocontrôle[121]. Si cette dernière n'est pas réalisée, l'obligation de sécurité est considérée comme non respectée. De même, si le

---

obs. Fourgoux ; *RTD com.* 1999.997, obs. Bouloc. *Dr. Pénal,* 1999. *Comm.* 103, obs. J.H. Robert ; *CCC* 1999, n° 186, obs. Raymond (sur des poussettes - cannes pliantes pour poupées).

Crim. 6 avril 2004, pourvoi n° 03-83902 (l'importateur a une obligation de vigilance au regard de la sécurité, le juge sanctionne toute omission concernant la vérification, malgré la réalisation des tests à l'étranger, la reconnaissance mutuelle de ceux-ci et l'émission de certificats de conformité, rejet), *Bull. Crim.* 2004 n° 86 p. 328. AJ Pénal, p. 245.

Cass. Crim. 13 juin 2006, (ne satisfait pas à cette obligation et commet le délit de tromperie l'importateur de masques de déguisement dangereux en raison de leur caractère inflammable, alors même qu'il avait fait procéder à un contrôle sur des échantillons, par un laboratoire accrédité, mais préalablement à l'importation). *Bull. Crim.* n° 176, p. 610.

Cass. 1 janvier 2008, pourvoi n° 07-83341. (Même si les produits étaient accompagnés d'un certificat de conformité délivrée par l'intermédiaire d'un laboratoire établi en Allemagne, l'importateur avait l'obligation d'autocontrôle, rejet). Non publié.

Cass. Crim. 27 mai 2008, pourvoi n° 07-86024. (Le fait que l'opérateur dispose, à la date de mise sur le marché, d'un certificat de conformité délivré par un laboratoire étranger agréé en application des accords de reconnaissance mutuelle des laboratoires d'accréditation, n'exempte pas au responsable de la mise sur le marché, de la vérification de la conformité des peluches aux normes de sécurité, rejet) Non publié.

121 Cass. Crim, 10 avril, 1997, n° 96-82.183, *Bull. Crim* n° 138, (l'importateur –d'outillage électrique- est tenu de procéder aux vérifications nécessaires pour tous les moyens, y compris non obligatoires et le simple contrôle des échantillons avant l'importation ne satisfait pas aux exigences légales de sécurité, rejet).

Cass. Crim. 7 avril 1999, (Il incombe au vendeur de s'assurer de la conformité de la marchandise aux prescriptions relatives notamment à la sécurité des personnes, même si le produit présentait un marquage « CE » qui faisait présumer la conformité aux normes de sécurité européennes) n° de pourvoi: 98-83770 *Bull. Crim.* 1999 N° 72 p. 200; *D.* 1999. *IR.* 136; *Ibid.* 2000. *Somm.* 130, obs. Roujou de Boubée ; *RSC* 2000. 626, obs. Fourgoux ; *RTD com.* 1999.997, obs. Bouloc. *Dr. Pénal,* 1999. *Comm.* 103, obs. J.H. Robert ; *CCC* 1999, n° 186, obs. Raymond (sur des poussettes - cannes pliantes pour poupées).

Crim. 12 juin 2001, pourvoi n° 00- 84717 (obligation d'autocontrôle de la sécurité, de la part de l'importateur, malgré la conformité aux normes techniques, rejet), non publié.

TGI Versailles, 11 mars 2004 (La conformité à une norme technique n'exclut pas la responsabilité civile de l'importateur). *Contrats, conc, consomm,* 2004, n° 146, note Raymond.

Crim. 6 avril 2004, pourvoi n° 03-83902 (l'importateur a une obligation de vigilance au regard de la sécurité, car le juge sanctionne toute omission concernant la vérification,

produit avait fait l'objet d'une commercialisation antérieure, il n'est pas tenu comme sûr, si la vérification ou l'autocontrôle de la sécurité n'a pas eu lieu dans la nouvelle mise sur le marché[122]. L'obligation de vérification, doit se réaliser constamment, avec une certaine périodicité[123], afin de pouvoir constater la sécurité.

En effet, cette obligation de vérification, résulte d'une condition de l'obligation de sécurité, sans laquelle, cette dernière n'est pas tenue comme

---

malgré la réalisation des tests à l'étranger, la reconnaissance mutuelle de ceux-ci et l'émission de certificats de conformité, rejet), Bull. Crim. 2004 n° 86 p. 328. *AJ Pénal,* p. 245.

Crim. 6 avril 2005, pourvoi n°04-81337 (l'obligation de vérification persiste même si les bicyclettes étaient conformes aux normes de sécurité italiennes, normes qui étaient moins contraignantes que les françaises, annulation). *Bull.Crim.* n°119, p.413.

Cass. Crim. 13 juin 2006 (Malgré la conformité à une norme NF ou européenne, l'importateur doit vérifier la conformité aux prescriptions en vigueur). *Bull. Crim.* n°176, p. 610.

Cass. Crim. 27 mai 2008, (Le fait que l'opérateur dispose, à la date de mise sur le marché, d'un certificat de conformité délivré par un laboratoire étranger agréé en application des accords de reconnaissance mutuelle des laboratoires d'accréditation, n'exempte pas au responsable de la mise sur le marché, de la vérification de la conformité des peluches aux normes de sécurité, rejet) n°de pourvoi: 07-86024. Non publié.

Cette obligation de vérification de l'importateur a été jugé par la Court de Justice, comme compatible avec le principe communautaire de libre circulation des marchandises (ancien art. 30, devenu art, 28 du Traité CE), à la condition qu'elle ne soit pas assortie d'exigences qui dépassent ce qui est nécessaire pour atteindre l'objectif visé (CJCE, 11 mai 1989, Aff. 25/88, *Veuve Bouchara et Sté Norlaine*, MM. O. Due. Van Gerven, av. gén, *D.* 1990, somm. 94,obs. Cartou).

122 Cass. Crim. 1 avril 2008, pourvoi n° 07-83341, (la commercialisation antérieur n'exonère pas du contrôle, rejet). Non publié.

123 Cass. Crim. 30 octobre 1990, pourvoi n°89-83827, (en sa qualité d'importateur, le responsable de la mise sur le marché, avait l'obligation de contrôler périodiquement la conformité avec la réglementation française des marchandises concernant la sécurité de bicyclettes, rejet), non publié. Ceci pourrait poser des questions, si ce contrôle « *périodique* » est interprété comme un contrôle « *systématique* ». En vertu du principe de la libre circulation des marchandises, les produits «*importés*» ne doivent plus faire l'objet des contrôles systématiques (CJCE, 17 déc. 1981, *Produit biologiques*) *D.* 1995, *somm.* 315. obs. Pizzio.

accomplie. Le juge a reconnu la distinction entre ces deux obligations ainsi que le caractère conditionnant de celle de «*vérification*», qu'il a dénommé explicitement comme l'obligation «*d'autocontrôle*»[124].

42. L'obligation d'autocontrôle est évidente aussi, dans l'obligation d'information. Sous l'impératif d'obtenir des données lui permettant de confirmer ou d'écarter l'existence de risques, le responsable de la mise sur le marché doit informer tant les consommateurs que les autorités, des risques qui pourraient être présents dans un produit. Il est tenu de fournir des «*informations utiles*»[125] permettant d'évaluer les risques au consommateur.

De même, il doit informer les autorités, lorsque le produit ne répond pas aux exigences de sécurité[126]. Pour obtenir cette information, le

---

124 Cass. Crim, 12 juin 2001, n° 00-84713, non publié, (obligation d'autocontrôle de l'importateur qui devait contrôler la sécurité des produits, malgré la réalisation préalable à l'importation, des multiples tests, et de la présentation des certificats de conformité qui attestaient la sécurité du produit, pourvoi, rejet) : « *qu'XXX en tant qu'importateur et distributeur sur le territoire national des appareils incriminés, devait faire procéder à leur vérification; que cette obligation d'autocontrôle s'imposait d'autant plus que ces appareils présentaient des indices de non-conformité apparents, dès lors que, pouvant fonctionner sans mise en place du bol protégeant de l'accès aux pâles, ils étaient susceptibles d'occasionner des blessures corporelles*». Le souligné est nôtre.

Cass. Crim, Cass. 1 janvier 2008, pourvoi n°07-83341, non publié. (L'obligation d'autocontrôle des importateurs, malgré une mise en circulation des produits préalable : «*... comme l'a justement relevé le tribunal, force est de constater que les déclarations de conformité produites ne correspondent ni sur le nom du fabricant ni sur les références mentionnées au produit litigieux; qu'en conséquence, ces seuls documents manifestement non vérifiés par les prévenus ne pouvaient les exonérer de leur obligation d'autocontrôle en tant qu'importateur,...*») Le souligné est nôtre.

125 « *Le responsable de la mise sur le marché fournit au consommateur les informations utiles qui lui permettent d'évaluer les risques inhérents à un produit pendant sa durée d'utilisation normale ou raisonnablement prévisible et de s'en prémunir, lorsque ces risques ne sont pas immédiatement perceptibles par le consommateur sans un avertissement adéquat...*» Art. L 221-1-2 du Code de la consommation

126 Art. L 221.1.3, du Code de la consommation. « *Lorsqu'un professionnel sait que des produits destinés aux consommateurs qu'il a mise sur le marché ne répondent pas aux exigences de l'article L 221-1, il en informe immédiatement les autorités administratives*

professionnel doit, lui-même, contrôler ses produits, c'est-à-dire, qu'il doit effectuer un autocontrôle.

Dans la perspective de l'obligation d'information, l'autocontrôle est indispensable pour justifier la condition de sécurité préalable à la mise sur le marché. Il est aussi essentiel, pour signaler[127]d'éventuelles anomalies qui pourraient se présenter pendant sa durée d'utilisation normale[128]. En conséquence, il doit effectuer sa propre vigilance sur l'information qui lui permet de se tenir informé des risques[129].

---

compétentes, en indiquant les actions qu'il engage afin de prévenir les risques pour les consommateurs ».

127 Les modalités à suivre sont précisées par l'Avis aux opérateurs économiques sur la mise en place de l'obligation de signalement des risques et des mesures prises par les professionnels, du Ministère de l'économie, finances et de l'industrie, JORF n°159 du 10 juillet 2004, texte n°156 et par l'Arrêté du 9 septembre 2004 portant application de l'article L 221-1-3 du Code de la consommation, JORF n°224 du 25 septembre 2004, texte n°1. Sur ce point, V. HAVSTEEN (C), BARREAU (N). *Comment signaler efficacement un risque en matière de sécurité des produits*. IN, *JCP* entreprise et affaires, n°43-44, du 26 octobre 2006, p. 1849.

128 Art. L221-1-2.a, Code de la consommation. « *...II.- Le producteur adopte les mesures qui, compte tenu des caractéristiques des produits qu'il fournit, lui permettent : a) De se tenir informé des risques que les produits qu'il commercialise peuvent présenter; ...*»

Dans le même sens, Art. L221-1-3, § 2 du Code de la consommation. « *Le producteur et le distributeur ne peuvent s'exonérer de son obligation en soutenant n'avoir pas eu connaissance des risques qu'il ne pouvait raisonnablement ignorer.* »

129 Art. L221-1-3, § 2, du Code de la consommation. « *[...] Le producteur et le distributeur ne peuvent s'exonérer de son obligation en soutenant n'avoir pas eu connaissance des risques qu'il ne pouvait raisonnablement ignorer.* »

Cette obligation du professionnel de s'informer sur les risques et les conditions de sécurité, a été remarquée par les juges néerlandais: « *The court ruled a trader in food should keep himself informed, according to his capability, on developments concerning safety and health and safety with regard to products in his line of business...".* VAN DER MEULEN (B). *The Duty for food business operators to keep themselves informed.* IN, *European Food and Feed Law Journal.* No. 3, 2007, p. 1.

43. Cette obligation d'autocontrôle, se déduit également, de l'obligation de suivi résultant de la directive de sécurité générale des produits[130]. Selon cette dernière le devoir de veiller sur la sécurité du produit ou service depuis sa mise sur le marché et pendant sa commercialisation, incombe au responsable de la mise sur le marché. D'elle résulte l'impératif de maîtrise des risques qui comporte l'obligation d'autocontrôle.

Au regard de cette obligation de suivi, si le responsable constate qu'un produit n'est plus sûr, il doit contrôler les risques identifiés, déployant « *[...] les actions nécessaires pour maitriser ces risques, y compris le retrait du marché, la mise en garde adéquate et efficace des consommateurs ainsi que le rappel auprès des consommateurs de produits mis sur le marché* [...]»[131]. Or, l'obligation d'autocontrôle est inhérente à la veille de la sécurité, car elle implique l'intervention directe du professionnel dans la maîtrise des risques moyennant, par exemple, le retrait ou le rappel du produit ou du service en question.

Cependant, la coexistence de l'obligation de suivi avec celle d'autocontrôle ne demeure pas sans remarques, notamment en ce qui concerne leurs champs d'application et leurs finalités.

Par rapport aux champs d'application, trois éléments doivent être pris en compte. D'abord, l'obligation de suivi s'applique à partir de la mise sur le marché du produit. Ensuite, l'obligation de suivi suggère un autocontrôle. Enfin, le droit agroalimentaire impose des obligations qui comprennent l'ensemble de la filière et des activités. Par conséquent, on pourrait se

---

130 Directive 2001/95/CE du Parlement européen et du Conseil du 3 décembre 2001 relative à la sécurité générale des produits. L 11/4 JOCE 15.1.2002.

131 Art. L 221.1.2, II, §b, du Code de la consommation. Art. L221-1-2, Code de la consommation. « *[...] II.- Le producteur adopte les mesures qui, compte tenu des caractéristiques des produits qu'il fournit, lui permettent : a) De se tenir informé des risques que les produits qu'il commercialise peuvent présenter; ...*»

demander si, en Droit agroalimentaire, l'obligation de suivi n'a pas vocation à s'appliquer tout au long de la chaîne, c'est-à-dire, même avant la commercialisation.

D'une part, l'obligation de suivi est applicable à ce secteur étant donné qu'elle a un objet différent des obligations prévues par le Règlement CE 178/2002 et qu'elle n'est pas couverte par des dispositions spécifiques[132]. D'autre part, le Règlement CE 178/2002 impose une approche intégrale des obligations. Or, si l'obligation de suivi demeure applicable au secteur alimentaire, est-ce que son champ d'application se limite à la commercialisation ou s'applique-t-elle aussi en amont ? Est-ce que cet élargissement possible du champ d'application concerne aussi l'obligation d'autocontrôle qu'elle comporte ? Les textes n'offrent aucune réponse. Il reviendra au juge de le définir.

44. En ce qui concerne les finalités des obligations, elles sont distinctes. L'obligation de suivi a une finalité préventive[133], car elle instaure une

---

132 En ce sens, l'article 1 §2, al. a) et b) de la Directive générale de sécurité de produits signale : « *[...] 2. La présente directive s'applique pour tous les produits définis à l'article 2, point a). Chacune de ses dispositions s'applique pour autant qu'il n'existe pas, dans le cadre de réglementations communautaires, de dispositions spécifiques régissant la sécurité des produits concernés et visant le même objectif. Lorsque des produits sont couverts par des prescriptions de sécurité spécifiques imposées par la législation communautaire, la présente directive s'applique seulement pour les aspects et les risques ou catégories de risques qui ne sont pas couverts par ces prescriptions. En conséquence: a) l'article 2, points b) et c), et les articles 3 et 4 ne s'appliquent pas à ces produits, pour ce qui est des risques ou catégories de risques couverts par la législation spécifique; b) les articles 5 à 18 s'appliquent, sauf s'il existe des dispositions spécifiques régissant les aspects couverts par lesdits articles et visant le même objectif.*» Directive 2001/95/CE du Parlement européen et du Conseil du 3 décembre 2001 relative à la sécurité générale des produits. L 11/4 JOCE 15.1.2002.

Sur l'application de l'obligation de suivi en droit agroalimentaire, voir COLLART-DUTILLEUL (F). *Op cit*, v. note n°76, p. 33.

133 CALAIS-AULOY, (J) et STEINMETZ, (F) se référent aux obligations préventives du professionnel, sans qu'ils ne distinguent pas entre l'obligation de suivi et d'autocontrôle. *Op. Cit*, v. note n°37, p. 303 §252.1.

surveillance[134] sur les produits et les services, afin d'identifier les risques et les prévenir. L'obligation d'autocontrôle a une finalité corrective, illustrée par l'imposition des mesures de contrôle des risques. Le caractère correctif de l'obligation d'autocontrôle renforce la recherche de l'effectivité de la règle de droit. De même, compte tenu de son contenu, l'obligation d'autocontrôle se manifeste dans l'obligation de conformité.

Ainsi, il est prévu implicitement dans l'obligation légale de conformité, l'obligation de vérifier le respect à la législation, qui est en effet, une manifestation de l'autocontrôle. D'après l'article L 212-1 du Code de la consommation, «*Le responsable de la première mise sur le marché d'un produit est donc tenu de vérifier que celui-ci est conforme aux prescriptions en vigueur.*» Cette exigence de vérification ou «*d'autocontrôle*» oblige à la mise en œuvre de tous les moyens nécessaires pour atteindre les objectifs de la législation[135].

45. Tout comme dans le cas de l'obligation de sécurité, l'obligation de vérification conditionne celle de conformité. Même si un produit est présumé conforme, il doit être soumis à la vérification de la conformité. Le fait de ne pas avoir mis en œuvre cette vérification, est suffisant pour caractériser la mauvaise foi du prévenu, ce qui constitue l'élément intentionnel des délits de

---

134 Crim. 6 avril 2004, pourvoi n°03-83902 (l'importateur a une obligation de vigilance au regard de la sécurité, car le juge sanctionne toute omission concernant la vérification, malgré la réalisation des tests à l'étranger, la reconnaissance mutuelle de ceux-ci et l'émission de certificats de conformité, rejet), *Bull. Crim.* 2004 n° 86 p. 328. *AJ Pénal*, p. 245.

135 Art. 212-1, Code de la consommation: « *Dès la première mise sur le marché, les produits doivent répondre aux prescriptions en vigueur relatives à la sécurité et à la santé des personnes, à la loyauté des transactions commerciales et à la protection des consommateurs. Le responsable de la première mise sur le marché d'un produit est donc tenu de vérifier que celui-ci est conforme aux prescriptions en vigueur. A la demande des agents habilités pour appliquer «le présent livre», il est tenu de justifier les vérifications et contrôles effectués.* »

la fraude et de la falsification[136]. Il s'agit d'une obligation qui s'applique à tout professionnel.[137] La jurisprudence française a établi que même si le produit

---

[136] Crim. 30 oct. 1990, pourvoi n°89-83827. (L'importateur doit contrôler périodiquement que les marchandises sont conformes à la réglementation, en s'abstenant, il commet une négligence ne lui permettant pas d'exciper de sa bonne foi.) *BID*, 1991, n°4, p. 24.

Paris, 18 mars 1992, (Tromperie commise par l'importateur n'ayant pas vérifié la marchandise importée). *CCC* 1992, n°212, obs. Raymond.

Crim. 22 août 1995, pourvoi n°94-84385, *Bull.* n°268, p. 748 (L'élément intentionnel se déduit par le fait du professionnel de n'avoir pas vérifié la qualité marchande du produit au moment de prendre livraison, rejet).

Crim. 17 janv. 1996, pourvoi n°93-83887, *Bull.* n° 30, p. 70 (La mauvaise fois de l'importateur se déduit du fait que l'importateur n'a pas vérifié, avant leur mise sur le marché, la conformité des échalotes, rejet), *D. Affaires,* 1996. 674.

Crim. 10 avril 1997, pourvoi n° 96-82183, *Bull.* n°138, p. 461 (la mauvaise foi se déduit du fait que l'importateur n'a pas vérifié la conformité du matériel d'outillage avec les normes de sécurité applicables, rejet).

Crim. 9 mars 1999, pourvoi n° 97-83825, *Bull.* n°33, p. 75 (La mauvaise foi du vendeur résulte de ce qu'il ne s'est pas assuré de la conformité à l'étiquetage des pêches mises à disposition des consommateurs, annulation).

Crim. 7 avril 1999, pourvoi n° 98-83770, *Bull.* n° 72, p. 200 (La mauvaise foi du vendeur résulte de ce qu'il n'a pas vérifié la conformité des poussettes-jouets aux normes applicables, rejet).

Crim. 29 juin 1999, pourvoi n°9884503. (La mauvaise foi de l'importateur qui n'a pas constaté la conformité des bovins à la réglementation prohibant la commercialisation de denrées animales contenant des substances anabolisantes). Non publié.

[137] Crim. 30 oct. 1990, pourvoi n°89-83827. (L'importateur doit contrôler périodiquement que les marchandises sont conformes à la réglementation, en s'abstenant, il commet une négligence ne lui permettant pas d'exciper de sa bonne foi.) *BID*, 1991, n°4, p. 24. Non publié.

Paris 20 févr. 1995, (Chaque acteur de la chaîne doit veiller à la conformité des marchandises). *D. Somm.* 315, *comm.* Pizzio.

Crim. 29 juin 1999, pourvoi n°9884503. (L'importateur doit vérifier la conformité des bovins à la réglementation prohibant la commercialisation de denrées animales contenant des substances anabolisantes). Non publié.

Grenoble, 16 juin 2000. (L'importateur doit vérifier le poids de produit annoncé sur l'étiquetage des marchandises préemballées qu'il entend mettre en vente dans le conditionnement d'origine). *BID* 2000, n°3, p. 17.

avait été déjà mis sur le marché, celui qui l'a introduit une fois de plus, doit vérifier à nouveau[138], la conformité aux prescriptions. L'obligation d'autocontrôle, persiste en dépit de l'accomplissement d'une norme nationale ou européenne[139], de la présence du marquage CE[140], ou d'un certificat des

---

Crim. 20 nov. 2001, *Bull.* n°241, arrêt n°1 (La vérification de la conformité incombe tant, au commissionnaire qui a introduit la marchandise sur le territoire français que au grossiste qui s'est fournit auprès d'un producteur national). (arrêt n° 2).

« En matière de fraudes, falsifications et tromperies, le contrôle de la qualité des produits et de leur conformité aux indications portées sur l'emballage s'exerce à tous les stades de la commercialisation. Ce contrôle incombe ainsi, au commissionnaire, distributeur exclusif en France d'un cédérom de jeux vidéo produit en Espagne; ce dernier ne peut s'exonérer de sa responsabilité pénal au motif qu'il n'est pas le propriétaire des objets mis en vente ». Rapport de la Court de Cassation pour 2003. Arrêt n° 02-86.911, du 11 juin 2003, p. 501. Dans le même sens, COLLART-DUTILLEUL (F). *Op.Cit,* v. note n°76p. 48.

138 Crim. 1 avril 2008, n°de pourvoi: 07-83341 (La commercialisation antérieur d'un produit, n'exonère de *l'obligation d'autocontrôle*, des mises sur le marché postérieures, rejet). Non publié.

139 Cass. Crim. 7 avril 1999, (Il incombe au vendeur de s'assurer de la conformité de la marchandise aux prescriptions relatives notamment à la sécurité des personnes. Justifie ainsi sa décision, la cour d'appel, qui, pour retenir le délit de tromperie à la charge du vendeur de jouets non conformes, importés de Chine par un fournisseur belge, rejet) n° de pourvoi: 98-83770 *Bull. Crim.* 1999 N° 72 p. 200; *D.* 1999. *IR.* 136; *Ibid.* 2000. Somm. 130, obs. Roujou de Boubée ; *RSC* 2000. 626, obs. Fourgoux ; *RTD com.* 1999.997, obs. Bouloc. *Dr. Pénal*, 1999. Comm. 103, obs. J.H. Robert ; *CCC* 1999, n°186, obs. Raymond (sur des poussettes - cannes pliantes pour poupées).

Cass. Crim. 12 juin 2001 n°de pourvoi: 00-84713. (Le respect d'une norme technique n'exclu pas *l'obligation d'autocontrôle* de l'importateur des appareils électriques, qui ayant démontré la conformité aux normes antérieurs, moyennant différents certificats de conformité, ne vérifie pas la conformité aux nouvelles normes, rejet) Non publié.

Cass. Crim. 17 sept. 2002, pourvoi n°01-87536, *Bull. Crim.* n°166, p. 613 (l'importateur doit procéder à la vérification, par tous les moyens, aux normes européennes, rejet).

TGI Versailles, 11 mars 2004 (La conformité à une norme technique n'exclut pas la responsabilité civile de l'importateur). *Contrats, conc, consomm,* 2004, n° 146, note Raymond.

Crim. 6 avril 2005, pourvoi n°04-81337 (l'obligation de vérification persiste même si les bicyclettes étaient conformes aux normes italiennes, annulation). *Bull.* n°119, p.413.

Cass. Crim. 13 juin 2006 (Malgré la conformité à une norme NF ou européenne, l'importateur doit vérifier la conformité aux prescriptions en vigueur, rejet). *Bull. Crim.* n°176, p. 610.

autorités étrangères reconnues par les autorités nationales[141]. Le responsable doit procéder à toute vérification[142], même si la méthode employée n'était pas

---

Cass. Crim. 27 mai 2008, (Le fait que l'opérateur dispose, à la date de mise sur le marché, d'un certificat de conformité délivré par un laboratoire étranger agréé en application des accords de reconnaissance mutuelle des laboratoires d'accréditation, n'exempte pas au responsable de la mise sur le marché, de la vérification de la conformité des peluches, rejet) n° de pourvoi: 07-86024. Non publié.

140 Cass. Crim. 7 avril 1999, (La mise en vente de jouets revêtus du marquage communautaire de conformité, alors qu'ils ne satisfont pas aux normes de sécurité applicables et présentent un caractère dangereux, caractérise l'élément matériel du délit de tromperie, rejet) n° de pourvoi: 98-83770 *Bull. Crim.* 1999 N° 72 p. 200; *D.* 1999. *IR.* 136; *Ibid.* 2000. Somm. 130, obs. Roujou de Boubée ; *RSC* 2000. 626, obs. Fourgoux ; *RTD com.* 1999.997, obs. Bouloc. *Dr. Pénal,* 1999. Comm. 103, obs. J.H. Robert ; *CCC* 1999, n° 186, obs. Raymond (sur des poussettes - cannes pliantes pour poupées).

Cass. Crim. 6 avril 2004, n° de pourvoi: 03-83902 (la présence d'un label «*CE*» délivré à partir d'un certificat établit pas un organisme d'accréditation étranger reconnu par le comité français de accréditation, ne dispense pas l'importateur de toute vérification complémentaire, rejet), publié dans *Bull. crim.* n° 86, p. 328. ; *CCC* 2004, n° 118, note Raymond ; *Dr. et Patr,* nov. 2004. p. 102, obs. P. Mousseron ; *RTD com* 2004, 829, obs. Bouloc.

141 Cass. Crim. 17 octobre 1991, *Bull. Crim.* 1991, n° 356 (1 et 2), p. 888. (La présentation des certificats attestant la conformité, ne suffisent pas à exempter de l'obligation de vérification à l'importateur, rejet).

Cass. Crim. 27 mai 2008, n° de pourvoi: 07-86024. Non publié. (Le fait que l'opérateur dispose, à la date de mise sur le marché, d'un certificat de conformité délivré par un laboratoire étranger agréé en application des accords de reconnaissance mutuelle des laboratoires d'accréditation, n'exempte pas au responsable de la mise sur le marché, de la vérification de la conformité des peluches; rejet).

Dans le même sens, Cass. Crim. 6 avril 2004, n° de pourvoi: 03-83902, (La circonstance que le certificat soit établi par un laboratoire étranger bénéficiant d'un label délivré par un organisme d'accréditation étranger partie aux accords de reconnaissance mutuelle, également signés par le comité français d'accréditation, ne dispense pas l'importateur de toute vérification complémentaire.), publié dans *Bull. Crim.* n° 86, p. 328. ; *CCC* 2004, n° 118, note Raymond ; *Dr. et Patr,* nov. 2004. p. 102, obs. P. Mousseron ; *RTD com* 2004, 829, obs. Bouloc.

Au contraire, s'agissant de la composition d'un produit, l'importateur doit pouvoir se fier aux certificats délivrés par les autorités de l'État membre de production ou par un laboratoire reconnu à cet effet par cette autorité, ou, si la législation de cet effet État n'impose pas la production de tels certificats, à d'autres attestations présentant un degré de garantir analogue. CJCE 11 mai 1989 : *D.* 1990. Somm. 94, obs. Cartou ; *BID* 1991, n° 10, p. 15.

obligatoire[143], de manière à que cette vérification comprenne les aspects envisagés par la législation, ainsi que les produits et les services en question[144]. En effet, le fait de rendre un produit conforme, ne signifie pas que la vérification de cette condition a eu lieu. Pour cela, le responsable doit prouver que cette dernière, à été réalisée effectivement.

B. L'obligation de prouver la vérification

46. Selon l'article L212-1 du Code de la consommation, «*A la demande des agents habilités pour appliquer «le présent livre», il [le responsable de la première mise sur le marché] est tenu de justifier les vérifications et contrôles*

142 Cass. Crim. 17 sept. 2002, pourvoi n°01-87536, *Bull. Crim.* n°166, p. 613 (l'importateur doit procéder à la vérification, par tous les moyens, rejet).

143 Cass. Crim. 17 sept 2002, pourvoi n°00-18163, (obligation d'autocontrôle ou de vérification, même si la méthode du contrôle était ou pas, réglementée » : «*Attendu que, pour le déclarer coupable des délits poursuivis, les juges d'appel retiennent que le prévenu, qui avait été alerté sur les risques de fraude concernant le moût concentré rectifié en provenance d'Espagne, était tenu de procéder aux vérifications nécessaires par tous moyens mis à sa disposition, même non obligatoires ; qu'ils ajoutent que la vérification qu'Edmond X... a fait effectuer avant de revendre le produit était insuffisante et que la seule méthode utile de contrôle en vigueur au moment des faits était l'analyse par résonance magnétique nucléaire* ». *Bull.Crim.* 2002 N° 166 p. 613.

144 Cass. 30 oct. 1990, pourvoi n°89-83827 (L'élément intentionnel de la tromperie résulte non seulement de l'absence de vérification mais aussi d'un contrôle insuffisant de la conformité dont l'obligation professionnelle incombe personnellement à l'importateur; « *qu'en l'espèce, il suffit de constater qu'un seul test a été pratiqué sur un échantillon transmis par le fabricant italien en 1982...* ») *BID*, 1991, n°4, p. 24. Non publié.

Cass. Crim. 10 avril 1997, pourvoi n°96-82183, (le contrôle des échantillons auquel le responsable a fait procéder avant l'importation ne saurait satisfaire aux prescriptions de sécurité, qui exige un contrôle des lots importés à leur arrivée sur le territoire national, le contrôle doit être satisfaisant), *Bull. Crim.* 1997 N° 138 p. 461.

Cass. Crim. 13 juin 2006 (L'insuffisance des contrôles de conformité caractérise l'élément intentionnel du délit de tromperie, contrôle sur des échantillons, rejet). *Bull. Crim.* n°176, p. 610.

effectués»[145]. La «*justification*» à laquelle fait référence cette disposition, définit l'obligation de démontrer le respect de la législation.

Il s'agit d'une obligation d'autocontrôle que se déduit du fait que le responsable doit «*justifier*» par ses propres moyens, qu'il a vérifié leur respect de la législation. La preuve de la vérification s'impose[146], comme élément permettant de démontrer la bonne foi du responsable[147]. Justifier la vérification, est une obligation qui appartient strictement au responsable. Il ne peut pas s'excuser, en évoquant la non-réalisation des contrôles officiels[148], qui auraient pu mettre en évidence l'absence de vérification.

La preuve de la vérification est composée par toute information qui est à disposition du professionnel. La vérification peut être démontrée aux

---

145 Art. 212-1 du Code de la consommation.

146 En ce sens, l'article 215-3 §4, établit « Les agents peuvent exiger la communication et obtenir ou prendre la copie par tout moyen et sur tout support ou procéder à la saisie des documents de toute nature, entre quelques mains qu'ils se trouvent, propres à faciliter l'accomplissement de leur mission et la mise à leur disposition des moyens indispensables pour effectuer leurs vérifications».

147 Sur la constitution de l'élément intentionnel de délits de la fraude et de la tromperie. AGOSTINI, (F). *La responsabilité pénale en droit de la consommation*. Rapport de la Court de Cassation.2002. (Consulté le 12 mars, 2008, http://www.courdecassation.fr/publications_cour_26/rapport_annuel_36/rapport_ 2002_140/?_Imp=1). Sur l'élément intentionnel des délits de la fraude et la tromperie, V. note n° 136.

148 Cass. Crim. 29 juin 1999, pourvoi n° 98-84503 (les contrôles ou vérifications des produits aux quelles doivent se livrer les administrations en vertu des textes qui leurs sont propres, sont en général sans incidence sur le délit, rejet) Non publié.

moyens divers, même par des procédés non obligatoires[149]. A cette fin les autorités peuvent faire demande de tout support probatoire[150].

Le responsable doit démontrer la vérification satisfaisante aux fins de la loi. Il ne s'agit simplement pas, de démontrer que cette vérification a été effectuée, mais qu'elle est suffisante pour constater, corriger et atteindre, l'objectif visé par la loi. Pour cette raison, une vérification ou un contrôle partiel ne prouve pas, que le responsable ait respecté son obligation de vérification[151].

---

149 Cass. Crim. 17 sept 2002, pourvoi n°00-18163 (obligation de vérification, par tout moyen dont le professionnel dispose) : «Attendu que, pour le déclarer coupable des délits poursuivis, les juges d'appel retiennent que le prévenu, qui avait été alerté sur les risques de fraude concernant le moût concentré rectifié en provenance d'Espagne, était tenu de procéder aux vérifications nécessaires par tous moyens mis à sa disposition...». *Bull. Crim.* 2002 N° 166 p. 613.

150 « *Les agents peuvent exiger la communication et obtenir ou prendre copie par tout moyen et sur tout support» ou procéder à la saisie des documents de toute nature, entre quelques mains qu'ils se trouvent, propres à faciliter l'accomplissement de leur mission et la mise à leur disposition des moyens indispensables pour effectuer leurs vérifications».* Art. L 215-3 du Code de la consommation.

151 Cass. Crim. 30 octobre 1990, pourvoi n°89-83827 (l'élément intentionnel de la tromperie résulte non seulement de l'absence de vérification mais aussi d'un contrôle insuffisant de la conformité dont l'obligation professionnelle incombe personnellement à l'importateur, rejet) non publié.

Cass. Crim. 10 avril 1997, pourvoi n°96-82183, (le contrôle des échantillons auquel le responsable a fait procéder avant l'importation ne saurait satisfaire aux prescriptions de sécurité, qui exige un contrôle des lots importés à leur arrivée sur le territoire national, le contrôle doit être satisfaisant), *Bull. Crim.* 1997 N° 138 p. 461.

Cass. Crim. 17 sept 2002, pourvoi n°00-18163, (obligation d'autocontrôle ou vérification, même si la méthode du contrôle était ou pas, réglementée » : «*Attendu que, pour le déclarer coupable des délits poursuivis, les juges d'appel retiennent que le prévenu, qui avait été alerté sur les risques de fraude concernant le moût concentré rectifié en provenance d'Espagne, était tenu de procéder aux vérifications nécessaires par tous moyens mis à sa disposition, même non obligatoires ; qu'ils ajoutent que la vérification qu'Edmond X... a fait effectuer avant de revendre le produit était insuffisante et que la seule méthode utile de contrôle en vigueur au moment des faits était l'analyse par résonance magnétique nucléaire* ». *Bull.Crim.* 2002 N° 166 p. 613.

Etant donné que c'est le responsable de la première mise sur le marché[152] qui exerce le contrôle sur les ressources probatoires, il est tenu de conserver tout moyen probatoire[153]. La conservation des moyens probatoires démontrant la vérification de la conformité, est essentielle: il doit se soumettre aux contrôles officiels. Compte tenu de qu'il s'agit des contrôles réalisés par de multiples autorités[154], et souvent effectuées de manière non coordonnée,

---

Cass. Crim. 13 juin 2006 (L'insuffisance des contrôles de conformité caractérise l'élément intentionnel du délit de tromperie, contrôle sur des échantillons, rejet). *Bull. Crim.* n°176, p. 610.

152 Art. L212-1 du Code de la consommation.

153 Dans le même sens, CALAIS-AULOY, (J) et STEINMETZ, (F). *Op.Cit,* p. 246, §206, final, v. note n°37.

154 Selon l'Art. L 215-1, L 215-2, L 215-2-1 du Code de la consommation: « *Sont qualifiées pour procéder dans l'exercice de leurs fonctions à la recherche et à la constatation des infractions au présent livre :*

1° les agents de la direction générale de la concurrence, de la consommation et de la répression des fraudes.....- - Sont qualifiés pour procéder dans l'exercice de leurs fonctions à la recherche et à la constatation des infractions au présent livre : 1° Les agents de la direction générale de la concurrence, de la consommation et de la répression des fraudes, de la direction générale des douanes et de la direction générale des impôts ; 2° Les inspecteurs du travail ; 3° Les agents mentionnés aux 1° à 7° de l'article L. 231-2 et au I de l'article L. 251-18 du code rural ; 4° Les médecins inspecteurs de santé publique et les pharmaciens inspecteurs de santé publique ; 5° Les agents de l'Institut français de recherche pour l'exploitation de la mer ; 6° Les agents de la sous-direction de la métrologie au ministère chargé de l'industrie ainsi que ceux des directions régionales de l'industrie, de la recherche et de l'environnement ; 7° Les agents de l'Etat agréés et commissionnés par le ministre de l'agriculture ; 8° Les agents agréés et commissionnés conformément à l'article 65 de la loi de finances du 27 février 1912, modifié par l'article 3 du décret-loi du 14 juin 1938 ; 9° Les administrateurs des affaires maritimes, les inspecteurs des affaires maritimes, les techniciens experts du service de la sécurité de la navigation maritime, les officiers du corps technique et administratif des affaires maritimes, les contrôleurs des affaires maritimes, les syndics des gens de mer, les personnels embarqués d'assistance et de surveillance des affaires maritimes, les techniciens du contrôle des établissements de pêche maritime. 10° Les agents mentionnés à l'article L. 1312-1 du code de la santé publique ; 11° Les agents mentionnés à l'article L. 514-13 du code de l'environnement ; 12° Les agents mentionnés à l'article L. 40 du code des postes et télécommunications. II. - En outre, les officiers et agents de police judiciaire, agissant dans le cadre des dispositions du code de procédure pénale, sont compétents pour rechercher et constater les infractions mentionnées au I. Il sera statué par des décrets en Conseil d'Etat sur les pouvoirs conférés aux autorités qualifiées pour rechercher et constater les infractions aux chapitre

le professionnel doit procurer que les moyens probatoires soient disponibles à la demande des autorités[155].

II et VI en vue de recueillir des éléments d'information auprès des diverses administrations publiques et des entreprises de transports ».

Aussi, l'art. 215-2 du même Code signale: « *Les agents mentionnés à l'article L. 215-1 sont également habilités à rechercher et à constater, dans les conditions prévues au présent livre, les infractions :*

1° Aux dispositions réglementaires prises en application du II de l'article L. 231-1, des articles L. 231-5, L. 231-6, L. 236-1, L. 236-2 et L. 236-4 du code rural, à l'exception de celles relatives à la production primaire et de celles relatives aux abattoirs ;

2° Aux dispositions des règlements ci-dessous et des règlements communautaires qui les modifieraient ou seraient pris pour leur application :

- règlement (CE) n° 178/2002 du Parlement européen et du Conseil du 28 janvier 2002 modifié établissant les principes généraux et les prescriptions générales de la législation alimentaire, instituant l'Autorité européenne de sécurité des aliments et fixant des procédures relatives à la sécurité des denrées alimentaires ;

- règlement (CE) n° 852/2004 du Parlement européen et du Conseil du 29 avril 2004 relatif à l'hygiène des denrées alimentaires, à l'exception des dispositions applicables à la production primaire et aux abattoirs ;

- règlement (CE) n° 853/2004 du Parlement européen et du Conseil du 29 avril 2004 modifié fixant les règles spécifiques d'hygiène applicables aux denrées alimentaires d'origine animale, à l'exception des dispositions applicables à la production primaire et aux abattoirs ;

- règlement (CE) n° 882/2004 du Parlement européen et du Conseil du 29 avril 2004 modifié relatif aux contrôles officiels effectués pour s'assurer de la conformité avec la législation sur les aliments pour animaux et les denrées alimentaires et avec les dispositions relatives à la santé animale et au bien-être des animaux à l'exception des dispositions applicables à la production primaire et aux abattoirs ;

- règlement (CE) n° 183/2005 du Parlement européen et du Conseil du 12 janvier 2005 établissant des exigences en matière d'hygiène des aliments pour animaux à l'exception des dispositions applicables à la production primaire.»

De même, l'art. 215-2-1 : « *En application de l'article 10 du règlement (CE) n° 882/2004 du Parlement européen et du Conseil du 29 avril 2004, les agents mentionnés à l'article L. 215-1 disposent des pouvoirs d'enquête prévus au présent livre pour contrôler la mise en œuvre des bonnes pratiques d'hygiène et des systèmes d'analyse des dangers et des points critiques pour les maîtriser.*»

155 DOUSSIN, (J.P.) *Sur le contrôle public dans les entreprises du secteur agroalimentaire.* IN, *Contrats, conc. consomm.* 1993, n°74, p, 29.

47. La conservation de la preuve fait donc, partie du devoir d'autocontrôle du professionnel. Toutefois, le fait que ce soit le professionnel lui-même qui exerce un contrôle sur cette information, pourrait compromettre la fiabilité de la preuve de la vérification. Est-ce que dans tous les cas, le professionnel mettra à disposition des autorités l'information, qui pourrait le compromettre? Est-ce qu'il peut être condamné sur la base de ses autocontrôles?[156] Et, si c'est le cas, est-ce que cette obligation, ne serait pas contraire aux droits fondamentaux?

Dans la démarche d'un processus équitable et au regard de la présomption d'innocence, la Convention européenne de droit de l'homme, signale que «*Toute personne accusée d'une infraction est présumée innocente jusqu'à ce que sa culpabilité ait été légalement établie*»[157]. Cela

---

156 Comme s'a été le cas dans la condamnation du responsable d'une entreprise, sur ayant comme preuve les résultats de ses autocontrôles. « *Alors qu'en l'espèce la Cour de Rennes n'a pu, sans insuffisance et contradiction, déclarer établie l'intention frauduleuse déniée par Prieur poursuivi en sa qualité de directeur général de l'Union Laiterie Normande dont le siège et l'activité principale sont à Condé-sur-Vire (Manche), sans qu'aucune intervention personnelle ait été retenue à sa charge et au seul motif d'un défaut, de surveillance, sans rechercher, s'agissant d'une des usines du groupe située à Derval (Loire-Atlantique), si la direction de celle-ci n'avait pas qualité pour exercer cette surveillance, et tout en déclarant Louer, directeur de l'usine, coupable des mêmes faits, pour n'avoir pas tenu compte des résultats des autocontrôles qu'il avait pratiqués* ». *Cass. Crim.* 7 mars 1994, n° pourvoi n° de pourvoi: 93-82451, non publié.

157 Article 6 de la Convention de sauvegarde des Droits de l'Homme et des Libertés fondamentales, «*Droit à un procès équitable 1. Toute personne a droit à ce que sa cause soit entendue équitablement, publiquement et dans un délai raisonnable, par un tribunal indépendant et impartial, établi par la loi, qui décidera, soit des contestations sur ses droits et obligations de caractère civil, soit du bien-fondé de toute accusation en matière pénale dirigée contre elle. [..] 2. Toute personne accusée d'une infraction est présumée innocente jusqu'à ce que sa culpabilité ait été légalement établie. 3. Tout accusé a droit notamment à : a. être informé, dans le plus court délai, dans une langue qu'il comprend et d'une manière détaillée, de la nature et de la cause de l'accusation portée contre lui, ...*» Conseil de l'Europe. Convention de sauvegarde des Droits de l'Homme et des Libertés fondamentales telle qu'amendée par le Protocole n° 11 accompagnée du Protocole additionnel et des Protocoles n° 4, 6, 7, 12 et 13. Conseil de l'Europe, Rome, 4 novembre 1950, ETS n° 5.

implique d'une part, qu'il a le droit de garder silence[158] et d'autre part, que la preuve qu'il constitue ne pourra pas être utilisé contre lui. Or, l'obligation de prouver la vérification du respect de la législation, peut s'avérer une forme d'auto-incrimination, au mépris du droit fondamental de défense.

Cette incompatibilité, cependant, renforce l'existence de l'obligation d'autocontrôle. Justement, elle signale le conflit d'intérêts face auquel se trouve le professionnel, lorsqu'il est à la fois partie et juge, de son activité. Ce conflit, a son origine dans le contenu même, de l'obligation d'autocontrôle, qui impose à un seul sujet, un double devoir, d'appliquer et de vérifier – le respect d'une autre obligation.

48. Jusqu'ici, l'autocontrôle se manifeste en tant qu'obligation sous-jacente aux obligations de conformité et de sécurité. Elle est motivée par la nécessité du législateur, d'assurer l'effectivité des obligations auxquelles, elle est «*agrafée*». Cependant, au regard des professionnels, l'obligation d'autocontrôle en résulte nécessaire, pour protéger leurs propres intérêts, prenant la forme d'un usage professionnel.

§2. L'usage professionnel d'autocontrôle

49. L'autocontrôle est né comme un usage professionnel, c'est-à-dire, comme une « [...] pratique particulière à une profession [...] »[159] qui fait partie «du Droit élaboré par les milieux professionnels du commerce international ou

---

158 Arrêt du Tribunal de première instance (première chambre élargie) du 20 février 2001. Cour Européenne de Droits de l'Homme. Affaire T-112/98. (Droit de refuser de fournir une réponse impliquant reconnaissance d'une infraction). *Recueil de jurisprudence 2001 page II-00729.*

159 CORNU, (G), *Op.Cit.* p. 946, v. note n° 10.

spontanément suivi par ces milieux indépendamment de tout Droit étatique... »[160]. Il s'instaure dans les cercles professionnels visant le contrôle sur l'activité économique aux niveaux des marchés national (A) et international (B).

A. L'objectif de contrôler l'activité économique au niveau national

50. En matière de contrôle de l'activité économique, l'autocontrôle émerge d'abord, comme étant un outil de contrôle de la production, qui devient ensuite, un instrument de contrôle de la commercialisation. Il s'agit d'un instrument qui assure la maîtrise de l'activité économique, dans ce premier temps, tout au long d'une filière au niveau national.

51. En tant qu'instrument de contrôle de la production, l'autocontrôle s'applique, dans un premier temps, au sein de l'entreprise. Il s'instaure sous la présomption de la performance et la rentabilité. Il permet la prévention[161] et

---

160 CORNU, (G). Op. Cit, p. 546, v, note n° 10.

161 L'autocontrôle est «*assimilé*» au contrôle préventif. En 1950, W. A. SHEWHART, démontre que l'interdépendance des opérations de conception et de production, réagissent constamment les unes sur les autres, et que en conséquence, le contrôle traditionnel sur le produit fini ne pouvait pas améliorer la qualité C'est ainsi, qu'il conçu la théorie de «*cinq zéros*»,- zéro panne, zéro délai, zéro défaut, zéro stock et zéro papier- mise en place pour la premier fois par la firme américaine ITT, une des principaux fournisseurs de matériel militaire à l'armée des États-Unis. Cependant, la grande demande des produits manufacturés après la II guerre mondial, provoqua une très faible acceptation de cette théorie dans l'industrie américaine, concentrée dans une augmentation quantitative et non qualitative de la production. Malgré cela, certaines entreprises de communication et d'usines d'armement, continuent à promouvoir son expansion, notamment au Japon. Les résultats de leur application justifiée montrent aujourd'hui, le très haut niveau de l'industrie japonaise dans les domaines de l'automobile, l'électronique et la chimie; de même que dans la capacité de produire matériel militaire de très hautes performances au point de se convertir en approvisionneurs des américains. GOGUE, (J.M.) *Management de la qualité*. Economica, 4èmeédition, 2005. p.9, 10. Aussi, SHEWHART, (W.A.) *Les fondements de la maitrise de la qualité*, Economica, 1989.

la correction de tout défaut du produit final, ayant pour conséquence une réduction des coûts et donc, l'obtention d'une rentabilité majeure.

Promu par sa fonction économique, l'usage de l'autocontrôle est introduit dans les contrats. Devenant une obligation contractuelle, l'autocontrôle impose la recherche des moyens pour inciter les créanciers, à respecter intégralement ses obligations. Afin de minimiser les coûts des préventions, des accidents et de la mise en responsabilité face à la défaillance du débiteur[162], l'autocontrôle assure l'exécution satisfaisante de la prestation.

L'autocontrôle est introduit dans les contrats, au moyen de textes résultant de la normalisation. Bien que ces normes[163] sont «*simples documents de référence*»[164] et n'ont aucune force juridique contraignante propre[165], leur respect est obligatoire lorsqu'ils font l'objet d'une référence expresse dans les stipulations qui lient deux parties[166]. Or, le caractère obligatoire d'une norme qui comporte l'autocontrôle procède directement de la force obligatoire du contrat dans lequel sa référence a été incluse. L'autocontrôle constitue donc, avec les autres obligations, la loi des parties et doit être respectée conformément à l'article 1134 du Code Civil.

---

162 CALABRESI, (G), cité par OGUS. (A.) *Economie du droit: les cas français*, Ed. Panthéon Assas, 2002, p. 21.

163 Le mot "*normes*" est ici entendu comme les règles édictées par les cercles professionnels dans le cadre de la normalisation. Sur ce thème, BOY, (L). *Normes*. IN, *Revue International de Droit Économique* (RIDE). 1998, n°2, 129.

164 PENNEAU (A). Les nouveaux aspects des limites de la normalisation. IN, *JCP*, 1996, n°43, 599.

165 Ce qui n'est pas le cas de règlements homologués dont le respect s'impose indépendamment d'une stipulation contractuelle.

166 GHESTIN (J). *Normalisation et contrat.* IN, *Le droit de normes professionnelles et techniques*. Commission Droit et vie des affaires, Université de Liège. Colloque Spa-Balmoral, 1983. Suisse : Bruxelles: éd. Bruylant, 1985, p. 493.

52. Dans un deuxième temps, lorsque l'autocontrôle est introduit dans les contrats, il s'applique tout au long des chaînes de production et de commercialisation. Or, il est devenu un instrument qui permet aux professionnels, de contrôler, non seulement les activités qui lui sont propres, mais aussi, celles qui font partie du réseau national, de production, de transformation ou de distribution. Ceci, a donné lieu à une utilisation répandue de l'autocontrôle, qui se manifeste clairement après la deuxième guerre mondiale.

A ce moment là, les grands acheteurs publics, à savoir la Défense Nationale[167], les maîtres d'ouvrages, les exploitants de centrales nucléaires[168]et la recherche spatiale, ont établi l'obligation d'autocontrôle à leurs fournisseurs, sous la forme de «*l'assurance de la qualité*» ou de «*l'assurance de la sécurité*».[169] Par exemple, l'Agence internationale de l'énergie atomique, édicte en 1979, le code de bonne pratique pour

---

[167] En 1965, l'OTAN a crée un groupe multinational chargé d'établir une coopération en matière d'assurance de la qualité pour la réalisation d'armements, le « *Allied Quality Assurance Publications- Règlements interalliés sur l'assurance de la qualité* ». Les obligations du respect des référentielles sont indiqués expressément dans les documents destinés aux fournisseurs. A ce sujet, *Politique de l'OTAN sur une approche intégrée de la qualité pour tout le cycle de vie des systèmes.* AQAP-100, 3ème édition, (septembre 2002), p. 10. Aussi, OTAN, *Exigences 'OTAN d'assurance de la qualité pour la conception, le développement et la production*, AQAP 2110, 2ème édition, Novembre 2006, p. 2.

[168] CRUCHANT, (L). *Op. Cit.* p. 40, v. note n° 35.

[169] En France, le contrôle de la qualité de l'armement, avait été aussi l'objet des exigences établies par Louis XI, pour la construction de navires de guerre. En 1964, le Service de la surveillance industrielle de l'armement, fut crée afin d'assurer en nom de l'État, la qualité des matériels d'armement réalisés par l'industrie française, tant pour l'armée national comme étrangère. De même, le Département de défense des États-Unis, publie en 1959, des standards pour assurer la qualité des armements. Voir à ce propos, *Ibid.*

l'assurance de la qualité de la sureté des centrales nucléaires, No.50-C-QA[170], établissant une obligation d'autocontrôle sur la sécurité.

En matière militaire, les conditions relatives aux méthodes et à l'organisation de la production, ont été énoncées dans des clauses contractuelles d'assurance de la qualité. Les clauses communes aux contrats de fournitures, se référaient aux standards multinationaux crées par l'Organisation du traité de l'Atlantique Nord (*OTAN*), depuis les années soixante[171]. Par un effet de la «*contagion contractuelle*»[172] ces exigences furent étendues même, auprès des sous-traitants, de toutes les tailles et tous les produits, y compris, l'alimentaire.

Ce fut la recherche spatiale qui imposa aux fournisseurs alimentaires, l'obligation de contrôler les «*risques*» dans l'alimentation des astronautes. Pour les missions Gemini et Apollo[173], la *National Aeronautics*

---

170 International Atomic Energy Agency, (IAEA). *Quality Assurance for Safety in Nuclear Power Plants: A Code of Practice*. Colección seguridad N° 50-C-QA STI/PUB/504, 1979, p.7.

171 OTAN. *Exigences OTAN d'assurance de la qualité pour la conception, le développement et la production. AQAP 2110.* 2ème Edition, Novembre 2006, p. 2, du même que, OTAN, Exigences OTAN, d'assurance de la qualité pour la production, AQAP 2120, 2ème Edition, Novembre 2006, p.2.

172 « *[...] quant à la diffusion des codes de bonne conduite, elle déborde vite le cercle des adhérents de départ dès lors qu'il est fréquent que leurs règles soient intégrées dans les conventions passés entre un professionnel, partie à l'accord initial, et un collègue ou un client qui, ainsi, par « contagion contractuelle », sont à leur tour amenés à adhérer à cette réglementation du secteur. Les juges aussi, contribuent à la diffusion de ces règles, même en absence de référence explicite à celles-ci, en les considérant comme constitutives d'usages commerciaux, ou en les tenant pour un élément pertinent d'appréciation de la bonne foi et de la responsabilité des personnes concernés* ». OST, (F) et VAN DE KERCHOVE, (M). *De la pyramide au réseau?* Bruxelles : Publications des Facultés Universitaires Saint -Louis, 2002, p. 119.

173 Les procédures systématiques, furent fortement réussies pour assurer la sécurité et la salubrité de la nourriture. Ces procédures inclurent le choix et la commande stricts des matières premières, l'hygiène du personnel, les techniques de traitement, l'équipement, l'environnement de stockage et de fabrication, et assemblage finale pour le rangement. En ce sens, SMITH, (M.), RAPP, (R); HUBER (C); RAMBAUT, (P); HEIDELBAUGH, (N). *Apollo*

and Space Administration (*NASA*), demanda, aux entreprises chargées de la préparation des aliments[174], la mise en œuvre de plans de contrôle sur la sécurité sanitaire. L'exigence fondamentale consista à obtenir des aliments totalement sûrs, moyennant un système capable de garantir l'absence absolue de bactéries ou toxines causant des maladies d'origine alimentaire[175]. C'est ainsi qu'en collaboration avec la corporation américaine Pillsbury, la NASA a développé le premier système d'autocontrôle pour assurer la sécurité des aliments, dénommé «*Hazard analysis critical control points (HACCP)*» [176]. Cette exigence d'autocontrôle fut adoptée progressivement dans l'industrie alimentaire jusqu'à nos jours.

Sous différentes formes – depuis le «*contrôle de la qualité*», la «*garantie de sûreté* » jusqu'au «*HACCP*» - et pouvant être appliqué à des objets distincts, - les armes, les automobiles ou encore, les aliments-, l'autocontrôle se définit comme l'obligation de vérification du respect d'une règle de droit. La portée cette obligation est large. Celle-ci comprenant toutes les activités que le professionnel maîtrise, dépassant la production au sein de l'entreprise et s'étendant vers la commercialisation.

---

experience report-Food Systems. National Aeronautic and Space Administration, July 1974, p. 2 et 9.

174 La plupart des critères de nature technique (microbiologique, chimique, physique), ont défini la sûreté finale des nourritures et l'empaquetage utilisé, mais la sécurité de la nourriture fût adressée au contrôle de la conception, la fabrication, et l'utilisation des systèmes aérospatiaux de nourriture. La NASA avait prévu la complexité à déterminer l'exécution physiologique de l'homme pendant le vol spatial et leurs besoins en alimentation. La susceptibilité accrue de l'homme à l'infection pendant la contrainte physique et psychologique, augmenta la nécessité de définir la commande stricte des approvisionnements alimentaires. *Op.Cit.*p. 9, V. note n° 173.

175 NASA, *Aerospace Technology Innovation.* Vol 6, n°. 1, January 1998, p. 4.

176 GIOVANNUCCI, (D), MORTON, (S). *Food quality issues: understanding HACCP and others management techniques.* IN, A Guide to developing agricultural markets and agro-enterprises, 2007, p. 3.

53. Au delà de la sphère limitée de l'entreprise, les professionnels ont la nécessité de protéger leurs intérêts économiques tout au long de la filière. L'autocontrôle s'avère utile à étendre cette maîtrise, car d'une part, il permet de fixer les conditions du développement des activités de production, de transformation et de distribution. D'autre part, il favorise la constitution de réseaux concentrés. Définissant les conditions de production, de transformation et de commercialisation, l'autocontrôle réduit la quantité des professionnels qui participent à l'approvisionnement du marché.

Cette situation est illustrée par la filière de la distribution européenne, où des obligations d'autocontrôle s'inscrivent dans les «*référentiels*» imposés aux fournisseurs. Ces obligations d'autocontrôle ont des très divers objets, qui vont de la qualité de produits jusqu'à des conditions de travail. A titre d'exemple, le référentielle GLOBALGAP inclut l'obligation d'autocontrôle, sur les conditions de travail à la ferme, la gestion des résidus, ou encore la traçabilité[177]. D'autres référentiels visant des produits non alimentaires, comprennent l'obligation d'autocontrôle comme étant une condition à la commercialisation. Le «*Référentiel définissant les produits cosmétiques écologiques et biologiques*» d'ECO-CERT, signale l'autocontrôle, comme étant une des conditions de l'acceptation de garanties concourant à la satisfaction du référentiel[178].

---

[177] GLOBALGAP. *Puntos de Control y Criterios de Cumplimiento. Aseguramiento Integrado de Fincas. Introducción*. Versión interina final en español. V3.0-2 Sep07 Válido a partir del 30 septiembre de 2007 p. 10, 15, 17, CPCC.

[178] «...*L'opérateur doit procéder à des mesures d'autocontrôle dans le but de valider les produits avant leur commercialisation...*» ECO-CERT. Référentiel définissant les produits cosmétiques écologiques et biologiques, dans le cadre du Décret n° 95-354 du 30/03/95 sur la certification des produits industriels et des services. Version, janvier 2003, p. 22.

Cependant, ces obligations d'autocontrôle limitent la participation des professionnels[179] et donc, la concurrence. Dans certains cas, les autorités ont dû limiter l'utilisation des systèmes imposant des obligations d'autocontrôle.[180] En effet, l'autocontrôle est devenu un instrument très efficace, pour maîtriser la commercialisation nationale. C'est ainsi, qu'il est aussi utilisé, pour étendre ce contrôle sur le plan international.

B. L'objectif d'étendre le contrôle au niveau international

54. L'autocontrôle consolide la maîtrise du marché aux professionnels. Cependant, tenu compte que les filières modernes, y compris l'agroalimentaire, intègrent des partenaires internationaux, l'autocontrôle est aussi employé dans l'assurance du contrôle des activités économiques sur le plan international. C'est par la voie de la normalisation et de l'harmonisation, que l'autocontrôle sert à cet objectif.

---

179 C'est le cas des fournisseurs de bananes avec les supermarchés du Royaume-Uni, qui ont établi leurs propres dispositions d'autocontrôle, limitant la concurrence avec les fournisseurs étrangers. En conséquence, en 2005 Saint Vincent et Les Grenadines, ont communiqué au Comité des mesures sanitaires et phytosanitaire, le problème lié à la mise en œuvre d'un système EurepGAP. G/SPS/GEN/746 24 janvier 2007. D'autres membres de l'OMC, se sont également déclarés préoccupés par les effets des « *normes privées* » sur leur commerce. G/SPS/GEN/746 24 janvier 2007.

180 « *In the Netherlands, the competition authority set a limit to the use of quality assurance systems. The big dairy producers representing over 98% of the procurement market for milk, imposed a standard of quality on their suppliers that went beyond public law requirements. The system is called KKM (Keten Kwaliteit Melk - chain quality milk). An agreement between these companies not to accept milk without the agreed KKM quality standard was considered to be in breach of competition law as it virtually excluded milk that complied with public law standards (but no more) from the market. The companies dropped this particular requirement. However the competition authority announced that it would treat any refusal to buy non-KKM milk as a concerted practice infringing on competition law.* » WIJNANDS, (J.H.M), VAN DER MEULEN (B.M.J), POPPE (K.J). *Op. Cit*, v. note n°59, p. 89.

55. Sous la forme d'un usage professionnel, l'autocontrôle est répandu à l'échelle internationale au moyen de la normalisation[181]. Ainsi, l'autocontrôle avait été défini par la norme ISO 8402, comme le «*mode de contrôle*[182] *selon lequel une personne physique exerce son propre contrôle sur le résultat de son travail et dont les règles sont formellement définies dans les dispositions d'assurance de la qualité ou de gestion de la qualité*»[183]. Même, si cette définition n'est pas retenue dans les normes ISO à nos jours, l'autocontrôle continua à être développé par cette voie. C'est ainsi, qu'il est défini par la norme ISO 9000, comme un «*contrôle par l'exécutant lui-même du travail qu'il*

---

181 La normalisation est définie comme un «ensemble de mesures techniques destinées à uniformiser les méthodes de travail et certains types de produits afin d'améliorer le rendement de la production et la distribution... ». CORNU, (G). *Op. Cit*, v. note n° 10, p. 617. Des nombreux auteurs ont analysé la normalisation. Cependant, il n'est pas de notre propos de les exposer. Nous entendons simplement, présenter la normalisation comme un des contextes permettant l'élargissement de la portée de l'autocontrôle. Sur la normalisation les ouvrages généraux, GAMBELLI (F). *Aspects juridiques de la normalisation et de la réglementation technique européenne*. Paris: Ed. Eyrolles, 1994. PENNEAU, (A). *Règles d'art et normes techniques*. Paris : LGDJ, 1989. ZAMPHIROFF, (O). *Esquisse d'une théorie juridique de la normalisation*. Sous la direction de CASS (G), Thèse Marseille, 1990. Commission Droit et vie des affaires, Université de Liège. Le droit de normes professionnelles et techniques, Colloque Spa-Balmoral, 1983. Suisse : Bruxelles: éd. Bruylant, 1985. FARJAT (G). *Réflexion sur les codes de conduite privés*. IN, Le droit des relations économiques internationales, Mélanges offerts à Berthold Goldman. Paris: Litec, 1987. FARJAT (G). *Nouvelles réflexions sur les codes de conduite privée*. IN, *Les transformations de la régulation juridique*. Sous la direction de CLAM (J) et MARTIN (G). Paris : L.G.D.J, 1998, p. 164. BOY (L). *La valeur juridique de la normalisation*. IN, Ibid, p. 184. PENNEAU, (A). *Aspects juridiques de la normalisation et stratégies d'entreprise. Petites affiches. Colloque Paris IX, 27 novembre 1997.*

182 Défini par la norme ISO 8402, comme « [l]'action de mesurer, examiner, essayer, passer au crible une ou plusieurs caractéristiques d'un produit ou service et de les comparer aux exigences spécifiées en vue d'établir leur conformité ». Comprise aussi dans la version française, NF X 50-120, (1987). Norme ISO 8402, *relative au management de la qualité et assurance de la qualité, Vocabulaire*. NF X 50-120, 1987, cité par CHEVALIER, (F); DESCAMPS, (P). JUDDE, (A); LEBRUN, (G); LEVESQUE, (C) ; MAJOU, (D). *Op. cit.* v. note n° 36.

183 International Standard Organisation (ISO). Norme ISO 8402, relative au management de la qualité et assurance de la qualité. Vocabulaire.1986. Cité par, Norme ISO 8402, *relative au management de la qualité et assurance de la qualité, Vocabulaire*. NF X 50-120, 1987, cité par CHEVALIER, (F); DESCAMPS, (P). JUDDE, (A); LEBRUN, (G); LEVESQUE, (C) ; MAJOU, (D). *Op.cit.*, v. note n° 36.

accomplit, suivant les règles spécifiées».[184] L'utilisation de cette forme de contrôle, a connu une importante expansion grâce au fait que la normalisation impose une normativité *«autoproduite et autocontrôlée»*[185], négociée[186], qui est très efficace[187], avantage qui rassure l'emploi de l'autocontrôle, par tout acteur[188], sur toute activité au-delà de la filière national.

56. Cependant, la normalisation n'est pas le seul moyen par lequel, l'autocontrôle permet le contrôle des professionnels sur les activités

---

184 NF EN ISO 9000: 2000. Systèmes de management de la qualité-principes essentiels et vocabulaire, Paris, AFNOR, octobre 2005, 38 p. Cité par Norme ISO 8402, relative au management de la qualité et assurance de la qualité, Vocabulaire. NF X 50-120, 1987, cité par CHEVALIER, (F); DESCAMPS, (P). JUDDE, (A); LEBRUN, (G); LEVESQUE, (C) ; MAJOU, (D). *Op.cit*, v. note n° 36.

185 OST, (F) et VAN DE KERCHOVE, (M). «*On parle alors d'«une autorégulation», très développée dans les secteurs du droit social, du droit financier, du droit économique international et du droit de la concurrence : dans chaque cas, l'autonomie revendiquée est justifiée par la plus grande flexibilité d'une normativité autoproduite et autocontrôlée qui doit s'adapter à une conjoncture à la fois ultra-spécialisée et instable*». *Op. Cit*, v. note n°172, p. 27.

186 BOY, (L). *Op. cit*. v. note n°163, p. 11.

187 OST, (F) et VAN DE KERCHOVE, (M). « *La recherche concurrentielle de la norme peut contribuer à l'approfondissement des débats et l'affinement des solutions ; l'absence de sanctions « officielles » ne fait pas obstacle, on l'a vu, à des formes de « boycott » très efficaces...* ». *Op.cit*. v. note n°172, p. 27. Aussi, BOY (L), *Op. Cit*, note n°163, p. 11, qui reconnaît l'efficacité des moyens de persuasion et de pression professionnels mise en valeur par les normes privées.

Dans le même sens, "*Effective implementation of such private sector approaches is key to enhancing food safety, in tandem with public approaches (e.g., country-of-origin labeling). Some of these private responses may have supply implications for exporting countries. Many producer groups have voluntarily developed guidelines for their members aimed at enhancing the safety of their commodities*". USDA, Economic Research Service. BUZBY, (J). (Ed). *International trade and food safety*. Agriculture Economic Report n° 828, 2003, p. 68.

188 La normalisation « *a pour objet de fournir des documents de référence comportant des solutions à des problèmes techniques et commerciaux concernant les produits, biens et services, qui se posent de façon répétée dans les relations entre partenaires économiques scientifiques, techniques et sociaux* » BOY, (L). *Op. Cit*, v. note n°163 p. 11.

économiques au plan international. L'harmonisation a favorisé aussi, son utilisation généralisée.

L'harmonisation est entendue comme «*une opération législative consistant à mettre en accord des dispositions d'origine (et souvent de date) différente, plus spécialement à modifier des dispositions existantes afin de les mettre en cohérence avec une réforme nouvelle*»[189]. Dans le droit international, et plus particulièrement, dans celui qui régule le commerce des aliments, l'harmonisation[190] s'inscrit comme une opération indispensable pour rendre cohérentes les législations nationales, facilitant ainsi, le contrôle des flux commerciaux[191].

L'harmonisation a permis l'introduction de l'autocontrôle dans le droit international. L'autocontrôle se présente comme l'impératif implicite et fondamental, de la procédure HACCP. Cette procédure a été incorporée dans les textes internationaux sous la forme de «*recommandations*» [192], permettant

---

189 CORNU, (G). *Op.Cit,* v. note n° 10, p. 455.

190 COLART-DUTILLEUL, (F). *Le droit agroalimentaire en Europe: Entre Harmonisation et uniformation.* In, *Revista para el Análisis del Derecho*. Barcelona : INDRET, Julio 2007, p. 5. Sur l'harmonisation dans le droit agroalimentaire, voir aussi BOSSIS (G). *La sécurité sanitaire des aliments en droit international et communautaire : rapports croisées et perspectives d'harmonisation.* Belgique: Bruyland, 2005, 543 p. De même, ROCHDI (G). *L'harmonisation européenne des législations nationales relatives aux produits agro-alimentaires.* Sous la direction de Blumann (C), Thèse Poitiers, 1994, 490 p.

191 Ainsi, par exemple, l'Accord SPS, la définit comme étant « [l'] établissement, [la] reconnaissance et [l'] application des mesures sanitaires et phytosanitaires, communes par différents membres». Organisation Mondiale du Commerce. Accord sur l'application de mesures sanitaires et phytosanitaires, Annexe A, p. 90.

192 Ces documents ont un caractère volontaire. La recommandation « *est un acte qui émane en principe d'un organe intergouvernemental et qui propose à ses destinataires un comportement donné. [...] La recommandation est un acte dépourvu d'effets obligatoires. Le sens juridique du mot coïncide avec son sens courant. Ses destinataires ne sont pas obligés de s'y soumettre et ne commettent pas d'infraction en ne la respectant pas. [...] L'absence de force obligatoire des recommandations ne signifie pas qu'elles n'ont pas aucune portée. Si tel était le cas, on s'expliquerait mal l'acharnement des débats conduisant à leur adoption. Comme l'a rappelé la C.I.J, dans son avis consultatif de 1996*

ainsi, l'introduction sous- jacente de l'autocontrôle dans ce contexte. Au début des années quatre-vingt dix les guides pour l'application du système HACCP préparés par le Codex Alimentarius, établissaient une possibilité *«recommandée»* aux entreprises alimentaires, signalant la possibilité de mettre en place, ce système d'autocontrôle.[193] Cette disposition a établi, tacitement et à titre volontaire, l'autocontrôle dans le contexte international.

L'harmonisation de ce type d'autocontrôle a facilité les processus visant leur incorporation dans la législation nationale. En 1993, le règlement européen CE 43/93[194], fixe l'obligation des entreprises du secteur alimentaire d'établir les procédures de sécurité des aliments, en se fondant sur les principes du système HACCP. L'élaboration de guides de bonnes pratiques d'hygiène volontaires resta une possibilité d'autorégulation des entreprises agroalimentaires. De la même manière, en 1998, l'*American Food and Drug Administration* (FDA) et l'industrie américaine, ont initié un procès d'autoréglementation dans les différents processus de production alimentaire, introduisant ce type des prescriptions d'autocontrôle.[195] Dans des autres

---

sur la Licéité de la menace ou de l'emploi d'armes nucléaires, « les résolutions de l'Assemblée générale, même si elles n'ont pas force obligatoire, peuvent parfois avoir une valeur normative». QUOC -DINH, (N), DAILLER (P), PELLET, (A). Droit international public. Paris: Libraire générale de droit et de jurisprudence (LGDJ), 2002, 7ème édition, p. 379.

193 Codex Alimentarius, *Système d'analyse des risques - points critiques pour leur maîtrise (HACCP) et directives concernant son application.* Code d'usages international recommandé. Principes généraux d'hygiène alimentaire. CAC/RCP 1-1969, rev. 4 (2003). p. 35.

194 Directive 93/43/CEE du Conseil du 14 juin 1993 relative à l'hygiène des denrées alimentaires. JOCE, L 175 du 19.7.1993.

195 « *Private sector approaches for meat and poultry include self-regulation, vertical integration (to ensure quality/safety of inputs and traceability, for example), voluntary or mandatory HACCP systems, and third-party certification such as the International Organization for Standardization. For example, in the United States, McDonald's has imposed antibiotic restrictions on its livestock suppliers (Lipsky, 2003), even though the U.S. government does not believe this is necessary (FAS, 2003. [...]These "Quality Assurance Programs" are designed to ensure wholesome livestock products. They include elements aimed at reducing pathogens and at properly using pharmaceuticals (Committee*

pays, comme le Costa Rica[196], où les prescriptions du Codex Alimentarius font partie de la législation nationale, l'autocontrôle, établi sous la forme de la procédure HACCP, est devenu une obligation légale. C'est ainsi, que grâce à l'harmonisation, l'autocontrôle a été introduit dans le droit international

---

on Drug Use in Food Animals, 1998). Other private organizations that have adopted guidelines for antimicrobial drug use include the American Veterinary Medical Association, American Association of Bovine Practitioners, and American Association of Swine Practitioners (USDA, 1999). Several U.S. producers have also reduced or plan to reduce their use of certain antibiotics to ease consumers' fears (Burros, 2002; Kilman, 2002). For example, several U.S. poultry producers have begun withdrawing their use of the fluoroquinolone drug Baytril." USDA, Economic Research Service. BUZBY, (J). (Ed). *Op.Cit*, v. note n° 187, n° 828, 2003, p. 68.

196 Selon la *Procuraduría General de la República (PGR)*, les textes du Codex Alimentarius ont un caractère obligatoire. Cependant, cette institution a une position contradictoire sur les conditions d'application des instruments internationaux, établissant que dans le cas du Codex Alimentarius, les textes peuvent être appliqués directement, sans avoir besoin d'une publication. D'autre part, cette même institution a estimé que la publication est un élément de légalité et pourtant, il n'existe pas une application automatique "*... si las normas internacionales otorgan carácter vinculante al Codex Alimentarius, podrán ser aplicadas a los productores nacionales directamente, o bien mediante la promulgación de un Decreto Ejecutivo. Conclusión: De conformidad con las normas citadas y las consideraciones de [sic] expuestas, la Procuraduría General de la República concluye que no es necesario promulgar reglamentos ejecutivos con el fin de aplicar las reglas del Codex Alimentarius*." Procuraduría General de la República. Dictamen C-140-97, sobre el uso de las normas del Codex Alimentarius, 31 de julio de 1997. Au contraire « *Por otra parte, se consulta sobre el principio de publicidad aplicado a las normas internacionales y buenas prácticas internacionales. El término "normas internacionales", puede referirse tanto a los tratados públicos, como el propio GATT, como a las normas de ejecución o bien declaraciones adoptadas en el seno de conferencias o reuniones internacionales dirigidas a regular estos aspectos productivos y el comercio internacional. Pero también puede abarcar normas emitidas por entidades a las que se reconoce una facultad de regular el comercio i internacional. Así el término incluye a los INCOTERMS, reglas internacionales para la interpretación de los términos utilizados en el comercio internacional. Al efecto, en el tanto en que se pretenda que dichas normas resulten vinculantes dentro del país, la adopción de dichas normas por un organismo público debe ser dada a la publicidad. Publicidad que se extiende a su contenido, en virtud de lo dispuesto en el artículo 4 de la Ley de protección al ciudadano del exceso de requisitos y trámites administrativos, No. 8220 de 4 de marzo de 2002, artículo 4.b).[...] Conclusión [...] f. Si se pretende que las normas internacionales sean vinculantes para quienes deseen o están obligados a la acreditación, es necesario que dichas normas sean dadas a la publicad, conforme al principio que se deriva del artículo 129 constitucional y se deriva del artículo 4, inciso b) de la Ley 8220."* Procuraduría General de la República. Dictamen C-160-2002, de 18 de junio de 2002. IN, MUÑOZ-UREÑA, (H). *Legislación alimentaria costarricense*. San José: INIDA, 2009, p.409.

permettant le contrôle de l'activité commercial au-delà de la filière nationale et même dans ses aspects les plus spécifiques, comme c'est le cas de la sécurité sanitaire des aliments.

57. Nous avons constaté que l'obligation d'autocontrôle se manifeste sous des formes différentes. Dans tous les cas, il est défini comme une obligation de vérification du respect d'une règle de droit. Cependant, au long de son développement, l'autocontrôle se présente comme une obligation sous-jacente et implicite à autres obligations. Il s'agit d'une obligation dont la définition n'a pas eu lieu dans le droit commun ni dans le droit spécial. Ce n'est que dans le droit agroalimentaire qu'elle est consacrée.

CHAPITRE II. LA CONSECRATION

59. L'autocontrôle est consacré dans la législation alimentaire (Section 1), en tant qu'obligation autonome (Section 2).

Section 1. Une obligation consacrée dans la législation alimentaire

60. La législation alimentaire réaffirme l'existence de l'autocontrôle, en établissant que celui-ci constitue l'obligation fondamentale des exploitants agroalimentaires. Cette affirmation se déduit de l'énoncé général de l'article 17 du règlement CE 178/2002 et des définitions spécifiques, prévues tant par ce texte que par d'autres dispositions de la législation alimentaire.

L'article 17 du règlement précité consacre clairement l'obligation d'autocontrôle en énonçant que: «*Les exploitants du secteur alimentaire et du secteur de l'alimentation animale veillent, à toutes les étapes de la production, de la transformation et de la distribution dans les entreprises placées sous leur contrôle, à ce que les denrées alimentaires ou les aliments pour animaux répondent aux prescriptions de la législation alimentaire applicables à leurs activités et vérifient le respect de ces prescriptions.*»[197] De manière complémentaire, d'autres prescriptions réaffirment sa consolidation.

L'obligation d'autocontrôle est ainsi consacrée, par des dispositions spécifiques lesquelles l'expriment sous deux formes : par le renvoi à l'action de l'exploitant lui-même et par le signalement des actions fondamentales qui guident le contrôle que l'exploitant est tenu d'effectuer.

---

197 Règlement CE n°178/2002, du Parlement Européen et du Conseil, établissant les principes généraux et les prescriptions générales de la législation alimentaire, instituant l'Autorité européenne de sécurité des aliments et fixant des procédures relatives à la sécurité des denrées alimentaires. JOCE, L 31 du 1 février 2002.

61. En premier lieu, le renvoi à l'action de l'exploitant qui institue l'obligation d'autocontrôle, est défini tant en ce qui concerne le secteur de l'alimentation humaine que celui de l'alimentation animale. Dans le secteur de l'alimentation destinée à la consommation humaine, cette obligation est fixée par l'article 19§1 du règlement CE n°178/2002[198]qui dispose que: « *Si un exploitant du secteur alimentaire considère ou a des raisons de penser qu'une denrée alimentaire qu'il a importée, produite, transformée, fabriquée ou distribuée ne répond pas aux prescriptions relatives à la sécurité des denrées alimentaires, il engage immédiatement les procédures de retrait du marché de la denrée alimentaire en question, lorsque celle-ci ne se trouve plus sous le contrôle direct de ce premier exploitant du secteur alimentaire, et en informe les autorités compétentes. Lorsque le produit peut avoir atteint le consommateur, l'exploitant informe les consommateurs de façon effective et précise des raisons du retrait et, au besoin, rappelle les produits déjà fournis aux consommateurs lorsque les autres mesures sont insuffisantes pour atteindre un niveau élevé de protection de la santé.*»[199]

Dans le même sens, l'article 19§3 du règlement CE 178/2002 signale que : « *Tout exploitant du secteur alimentaire informe immédiatement les autorités compétentes lorsqu'il considère ou a des raisons de penser qu'une denrée alimentaire qu'il a mise sur le marché peut être préjudiciable à la santé humaine. Il informe les autorités compétentes des mesures qu'il prend pour prévenir les risques pour le consommateur final et n'empêche ni*

[198] Article 19§1, Règlement CE n° 178/2002.

[199] S'agissant de l'application de l'obligation d'autocontrôle dans le secteur de l'alimentation animale, l'article 20§1 dit que: « *Si un exploitant du secteur de l'alimentation animale considère ou a des raisons de penser qu'un aliment pour animaux qu'il a importé, produit, transformé, fabriqué ou distribué ne répond pas aux prescriptions relatives à la sécurité des aliments pour animaux, il engage immédiatement les procédures de retrait du marché de l'aliment en question et en informe les autorités compétentes.*»

ne décourage personne de coopérer avec les autorités compétentes, conformément aux législations et pratiques juridiques nationales, lorsque cela peut permettre de prévenir, réduire ou éliminer un risque provoqué par une denrée alimentaire.»[200]

L'obligation d'autocontrôle est définie dans ces articles, par l'intermédiaire des énoncés selon lesquels, quand l'exploitant «.... *considère ou a des raisons de penser...» «... il engage immédiatement les procédures...», « il informe les autorités des mesures qu'il prend...»* ou il « *n'empêche ni décourage personne de coopérer avec les autorités compétentes...* ». Ces dispositions mettent en évidence le facteur qui renvoie à l'exploitant lui-même de mettre en œuvre des mesures de contrôle.

62. En deuxième lieu, l'obligation d'autocontrôle est consolidée par l'indication explicite dans la législation, des mesures fondamentales que doit prendre le professionnel. Celles-ci sont définies à titre général dans le règlement CE 178/2002, par l'article 18§2[201] qui impose la disposition des systèmes et des procédures de traçabilité des fournisseurs, par l'article

---

200 En ce qui concerne le secteur de l'alimentation animale, l'article 20§3 institue que : « *Tout exploitant du secteur de l'alimentation animale informe immédiatement les autorités compétentes s'il considère ou a des raisons dépenser qu'un aliment pour animaux qu'il a mis sur le marché ne répond pas aux prescriptions relatives à la sécurité des aliments pour animaux. Il informe les autorités compétentes des mesures qu'il prend pour prévenir le risque découlant de l'utilisation de cet aliment pour animaux et n'empêche ni ne décourage personne de coopérer avec les autorités compétentes, conformément aux législations et pratiques juridiques nationales, lorsque cela peut permettre de prévenir, réduire ou éliminer un risque provoqué par un aliment pour animaux.* »

201 « *2. Les exploitants du secteur alimentaire et du secteur de l'alimentation animale doivent être en mesure d'identifier toute personne leur ayant fourni une denrée alimentaire, un aliment pour animaux, un animal producteur de denrées alimentaires ou toute substance destinée à être incorporée ou susceptible d'être incorporée dans des denrées alimentaires ou dans des aliments pour animaux. À cet effet, ces exploitants disposent de systèmes et de procédures permettant de mettre l'information en question à la disposition des autorités compétentes, à la demande de celles-ci.* » Article 18§2, règlement CE n° 178/2002.

18§3[202] qui prescrit la traçabilité des entreprises auxquels les produits ont été fournis, par l'article 19§2 dictant la communication des informations relatives à la traçabilité[203], par les articles 19§2[204] et 20§1[205]signalant les procédures de retrait, et par les articles 19§3[206] et 20§1[207] établissant la procédure de rappelle des denrées alimentaires et des aliments pour animaux.

63. En troisième lieu, ces manifestations spécifiques sont reprises tout au long de la législation alimentaire. D'une part, elles sont présentes dans les textes stipulant les obligations relatives à l'hygiène, dont le responsable est l'exploitant. Ainsi, par exemple, le règlement CE 852/2002, établit dans l'article 3 que: *« Les exploitants du secteur alimentaire veillent à ce que*

---

202 « *[...] 3. Les exploitants du secteur alimentaire et du secteur de l'alimentation animale disposent de systèmes et de procédures permettant d'identifier les entreprises auxquelles leurs produits ont été fournis. Cette information est mise à la disposition des autorités compétentes à la demande de celles-ci.* » Article 18§2, règlement CE n° 178/2002.

203 « *2. Tout exploitant du secteur alimentaire [...] contribue à la sécurité des denrées alimentaires en transmettant les informations nécessaires pour retracer le cheminement d'une denrée alimentaire et en coopérant aux mesures prises par les producteurs, les transformateurs, les fabricants et/ou les autorités compétentes* ». Article 19§2, règlement CE n° 178/2002.

204 « *2. Tout exploitant du secteur alimentaire responsable d'activités de commerce de détail ou de distribution qui n'affectent pas l'emballage, l'étiquetage, la sécurité ou l'intégrité des denrées alimentaires engage, dans les limites de ses activités propres, les procédures de retrait du marché des produits ne répondant pas aux prescriptions relatives à la sécurité des denrées alimentaires [...]* ». Article 19§2, règlement CE n° 178/2002.

205 « *Si un exploitant du secteur de l'alimentation animale considère ou a des raisons de penser qu'un aliment pour animaux qu'il a importé, produit, transformé, fabriqué ou distribué ne répond pas aux prescriptions relatives à la sécurité des aliments pour animaux, il engage immédiatement les procédures de retrait du marché de l'aliment en question et en informe les autorités compétentes.* » Article 20§1, règlement CE n° 178/2002.

206 « *[...] l'exploitant [...], rappelle les produits déjà fournis aux consommateurs lorsque les autres mesures sont insuffisantes pour atteindre un niveau élevé de protection de la santé.* » Art. 19§1, règlement CE n° 178/2002.

207 « *Il [...] rappelle les produits déjà fournis lorsque les autres mesures sont insuffisantes pour atteindre un niveau élevé de protection de la santé.* » Article 20§1, règlement CE n° 178/2002.

toutes les étapes de la production, de la transformation et de la distribution des denrées alimentaires sous leur responsabilité soient conformes aux exigences pertinentes en matière d'hygiène fixées par le présent règlement. »

64. D'autre part, l'obligation d'autocontrôle est instaurée dans les textes relatifs aux contrôles officiels. Selon l'article 3 du règlement CE 854/2004[208] relatif à l'organisation des contrôles officiels, ces derniers s'effectuent afin d'assurer que les exploitants respectent les exigences prévues par les règlements communautaires relatifs à l'hygiène des denrées[209], à l'hygiène des aliments d'origine animale[210]et des sous-produits animaux non destinés à la consommation humaine[211]. La mise en œuvre des contrôles officiels suppose l'existence de l'obligation d'autocontrôle.

C'est grâce à la nouvelle organisation des contrôles officiels, que la consécration de cette obligation dans la législation alimentaire est encore plus évidente, puisque l'autocontrôle se situe à la base du système de contrôle sanitaire (§1). C'est en effet, à partir de cette nouvelle structure, que le caractère fondamental de cette obligation est accentué, car elle fixe la responsabilisation de l'exploitant agroalimentaire (§2) à l'égard de la sécurité des aliments.

---

208 Règlement (CE) n°854/2004 du Parlement européen et du Conseil du 29 avril 2004 fixant les règles spécifiques d'organisation des contrôles officiels concernant les produits d'origine animale destinés à la consommation humaine, Journal officiel des Communautés Européennes, L 226 du 25 juin 2004, p. 83.

209 Règlement CE n°852/2004 du Parlement européen et du Conseil du 29 avril 2004 relatif à l'hygiène des denrées alimentaires. JOCE L 139 du 30 avril 2004.

210 Règlement CE n° 853/2004 du Parlement européen et du conseil du 29 avril 2004 fixant des règles spécifiques d'hygiène applicables aux denrées alimentaires d'origine animale. JOCE L 226 du 25 juin 2004.

211 Règlement CE n°1774/2002 du Parlement européen et du conseil du 3 octobre 2002 établissant des règles sanitaires applicables aux sous-produits animaux non destinés à la consommation humaine, JOCE L273/1 du 10 octobre 2002.

§1. Une obligation étant à la base du système de contrôle officiel

65. L'obligation d'autocontrôle est désormais le pilier à partir duquel le système de contrôle officiel est bâti. Ce système est composé par les contrôles entrepris par les différents intervenants de la filière, ayant des objets distincts et qui suivent une structure pyramidale en trois niveaux.

Dans un premier niveau se trouve le contrôle mis en œuvre par les autorités communautaires. Ce contrôle a pour objectif général, la vérification des contrôles officiels effectués dans les États membres, en particulier, leur conformité aux plans de contrôle nationaux[212]préétablis. Ces plans, élaborés par les autorités nationales, règlent l'organisation et la structure du système de contrôle national[213]. Ils ont comme objectif, d'assurer la mise en œuvre de l'obligation générale de chaque État membre. Ceci consiste à maintenir un système de contrôles qui permet aux autorités, de vérifier le respect des prescriptions de la législation alimentaire ainsi que de fixer les mesures correctives et les sanctions applicables[214].

Ces contrôles communautaires sont effectués par des experts de la Commission[215], sous la forme d'audits généraux et spécifiques, sur l'ensemble de la législation ou sur un aspect particulier. Ils sont aussi applicables aux pays tiers qui ont demandé l'autorisation pour exporter vers la

---

212 Article 45§1, du règlement CE n°882/2004.

213 Article 42 et 42 du règlement CE n°882/2004.

214 Articles 17§2 du règlement CE n°178/2002 et 41 du règlement CE n°882/2004.

215 Article 45 du règlement CE n° 882/2004.

Communauté[216]. Ces audits « *internationaux*» ont pour objectif, de vérifier la conformité ou l'équivalence de la législation[217]et des systèmes de contrôle des pays tiers, à la législation communautaire et, notamment, le respect des conditions générales d'importation[218]. S'agissant du contrôle sur les États membres ou sur les pays tiers, le contrôle communautaire s'impose comme un « *meta-contrôle* », aussi appelé un *« second line inspection »*[219]ou troisième niveau de contrôle.

66. Dans un deuxième niveau se situe le contrôle des autorités nationales. Celui-ci cherche à constater le respect des obligations de l'exploitant. Ce contrôle consiste, *grosso modo*, à examiner le respect de l'obligation d'autocontrôle. Ce contrôle concerne notamment, les exigences fondamentales relatives à l'hygiène des denrées alimentaires[220], les procédures basées sur l'analyse des risques et la maîtrise des points critiques (HACCP)[221], les mesures relatives à l'hygiène des denrées d'origine animale[222] et des aliments pour animaux[223], ainsi qu'aux règles sanitaires

---

216 Article 46 du règlement CE n° 882/2004.

217 Article 47, 48 et 48 du règlement CE n° 882/2004.

218 Article 46 du règlement CE n° 882/2004.

219 VAN DER MEULEN, (B.M.J.), FRERIKS, (A). *Beastly bureaucracy: Traceability, identification and labelling in EU Law.* IN, *Journal of Food Law § Policy*. 2006, Vol. 2, p. 355. Aussi, VAN DER MEULEN, (B.M.J.), FRERIKS, (A*).Op.Cit,* v. note n° 100, p. 172.

220 Conformément au Règlement CE n° 852/2004 du Parlement Européen et du Conseil du 29 avril 2004 relatif à l'hygiène des denrées alimentaires. JOUE, L 139 du 30 avril 2004.

221 Article 4§3 du Règlement CE n° 854/2004.

222 Selon les termes du Règlement CE n° 853/2004 du Parlement Européen et du Conseil du 29 avril 2004 relatif à l'hygiène des denrées alimentaires. JOUE, L 226 du 25 juin 2004.

223 Dans les conditions prévues par le Règlement CE n° 183/2005 du Parlement européen et du Conseil du 12 janvier 2005 établissant des exigences en matière d'hygiène des aliments pour animaux. JOUE L35 du 8 février 2005.

applicables aux sous-produits des animaux non destinés à la consommation humaine[224].

L'exploitant doit mettre en œuvre son propre système d'autocontrôle. Ce système est soumis à une vérification à partir des critères dictés par les textes communautaires. C'est ainsi que, par exemple, selon l'article 4§5 du Règlement CE 854/2004 portant sur l'organisation des contrôles officiels dispose que « *Lorsque, conformément à l'article 5 du règlement (CE) 852/2004, un exploitant du secteur alimentaire recourt aux procédures indiquées dans les guides pour l'application des principes du système HACCP plutôt que d'établir ses propres procédures spécifiques, le contrôle doit servir à vérifier que ces guides sont utilisés correctement.* » En effet, le contrôle officiel apprécie la gestion de l'exploitant sous le prisme de la mise en œuvre de l'obligation d'autocontrôle. L'exploitant doit donc, établir ses propres procédures spécifiques, autrement dit, son propre système d'autocontrôle, qui constitue désormais, le point de départ des contrôles officiels.

67. Le troisième niveau correspond ainsi, au contrôle effectué par l'exploitant lui-même. Celui-ci a pour objet la gestion des risques liés aux denrées, au sein des entreprises placées sous sa maîtrise. Le contrôle effectué par l'exploitant constitue la base de tout le système de contrôle officiel, comme étant le début d'un cycle des contrôles successifs.

C'est ainsi, que les résultats des contrôles précédents vont définir les conditions dans lesquelles les suivants seront mis en place. Le contrôle communautaire s'effectue sur la base des plans de contrôle nationaux pluriannuels, qui visent à son tour, la vérification de la gestion de l'exploitant.

---

[224] Conformément au Règlement CE n° 1774/2002 du Parlement européen et du Conseil du 3 octobre 2002 établissant des règles sanitaires applicables aux sous-produits animaux non destines à la consommation humaine. JOCE L273 du 10 octobre 2002.

C'est sur les résultats du respect de l'obligation d'autocontrôle que sont définis les plans de contrôle nationaux, qui serviront de base à la programmation des contrôles communautaires. Or, l'obligation d'autocontrôle est située au début de ce cycle.

Toutefois, malgré leur place primordiale dans le système de contrôle sanitaire, nous pouvons observer quelques spécificités au niveau européen, relatives au traitement de cette obligation en droit national. Ces spécificités touchent tant le droit des pays membres que des pays non membres.

68. Ainsi, dans le droit suisse les autorités nationales ont reconnu la nécessité d'instaurer cette obligation dans le droit interne, conformément aux termes de la législation alimentaire communautaire. Même si du point de vue politique et juridique, la Suisse se caractérise pour sa neutralité, le recours à l'obligation d'autocontrôle répond à la nécessité de disposer d'un instrument juridique que leur permet d'assurer la sécurité tant, des aliments qui lui sont destinées, que celle des denrées qui transitent à destination des Etats de la Communauté, compte tenu de sa position géographique. L'autocontrôle s'impose donc, comme un instrument indispensable pour mettre en œuvre cette sécurité, sans provoquer des inconvénients au commerce communautaire, auquel cette nation participe activement. Par conséquent, l'obligation d'autocontrôle a fait l'objet d'une reconnaissance explicite dans le droit suisse.

Ce système fédéral a incorporé l'obligation d'autocontrôle, en lui attribuant une place centrale. Selon les autorités suisses *« L'autocontrôle constitue l'élément central en matière de sécurité alimentaire et implique la mise en place par les entreprises de systèmes d'autocontrôle et de surveillance des erreurs cachées »*. Malgré, la neutralité affichée par les autorités suisses à l'égard de l'intégration à l'Union européenne, l'obligation d'autocontrôle est reprise par les autorités suisses dans les termes identiques à la législation communautaire. En ce sens, leur respect est soumis à un contrôle officiel.

L'autocontrôle est, à son tour, contrôlé par les chimistes et les vétérinaires cantonaux. Au niveau national les autorités cantonales sont chargées de la mise en œuvre de la législation alimentaire, comprenant le contrôle de l'autocontrôle et des contrôles officiels, ainsi que les sanctions[225]. Ces autorités ont donc, la mission de vérifier que les exploitants «*respectent le devoir d'autocontrôle. Le contrôle officiel ne libère pas l'entreprise de l'obligation de contrôler elle-même sa production.*»[226] L'autocontrôle est imposé, en conséquence, comme le pilier de l'ensemble du système de contrôle sanitaire.

69. Le droit belge offre un aperçu distinct du traitement de cette obligation. Moyennant l'arrêté royal du 14 novembre 2003, le droit national a établi que désormais, il appartient au producteur de garantir grâce à un système d'autocontrôle fiable, la sécurité des produits qu'il met sur le marché[227]. Également, l'article 3§1er de ce texte dispose que: « *Tout exploitant, sauf pour ce qui concerne la production primaire, doit instaurer,*

---

225 DU-PERROUT (J). *La sécurité des denrées alimentaires en Suisse: une application lacunaire*. IN, *La vie économique. Revue de politique économique*, n° 9-2004, p. 55. Sur la place centrale de l'autocontrôle dans les systèmes de contrôle public, voir aussi, MULLER (P). *Le nouveau droit des denrées alimentaires face aux réalités de l'autocontrôle.* IN, *La Vie économique. Revue de politique économique*, n° 12-2005. p. 49.

226 Organe parlementaire de contrôle de l'administration. *Sécurité des denrées alimentaires : évaluation de leur mise en œuvre en Suisse. Rapport à l'attention de la Commission de gestion du Conseil National.* Berne 26 juin 2003, p. 19, §3.3.1.

227 Article 3§1er de l'Arrêté royal du 14 novembre 2003 relatif à l'autocontrôle, à la notification obligatoire et à la traçabilité dans la chaîne alimentaire. M.B. 12/12/2003. Agence fédérale pour la sécurité de la chaîne alimentaire f. 2003 – 4704 [c–2003/23054], 59072 Moniteur Belge, 12.12.2003, Éd. 2 – Belgisch Staatsblad. Voir, aussi, Agence Fédérale pour la Sécurité de la Chaîne Alimentaire, (AFSCA ou Agence alimentaire), crée par la loi du 4 février 2000, M.B. 18/02/2000. HOUINS (G). *L'approche belge de la sécurité de la chaîne alimentaire: l'Agence fédérale pour la Sécurité de la Chaîne alimentaire (AFSCA), de 2002 à 2006*. Janvier 2007, p. 12.

appliquer et maintenir un système d'autocontrôle couvrant la sécurité de ses produits». En donnant à l'obligation d'autocontrôle, une place centrale dans le système officiel, le droit belge la reconnaît expressément. Mais, il établit aussi un traitement différent par rapport au droit communautaire, du point de vue formel et matériel.

70. D'abord, dans une perspective formelle, la promulgation d'une disposition de droit interne, se justifie si les règlements communautaires renvoient le pouvoir aux Etats et à la législation nationale. Ces mesures peuvent aussi, se justifier dans le cas du silence des règlements, sauf si ce silence est intentionnel. Aucun de ses présupposés n'est pas cependant, applicable à l'obligation d'autocontrôle.

D'une part, l'autocontrôle est une obligation prévue par l'article 17§1 du règlement communautaire CE n°178/2002. Elle faisait également, partie de la proposition du règlement CE n°852/2004, au moment de la promulgation de l'arrêté royal. D'autre part, les règlements communautaires ne font aucun renvoi à la législation nationale en ce qui concerne la mise en œuvre de cette obligation. Au contraire, les règlements CE n°852/2004, CE n° 853/2004 et CE n°183/2005, règlent de manière détaillé, la mise en œuvre de l'obligation d'autocontrôle en ce qui concerne l'hygiène des denrées, de denrées d'origine animal et des aliments pour animaux. Par conséquent, la promulgation d'un dispositif national ne semble pas nécessaire.

Du point de vue matériel, le choix des autorités belges a pour objectif d'appliquer l'obligation d'autocontrôle dans un sens contraire à celui envisagé par le règlement CE n°178/2002. D'abord, l'arrêté royal brise l'approche globale de la filière. Selon celui-ci, la législation alimentaire touche à toutes les étapes de la chaîne. Cependant en excluant le stade de la production primaire, le droit belge se distingue de cette approche fondamentale du droit agroalimentaire.

Ensuite, cette exclusion impose un traitement différencié des exploitants nationaux par rapport aux autres communautaires – et même vis-à vis les étrangers - qui sont contraints de respecter cette obligation dans les termes proposés par la législation alimentaire. Il s'agit en effet, d'une disposition nationale qui pourrait être contestée à l'égard du développement du marché intérieur et international. Sur le plan interne, cette disposition pourrait être contestée sur le fondement de l'interdiction de restrictions quantitatives entre les États membres ou des mesures d'effet équivalent, prévue par l'article 28 du Traité. Sur le plan international, elle pourrait être l'objet de discussion concernant les principes de traitement de la nation la plus favorisée et du traitement national prévus dans les règles du commerce international.[228]

Enfin, cette exception est incohérente avec l'objectif de la législation alimentaire qui vise à instaurer la responsabilité primaire de l'exploitant. D'un

---

228 Notamment dans le contexte de l'Organisation mondiale du commerce, l'Accord Général sur les tarifs douaniers et le commerce, impose d'une part, moyennant l'article 1§1, le traitement de la nation la plus favorisée, selon lequel: «*Tous avantages, faveurs, privilèges ou immunités accordés par une partie contractante à un produit originaire ou à destination de tout autre pays seront, immédiatement et sans condition, étendus à tout produit similaire originaire ou à destination du territoire de toutes les autres parties contractantes. Cette disposition concerne les droits de douane et les impositions de toute nature perçus à l'importation ou à l'exportation ou à l'occasion de l'importation ou de l'exportation, ainsi que ceux qui frappent les transferts internationaux de fonds effectués en règlement des importations ou des exportations, le mode de perception de ces droits et impositions, l'ensemble de la réglementation et des formalités afférentes aux importations ou aux exportations ainsi que toutes les questions qui font l'objet des paragraphes 2 et 4 de l'article III.*»

D'autre part, ce texte établit le traitement national en matière des réglementations dans son l'article 3§1, indiquant que « *Les parties contractantes reconnaissent que les taxes et autres impositions intérieures, ainsi que les lois, règlements et prescriptions affectant la vente, la mise en vente, l'achat, le transport, la distribution ou l'utilisation de produits sur le marché intérieur et les réglementations quantitatives intérieures prescrivant le mélange, la transformation ou l'utilisation en quantités ou en proportions déterminées de certains produits ne devront pas être appliqués aux produits importés ou nationaux de manière à protéger la production nationale.*»

coté, même si l'arrêté royal peut chercher à spécifier les conditions d'application, l'encadrement particulier de la part des autorités réduit la marge de manœuvre de l'exploitant. Cet encadrement renvoie aux autorités la responsabilité primaire de la gestion des risques. En conséquence, le choix d'ajouter cette disposition semble avoir pour objectif de réaménager cette obligation en inversant la responsabilité des exploitants visée par le texte réglementaire de 2002 et de la faire reposer sur les autorités, ce qui constitue un contresens au regard de la législation alimentaire.

D'un autre coté, cette exception modifie la logique de la responsabilité primaire de l'exploitant agroalimentaire, en fixant une responsabilité «*intermédiaire*», qui ne concerne pas les exploitants situés dans la phase de production primaire mais qui s'impose à ceux qui se trouvent aux stades successifs. Or, en excluant la production primaire du champ d'application de cette obligation, l'accent de la responsabilité pourrait se placer au niveau de la transformation et de la distribution de denrées.

En effet, le traitement de l'obligation d'autocontrôle dans le droit national, est et sera sans doute, l'objet de discussion entre les pays membres et non-membres, même si leur place centrale dans le système de contrôle sanitaire, se consolide. Cette consolidation s'instaure par le renforcement du rôle l'action de l'exploitant à l'égard de la sécurité sanitaire.

71. Parallèlement, en regardant l'action des autorités dans la structure du système communautaire, deux questions restent, cependant, sans réponse. Premièrement, on peut se demander si, en attribuant ce caractère fondamental à l'autocontrôle, on n'est pas en train de limiter l'action publique. D'une part, celle-ci est conditionnée par ce qu'effectue l'exploitant. Dès lors

l'autonomie institutionnelle, nationale ou communautaire sort affaiblie de l'instauration de ce système pyramidal.[229]

D'autre part, en attribuant à l'exploitant le rôle déclencheur du cycle de contrôle, une dépendance excessive et dangereuse de la gestion privée pourrait avoir été mise en place. Ainsi, certaines activités liées à l'évaluation ou à la communication des risques, peuvent être fortement conditionnées par l'action privée, ce qui pourrait même mettre en cause la nécessité d'un contrôle public.

72. Deuxièmement, nous nous interrogerons sur le point de savoir si le placement du contrôle de l'exploitant à la base du système de contrôle officiel, n'est qu'une façon déguisée d'alléger la responsabilité des autorités publiques[230]. Cet allégement se manifeste d'un côté, par une dilution de la

---

[229] Notamment au regard de l'application des sanctions au non-respect de la législation alimentaire, "*In recent years the scope of institutional autonomy of the Member States has been under discussion in several fields of European law. In this discussion the question was addressed whether specific sanctions, i.e. criminal penalties, could be required on the basis of the European Treaties. Although the European Court of Justice (ECJ) ruled in several cases that criminal law in principle belongs to the sphere of competence of the Member States,42 in 1999 the European Council held in Tampere called for efforts to agree on common definitions, incriminations and sanctions to be focused on a limited number of sectors of particular relevance. This has resulted in several council framework decisions and directives on the enforcement of serious offences of European legislation through criminal law.*" VAN DER MEULEN (B.M.J), FRERIKS (A). *Op.cit*, voir note n°100, p. 167. Aussi, VAN DER MEULEN, (B.M.J.), FRERIKS, (A). *Op.cit*, voir note n°219, p. 355.

A propos de la nécessité d'un équilibre entre le contrôle officiel, de deuxième ou troisième niveau et l'autocontrôle, PRUGUE (M-M) (Rapporteur). *Rapport du Conseil économique et social : Une agriculture productive soucieuse de prévenir les risques sanitaires et environnementaux.* Séances du 25 et 28 juin 2008. Année 2008 - N° 22, NOR : C.E.S. X08000122V, Jeudi 3 juillet 2008, p. 29.

[230] Sur l'indétermination de la responsabilité des autorités sanitaires dans le commerce alimentaire, voir PLUNKETT (D), SMITH DeWALL (C). *Who is responsible for the safety of food in a global market? Government certification v. importer accountability as model for assuring the safety of internationally traded foods.* In, *Food and Drug Law Journal.* Washington: Food and Drug Law Institute. 2008, Vol.63, p. 658 et ss. Critiquant « la responsabilité nuancé de l'Etat » voir JORAT (M). *La traçabilité dans le domaine alimentaire*

responsabilité des autorités dans une série de contrôles superposés, nationaux, communautaires et internationaux[231]. Or, cette situation pourrait entraîner, peu à peu, la substitution de leur gestion par une autre de nature privée et, éventuellement, une protection moins efficace de la sécurité sanitaire publique.

Par exemple, en droit comparé, l'administration sanitaire américaine a dû s'opposer, dans certains cas, à l'autocontrôle, puisque celui-ci ne permettait pas garantir la protection de la santé publique[232], même s'il s'agissait d'un recours supplétoire à la discontinuité du contrôle de l'administration[233].

73. En droit communautaire, la réforme de la politique agricole commune de 2003[234] offre un exemple de la substitution des contrôles

---

et sanitaire. Étude du devenir juridique d'une norme technique. Sous la direction de FROMENT (J-Ch). Thèse 2006, p. 185.

231 Sur la mise en œuvre du contrôle officiel sur le plan nationale et communautaire, voir, VAN DER MEULEN, (B) ; VAN DER VELDE, (M). *European Food Law Hand Book*. The Netherlands: Wageningen Academic Publishers, 2008, p. 404-408.

232 « *For example, the posture taken in 2004 by the USDA on the testing of beef for bovine spongiform encephalopathy (BSE) resembles an ostrich tactic; that agency's refusal to allow voluntary corporate test [...]"*. O'REILLY, (J). *Diminished food safety perceptions. IN, Food and Drug Law Journal.* Washington: Food and Drug Law Institute. 2004, Vol. 59, p. 419.

233 *"Due to the infrequency of FDA inspection for any firm-a year or more can pass between inspection, even in plants with relatively high risks operations- the FDA system relies heavily on the commitment and competence of food companies to produce safe products and most companies take their food safety responsibility seriously." "... HACCP make this responsibility explicit and establishes a general standard of process control that companies must achieve to satisfy their food responsibility»*. TAYLOR (M). *Preparing America's food safety system. Food and Drug Law Journal.* Washington: Food and Drug Law Institute. 1997, Vol. 52, p. 16, 21.

234 Règlement CE n° 1782/2003 du Conseil du 29 septembre 2003 établissant des règles communes pour les régimes de soutien direct dans le cadre de la politique agricole commune et établissant certains régimes de soutien en faveur des agriculteurs et modifiant les règlements (CEE) no 2019/93, (CE) no 1452/2001, (CE) no 1453/2001, (CE) no 1454/2001, (CE) no 1868/94, (CE) no 1251/1999, (CE) no 1254/1999, (CE) no

officiels par les autocontrôles. Selon cette dernière, le paiement unique par exploitation est subordonné, entre autres, au respect de la législation alimentaire[235]. Étant donné que l'autocontrôle est l'obligation fondamentale des exploitants, son respect va conditionner l'obtention de ces paiements. De même, des aides financières sont accordées par des États membres afin de mettre en œuvre cette obligation. A titre d'illustration, l'Etat espagnol a établi une série des règles pour attribuer des aides minimales, promouvant l'implémentation des systèmes d'autocontrôle dans les marchés de bovins[236]. En effet, cette motivation économique favorise le remplacement des contrôles administratifs par l'autocontrôle, ayant pour conséquence l'allégement de la responsabilité publique.

Cet allégement se manifeste d'un autre côté, par la responsabilisation renforcée de l'exploitant[237]à l'égard de la gestion des risques. La discussion sur ce renforcement a eu lieu, au moment de la définition des contrôles concernant l'hygiène des aliments, où deux positions

---

1673/2000, (CEE) no 2358/71 et (CE) 2529/2001, JOCE L270/1, du 21 du octobre 2003.

235 Règlement CE n°1782/2003 du conseil du 29 septembre 2003, considérant 2, 24, articles 4 et 6.

Sur le conditionnement des payements au respect de l'obligation d'autocontrôle définie par l'article 17 du règlement Ce n°178/2002, voir VAN DER MEULEN, (B.M.J.), FRERIKS, (A). *Op.cit,* voir note n°219, p. 357.

A propos de l'allégement des contrôles administratifs, PRUGUE (M-M) (Rapporteur), *Op. cit.* voir note n°229, p. 29 et ss.

236 Ministerio de la Agricultura, de la Pesca y de la Alimentación. Real Decreto 190/2007, de 9 de febrero, por el que se establecen las bases reguladoras de las ayudas «*de minimis*» destinadas a la implantación de sistemas de autocontrol en los mercados de ganado. BOE n° 52 del jueves 1 de marzo, 2007, p. 8749, n°4237.

237 BANET (C). *Une responsabilisé accrue pour les opérateurs du secteur alimentaire : le nouveau cadre réglementaire entré en vigueur le 1er janvier 2006.* IN, *Gazette du Palais,* n°210, p. 7-15.

des autorités publiques s'opposent[238]. La première, est contre le remplacement des systèmes de surveillance et des contrôles officiels, par des procédures internes d'autocontrôle. La deuxième, propose de réduire les systèmes de contrôle actuels et de mettre l'accent sur l'adéquation et la fiabilité des systèmes d'autocontrôle des entreprises.

L'instauration de l'obligation d'autocontrôle consolide cette dernière position, fixant la responsabilisation de l'exploitant.

§2. Une obligation fixant la responsabilisation de l'exploitant

74. Avant la réforme du 2002, la responsabilité des acteurs de la filière agroalimentaire était diffuse. Ceci était le résultat de deux facteurs. D'abord, cette indétermination fut la conséquence de « *l'anonymat* » de l'entreprise individuelle dans les réseaux économiques.[239] Elle procéda ensuite, de l'action conjointe de différents acteurs dans la protection de la sécurité sanitaire. Ces facteurs rendaient difficile l'identification des responsables face aux infractions de la législation alimentaire.

Compte tenu la nécessité d'établir la responsabilité des acteurs, la réforme entamée à partir du Livre vert sur les principes de la législation alimentaire et du Livre blanc sur la sécurité alimentaire[240], impose d'assurer la

---

[238] Commission des Communautés Européennes. *Op.Cit,* v. note n°91, p. 15.

[239] A propos de la fragmentation et l'anonymat de l'entreprise dans la filière agroalimentaire, voir LYON (J). *Coordinated Food Systems and Accountability mechanisms for Food safety: A Law and economics approach.* IN, *Food and Law Drug Journal.* Washington : Food and Drug Law Institute. 1998, Vol 53, p. 734 et ss.

[240] Commission des Communautés Européennes. *Op.cit,* v. note n°21, §9.

sécurité des denrées alimentaires à chacun des acteurs de la filière[241], ainsi que la distinction de leurs rôles. A partir de ces éléments la «*responsabilité primaire*»[242]de l'exploitant est déterminée.

Cette responsabilité primaire est enracinée dans la législation, par l'attribution de l'obligation d'autocontrôle à l'exploitant agroalimentaire.

A. Une obligation de l'exploitant agroalimentaire

75. L'autocontrôle est une obligation qui correspond à l'exploitant. Selon le règlement CE 178/2002, l'exploitant agroalimentaire est «*la ou les personnes physiques ou morales chargées de garantir le respect des prescriptions de la législation alimentaire dans l'entreprise du secteur alimentaire qu'elles contrôlent*». Il s'agit d'une définition qui souligne un critère fondamental de l'obligation d'autocontrôle: le contrôle qu'exerce l'exploitant sur les activités de son entreprise et qui lui permet de garantir le respect des prescriptions.

Le «*contrôle*» sur l'entreprise doit être entendu en sens juridique[243]. Il s'agit donc, du pouvoir de direction[244] dont dispose l'exploitant et qui le rend

---

[241] Commission Green Paper. *The general principles of food law in the European Union*, April 30, 1997 (COM (97) 176 final), p.14.

[242] « Le Comité est particulièrement favorable:[...] La responsabilité principal des exploitant du secteur alimentaire en ce *qui concerne la sureté des produits alimentaires. Chaque exploitant, depuis la production primaire jusqu'à la remise au consommateur, est responsable de la sureté des produits sous son contrôle ». Avis du Comité économique et social.* Op.cit, v. note n° 91, §2.2.

Dans le même sens, Comité économique et social européen. *Op.Cit*, v. note n° 44, p. 97.

Voir aussi, COLLART DUTILEUL, (F). *Op.Cit*, v. note n° 190, 13 p. A propos des obligations du professionnel, COLLART DUTILEUL (F) (Rapporteur).*Op. cit*, voir note n° 76, p. 44.

[243] Sur le critère juridique du contrôle auquel se réfère le Règlement CE 178/2002, voir COLLART DUTILLEUL (F), *Op.Cit*, voir note n° 76, p. 22.

juridiquement responsable des activités de l'entreprise qu'il représente. C'est à partir de ce pouvoir de direction, que l'exploitant organise le fonctionnement de l'entreprise y compris dans ses aspects techniques. Il résulte ainsi, qu'il exerce de même, un contrôle de nature « *technique* ».

Cette double approche du contrôle est en effet ce qui consolide l'obligation d'autocontrôle à la charge de l'exploitant. D'une part, c'est l'exploitant qui connaît en détail, les activités de production, transformation et commercialisation qu'il développe. D'autre part, c'est lui qui dispose du pouvoir de décision pour mettre en œuvre les actions permettant de respecter la législation alimentaire. Si c'est bien l'exploitant qui contrôle juridiquement et techniquement l'entreprise, il devient donc le responsable de sa gestion. Le contrôle sur l'entreprise implique la responsabilité de l'exploitant. L'obligation d'autocontrôle repose, justement, sur cette approche à la fois –technique et juridique- du contrôle de l'exploitant.

En vertu de l'approche intégrale de la législation alimentaire, l'obligation d'autocontrôle concerne tous les exploitants. C'est ainsi qu'elle s'applique tant aux entreprises dédiées à la production destinée au marché intérieur, qu'à celles exportatrices et importatrices.

76. En ce qui concerne les exportations, l'exploitant doit toujours observer les prescriptions de la législation alimentaire communautaire, sauf s'il en est disposé autrement par les autorités du pays tiers. En principe, si

---

244 Dans l'ordre interne, «*les organes de gestion ont les pouvoirs pour diriger la société dans l'intérêt de celle-ci. Ces pouvoirs sont considérables. Les dirigeant exercent d'abord les missions de tout chef d'entreprise : embaucher les salariés, assurer la production et la commercialisation des stocks, gérer la trésorerie, établir les plans de financement... Sur le plan juridique, ils représentent la société ; ils concluent les contrats, engagent les actions en justice...En clair, les dirigeant assument à la fois la direction économique de l'entreprise (ils exercent les fonctions dévolues à tout patron) et la direction juridique de la société qui structure l'entreprise (ils assurent la représentation juridique de la société)*» COZIAN (M), VIANDIER (A), DEBOISSY (F). *Droit des sociétés.* 17ème édition. Paris : LexisNexis, 2002, § 256. p.122.

une denrée est préjudiciable à la santé ou si un aliment pour animaux est dangereux, ils ne peuvent pas être exportés. Cependant, l'article 12 du règlement 178/2002 autorise, dans une seule hypothèse l'exportation ou la réexportation des denrées préjudiciables ou des aliments pour animaux dangereux (considérés comme tels par la législation européenne), lorsque les autorités du pays de destination[245] l'ont expressément autorisé, après avoir été dûment informées des raisons justifiant cette mesure.

Ceci semble à première vue contradictoire, car d'après l'approche globale de la législation alimentaire, il s'agit de procurer la sécurité dans toute la filière, y compris, l'import-export. Cette mesure pourrait néanmoins se justifier, en rappelant la possibilité de l'existence dans les autres pays, de niveaux de protection sanitaires différents de celui imposé par la Communauté. Or, il s'agit d'une mesure qui cherche à ne pas empêcher le commerce international de certains produits d'origine communautaire.

77. Quant aux importations, l'article 11 du règlement CE 178/2002 dispose «*les denrées alimentaires et aliments pour les animaux importées dans la Communauté dans le but d'y être mises sur le marché respectent les prescriptions applicables de la législation alimentaire ou les conditions que la Communauté a jugées au moins équivalentes ou encore, lorsqu'un accord spécifique existe entre la Communauté et le pays exportateur, les prescriptions qu'il comporte*»[246]. En signalant la conformité à la législation communautaire des produits importés, cette disposition impose clairement l'obligation d'autocontrôle à l'exploitant-importateur.

Cette disposition suppose que l'exploitant vérifie le respect à la législation communautaire dans les pays d'origine des produits et coordonne

---

245 Article 12, règlement CE 178/2002.

246 Article 11, règlement CE 178/2002.

les contrôles officiels, avec les autorités nationales et étrangères. Cela demande une organisation stricte de l'entreprise. Elle comprend la vérification de différentes dispositions[247]: le respect de la législation ou des normes reconnues équivalentes[248], la vérification de toutes les prescriptions applicables au produit et la vérification du respect des dispositions particulières dans le cadre des accords bilatéraux avec les pays exportateurs.

78. L'obligation d'autocontrôle concerne aussi, les exploitants agroalimentaires étrangers qui exportent vers la Communauté. Cette obligation est établie d'abord, en tant que contrepartie des engagements pris avec le partenaire importateur européen, qui est tenu de vérifier le respect de la législation communautaire. Ensuite, l'autocontrôle est l'obligation fondamentale que doit respecter tout exploitant des denrées alimentaires et aliments pour animaux[249], étant donné que la législation alimentaire s'applique de la même manière aux produits nationaux qu'étrangers.[250]

L'intérêt d'imposer cette obligation aux exploitants étrangers est motivée par l'impossibilité matérielle et économique des autorités nationales et communautaires, de contrôler la sécurité de la totalité des denrées importées lors de leur entrée dans la Communauté ou dans le territoire national. Le contrôle des importations dans l'espace européen se révèle de

---

247 Voir sur l'obligation d'autocontrôle des importateurs, voir notes n° 120 et n° 121.

248 Article 49 du Règlement CE 882/2004.

249 European Commission. Health and Consumer Protection Directorate General. *General guidance on EU import and transit rules for live animals and animal products from third countries.* 2007. n° 5, §3 p, 10. Sur les contrôles officiels des produits importés des pays tiers, voir Commission européenne, *Op. Cit,* note° 22, p. 27, §50 et §51.

250 Federal Food, Drug, and Cosmetic Act (FDCA). *Code of Federal Regulations*, (CFR). Titre 21, Section 301, §331, a), d), ee) II). L. No. 75-717, 52 Stat. 1040, 1938, relative à l'interdiction de commercialiser des produits frauduleux ainsi que des denrées importées ne respectant pas les conditions qu'imposer la législation. Aussi, le Titre 9, Chapitre. III (1-1-03 Edition), § 327, sur les conditions d'éligibilité des pays tiers pour l'importation de produits aux États-Unis.

plus en plus difficile et coûteux, ce qui justifie l'intérêt des autorités communautaires pour un contrôle plus strict à l'étranger[251]. C'est ainsi, par exemple, que l'homologation des contrôles avant l'exportation effectués par les pays tiers, prévue par l'article 23 du règlement CE n°882/2004, cherche, au-delà de la vérification de la conformité à la législation communautaire, la réduction de la fréquence des contrôles à l'importation.[252]

79. Assurer ce contrôle d'origine est d'ailleurs, l'un des objectifs principaux des pays importateurs en général et non seulement de la Communauté européenne[253]. Il s'agit en effet, de l'application de la législation nationale aux importations dans le cadre des échanges commerciaux. Ainsi par exemple, que de la même manière les autorités communautaires imposent la législation alimentaire aux exploitants étrangers sous la forme de l'homologation des contrôles, la *Federal Food, Drug, and Cosmetic Act*

---

[251] Sur les difficultés pour consolider le financement de contrôles officiels, dans le cadre de la nouvelle législation alimentaire voir. Directorate General for Health and Consumers. *Study on fees or charges collected by the Member States to cover the costs occasioned by official controls.* European Commission. Bruxelles, 28 janvier 2009, 152 p.

[252] Article 23§2 du règlement n° 882/2004. Plus explicitement cet objectif est manifesté par la Commission dans le Rapport de la Commission au Parlement européen et au Conseil concernant l'application du règlement CE n°882/2004 du Parlement européen et du Conseil du 29 avril 2004 relatif aux contrôles officiels effectués pour s'assurer de la conformité avec la législation sur les aliments pour animaux et les denrées alimentaires et avec les dispositions relatives à la santé animale et au bien-être des animaux. Bruxelles, 8 juillet 2009, COM (2009) 334 final, § 3.4 et 3.5.

[253] Ainsi par exemple, en Suisse pour ce qui concerne les importations, « les douanes admettent ne donner qu'une importance secondaire au contrôle des denrées alimentaires aux frontières: elles ne prélèvent que 0,5% du nombre total des échantillons analysés par les chimistes cantonaux. Le contrôle formel atteint à peine 5%, sauf en ce qui concerne les produits animaliers que les vétérinaires de frontière soumettent à un examen plus étendu. Les douanes n'ont ni les ressources ni les connaissances pour effectuer des contrôles approfondis.» DU-PERROUT (J). *La vie économique. Revue de politique économique*, n° 9-2004, p. 54.

(FDCA) des États-Unis est appliquée aux produits étrangers[254] notamment dans le cadre de l'évaluation de l'équivalence[255].

Dans ce contexte, l'obligation d'autocontrôle est instituée sous la forme de procédures de préparation opérationnelle dénommées, «*standard operating procédures*» (SOP), «*sanitation*»[256]ou encore d'HACCP[257]. L'objectif des autorités américaines est d'assurer le meilleur contrôle sur place. Or, dans la mesure où les contrôles officiels sont effectués dans les pays d'origine, les vérifications nationales seront moins nécessaires.

80. En ce qui concerne la Communauté européenne, l'imposition de l'obligation d'autocontrôle aux exploitants étrangers est effectuée sous deux formes: d'une part, en application des conditions d'importation prévues par l'article 11 du règlement 178/2002 et d'autre part, au moyen de l'homologation des contrôles avant l'exportation d'un produit vers la Communauté, prévue par l'article 23 du règlement CE n°882/2004.

---

254 La Constitution Fédérale autorise au Congres à régler le commerce avec les autres pays, ainsi, le contrôle des importations est réglementé par les « *Acts* » (Lois) féderales. United State Constitution, Article 1, sec.8, §3. (United Stades Gouvernment Printing Office. A propos des conditions d'importation des produits alimentaires aux États Unis: KILLINGWORTH (F.K). *Import control under Federal Laws*. IN, *Food and Drug Cosmetic L.Q.* 1947, Vol. 2, p. 498. Aussi, HYMAN (P-M). *Legal overview of the FDA authority over imports*. IN, *Food and Drug Journal*. Washington DC: Food and Drug Law Institute. 1994, Vol. 47, p. 525-532. WHITE (P). *International memoranda of understanding on inspections*. In, *Food and Drug Law Journal.* Washington: Food and Drug Law Institute. 1994, Vol.49, p. 171 et ss. HORTON (L). *Food from developing countries: Steps to improve compliance*. In, *Food and Drug Law Journal*. Washington: Institute of Food Law. 1998, Vol. 53, p. 142. PLUNKETT (D), SMITH DeWALL (C). *Op.Cit,* voir note n° 230, p. 658.

255 USDA, *Process of evaluation the equivalence of foreign meet and poultry food regulatory systems*. 2003. Aussi, PLUNKETT (D), SMITH DeWALL (C). *Op.Cit,* voir note n° 230, p. 658.

256 Code of Federal Regulations, Subchapter E- Regulatory requirement under the Federal Meat Inspection Act and the Poultry Products Inspection Act. Titre 9, Chapitre. III (1-1-03 Edition), §327 f) et §416.

257 Par exemple en ce qui concerne les produits d'origine animal, Code of Federal Regulations, Titre 9, Chapitre. III (1-1-03 Edition), §327.2, h) et §417 sur l'HACCP.

D'une part, l'obligation d'autocontrôle est reprise par les dispositions qui fixent les conditions imposées aux denrées alimentaires et aux établissements de production dans les pays tiers. Le respect de l'obligation d'autocontrôle est à la base de l'autorisation pour exporter vers la Communauté. Elle est au centre des prescriptions, établies d'une part, par le règlement CE 178/2002 et d'autre part, par les règlements communautaires concernant l'hygiène de denrées, des produits d'origine animale et des aliments pour animaux, ainsi que les contrôles officiels. L'obligation d'autocontrôle fait partie des exigences imposées aux «*importations*», prévues par l'article 11 du règlement CE 178/2002.

Cette obligation est instaurée à la charge des exploitants des pays tiers moyennant le renvoi à l'article 10 du Règlement CE 852/2004 et aux articles 3, 4, 5 et 6 du même texte. Ces dispositions concernent l'application aux denrées importées de l'obligation d'autocontrôle sur l'hygiène des denrées (article 3), les conditions spécifiques pour sa mise en œuvre (article 4), leur application par voie de l'analyse des risques et la maîtrise de points critiques (article 5). Cette dernière disposition oblige les exploitants étrangers, à fournir aux autorités l'information sur les établissements sous leur contrôle. Il s'agit de données permettant aux autorités de constater que l'exploitant a accompli et vérifié les impératifs de la législation. L'établissement peut être enregistré et agrée une fois les conditions remplies (article 6).

Le respect de l'obligation d'autocontrôle est intrinsèque à l'enregistrement et à l'agrément des établissements. L'exploitant étranger doit démontrer qu'il respecte les prescriptions, en suivant les normes fixées par la législation. Le respect de l'obligation d'autocontrôle est essentiel pour l'autorisation d'exportation vers l'Union européenne.

D'autre part, s'agissant d'une obligation qui implique la mise en œuvre d'exigences dès les stades initiaux de la production, elle s'impose aux exploitants qui se trouvent dans le pays d'origine des produits. A ce propos, l'homologation des contrôles prévus par l'article 23 du règlement CE n°882/2002, cherche à assurer l'efficacité des contrôles effectués in situ, ce qui comprend aussi, ceux mis en œuvre par l'exploitant *in situ*. C'est ainsi, que l'obligation d'autocontrôle devient applicable aux exploitants étrangers.

Or, l'obligation d'autocontrôle concerne les exploitants agroalimentaires, communautaires ou étrangers ayant pour objectif l'exportation vers la Communauté. Dans les deux cas, l'obligation a pour objet la gestion sanitaire des risques.

B. Une obligation ayant pour objet la gestion des risques

81. La gestion des risques peut être effectuée tant par les autorités que par l'exploitant. Le règlement CE n°178/2002, définit explicitement la gestion des risques qui s'impose aux autorités. La gestion des risques à charge de l'exploitant est, au contraire, instaurée implicitement au long de ce règlement.

Le règlement CE n°178/2002, établit la gestion des risques comme étant une activité propre aux autorités. A cette fin, le texte affirme qu'il s'agit du «*[...] processus, distinct de l'évaluation des risques, consistant à mettre en balance les différentes politiques possibles, en consultation avec les parties intéressées, à prendre en compte l'évaluation des risques et d'autres facteurs légitimes, et, au besoin, à choisir les mesures de prévention et de contrôle appropriées;* »[258]. A la lumière de cette définition, la gestion des risques envisagée à la charge des autorités, comporte des activités qui ressortent, pour l'essentiel, des compétences que leur sont propres.

---

[258] Article 3 §12, règlement CE n° 178/2002.

Cette définition décrit la gestion de risques à la fois comme un processus de consultation et de négociation des politiques et des mesures générales de contrôle des risques. Bien entendu, ceci n'est ni une faculté ni une obligation de l'exploitant. Cette notion de gestion des risques ne correspond pas à celle qui s'impose à l'exploitant agroalimentaire.

82. La gestion des risques qui concerne l'exploitant se réfère au contrôle qu'il effectue de manière précise, au stade de la chaîne où il intervient. Même si ce dernier participe aux activités imposées par l'administration dans le cadre de la gestion des risques, mise en place dans l'ensemble de la filière, la gestion qu'il effectue se concentre sur les activités qui lui sont propres et s'établit souvent, sous la forme d'un contrôle interne de son exploitation.

La gestion des risques qui correspond à l'exploitant n'est pas définie expressément dans la législation alimentaire. Elle se déduit au contraire, de la logique inspirant le règlement CE 178/2002, notamment à partir de l'impératif de contrôle des risques liés aux aliments et par l'indication des mesures à prendre. Étant donné qu'il est le premier responsable de la sécurité sanitaire des denrées, il réalise une gestion au niveau interne et externe des entreprises placées sous son contrôle, sur les denrées qu'il a produites, transformées ou commercialisées. Cette gestion vise à l'élimination ou à la réduction des risques.

Cependant, les risques visés par l'autocontrôle ne sont pas définis explicitement par le règlement CE 178/2002. Ils sont déduis à partir de deux critères : i) la certitude ou la suspicion qu'a l'exploitant de leur existence et ii) l'énonciation des mesures qu'il doit prendre.

83. La certitude ou la suspicion de l'existence d'un risque doivent être établies au regard des deux conditions : elles doivent être définies selon une

information pertinente, émanant d'une source validée[259]et qui est à disposition de l'exploitant agroalimentaire. Il est possible ainsi, de distinguer trois types de risques : les risques de développement, les risques suspectables et les risques avérés.

Les risques de développement sont «*ceux qui étaient inconnaissables au moment de la conception, de la fabrication puis de la commercialisation d'un produit et qui ne pouvaient donc aucunement être suspectés eu égard à l'état des connaissances scientifiques et techniques* »[260]. En droit de la responsabilité, ils peuvent donner lieu à l'exonération selon le fondement de l'action exercée par la victime.[261] En droit agroalimentaire, ils ne font pas l'objet de dispositions particulières, ils sont donc, régis conformément aux règles du droit commun.

Les risques suspectables sont des « *risques sécuritaires dont l'existence est envisagée, sans être établie, eu égard à l'état des connaissances, sans que leur existence puisse être encore déterminée*».[262] Il s'agit des risques qui se réalisent et étant donné qu'ils ont été suspectés, ils

---

259 Sur les conditions de l'information pour distinguer les risques suspectés des ceux de développement, les professeurs LORVELLEC, (L); COLLART-DUTILLEUL, (F). *Op.cit,* voir note n°71, p. 463.

260 COLLART-DUTILLEUL (F), DELEBECQUE (P). *Op.cit.* voir note n°37, §297.1.

261 COLLART-DUTILLEUL (F), DELEBECQUE (P). *Op.cit.* voir note n°37, §297.1.

262 COLLART-DUTILLEUL (F), DELEBECQUE (P). *Op.cit.*, voir note n°37, §297.1. Ces risques sont définis également, comme ceux qui concernent la «*possibilité identifiée de risque dont on ne connaît précisément pas la* probabilité ». GODARD (O), HENRY (C), LAGADEC (P), MICHEL-KERJAN (E). *Traité des nouveaux risques, Précaution, risque, assurance.* Paris : Ed. Gallimard. Coll. Folio actuel, n°100, 2002, p. 126. De même, ces risques sont entendus comme un «*faisceau d'indices et d'hypothèses qui ne sont pas encore scientifiquement validées mais permettent de déclencher une alerte», [...] «la mise en relation d'informations hétérogènes [...] qui permettent progressivement de cantonner l'incertitude* ». LASCOUMES (P), CALLON (M), BARTHE (Y). *Agir dans un monde incertain, essai sur la démocratie technique.* Paris: Ed Seuil, coll. La couleur des idées, 2001, p. 271.

ne sont pas du développement. Les risques suspectables n'exonèrent ni de la responsabilité liée au défaut du produit ni de la garantie de vices cachés. Ces risques relèvent du principe de précaution.

En droit agroalimentaire les risques suspectables sont prévus par l'article 7 du règlement CE 178/2002: «... *Dans des cas particuliers où une évaluation des informations disponibles révèle la possibilité d'effets nocifs sur la santé, mais où il subsiste une incertitude scientifique, des mesures provisoires de gestion du risque, nécessaires pour assurer le niveau élevé de protection de la santé choisi par la Communauté, peuvent être adoptées dans l'attente d'autres informations scientifiques en vue d'une évaluation plus complète du risque*....» Il s'agit donc des risques où persiste l'incertitude sur leur existence, sans que cela empêche d'établir des mesures pour les contrôler.

Les risques avérés sont ceux identifiés «*dans leur existence et dans leur objet* »[263]. Ils sont des risques connus, dont les mesures de maîtrise sont déterminées. En conséquence, le fabricant doit les prendre. Ces risques donnent lieu à l'application du principe de prévention, ce qui suppose le respect des normes préalablement envisagées dont la finalité est l'élimination des risques. Les dispositions de contrôle sont prévues par les règlements communautaires relatifs à l'hygiène des aliments, où sont définies les formes élémentaires, selon lesquelles l'obligation d'autocontrôle doit être mise en œuvre.

---

263 COLLART-DUTILLEUL (F), DELEBECQUE (P). *Op.cit.*, voir note n°37, §297.1. Aussi, définis « *lorsque les phénomènes qui sous-tendent le danger sont scientifiquement bien compris et que leur probabilité est connue* ». GODARD (O), HENRY (C), LAGADEC (P), MICHEL-KERJAN (E). *Op. Cit,* voir note n°262, p. 126. En termes de l'Agence Européen de l'environnement, les risques ou dangers connus, sont ceux dont « les répercussions, identifiées, peuvent être associées de probabilités ». *Agence Européenne pour l'Environnement. Signaux précoces et leçons tardives: le principe de précaution, 1896-2000.* Environnemental Issue Report, 2001, p. 331.

84. La gestion des risques connus et suspectables, définie en tant qu'objet de l'obligation d'autocontrôle, se déduit de l'impératif de l'exploitant d'engager immédiatement les procédures de retrait, d'information et de rappel, s'il « ... *considère ou a des raisons de penser qu'une denrée alimentaire qu'il a importée, produite, transformée, fabriquée ou distribuée ne répond pas aux prescriptions relatives à la sécurité des denrées alimentaires* »[264], si la denrée «...*peut avoir atteint le consommateur* »[265] ou si celle-ci peut être « *préjudiciable pour la santé humaine* »[266]. Les mêmes impératifs sont établis dans le cadre du secteur de l'alimentation animale, à l'article 20 du règlement 178/2002. S'agissant des denrées ou des aliments pour animaux, ces énoncés imposent à l'exploitant l'obligation d'observer le produit, afin d'identifier la présence d'un risque ou des éléments qui lui permettent au moins, de la suspecter.

La détermination des mesures à prendre suggère aussi, la nature des risques. En les établissant, le législateur suppose la connaissance du risque. Ces mesures sont couvertes par toutes les dispositions d'hygiène, d'information, de retrait et de rappel. Toutes font partie de la gestion des risques. En cas d'incertitude, les quatre mesures évoquées font partie des

---

264 Article 19§1 du règlement CE n° 178/2002.

265 « *[...] Lorsque le produit peut avoir atteint le consommateur, l'exploitant informe les consommateurs de façon effective et précise des raisons du retrait et, au besoin, rappelle les produits déjà fournis aux consommateurs lorsque les autres mesures sont insuffisantes pour atteindre un niveau élevé de protection de la santé.* » Article 19§1 du règlement CE n° 178/2002.

266 « *3. Tout exploitant du secteur alimentaire informe immédiatement les autorités compétentes lorsqu'il considère ou a des raisons de penser qu'une denrée alimentaire qu'il a mise sur le marché peut être préjudiciable à la santé humaine. Il informe les autorités compétentes des mesures qu'il prend pour prévenir les risques pour le consommateur final et n'empêche ni ne décourage personne de coopérer avec les autorités compétentes, conformément aux législations et pratiques juridiques nationales, lorsque cela peut permettre de prévenir, réduire ou éliminer un risque provoqué par une denrée alimentaire.* » Article 19§3 du Règlement CE n° 178/2002.

actions élémentaires à prendre par l'exploitant. Celles-ci peuvent être accompagnées d'autres actions mais, qui cette fois, sont laissées à l'initiative de l'exploitant.

Le parlementaire communautaire a donné cette possibilité pour trois raisons. D'abord, parce qu'il ne pouvait pas prévoir, au moment de la rédaction du texte, toutes les mesures nécessaires face aux risques suspectés. Il ne pouvait pas non plus, ne pas envisager son contrôle. Ensuite, parce que l'acteur privé peut « *déclencher ou arrêter une activité susceptible de présenter un risque pour autrui* »[267], ce qui révèle l'application du principe de précaution par les exploitants. Enfin, parce que s'agissant des risques «*suspectés*», leur maîtrise doit s'effectuer le plus tôt possible. A cette fin, l'exploitant s'avère le mieux placé pour mettre en œuvre cette tâche.

Par conséquent, l'existence de la possibilité que l'exploitant définisse les actions à prendre, signalée tant à l'égard des risques suspectés que connus, consolide la gestion de l'exploitant comme étant l'objet de l'obligation, en la définissant aussi, comme une obligation autonome.

---

267 VINEY (G), KOURLISKY, (P). *Op.cit*, v. note n°20, p. 143.

Section 2. Une obligation autonome

85. Le contenu et la force de l'obligation d'autocontrôle détermine son autonomie. Le contenu permet de la distinguer des obligations de conformité et de sécurité (§1). La force de l'obligation accentue son caractère autonome en signalant qu'elle ne peut être considérée ni comme une obligation de moyens ni comme une obligation de résultats (§2).

§1. Une obligation différente de celle de conformité et de celle de sécurité

86. La distinction entre l'obligation de conformité et celle de sécurité a été traitée par la doctrine[268]. Au contraire, la différence entre ces dernières et l'obligation d'autocontrôle n'a pas encore fait l'objet d'une étude. Ceci, puisque l'autocontrôle a été assimilé à ces deux obligations. Cependant, l'autocontrôle est établi dans le droit agroalimentaire comme une obligation distincte de celle de conformité (A) et de celle de sécurité (B).

---

268 CALAIS-AULOY (J). *Ne mélangeons plus conformité et sécurité*. IN, *D.* 1993. p. 130. CALAIS-AULOY, (J) et STEINMETZ, (F). *Op.Cit*, voir note n°37, p. 241, § 201 et ss, ainsi que p. 300 §249 et ss. COLLART-DUTILLEUL (F), DELEBECQUE (P). *Op.Cit*, voir note n°37, p. 218, §232 et ss, p. 263 §296 et ss.

A. Une obligation différente de celle de conformité

87. L'article L212-1 du Code de la Consommation institue l'obligation de conformité, selon laquelle « *Le responsable de la première mise sur le marché d'un produit est donc tenu de vérifier que celui-ci est conforme aux prescriptions en vigueur.* » Pour sa part, l'article 17 du Règlement CE 178/2002 établit l'obligation d'autocontrôle, signalant que l'exploitant doit veiller et vérifier le respect des prescriptions concernant la sécurité des denrées alimentaires. Toutes les deux s'appliquent aux produits agroalimentaires, ayant cependant, des objectifs et des contenus différents.

88. Par rapport aux objectifs, l'obligation de conformité vise à s'assurer que le produit (ou le service) remplisse les conditions signalées par les prescriptions de la législation ou du contrat. Un produit conforme observe les dispositions visant l'élimination du défaut qui peut le rendre impropre à l'usage prévu. L'obligation d'autocontrôle cherche la sécurité des aliments face aux risques qui lui sont liés. A ces fins, l'obligation d'autocontrôle impose leur gestion. A l'égard de cette obligation un aliment sûr est celui dont le risque a été maîtrisé. De ce fait, la distinction de l'objectif de chacune de ces obligations est très claire: l'obligation de conformité cherche l'aptitude à l'emploi d'un produit ou d'un service, tandis que l'obligation d'autocontrôle vise la sécurité en relation des risques liés à l'aliment.

89. Par rapport au contenu, ces obligations divergent quant à l'objet, au sujet et au bien visé. Concernant les objets, l'obligation de conformité est déterminée en relation à un défaut de conformité tandis que celui de l'obligation de sécurité, est défini par rapport au risque alimentaire.

Le défaut de conformité est une anomalie rendant le bien impropre à l'emploi, autrement dit, à l'usage habituellement attendue par rapport à un bien semblable.[269] L'aptitude à l'emploi est appréciée en relation à trois paramètres: les règles impératives, les normes et les usages professionnels, et le contrat[270]. Or, le défaut de conformité est une anomalie qui résulte de l'inobservation des conditions définies par un ou plusieurs des paramètres évoqués et qui rendre le produit ou service impropre à l'usage prévu. L'objet de l'obligation de conformité consiste donc à vérifier que le produit ou le service observe les conditions établies.

Le risque alimentaire est la probabilité d'un danger présent dans la denrée, de provoquer un préjudice à la santé[271]. Cette probabilité est définie à partir des connaissances scientifiques disponibles tant pour les autorités que pour l'exploitant. Ces informations permettent de déterminer les actions visant la réduction ou la maîtrise de ces risques, ce qui constitue l'objet de l'obligation d'autocontrôle.

C'est ainsi que ces obligations se distinguent tant dans l'élément que défini leurs objets que dans les objets proprement dits. D'un coté, celui de l'obligation de conformité est déterminé en relation à un défaut de conformité. Il consiste dans la vérification de ce défaut. D'autre coté, l'objet de l'obligation d'autocontrôle est déterminé par rapport à un risque alimentaire. Compte tenu de que ce risque peut provoquer un préjudice en tout moment, sa gestion s'impose, ce qui est l'objet de cette obligation.

90. Il est à signaler que la vérification de la conformité et la gestion des risques, sont des activités très distinctes. La première consiste en la comparaison entre les conditions présentes par le produit ou le service et

---

269 CALAIS-AULOY, (J) et STEINMETZ, (F). *Op.cit.* n°37, §235.

270 CALAIS-AULOY, (J) et STEINMETZ, (F). *Op.cit.* n°37, §201. COLLART-DUTILLEUL (F), DELEBECQUE (Ph). *Op.cit.*, n°37, §233.

271 Art. 3§9, Règlement CE 178/2002. Voir, supra note n° §133.

celles qui sont définies dans des paramètres évoqués. Si à la suite de cette comparaison se détermine que le produit ne les accomplit pas, le professionnel manque à son obligation de conformité. Cette obligation n'impose pas la correction du défaut. Il s'agit d'une obligation de vérification.[272]

La gestion des risques comporte au contraire, la correction, la réduction ou la maîtrise du risque. A différence de l'obligation de conformité qui est respectée lors de la vérification de l'absence du défaut de conformité, l'obligation d'autocontrôle n'est pas considérée comme respectée suite à la vérification de l'absence d'un risque. Le risque est toujours présent, ce qui intéresse c'est sa gestion.

Ainsi, la gestion des risques est un objet complexe qui se décline en générale en quatre activités, toutes ayant pour finalité de rendre le produit sûr. En premier, la gestion comporte la surveillance constante des denrées, car aucune n'est assurée présenter un risque. En deuxième, elle implique l'application des mesures de maîtrise, même si le risque est tout simplement suspecté. Troisièmement, elle implique la correction des défaillances éventuelles des autres mesures déjà entreprises. En quatrième, elle comprend l'application d'actions non envisagées préalablement et qui peuvent servir à compléter le contrôle. En effet, la gestion des risques constitue un objet très différent à la vérification de la conformité.

91. Les objets des ces obligations s'étendent dans des champs d'application différents. Celui de l'obligation d'autocontrôle est plus large que celui de l'obligation de conformité. Cette dernière impose le respect d'une

---

[272] Voir en ce sens, CALAIS-AULOY, (J) et STEINMETZ, (F). *Op.cit,* note n°37, p. 246, §206. Même si ces auteurs ne distinguent pas entre l'obligation de conformité et d'autocontrôle, ils insistent en considérer l'obligation de conformité comme une obligation de vérification.

conformité qui est appréciée à partir de la première mise en circulation du produit (ou du service).

L'obligation de conformité contraint le responsable à mettre sur le marché des produits conformes. Ceci oblige au responsable à veiller sur le respect de cette condition dans l'étape de la commercialisation, sans pour autant l'obliger à s'assurer de cette conformité une fois que le produit est acquis par le consommateur.

L'obligation d'autocontrôle elle comprend, en plus de la phase de la commercialisation, son avant et son après. Ceci implique la gestion des risques même si le produit est entre les mains du consommateur, ce qui va justifier la mesure du rappel des produits. Par conséquent, le champ d'application de l'obligation d'autocontrôle ne se réduit pas à une seule phase de la filière comme c'est le cas de l'obligation de conformité, parce qu'elle comprend l'ensemble des étapes jusqu'au consommateur.

92. Même si certains auteurs considèrent l'autocontrôle comme une obligation implicite[273] à la vérification de la conformité, il faut signaler qu'à la lumière de la législation alimentaire, le respect de la conformité n'implique pas forcement l'observation de l'obligation d'autocontrôle. D'après le règlement CE 178/2002, la conformité d'une denrée à la législation, ne signifie pas qu'elle soit sûre, ce qui justifie tant l'application des contrôles officiels[274] que le renforcement de ceux entrepris par l'exploitant. Autrement dit, la conformité ne présuppose pas la sécurité, de la même manière, que leur vérification ne signifie pas non plus que l'obligation d'autocontrôle ait été

273 CALAIS-AULOY, (J) et STEINMETZ, (F). *Op.cit.* n°37, §206.

274 Article 14§8 du règlement CE n°178/2002.

respectée. Cette distinction entre l'obligation de conformité et l'obligation d'autocontrôle a été déjà signalée par le juge français[275].

93. Sur le plan objectif, le type de bien concerné par l'action de vérification ou de contrôle constitue une autre différence. L'autocontrôle s'applique à la fois au produit alimentaire et à l'activité de l'exploitant proprement dite. L'obligation de conformité comprend dans un sens très large, « *des produits et des services* ». Bien que cette dernière puisse à simple vue comprendre les objets de la première, trois remarques sont nécessaires.

En premier lieu, même si la denrée alimentaire et l'aliment pour animaux peuvent être inclus dans la catégorie générale des « *produits* », au sens de l'obligation de conformité, l'obligation d'autocontrôle s'impose de manière particulière sur les aliments et sur les aliments pour animaux. C'est ainsi, que le règlement CE n°178/2002 définit la denrée alimentaire ou l'aliment comme «*toute substance ou produit, transformé, partiellement transformé ou non transformé, destiné à être ingéré ou raisonnablement susceptible d'être ingéré par l'être humain* »[276]. Dans le même sens, ce texte

---

[275] Voir note n° 120 et n° 121.

[276] « *Ce terme recouvre les boissons, les gommes à mâcher et toute substance, y compris l'eau, intégrée intentionnellement dans les denrées alimentaires au cours de leur fabrication, de leur préparation ou de leur traitement. Il inclut l'eau au point de conformité défini à l'article 6 de la directive 98/83/CE, sans préjudice des exigences des directives 80/778/CEE et 98/83/CE.*

Le terme «denrée alimentaire» ne couvre pas: a) les aliments pour animaux; b) les animaux vivants à moins qu'ils ne soient préparés en vue de la consommation humaine; c) les plantes avant leur récolte; d) les médicaments au sens des directives 65/65/CEE (1) et 92/73/CEE du Conseil (2); e) les cosmétiques au sens de la directive 76/768/CEE du Conseil (3); f) le tabac et les produits du tabac au sens de la directive 89/622/CEE du Conseil (4); g) les stupéfiants et les substances psychotropes au sens de la Convention unique des Nations unies sur les stupéfiants de 1961 et de la Convention des Nations unies sur les substances psychotropes de 1971; h) les résidus et contaminants. » Article 2 §1, règlement CE n° 178/2002.

précise l'expression « *aliment pour animaux* » signalant qu'il s'agit de « *toute substance ou produit, y compris les additifs, transformé, partiellement transformé ou non transformé, destiné à l'alimentation des animaux par voie orale*»[277]. Dans les deux le règlement communautaire accentue la finalité « *alimentaire* » du produit.

En deuxième lieu, la particularité de l'activité de l'exploitant agroalimentaire repose dans le fait qu'elle est conditionnée par cette finalité. Au regard de l'obligation de conformité, le Code de la consommation n'établit aucune différence par rapport à la destination des produits ou des services. Il s'agit d'une obligation qui s'impose à titre général, touchant aussi, les produits alimentaires. Cependant, la destination alimentaire du produit fixe la spécificité de l'obligation d'autocontrôle, accentuant sa distinction par rapport à celle de conformité. Donc, ces obligations coexistent et s'appliquent simultanément aux denrées alimentaires, sans pour autant poursuivre les mêmes objectifs.

En troisième lieu, l'activité de l'exploitant agroalimentaire ne peut pas être considérée comme un « *service* ». Le Traité sur le fonctionnement de l'Union européenne, dans l'article 57, ce terme comme étant « *les prestations fournies normalement contre rémunération, dans la mesure où elles ne sont pas régies par les dispositions relatives à la libre circulation des marchandises, des capitaux et des personnes.* »[278] En droit national, le Code de la consommation n'apporte pas de définition. Le professeur Calais-Auloy reprend, cependant, le concept donné par le Traité, en signalant que la notion de service «*couvre toutes les prestations appréciables en argent, en dehors de la fourniture des biens. Certains services sont de nature matérielle*

[277] Article 3§4, règlement CE n° 178/2002.

[278] Traité sur le fonctionnement de l'Union européenne. Journal officiel de l'Union européenne, 9 mai 2008, C 115/69.

(réparation, nettoyage), d'autres de nature financière (assurance, crédit), d'autres encore de nature intellectuelle (soins médicaux, conseils juridiques). Tous peuvent devenir objet de la consommation. »[279] Mais pour l'essentiel, le terme « *service* » définit une prestation immatérielle, une prestation de faire.

En dépit du fait que l'activité de contrôle de la sécurité d'un produit constitue une prestation immatérielle, elle ne peut être pas considérée comme un service. D'une part, ce contrôle n'est pas, en soi même, un objet de consommation. D'autre part, cette prestation immatérielle se manifeste moyennant une denrée sûre, c'est-à-dire, au moyen d'un produit dont les risques ont été maîtrisés. Par conséquent, la gestion des risques n'est pas un service.

94. Sur le plan subjectif, s'impose une distinction entre le sujet destinataire de l'obligation d'autocontrôle et de l'obligation de conformité. La législation alimentaire établit l'obligation d'autocontrôle à charge de l'exploitant agroalimentaire, tandis que celle de conformité est attribuée au responsable de la première mise sur le marché. Ce dernier est entendu comme le producteur, lorsque le bien est produit en France, et comme l'importateur, lorsqu'il est importé.

L'exploitant alimentaire est défini autrement, comme « *la ou les personnes physiques ou morales chargées de garantir le respect des prescriptions de la législation alimentaire dans l'entreprise du secteur alimentaire qu'elles contrôlent* »[280]. Au contraire de l'obligation de conformité, qui correspond au responsable de la première mise sur le marché, l'obligation d'autocontrôle est instituée à charge de l'exploitant alimentaire,

---

279 CALAIS-AULOY, (J) et STEINMETZ, (F). *Op.cit,* n° 37, §9, §198, §243 et ss, §293 et ss, §313, §318.

280 Article 3 §3 du règlement CE n° 178/2002.

terme qui comprend tous les intervenants de la filière: depuis ceux liés à la fourniture des intrants jusqu'aux distributeurs, en passant par les producteurs nationaux, les importateurs et même les exportateurs étrangers intéressés dans l'introduction de denrées ou d'aliments pour animaux à la Communauté.[281]

L'accent de l'obligation d'autocontrôle sur une mise en œuvre de la part de tous les exploitants agroalimentaires et non seulement du responsable de la première mise sur le marché, réside dans l'intérêt d'instituer une sécurité conformément à l'approche globale préconisée par la législation alimentaire. Selon cette dernière, la sécurité des denrées correspond à tous les intervenants de la filière. Ceci, ne signifie pas que ces obligations s'excluent, mais qu'en étant différentes elles sont complémentaires.

Nous avons pu constater que la complémentarité est une caractéristique commune à d'autres obligations qui touchent sous un objectif ou un autre, les aliments. La relation entre l'obligation d'autocontrôle et celle de conformité le confirme. De la même manière, l'obligation d'autocontrôle résulte complémentaire à l'obligation générale de sécurité, tout en demeurant distincte.

281 Voir sur ce point, *supra* § 79 à §84.

B. Une obligation distincte de celle de sécurité

95. Il est possible de signaler l'existence de différentes obligations de sécurité[282] en droit français. La première est l'obligation de sécurité reconnue par le juge depuis 1911[283], développée à partir des contrats de transport des personnes[284] et répandue postérieurement aux autres contrats[285]. Une

---

282 Sur la doctrine générale sur l'obligation de sécurité voir notamment, VINEY (G), JOURDAIN (P). *Les conditions de la responsabilité*. Paris: L.G.D.J. 3ème Edition, p. 542, §550. STARCK (B), ROLAND (H), BOYER (L). *Obligations*, Litec, 4e éd., 1993, n° 1061 s.; TERRE (F), SIMLER (P), LEQUETTE (Y). *Les obligations*, Dalloz, 5e éd., 1993, n° 565 ; MAZEAUD (H), MAZEAUD (L), MAZEAUD (J), CHABAS(F), *Obligations, théorie générale*, Montchrestien, 8e éd., 1991, n° 402 ; MAZEAUD (H), MAZEUD (L), *Responsabilité civile*, t. 3, vol. 2, Monchrestien, 6e éd., 1983, n° 151 s; SAVATIER (R), *Traité*, t. 1, n° 133 s.; Le TOURNEAU (Ph) *Responsabilité civile*, Dalloz, 3e éd., 1982, n° 329 s.; TUNC (A), *Responsabilité civile*, Economica, 2e éd., 1990, n° 160 ; JOURDAIN (P). *L'obligation de sécurité: à propos de quelques arrêts récents*, *Gaz. Pal.* 24 sept. 1993, p. 6.

283 Cass. civ., 21 nov. 1911, (l'obligation de sécurité dans le transport maritime de personnes, cassé, non publié), *D.* 1913, 1, p. 249, note SARRUT (L). Cass. civ., 27 janv. 1913, (obligation de sécurité dans le transport ferroviaire, non publié), *S.* 1913, p. 177, note LYON-CAEN (CH); *DP* 1913, 1, p. 253, note SARRUT (L). Cass. civ. 21 avr. 1913 (sur l'obligation de sécurité dans le transport terrestre, non publié), *DP,* 1913, 1, p. 257, *S.* 1914, 1, p. 5 note LYON CAEN (CH).

284 Sur l'obligation de sécurité dans les contrats de transport des personnes. *Civ.* 21 nov. 1911. *D.* 1913, 1, p. 249, note SARRUT (L). COLLART-DUTILLEUL (F), DELEBECQUE (P). Op.cit, voir note n°37, p. 263, §296. Voir aussi, entre la abondante doctrine, Le TOURNEAU (Ph), POUMARET (M). *Juris-classeur civil*, art. 1136 à 1145, fasc. 30. RODIERE, (R). *Le régime légal de l'obligation de sécurité due par les transporteurs à leurs voyageurs*. JCP, 1952, I. 997, n°30 et s. Plus récemment, MASCALA (C). *Accidents de gare: le « déraillement » de l'obligation de sécurité. D.* 1991 p. 80. JOURDAIN (P). *Obligation de sécurité : la valse hésitation de la Cour de cassation. RTD Civ.* 1998, p. 116. DESFOUGÈRES (E). *Le renforcement de la sécurité lié à l'adoption du premier contrat type en matière de transport routier de personnes.* IN, *Revue de droit des transports*, n° 1, Janvier 2009.

285 Sur l'expansion et le recul des obligations de sécurité, voir notamment, VINEY (G), JOURDAIN (P). *Op. cit*, note n°282, §551, §552, p.542-544. De même, DELEBECQUE (PH). *La dispersion des obligations de sécurité dans les contrats spéciaux.* IN, *Gaz.Pal.*1997, p. 1184.

deuxième obligation de sécurité est instituée par la loi du 21 juillet 1983[286], qui constitue aujourd'hui l'article L221-1 du Code de la Consommation, relative à la sécurité générale des produits et des services. Cette disposition incorpore les modifications apportées par la directive du 29 juin 1992[287] et fût complétée par celle du 3 décembre 2001[288]. Troisièmement, la Directive du 25 juillet de 1985[289] établit l'obligation générale de sécurité, transposée par la loi n° 98/389 du 19 mai 1998[290], dans les articles 1386-1 à 1386-18 du Code Civil.

96. L'obligation générale de sécurité est consacrée[291] en droit communautaire, par la Directive du 25 juillet 1985. Tout comme l'obligation

---

286 Loi n°83-660 du 21 juillet 1983 relative à la *sécurité* des consommateurs. JORF 22 juillet, p. 2262 ; *D.* et *ALD* 1983, p. 389. BRAMAT (E). *L'obligation de sécurité (produits et services mis sur le marché)*. Thèse Montpellier I, 2000. SOURD, (J). *L'obligation de sécurité en droit privé*. Thèse Bordeaux, IV, 2005. VINEY (G). *L'indemnisation des atteintes à la sécurité des consommateurs*. IN, *Sécurité des consommateurs et responsabilité du fait des produits*. Colloque de l'Université de Paris I, LGDJ, 1987, p. 71. PAISANT (G). *L'obligation de sécurité et le droit de la consommation. Gaz. Pal. n° spécial : « L'obligation de sécurité » 23 septembre 1997, p. 1189-1195, n°9. Doctr.* 15. DEFFERRARD (F). *Une analyse de l'obligation de sécurité à l'épreuve de la cause étrangère. D.* 1999, chron, 364.

287 Directive européenne 1992/59/CE du 29 juin 1992 relative à la sécurité générale des produits. *JOCE* L 228, 11 août 1992, p. 24 ; *D.* et *ALD* 1992, p. 496.

288 Directive 2001/95/CE du Parlement européen et du Conseil du 3 décembre 2001 relative a la sécurité générale des produits. JOCE, 15 janvier 2002, L 11/4. Sur l'obligation de sécurité prévue par la Directive relative à la sécurité générale de produits; DAVIS (A). *La directive relative à la sécurité générale des produits*. IN, *RED Com*, 1992, 132-135. CALAIS-AULOY (J). *Les rapports entre la Directive de 1985 sur la responsabilité du fait des produits et celle de 1992 concernant la sécurité des produits*. IN, *RED Consom*. 1994, 159-165; MANIET (F). *La transposition de la Directive 92/59 relative à la sécurité générale de produits dans les Etats membres de l'Union Européenne*. IN, *RED Consom*. 1997, p. 176.

289 Directive du Conseil du 25 juillet 1985 relative au rapprochement des dispositions législatives, réglementaires et administratives des États membres en matière de responsabilité du fait des produits défectueux 1985/374/CEE. JOCE n° L 210 du 7 août 1985, p. 29

290 Loi n° 98/389 du 19 mai 1998. JORF 21 mai 1998.

291 Concernant les obligations de sécurité, voir VINEY (G), JOURDAIN (P). *Les conditions de la responsabilité*. Paris : L.G.D.J. 3ème Edition, p. 542, §499 et ss.

d'autocontrôle dictée par le règlement CE n°178/2002, cette Directive vise la protection de la sécurité des personnes. Malgré la coïncidence quant à leur objectif, ces obligations se distinguent par rapport aux éléments qui les déterminent (I), imposant les distinctions en relation à leurs contenus (I).

(I) L'objectif de sécurité défini à partir d'éléments différents

97. Les obligations de sécurité et d'autocontrôle se distinguent par les éléments à partir desquels se détermine l'objectif de sécurité. La sécurité des denrées alimentaires, visée par l'obligation d'autocontrôle, est établie par rapport à l'existence ou à la suspicion d'un risque. Au contraire, la sécurité générale d'un produit ou d'un service, est définie en relation à un défaut de sécurité. La sécurité est donc définie à partir de deux éléments distincts: le risque (1) et le défaut de sécurité (2).

1. Le risque comme élément déterminant de la sécurité

98. Le risque, au sens de la législation alimentaire, est défini par le règlement CE 178/2002 comme étant «*une fonction de la probabilité et de la gravité d'un effet néfaste sur la santé, du fait de la présence d'un danger*»[292]. Cette définition dévoile les deux éléments intégrant le concept de risque : le danger et l'effet. C'est la relation de causalité entre ces éléments qui permet de déterminer l'existence ou la suspicion d'un risque.

Sur la directive du 3 décembre 2001, CALAIS-AULOY, (J) et STEINMETZ, (F). *Op.cit,* voir note n°37, §264. PIRE (V). *La Directive 2001/95/CE du Parlement européen et du Conseil du 3 décembre 2001 relative à la sécurité générale des produits.* IN, *RED. Consom.* 2001, 245-267. RAYMOND (G). IN, *Contrats, conc, consom.* 2002, n°54.

[292] Art. 3§9 règlement CE 178/2002.

Le danger est défini par le règlement CE 178/2002 comme étant « *un agent biologique, chimique ou physique présent dans les denrées alimentaires ou les aliments pour animaux, ou un état de ces denrées alimentaires ou aliments pour animaux, pouvant avoir un effet néfaste sur la santé* »[293]. Or, le danger auquel se réfère le risque alimentaire est celui dont l'existence est liée à l'aliment, pouvant se manifester sous des formes diverses. Il peut être autant un agent ayant une origine externe qui s'incorpore au produit, par exemple un composant chimique ou une bactérie que l'état proprement dit de la denrée. Il s'agit dans tous les cas, d'un élément inhérent à l'aliment.

Le terme «*effet* » n'est pas défini par le règlement CE 178/2002. Couramment, il est entendu comme «*ce qui est produit par une cause, conséquence, résultat, suite* »[294]. Juridiquement, il est envisagé comme étant une « *conséquence juridique résultant d'un acte juridique (effet obligatoire du contrat, d'un délit (responsabilité), d'une loi, d'une une décision administrative on dit aussi : l'effet de droit).*»[295] D'après ces définitions, nous pouvons affirmer dans une perspective large, que l'effet est tout simplement une conséquence d'un fait qui est à son origine.

En dépit de l'absence de définition de cet élément dans le texte communautaire, l'effet auquel se réfère la législation alimentaire, est qualifié de manière très précise : il doit d'être grave et probable. D'une part, la gravité est déterminée par rapport aux dommages causés ou qui pourraient être occasionnés à la santé des personnes. L'augmentation de cette gravité, peut conduire à l'estimer comme néfaste. D'autre part, l'effet doit être probable. De

---

293 Art. 3§14 du règlement CE n° 178/2002.

294 REY-DEBOVE (J), REY (A). *Op.cit,* note n° 5, p. 838.

295 CORNU, (G). *Op.cit,* note n° 10, p.346.

sorte que si l'effet n'a pas encore eu lieu, la seule possibilité d'une conséquence grave ou néfaste pour la santé suffit pour considérer le risque.

Le danger présent dans un aliment et l'effet grave et probable qu'il peut occasionner lors de son ingestion constituent donc, les éléments du risque alimentaire. Leur existence ou suspicion est définie à partir de la relation de causalité entre ces deux éléments. De ce fait, la sécurité à laquelle se réfère l'obligation d'autocontrôle est déterminée à partir du risque alimentaire, constaté ou soupçonné, constituant la différence fondamentale par rapport à l'obligation générale de sécurité qui la définit à partir d'un élément distinct : le défaut de sécurité.

2. *La sécurité définie par rapport au défaut de sécurité*

99. Le défaut de sécurité d'un produit ou d'un service, au contraire du risque, s'établit par rapport aux vices qui ne permettent pas de garantir la sécurité envisagée par la Directive du 25 juillet 1985. Cette sécurité concerne la protection de la santé des personnes et de leur intégrité corporelle. Mais, il ne s'agit ni d'une sécurité définie à partir des expectatives spécifiques ni d'une sécurité « *absolue* ». Il s'agit de la sécurité « *à la quelle on peut s'atteindre*».

En dépit de l'indétermination du contenu de la notion de l'atteinte légitime à l'égard de la sécurité[296], il est accepté que la sécurité à laquelle se réfère cette obligation doit être appréciée de manière objective. Ceci implique d'un coté, qu'il ne s'agit pas d'une sécurité définie par rapport aux atteintes particulières, sinon elle doit s'apprécier en fonction des attentes d'un

---

296 BORGUETTI (J-S). *La responsabilité du fait des produits.* 2004. Paris : L.G.D.J. p. 436, §439, sur l'absence de contenu de la notion « *d'atteinte légitime* ».

« *consommateur moyen* » ou « *du public dans son ensemble* »[297]. De l'autre, cela signifie qu'il ne s'agit pas non plus d'une sécurité absolue, mais « *normale* » [298]. Cette normalité se réfère aux dangers « *communs* », que présentent les produits ou les services. C'est l'anormalité du danger qui va définir l'existence d'un défaut de sécurité.

Le défaut de sécurité est ainsi, une condition objective établie par rapport à un danger anormal[299]. Ce dernier peut être considéré *grosso modo*, comme toute anomalie matérielle du produit ou liée à lui[300]. La sécurité au sens de l'obligation générale de sécurité, est celle que présente le produit ou le service en soi. Elle est déterminée par rapport au modèle[301] que définit le producteur, et non celle qui se définit par rapport à son utilisateur.

C'est ainsi, que les obligations d'autocontrôle et l'obligation générale de sécurité se différencient. Leur distinction réside dans les éléments qui définissent l'objectif de sécurité. La première s'établit en relation avec le risque tandis que la deuxième est définie par rapport à un défaut de sécurité.

---

297 BORGHETTI (J-S). *Op cit, note,* n°296, §441. CALAIS-AULOY, (J) et STEINMETZ, (F). *Op.cit,* voir note n°37, p. 301, §250. CALAIS-AULOY (J). *L'attente légitime : une nouvelle source du droit subjectif ?* In, *Mélanges en l'honneur d'Yves Guyon.* Paris : Dalloz, *2003*, p. 171-181. VINEY (G) *L'introduction en droit français de la directive communautaire du 25 juillet 1895 relative à la responsabilité du fait de produits défectueux » D,* 1998, p. 291-299, n°12. LEVENEUR (J). *Le défaut. Colloque sur la responsabilité du fait des produis défectueux. LPA,* décembre 1998, p. 28-36, n°6. TESTU (F-X), MOIRTY (J-H). *La responsabilité du fait des produits défectueux. Commentaire de la loi 98-389 du 19 mai 1998, D. Affaires,* suppl. au n°125, 1998, p. 3-18, n°16.

298BORGHETTI (J-S). *Op. cit,* note n°296, §447 et s.

299 Voir JOURDAIN (P), qui remarque la défectuosité anormal du produit : «il faut que le danger résulte d'une anomalie, d'une défaillance du produit ou, plus généralement, d'une circonstance qui le rend dangereux, plus dangereux qu'il n'est ou ne devrait normalement être ». JOURDAIN (P). Commentaire de loi n°98-389 du 19 mai 1998 sur la responsabilité du fait des produits défectueux. JCP, éd. E, 1998, p.1204-1215, n°30, Dans le même sens, BORGHETTI (J-S). Op. cit, note n°296, §451 et s.

300 BORGHETTI (J-S). *Op. cit,* note, n°296, §440.

301 BORGHETTI (J-S). *Op. cit,* note, n°296, §453.

Cependant, il est à signaler que souvent les concepts de défaut de sécurité, de danger et de risque alimentaire, sont confondus ou assimilés. Bien entendu, ils ne peuvent pas être considérés comme des synonymes. De même que les obligations qu'ils déterminent ne peuvent pas non plus, être considérées comme identiques.

100. Les distinctions et les relations entre ces concepts n'ont pas été toujours claires. En premier lieu, les notions de danger et de risque ont été parfois assimilées donnant lieu à une confusion. En deuxième lieu, une assimilation entre le danger et le défaut de sécurité a justifié des présomptions de dangerosité et de défectuosité sur les produits alimentaires. En troisième lieu, le rapprochement apparent des concepts du défaut de sécurité et du risque alimentaire a permis d'établir un rapport entre les deux. Toutefois, ces trois situations méritent notre attention.

101. En premier lieu, les notions de danger et de risque font souvent l'objet d'une assimilation qui conduit à des malentendus. En dépit du fait que le danger constitue un des éléments du risque, cette situation ne suffit pas pour les considérer comme des synonymes. Le risque alimentaire est établi sur le fondement d'une relation de causalité entre le danger présent dans l'aliment et son effet grave et probable sur la santé, tandis que le danger est fondé sur une condition strictement liée à l'aliment: la présence d'un agent chimique, biologique ou physique ou d'un état de la denrée. Or, bien qu'un risque comporte forcément un danger, ce dernier n'est qu'un de ses éléments. Ainsi, un danger ne peut pas être assimilé à un risque alimentaire.

102. Deuxièmement, les notions de défaut de sécurité et de danger ont été assimilées donnant lieu à l'établissement, notamment de deux présomptions. D'une part, celle selon laquelle tout produit dangereux est forcément défectueux. D'autre part, celle inverse à cet énoncé qui indique qu'un produit défectueux serait dangereux. Ces présomptions méritent néanmoins, quelques précisions.

103. D'une part, comme le signale le professeur Collart Dutilleul, un produit dangereux n'est pas forcement défectueux[302]. Le danger en tant que tel, ne constitue pas un défaut de sécurité. A l'égard de l'obligation générale de sécurité, pour qu'un danger soit considéré comme un défaut, il faut qu'il soit « *anormal* ». Ce caractère est défini comme une anomalie matérielle du produit ou du bien. C'est ainsi, que s'agissant d'un danger normal, le défaut de sécurité n'est pas constitué et donc, le produit qui le présente n'est pas pour autant, défectueux. En reprenant l'exemple donné par le professeur Collart Dutilleul, un couteau représente toujours un danger. Toute personne peut se couper avec, il est donc, dangereux. Malgré cela, il n'est pas considéré comme défectueux, puisqu'il ne s'agit pas d'un danger anormal. Inversement, si ce couteau n'avait pas été confectionné avec le matériel approprié et si en l'utilisant il laissait des résidus de métal, ceci représenterait une anomalie matérielle du produit qui constituerait un danger *anormal* pour la sécurité des utilisateurs, présentant ainsi, un défaut de sécurité.

Quant aux aliments, ils comportent des dangers propres à leur nature, sans que cela signifie à titre général, qu'ils soient défectueux. Par exemple, le fromage au lait cru, comporte une série de dangers intrinsèques au lait qui n'est pas soumis à un processus permettant l'élimination des bactéries. La présence de certaines d'entre elles est normale et autorisée, car elles participent au processus de fabrication de ce fromage étant indispensables dans la mesure où elles conditionnent certaines de ses caractéristiques. Or, s'agissant de bactéries qui constituent un danger normal, le fromage au lait cru n'est pas défectueux. Par contre, si d'autres bactéries dont la présence est interdite, sont identifiées, ceci est considéré comme une anomalie matérielle et le produit présente un défaut de sécurité.

---

302 COLLART-DUTILLEUL (F). *Le consommateur face au risque alimentaire*. IN, *Liber amicorum Jean CALAIS-AULOY*. Paris: Dalloz, p. 323.

En conséquence, il faut signaler que la présomption selon laquelle un produit dangereux est défectueux, mérite d'être précisée. D'une part, tout produit est susceptible de présenter un danger normal propre à sa nature. D'autre part, dans l'hypothèse où ce danger est anormal, le produit ou le service en question pourrait être considéré comme défectueux. Or, nous pouvons affirmer qu'il n'est pas possible d'établir comme une généralité, qu'un produit dangereux est *à priori*, défectueux.

104. D'autre part, il est nécessaire de considérer qu'un produit ou un service peut être défectueux, sans être forcement, dangereux. Ceci, car la condition de défectuosité est définie par rapport à la « *normalité* » de l'irrégularité matérielle présente dans le service ou produit. C'est le caractère *« anormal* » qui vient qualifier le danger qui intéresse dans l'appréciation du défaut de sécurité. Une denrée qui a un mauvais goût, une odeur désagréable, par exemple, un fromage qui mûrit dont le goût n'est pas homogène et qui acquiert un arome déplaisant au cours du temps, ou une denrée qui dépasse la date de durabilité minimale[303], comme le cas d'une boîte de conserve de fruits, peut être défectueuse sans être en même temps, dangereuse. Le défaut de sécurité[304]est constitué, mais la denrée reste pour

---

303 En termes de la Directive 2000/13/CE, la date de durabilité minimale d'une denrée alimentaire est « *la date jusqu'à laquelle cette denrée alimentaire conserve ses propriétés spécifiques dans les conditions de conservation appropriées.* » , à différence de la date de consommation limite, qui est celle qui la remplace « *dans le cas des denrées alimentaire microbiologiquement très périssables et qui, de ce fait, sont susceptibles, après une courte période, présenter un danger immédiate pour la santé humaine* ». Directive 2000/13 /CE du Parlement européen et du Conseil du 20 mars 2000 relative au rapprochement des législations des États membres concernant l'étiquetage et la présentation des denrées alimentaires ainsi que la publicité fait à leur égard. JOCE L 109 du 6 mai 2000, p. 29, arts. 9 et 10, respectivement.

304 Sur les ambigüités de la responsabilité du fait des produits défectueux et du rapport danger/défaut dans le droit alimentaire, voir notamment, COLLART-DUTILLEUL (F). *Op. cit.* n°305, p. 322.

autant, sûre. Par conséquent, la présomption de dangerosité d'un produit ou service défectueux, n'est pas non plus, générale.

105. L'assimilation du défaut de sécurité au danger, peut ainsi conduire aux présomptions de dangerosité d'un aliment défectueux ou de défectuosité d'une denrée dangereuse, qui ne sont pas toujours recevables. Cependant, elle n'est pas sans intérêt pour le droit. Son utilité réside dans le fait « *d'adapter et d'assouplir les règles de la preuve de l'existence d'un défaut par le mécanisme de la présomption* »[305], sans que pour cela l'assimilation de ces concepts mérite d'être générale.

106. Troisièmement, l'assimilation du défaut de sécurité au risque alimentaire est fréquente. Le défaut de sécurité se définit par la présence d'un danger anormal dans le produit, tandis que le risque repose sur la relation entre le danger et l'effet, indifféremment que celui-ci soit normal ou anormal dans le sens de la Directive du 25 juillet 1985. A l'égard du risque, la normalité du danger est donc, sans intérêt. Ce qui est déterminant, c'est la présence de ce danger et l'effet qu'il produit, c'est-à-dire, la relation de causalité.

Par conséquent, nous pouvons affirmer que le défaut de sécurité et le risque alimentaire sont des éléments distincts[306], à partir desquels se définit l'objectif de sécurité de ces obligations. L'obligation générale de sécurité détermine la sécurité sous le fondement de l'existence d'un danger anormal d'un produit, tandis que l'obligation d'autocontrôle, vise une sécurité basée sur la relation de causalité, entre le danger et l'effet. Il s'agit donc, d'obligations différentes.

---

305 COLLART-DUTILLEUL (F). *Op.cit,* n°302, p. 322.

306 COLLART-DUTILLEUL (F). *Op. cit,* note n°302, p. 324.

Le défaut et le risque sont les éléments étant à l'origine de la distinction principale entre ces obligations et définissent l'objectif de sécurité, sous des approches différentes. Le défaut et le risque distingue également les contenus de ces obligations.

(II) Les contenus différents

107. D'autres distinctions entre l'obligation d'autocontrôle et celle de sécurité, toutes sont relatives à leurs contenus. Celles-ci concernent leurs objets, leurs portées, leurs sujets et les approches qui imposent à l'égard de la responsabilité.

108. En premier lieu, il est à signaler que l'objet de ces obligations est distinct. S'agissant de l'obligation générale de sécurité, le professionnel est tenu d'éliminer le défaut de sécurité que présente le produit ou le service. Au regard de l'obligation d'autocontrôle, l'exploitant n'est pas tenu d'éliminer le risque du produit alimentaire, mais de maîtriser sa gestion. La distinction entre ces deux objets réside dans le fait que le défaut peut être supprimé tandis que le risque seulement maîtrisé.

109. L'élimination du défaut de sécurité, qui est l'objet de l'obligation générale de sécurité, justifie l'interdiction de la mise sur le marché d'un produit ou d'un service présentant un défaut. Ceci, pour deux raisons. La première, il s'agit d'une anomalie matérielle, inhérente au produit et identifiable pour le producteur. Il est possible donc, de revenir à produit sans défaut. La seconde, les moyens pour permettant la disparition du défaut sont à la portée du producteur. C'est-à-dire, l'élimination du défaut de sécurité ne peut pas être considérée comme un élément qui échappe au contrôle du producteur et qui pourrait empêcher sa suppression. En conséquence, le producteur est tenu de l'éliminer.

La législation a prévu les actions générales qui constituent l'objet de cette obligation. Il s'agit dans son ensemble, des mesures établies dans les textes normatifs, visant la prévention du danger anormal. Parmi eux, il est possible d'évoquer, le respect de normes de fabrication, de conservation, de commercialisation des produits, le contrôle de la qualité[307], la traçabilité de denrées et des produits[308], le suivi, la veille sanitaire, la transparence des informations fournies aux consommateurs[309]. Toutes ces obligations visant l'élimination du danger connu et anormal que constitue le défaut de sécurité. Le producteur doit ainsi, mettre en œuvre ces mesures pour accomplir son obligation générale de sécurité.

110. Quant à l'obligation d'autocontrôle, elle n'a pas pour objet l'élimination ni du danger ni du risque. Son objet est la gestion de ce dernier. Elle consiste en la mise en œuvre d'un ensemble d'activités visant la réduction ou le contrôle des risques. Les risques ne sont pas éliminables. Ceci car bien que le risque comporte un danger, il n'est pas son élément unique. Il comprend aussi l'effet que le risque peut provoquer sur la santé. Or, la gestion ne se limite pas à l'élimination du danger mais en plus à la prise en considération de l'effet. C'est ainsi que la gestion considère la variabilité de

---

307 Loi n° 98-535 du 1er juillet 1998 relative au renforcement de la veille sanitaire et du contrôle de la sécurité des produits destinés à l'homme. A ce propos, ROCHARD (D). *Qualité, identification et sécurité des produits*. IN, *RD rur*, n° 247, p. 369.

308 Art, L214-1-1 du Code de la consommation : « Un décret en Conseil d'État fixe la liste des produits ou denrées pour les quels la traçabilité doit d'être assurée. Il précise les obligations des producteurs et des distributeurs qui sont tenus d'établir et de mettre à jour des procédures d'informations enregistrées et d'identification des produits ou des lots de produits. Ces procédures permettent de connaitre l'origine de ces produits et de ces lots, ainsi que les conditions de leur production et de leur distribution. L'autorité administrative précise, pour chaque produit ou denrée, les étapes de production et de commercialisation pour lesquelles la traçabilité doit d'être assurée, ainsi que les moyens à mettre en œuvre en fonction de la taille des entreprises.» Art. ajouté par la loi n°99-574 du 9 juillet 1999 d'orientation agricole, art. 100.

309 COLLART-DUTILLEUL (F), DELEBECQUE (Ph). *Op.cit.* note n°37, § 297-3.

l'effet, sa gravité, son caractère possible et même imprévisible dans certains cas. La variabilité de l'effet est définie aussi par certains facteurs qui ne se trouvent pas toujours sous le contrôle de l'exploitant. De ce fait, le risque n'est pas éliminable, mais uniquement maîtrisable, c'est-à-dire, que l'exploitant est obligé d'effectuer sa gestion.

La gestion varie selon le risque. Pour cette raison, les actions qui la composent ne sont pas définies de façon détaillée par la législation communautaire. Les règlements concernant l'hygiène et les contrôles officiels définissent les actions générales, qui servent de guide à l'exploitant. Cependant, c'est ce dernier qui doit choisir, selon sa connaissance des risques et de son activité quelles seront les mesures de contrôle les plus adaptées qu'il convient de prendre. C'est ce qui se déduit des termes de l'article 17 du règlement CE 178/2002, selon lesquels l'exploitant *« veille et vérifie»* le respect des prescriptions de la législation alimentaire, laissant ouverte la possibilité que ce soit lui qui détermine ses propres actions de maîtrise de risques. De ce fait, l'exploitant doit mettre en œuvre les mesures lui permettant d'éviter les effets nocifs sur les consommateurs, indistinctement que celles-ci soient prévues par la législation ou qu'il les détermine dans le cadre de sa démarche d'autocontrôle.

C'est ainsi que les objets des obligations d'autocontrôle et l'obligation générale de sécurité se distinguent de deux façons. La première se réfère au contenu qui s'impose aux destinataires de l'obligation. Dans l'obligation générale de sécurité, le producteur doit éliminer le défaut de sécurité, tandis que dans l'obligation d'autocontrôle, l'exploitant est tenu d'effectuer la gestion du risque. Deuxièmement, en raison de cette gestion, s'établit une contrainte d'«*initiative*» de l'exploitant, liée à la prise de mesures de contrôle des risques, contrainte qui n'est pas imposée au producteur, car ce dernier doit s'ajuster aux actions visées par la législation. En effet, à l'égard de l'obligation d'autocontrôle, la gestion de risques comporte d'autres actions qui ne se limitent pas à ce qui est signalé dans le texte réglementaire. Elles comprennent aussi, toutes les autres qui peuvent être mises en œuvre par l'exploitant, tant au sein de son entreprise qu'en dehors de celle-ci.

111. Ces obligations se différencient en deuxième lieu, par rapport à leur portée. Celle-ci est déterminée par le moment à partir duquel s'apprécie la présence d'un défaut de sécurité ou l'existence ou la suspicion d'un risque.

L'élimination du défaut qui constitue l'objet de l'obligation générale de sécurité s'envisage à partir du moment où le produit est mis en circulation. Même, si les termes de *« mise en circulation »* n'ont pas fait l'objet d'une définition dans la Directive du 25 juillet 1985, il est généralement accepté qu'il s'agit de la mise à disposition du produit ou du service, afin qu'il soit acquis. La mise sur le marché se réalise lorsque le producteur se dessaisit volontairement de la chose, ce qui est fait normalement lors de la vente.[310] Plus récemment la Cour de justice européenne a tenu à clarifier cette interprétation, en signalant qu'«*un produit est mis en circulation lorsqu'il est sorti du processus de fabrication mis en œuvre par le producteur et qu'il est entré dans un processus de commercialisation dans lequel il se trouve en l'état offert au public aux fins d'être utilisé ou consommé* ».[311] C'est ainsi que, la mise en circulation est envisagée par la Cour de Justice comme étant une délivrance du produit fini, dans le réseau de la commercialisation, visant à sa consommation définitive[312].

---

310 BORGHETTI (J-S). *Op.cit,* note n°296, §514.

311 CJCE 9 févr. 2006, *Declean O'Byrne c/ Sanofi Pasteur*, aff. C-127/04. Aussi, GARCIA (F). *Le défaut indécelable de la chose en droit de la responsabilité civile.* COLLART-DUTILLEUL (F). (Sous la direction de) Thèse à Nantes, 2008. §45, p. 91.

312 La précision de la Cour de justice européenne, n'est portaient pas sur les mêmes dispositions de la Directive 1985. La définition posée en 2001 était relative à l'exonération de responsabilité d'un producteur (art. 7), alors que dans l'affaire du 2006, se référé au délai décennal de l'action en responsabilité (art. 11). Sur ce point voir, GARCIA (F). *Op.cit,* note n°311, §45, p. 91.

Dès l'instant où le produit est mis en circulation, le défaut de sécurité est apprécié. Les actions prévues par la législation doivent être appliquées à partir de la mise en circulation. Or, si le défaut de sécurité existait avant la mise en circulation et si le producteur ne l'avait pas éliminé, il ne manque pas à son obligation générale de sécurité. En conséquence, cette obligation comprend les stades de la transformation et de la commercialisation, qui comportent la mise sur le marché.

L'obligation d'autocontrôle s'étend tout au long de la filière. Du fait que l'exploitant doit maîtriser le danger à l'intérieur de son exploitation et dans le déroulement de ses activités, la gestion s'étend tout au long de la chaîne alimentaire. Ceci implique aussi, qu'elle s'impose indifféremment du fait que le produit alimentaire a été mis sur le marché. En effet, l'obligation d'autocontrôle s'instaure tant en amont qu'en aval et même une fois que le produit est acquis par le consommateur.

112. La troisième série de distinction entre l'obligation d'autocontrôle et l'obligation de sécurité se situe au niveau des sujets. L'obligation générale de sécurité est établie à la charge du producteur, compte tenu de la position que celui-ci occupe dans la filière, qui concrètement est la personne responsable de la mise sur le marché du produit ou du service. Dans cette logique l'obligation générale de sécurité est exigible au producteur dès lors que le produit est mis à disposition des autres acteurs[313].

---

313 C'est justement une des principales critiques à l'application de la Directive communautaire du 25 juillet de 1985, notamment à l'égard de l'interprétation de la Cour de Justice qui vise une responsabilité exclusive du producteur et qui exclue l'application d'un régime de plein droit au fournisseur non producteur. JCP éd. G 1998, GHESTIN (J). I, n° 148 ; *JCP* éd. E 1998, p. 1204, obs. JOURDAIN (P); CJCE, 25 avril 2002, *Commission c. France,* affaire n° C-52/00, *Rec.* 2002 CJCE, p. I-3827, (recours en manquement). *Contrats. conc. consom.* 2002, chron. n°20, LAPORTE (C) et comm. n° 117, RAYMOND (G) ; *Contrats. conc. consom.* 2003, chron, n°8, OUDOT (P) ; *D.* 2002, p. 2458, obs. CALAIS-AULOY (J) ; ; jurispr. P. 2462, note LARROUMET (C) ; somm. comm. p. 1670, obs. RONDEY (C) et somm. comm. p. 2937, obs. PIZZIO (J-P) ; *JCP G* 2002, I, 153, n°14, LUBY

Au contraire, l'obligation d'autocontrôle s'impose à tous les acteurs,- producteurs, transformateurs ou distributeurs-, indifféremment du fait que le produit est mis en circulation ou quelque soit la phase de la filière dans laquelle l'assujetti participe. C'est justement parce que cette obligation n'est pas définie en appréciant la sécurité par rapport à une étape précise, mais qu'elle comprend la gestion des risques à l'intérieur de l'entreprise et dans les activités que l'exploitant a sous sa maîtrise, avant que l'aliment ne soit en circulation et lorsque le produit a été déjà acquis par son acheteur final. En effet, la à différence de l'obligation générale de sécurité, l'obligation d'autocontrôle s'impose à exploitant conformément à l'approche intégrale de la législation alimentaire qui vise une sécurité dans l'ensemble de la filière.

113. En quatrième lieu, ces obligations imposent une approche différente de la responsabilité. L'obligation générale de sécurité prévue par la directive communautaire du 25 juillet 1985, établit une « *responsabilité vers le haut* », en remontant la charge de la preuve jusqu'au producteur qui est à l'origine du défaut de sécurité ou si c'est le cas, à l'importateur. Dans les cas où les fournisseurs ou les revendeurs n'auraient pas pu désigner le

---

(M). *JCP G,* 2002, VINEY (G). I, p.177, n°44; Petites aff. 2002, n° 221, doctr. p. 11, note DABURON (C) et n° 252, doct. p. 4, note GOSSELIN-GORAND (A) ; RCA 2002, chron.n° 11, LAPORTE (C); *D* 2003, point de vue p. 1299, JONQUET (N), MAILLOLS (A-C), VIALLA (F) et somm. comm. p. 463, Obs. MAZEAUD (D) ; *RDC* 2003, chron. p. 107, BRUN (P). *D.* 2002, p, 1670, Obs. RONDEY (C), ibid, p. 2462, note LARROUMET (C), et ibid. somm. p. 2935 et 2937, obs. PIZZIO (J-P) ; *Commission c. Grèce,* affaire n° C-154/00, Rec. 2002, I, p. 3879. *RTD.civ,* 2002, chron. p. 868, n° 5, RAYNARD (J) ; *RTD com.* 2002, chron. p. 585 n° 1 LUBY (M). *Gonzàlez Sanchez c/Medicina Asturiana S.A,* affaire n° C-183/00, Rec. 2002, I, p. 3901, (recours en intérprétation) *Contrats, cons. consom, 2002,* comm. n°117, Obs. RAYMOND (G) ; *RTD civ.* 2002, p. 523, obs. JOURDAIN (P); VINEY (G), JOURDAIN (P). *Op.cit, note n°*291, p. 462, §500-1; BRUN (Ph). *La directive du 25 juillet 1985, le législateur français et la Commission européenne : propos désabusés sur la réalisation d'un marché de dupes.* In *Mélanges B. Dutoit,* Droz, Genève, 2002, p. 21 ; D. 2002, jurisp. p. 2462, note LARROUMET (C) et somm. comm. p. 2937, note PIZZIO (J-P). CJCE, 10 janvier 2006, Skov Æg c/ Bilka affaire n° C-402/03, *Rec. CJCE* 2006, I, p. 199, *RTD. civ.* 2006, p. 265, obs. REMY-CORLAY (P); CJCE, 14 mars 2006, *Commission c. France,* affaire n° C-177/04, *Rec. CJCE 2006,* I, p. 2461; *RTD. Com.* 2006, p. 515, obs. LUBY (M).

producteur ou l'importateur du produit défectueux, leur responsabilité se verra engagée. En droit français, la loi n° 2006-406 du 5 avril 2006 vient accentuer le caractère subsidiaire de la garantie du vendeur, puisque selon le libellé le plus récent de l'article 1386-7 du Code civil, si le producteur ne peut pas être identifié, le vendeur échappe à la responsabilité du fait du défaut du produit, pourvu qu'il *« désigne son propre fournisseur ou le producteur, dans un délai de trois mois à compter de la date à laquelle la demande de la victime lui a été notifiée »*.[314] Or, il s'agit là d'une responsabilité subsidiaire à celle des producteurs ou des importateurs.

De manière distincte, l'obligation d'autocontrôle s'instaure sur une responsabilité primaire, c'est-à-dire, principale de l'exploitant. La seule qualification d'« *exploitant agroalimentaire*» assujettit le professionnel à cette responsabilité. De ce fait, la responsabilité de tous les professionnels impliqués dans la filière est engagée. En ce sens, la législation alimentaire tend à se rapprocher de la position défendue par la France qui s'est opposée à la concentration de la responsabilité sur le producteur[315], issue de la jurisprudence antérieure à la directive communautaire.

---

314 Loi n° 2006-406 du 5 avril 2006 - art. 2. JORF 6 avril 2006. « Si le producteur ne peut être identifié, le vendeur, le loueur, à l'exception du crédit-bailleur ou du loueur assimilable au crédit-bailleur, ou tout autre fournisseur professionnel, est responsable du défaut de sécurité du produit, dans les mêmes conditions que le producteur, à moins qu'il ne désigne son propre fournisseur ou le producteur, dans un délai de trois mois à compter de la date à laquelle la demande de la victime lui a été notifiée.

Le recours du fournisseur contre le producteur obéit aux mêmes règles que la demande émanant de la victime directe du défaut. Toutefois, il doit agir dans l'année suivant la date de sa citation en justice.»

315 Voir supra note n° 313. Sur la position de la France, CA Toulouse du 1er déc. 2000, 22 févr. 2000. (Sur la responsabilité d'un boucher détaillant pour la vente de viande contaminée par des larves de trichine). *D.* 2000, IR p. 269 ; COLLART-DUTILLEUL (F), DELEBECQUE (Ph). *Op. cit,* 37, p. 272, §303 ; FRIANT-PERROT, (M). *Op.cit*, voir note n° 37, §13 et §14, sur le changement d'approche à l'égard de la responsabilité; BORGUETTI (J-B). *Op.cit,* note n° 296, §575. JOURDAIN (P). *RTD Civ.* 2007 p. 580.

En conséquence de quoi, l'obligation générale de sécurité et l'obligation d'autocontrôle se distinguent par rapport à l'approche de la responsabilité: la première obligation vise essentiellement la responsabilité du producteur, selon la perspective de responsabilité vers le haut, tandis que l'obligation d'autocontrôle vise la responsabilité de l'exploitant indifféremment que celui-ci soit le producteur, le transformateur ou le distributeur. Il s'agit d'une responsabilité horizontale, qui vise tous les intervenants de la filière.

Les différences exposées ont permis de définir les contenus de ces deux obligations. Elles montrent comment l'obligation d'autocontrôle se définit, peu à peu, comme une obligation autonome par rapport à l'objectif commun de sécurité. Cependant, cette autonomie est aussi évidente à la lumière de l'analyse de sa « force ».

§2. Une obligation autonome par rapport à la classification de moyens ou de résultat

114. L'autocontrôle est une obligation dont la force est indépendante de sa finalité. Classifiée sous la forme d'une obligation cherchant un résultat précis ou d'une autre visant la mise en œuvre des moyens, l'autocontrôle a toujours pour objectif la sécurité des denrées. C'est à partir de cet objectif qu'est définie la responsabilité primaire de l'exploitant.

115. Cette responsabilité primaire est définie tant en fonction d'un résultat déterminé que de la mise en œuvre d'un ensemble des moyens. L'exploitant doit assurer que les denrées dont il a le contrôle ne sont pas dangereuses. A cet égard, l'autocontrôle peut être considéré comme une obligation de moyens ou comme une obligation de résultat.

116. De ce fait, l'autocontrôle est une obligation qui accentue la responsabilité de l'exploitant agroalimentaire. Cela, indifféremment que l'on la considère de moyens (A) ou de si on la classe en tant qu'obligation de résultat (B). Il s'agit d'une obligation qui détermine la responsabilité primaire de l'exploitant. Des lors, elle peut être considérée comme autonome par rapport à cette classification.

A. Une obligation de moyens renforçant la responsabilité de l'exploitant

117. D'après René Demogue[316], les obligations ne comportent pas toujours la même force: elles peuvent être de moyens ou de résultat[317]. Il

---

316 DEMOGUE (R). *Traité des obligations en général.* Paris : Éditions Rousseau. 1925, T.V, n°1237, p. 539.

317 Sur la distinction des obligations de moyens et de résultat en général, voir les articles consacrés à la distinction: MARTON (G). *Obligations de résultat et obligations de moyens. RTD Civ.* 1935, 499 à 543. MAZEAUD (H). *Essai de classification des obligations : Obligations contractuelles et extracontractuelles ; obligations déterminées et obligation générale de prudence et diligence. RTD civ.* 1936, 1 à 58. THOMAS (C). *La distinction des obligations de moyens et de résultat.* IN, *Rev. crit. lég. et jur.* 1937, 636 à 656. TUNC (A). *La distinction des obligations de résultat et des obligations de diligence. JCP* 1945, I, 499. PLANCQUEEL (A). *Obligations de moyens, obligations de résultat- Essai de classification des obligations contractuelles en fonction de la charge de la preuve en cas d'inexécution. RTD civ.* 1972, p. 334 à 340. MAURY (F). *Réflexions sur la distinction entre obligations de moyens et obligations de résultat.* R.R.J, 1998, 1243 à 1255.

Sur la distinction en général, BELLISENT (J). Contribution à l'analyse de la distinction des obligations de moyens et des obligations de résultat. Paris : L.G.D.J.2001, 527 p. FROSSARD (J). La distinction des obligations des moyens et des obligations de résultat. Paris : L.G.D.J, 1965. LE TOURNEAU (Ph). *J-CL. Civ.* Contrats et obligations. Classification des obligations- Principe de la distinction des obligations de moyens et des obligations de résultat. Art. 1136 à 1145, Fasc. 20. BENABÉNT (A). Droit Civil : Les obligations. Paris : Montchrestien. 11ème édition, 2007, n°299. CARBONNIER (J). Droit Civil : Les obligations. Paris : P.U.F. Collection Quadrige- Manuels. 1er édition 1955. 1er édition Quadrige, 2004. T. II, p. 2190, §1072. FLOUR (J), AUBERT (J-L), SAVAUX (E). Droit civil- Les obligations- L'acte juridique. Paris : Dalloz-Sirey- 2006, p. 27, §43-§45.LARROUMET (Ch). Droit civil- Les Obligations : le contrat. Paris: Economica. Collection Droit Civil, 6ème éd, 2007, n°606. MARTY (G), RAYNAUD (P). Droit civil- Les obligations : les sources. Paris : Sirey. T.I., 1956,

s'agit d'une obligation de moyens dans les cas où « *Au lieu de promettre un résultat, on peut être obligé légalement ou conventionnellement de prendre certains mesures qui normalement sont de nature à amener un résultat* »[318]. Dans ces obligations, le débiteur s'engage à se comporter avec prudence et diligence. Ainsi, l'inexécution de l'obligation est prouvée lorsqu'à la suite d'un examen de la conduite du débiteur, le créancier démontre qu'il ne s'est pas comporté avec la prudence et la diligence auxquelles il était tenu.

L'autocontrôle peut être considéré comme une obligation de moyens compte tenu de la législation alimentaire qui conçoit la gestion des risques comme une activité où une diligence stricte est exigée. La diligence est inhérente à la mise en œuvre des multiples procédures qui intègrent la

---

n°534 et ss. p. 657. MAZEAUD (H), TUNC (A). Traité théorique et pratique de la responsabilité civile et contractuelle. Paris : Montchrestien. 6ème édition, 1965, T. I, n°103-2 et ss. p. 113 et ss. MAZEAUD (H), MAZEAUD (L), MAZEAUD (J), CHABAS (F). Leçons de droit civil. Obligations: théorie générale. Paris : Montchrestien. 1998, 9ème édition, T. II, vol. I, n°21. ROLAND (H), BOYER (L). Droit civil-Les obligations-Contrat. Paris-Litec. 1998, T. II, 6ème, n°1017. TERRE (F), SIMLER (Ph), LEQUETTE (Y). Droit civil- Les obligations. Paris : Dalloz. Collection Précis Dalloz. 1999, 7ème édition, n°552 et s.

Des critiques à cette classification, notamment ESMEIN (P). Remarques sur de nouvelles classifications des obligations. In, *Etudes de droit civil à la mémoire d'Henri Capitant*. Dalloz, Paris, 1939, p. 235 à 240. ESMEIN (P). L'obligation et la responsabilité contractuelle. IN, *Le Droit privée français au milieu du XXème siècle. Etudes offerts à Georges Ripert*. T. II, Paris : L.G.D.J. 1950, p. 101 à 115. Aussi. Voir MALAURIE (Ph), AYNES (L), STOFFEL-MUNCK (Ph). Les obligations. Paris : Défrenois. 3ème édition, p. 504-510, §939-§950.

En Droit comparé voir notamment, ALBALADEJO GARCIA, (M). *Derecho de obligaciones*. Madrid: Edisofer, 2008, vol 2, 13a edición, 1006 p. DÍEZ-PICAZO (L), GULLÓN (A). *Sistema de derecho civil. El contrato en general*. Madrid: Tecnos, 7a edición. 1995, Vol. 1/4, p. 145. LASARTE ÁLVAREZ, (C). *Derecho de obligaciones. Principios generales del Derecho Civil*. Madrid: Barcelona ; Buenos Aires : M. Pons, 12a edición. 2008. p. 47. SANTOS BRIZ (J), SIERRA GIL DE LA CUESTA (I), GONZÁLEZ POVEDA, (P). Tratado de derecho civil. *Derecho de obligaciones: teoría y práctica. Barcelona* : Bosch, 2003. Tomo III, 1 Vol, p.29 (concernant la finalité de la prestation). ANÍBAL ALTERINI (A), AMEAL (OJ), LÓPEZ CABANA (R.M). *Derecho de obligaciones : civiles y comerciales*. Buenos Aires: Abeledo-Perrot. Réimpr. 2000, 917 p.

318 DEMOGUE (R). *Op.Cit*, v. note n°316, T.V, n°1237, p. 539.

gestion des risques. Cette exigence est mise en œuvre par l'exploitant lui-même, les autorités et le consommateur.

A l'égard de l'exploitant, l'autocontrôle est présenté comme une obligation de moyens, qui établit deux conditions fondamentales relatives à la mise en œuvre des procédés de contrôle de l'innocuité. D'un côté, ceux-ci doivent être appliqués par l'exploitant lui-même avec la diligence nécessaire, compte tenu de la maîtrise dont il dispose sur l'exploitation, les intrants et les processus de production, de transformation ou de distribution. De l'autre, ils doivent être appliqués au sein de son entreprise et sur les denrées qu'il produit. Il s'agit d'une obligation qui conditionne la mise en œuvre des contrôles par l'exploitant.

118. En droit communautaire, l'exigence de diligence imposée à l'exploitant est la condition essentielle pour la mise en application d'une législation alimentaire très détaillée en ce qui concerne les outils garantissant la sécurité. Cette exigence est évidente dans les dispositions des règlements CE 852/2004 relatif à l'hygiène des aliments, CE 853/2004 relatif à l'hygiène des aliments d'origine animale et CE 183/2005 relatif à l'hygiène des aliments pour animaux. Ces textes établissent un ensemble assez minutieux de procédures, de pratiques et d'outils à disposer et à mettre en place par l'exploitant, ce qui implique une prudence particulière pour sa part.

119. La même situation est visible dans les droits latino-américains. Par exemple, la législation mexicaine concernant les caractéristiques zoo-sanitaires des établissements où des aliments pour animaux sont produits, décrit avec précision un nombre très important de conditions et d'instruments à mettre en place de la part de l'exploitant[319]. De même, au Chili le

---

[319] Norma oficial mexicana NOM-025-ZOO-1995, características y especificaciones zoosanitarias para las instalaciones, equipo y operación de establecimientos que

« *Reglamento sobre estructura y funcionamiento de mataderos, establecimientos frigoríficos, cámaras de frigoríficas y plantas de desposte y fija equipamiento mínimo de tales establecimientos* » du 26 novembre 2008[320], impose la mise en œuvre d'une série de conditions et de procédures, dans lesquels la diligence de l'exploitant est fondamentale pour garantir l'obligation d'hygiène.

120. En relation avec les autorités, cette obligation d'autocontrôle constitue une procédure préliminaire à celles du contrôle officiel. Leur mise en œuvre est centrale pour vérifier l'exécution des obligations de l'exploitant alimentaire. Cette vérification est effectuée par les autorités dans le cadre des audits du système sanitaire. Elle s'avère, à ces fins, un outil pour l'évaluation de la diligence du professionnel dans sa gestion.

Les dispositions relatives au contrôle officiel renforcent la contrainte pesant sur l'exploitant en termes de diligence, qui définit à son tour l'obligation d'autocontrôle de moyens. Ainsi par exemple, c'est à partir de la diligence de l'exploitant dans l'application des mesures d'autocontrôle, que les contrôles officiels sont organisés. En ce sens, l'article 4.1 du règlement CE 854/2004, relatif à l'organisation des contrôles officiels, indique que: « *les États membres veillent à ce que les exploitants du secteur alimentaire fournissent toute l'assistance requise pour garantir l'exécution efficace des contrôles officiels par l'autorité compétente. Ils veillent notamment: -à donner accès à tous bâtiments, locaux, installations ou autres infrastructures, - à présenter tout document ou registre requis en vertu du présent règlement ou*

---

fabriquen productos alimenticios para uso en animales o consumo por estos. Diario Oficial de la Federación. 16 de octubre de 1995, art. 1.1.

320 Decreto n° 94, por el que se aprueba el Reglamento sobre estructura y funcionamiento de mataderos, establecimientos frigoríficos, cámaras de frigoríficas y plantas de desposte y fija equipamiento mínimo de tales establecimientos. Santiago, 26 noviembre 2008, art. 1.

que l'autorité compétente juge nécessaire pour évaluer la situation.» En effet, les résultats de la mise en œuvre de l'obligation d'autocontrôle, notamment les documents apportant la preuve des contrôles effectués par l'exploitant, sont des moyens qui permettent de vérifier la diligence de l'exploitant dans l'exécution de la législation.

Dans le même sens, l'article 3.1 du règlement CE 882/2004 sur les contrôles officiels, signale que « *Les États membres veillent à ce que des contrôles officiels soient effectués régulièrement, en fonction du risque et à une fréquence adéquate pour atteindre les objectifs visés par le présent règlement, en tenant compte des éléments suivants: (...) les antécédents des exploitants du secteur de l'alimentation animale ou du secteur alimentaire en matière de respect de la législation relative aux aliments pour animaux ou aux denrées alimentaires ou des dispositions relatives à la santé animale et au bien-être des animaux; (...) la fiabilité de leurs propres contrôles déjà effectués, et (...) toute information donnant à penser qu'un manquement pourrait avoir été commis.*» Les éléments tels que la régularité, la fréquence, la fiabilité des contrôles, l'information obtenue et les possibles manquements des contrôles effectués par l'exploitant, mesurent la diligence de ce dernier dans sa démarche et constituent des éléments de base pour entamer les contrôles officiels.

121. En droit national comparé, l'autocontrôle est aussi souvent présenté comme une obligation de moyens à l'égard des autorités. La législation belge, à titre d'illustration, à l'article 3 §4.1 de l'arrêté royal relatif à l'autocontrôle, à la notification obligatoire et à la traçabilité dans la chaîne alimentaire, établit que « *tout exploitant dans le domaine de la production primaire doit, d'une part, effecteur un contrôle régulier des prescriptions en matière d'hygiène [...] et d'autre part tenir un registre tel que repris à l'annexe*

II du présent arrêté ».[321] Le contrôle de l'hygiène ainsi que le registre sont les moyens de vérification de la prudence mise en place par l'exploitant, dans l'application de l'obligation d'autocontrôle.

Nous pouvons ainsi observer que l'autocontrôle en tant qu'obligation de moyens est caractérisé par l'exigence de l'exploitant et du degré de sa diligence. Cependant, ce degré de diligence n'est pas le même dans tous les cas. Il peut être augmenté s'il y a besoin que le professionnel soit plus attentif à la mise en œuvre des instruments et procédés de contrôle. Or, l'autocontrôle peut se situer dans une catégorie intermédiaire[322], comme une obligation de moyens renforcée. Il faut à notre avis, écarter la possibilité de la classer en tant qu'une obligation de moyens allégée.

122. Ces dernières sont celles où la responsabilité n'est pas engagée pour les fautes légères. Il s'agit des obligations où opère une certaine indulgence ou assouplissement du contenu de l'obligation[323]. Par rapport à la responsabilité primaire de l'exploitant, l'autocontrôle est au contraire, une obligation pour laquelle est demandée une stricte diligence.

Au regard de la législation, l'exploitant est tenu de mettre en œuvre un large nombre d'outils indispensables pour la maîtrise des risques. Leur manquement peut s'avérer préjudiciel pour la santé publique. Cela justifie la prise en considération de toutes les mesures en partant des plus simples. Les fautes légères de l'exploitant, ne peuvent être donc, pas admises. Sa responsabilité est fondée sur une diligence sévère, en écartant un assouplissement pour les fautes légères.

---

321 Arrêté royal relatif à l'autocontrôle, à la notification obligatoire et à la traçabilité dans la chaîne alimentaire du 14 novembre 2003. Moniteur Belge. 12.12.2003. Ed. 2- Belgisch Staatsblad, 59079.

322 VINEY (G), *Op.Cit,* note n° 282, p. 516-518, § 533- §534.

323 VINEY (G), JOURDAIN (P), *Op.cit*, v. note n° 282, p. 518, §533-2.

123. Au contraire, l'obligation d'autocontrôle pourrait être envisagée comme une obligation de moyens renforcés. La diligence dans cette catégorie d'obligation est particulièrement rigoureuse. Cette rigueur se manifeste par la présomption de la faute de l'exploitant, qui a la charge de la preuve. Cette présomption se déduit de la responsabilité primaire qui lui est attribuée.

Ce renforcement de l'autocontrôle, en tant qu'obligation de moyens, est mis en évidence d'une part, par la diligence que la législation impose à l'exploitant dans sa gestion et d'autre part, par la diligence que les consommateurs considèrent que ce denier a eu ou est tenu d'avoir, en tant que responsable de la sécurité des aliments. Tant dans un cas que dans l'autre, une diligence contraignante est ainsi, inhérente à la gestion de l'exploitant.

En relation à la diligence imposée par la législation à l'exploitant, on pourrait affirmer que l'exploitant qui ne surveille pas la transmission effective aux autorités, des résultats des analyses qu'il a commandés aux laboratoires[324], manque à l'obligation d'autocontrôle de moyens renforcée, par exemple. Deux raisons nous amènent à l'affirmer. D'un côté, s'agissant d'une obligation de moyens qui vise à informer les autorités sur des résultats des autocontrôles mis en œuvre, l'obligation de les transmettre implique que l'exploitant doit prévoir les meilleurs moyens pour l'effectuer. De l'autre, compte tenu du fait que cette obligation est présumée être sous sa responsabilité, il doit veiller rigoureusement à ce que l'information soit

---

[324] Art. R. 201-3. « *Les propriétaires ou les détenteurs d'animaux, de végétaux de produits végétaux, d'aliments pour animaux ou des denrées alimentaire d'origine animale peuvent charger les laboratoires réalisant des analyses dans le cadre d'un réseau de surveillance ou de prévention des risques sanitaires de transmettre leur résultats d'examens ou d'analyses aux destinataires désignés dans l'arrêté prévue à l'article R. 202-2. Cette transmission est réputée réalisée sous leur responsabilité.* »

réellement transmise par le laboratoire à qu'il l'a commandée. Il s'agit, en effet, d'un renforcement des moyens de l'autocontrôle auxquels l'exploitant est contraint.

124. A l'égard du consommateur, l'obligation d'autocontrôle comporte une diligence de l'exploitant particulièrement rigoureuse. Ce renforcement se déduit de deux éléments, l'un subjectif, l'autre, objectif. Du point de vue subjectif, l'obligation d'autocontrôle de moyens est basée sur la responsabilité primaire de l'exploitant. C'est à l'exploitant que revient d'assurer la sécurité des denrées. Le consommateur est un acteur passif, qui reçoit le produit déterminé comme sûr par l'exploitant.

Du point de vue objectif, l'obligation d'autocontrôle conditionne la gestion de l'exploitant tant sur la forme que sur l'objet. Par rapport à la forme, la démarche ne se limite pas à la disposition des instruments ou à la mise en œuvre des procédés. Ceux-ci doivent, en plus, être suffisants et efficaces au regard de la sécurité des denrées.

En relation à l'objet, la démarche de l'exploitant vise différents types de risques, selon leur nature et la catégorie de consommateur pour laquelle ils pourraient être préjudiciels. D'une part, la nature des risques ne modifie pas l'obligation d'autocontrôle de moyens qui pèse sur l'exploitant. D'après l'article 14 du règlement CE 178/2002 la mise sur le marché de denrées alimentaires dangereuses est interdite. La dangerosité d'une denrée est établie en considérant tant les risques connus que les risques suspectés. A ces fins, l'exploitant doit mettre en œuvre tous les moyens pour la garantir. D'autre part, la sécurité des denrées se réfère aux risques pouvant affecter n'importe quel consommateur. La législation ne distingue pas entre la sécurité des produits destinés aux consommateurs ayant des sensibilités alimentaires particulières et les consommateurs ne les ayant pas. L'exploitant est donc tenu de prendre en considération les différents types de consommateurs potentiels.

Le consommateur ne peut pas contrôler la sécurité d'un aliment, avant son achat. C'est justement cette limitation qui est mise en évidence par la réforme de législation alimentaire. Elle oblige l'exploitant à disposer de moyens pour constater la sécurité des denrées indifféremment des consommateurs auxquels celles-ci sont destinées.[325] L'exploitant est tenu ainsi, de mettre en œuvre tous les outils lui permettant de prendre en compte ces éléments. Or, la commercialisation de produits qui n'envisageraient pas la sécurité des différents consommateurs potentiels, par rapport aux différents risques, prouverait la négligence de l'exploitant due à une gestion dont certains risques n'ont pas été maîtrisés. Sa responsabilité serait ainsi engagée.

Par conséquent, l'autocontrôle en tant qu'obligation de moyens, ne fait que consolider la responsabilité primaire de l'exploitant au regard du consommateur. Cette responsabilité se voit consolidée par la contrainte d'une diligence stricte dans la gestion des moyens. Cela est évident, par exemple, dans le cas de «*l'étiquetage de précaution*».

125. L'étiquetage dit de « *précaution* » est une pratique des industriels par laquelle, ils avertissent de la présence d'éventuelles « *traces* » de substances à l'origine d'allergies et d'intolérances chez certains consommateurs. La présence des ces allergènes résulte des procédés de fabrication ou de transformation ayant lieu dans l'entreprise sous contrôle de l'exploitant. Ils ne font pas partie de la composition originaire du produit. L'information sur ces allergènes est annoncée dans l'étiquetage moyennant des textes hétérogènes, comme par exemple, « *traces éventuelles de* » « *peut contenir* » ou «*pourrait contenir* » suivi d'un liste d'allergènes, de même que l'expression « *produit fabriqué dans un atelier contenant ...* » suivi de la

325 Art. 14 §4 a), b), c) du règlement CE 178/2002.

dénomination d'un allergène spécifique ou d'un groupe d'allergènes. La finalité des industriels est de « *transmettre* » en fournissant cette information, la responsabilité de la gestion des risques aux consommateurs.

126. Cependant, cette pratique loin de décharger les industriels de leur responsabilité l'accentue. D'un point de vue subjectif, ils ont manqué à leur diligence car ils n'ont pas pris en considération les sensibilités des différents consommateurs. D'après l'article 14 du règlement CE 178/2002 l'exploitant a l'obligation de ne pas mettre sur le marché, de denrées dangereuses. Selon cette disposition, une denrée est considérée dangereuse si elle est impropre à la consommation ou si elle est préjudiciable à la santé. L'impropriété à la consommation est définie par le règlement comme la condition selon laquelle la denrée est considérée comme inacceptable pour la consommation humaine. Ceci peut découler de l'utilisation prévue, de la contamination d'origine externe ou autre, de putréfaction, de détérioration ou de décomposition. Une denrée est préjudiciable à la santé, si elle provoque soit, un « *effet probable immédiat et/ou à court terme et/ou à long terme de cette denrée alimentaire sur la santé non seulement d'une personne qui la consomme, mais aussi sur sa descendance* » soit «*des effets toxiques cumulatifs probables* » ou « *des sensibilités sanitaires particulières d'une catégorie spécifique de consommateurs lorsque la denrée alimentaire lui est destinée* ». Or, l'exploitant doit prendre en compte ces sensibilités tant pour déterminer le caractère préjudiciable que pour définir s'il peut mettre sur le marché les denrées. Au contraire, l'exploitant n'est pas négligent dans la définition de la sécurité de l'aliment.

127. Du point de vue objectif, l'obligation d'autocontrôle de moyens exige une démarche efficace concernant les risques. Or, un étiquetage qui ne définit pas avec précision la présence d'un risque met inversement en évidence que les moyens n'ont pas été suffisamment efficaces dans la détermination des différents types de risques.

La présence des allergènes dans les produits alimentaires peut résulter de deux circonstances. En premier lieu, les allergènes peuvent faire partie des ingrédients utilisés dans la production des aliments. En deuxième lieu, ils se trouvent dans la denrée due à cause d'une contamination dite «*croisée*», conséquence de la production de différents produits dans les mêmes installations. Ces deux circonstances sont liées à l'organisation du processus productif, au sein de l'exploitation qui est à charge de l'exploitant.

Dans le premier cas, la présence d'allergènes est volontaire, car ils sont des ingrédients de la denrée. Il s'agit d'une présence dont l'avertissement est une obligation imposée par l'article 6[326] et l'annexe III bis[327] de la directive 2000/13/CE du Parlement européen et du Conseil du 20 mars 2000 relative au rapprochement des législations des Etats membres concernant l'étiquetage et la présentation des denrées alimentaire ainsi que la publicité faite à leur égard.

Dans le deuxième cas, même si leur présence n'est pas souhaitée par l'exploitant, elle a été provoquée par lui. Celle-ci est le résultat de la

---

326 « *Article 6. Les ingrédients sont énumérés conformément au présent article et aux annexes I, II, III et III bis...* » Directive 2000/13/CE du Parlement européen et du Conseil du 20 mars 2000 relative au rapprochement des législation des Etats membres concernant l'étiquetage et la présentation des denrées alimentaire ainsi que la publicité faire à leur égard. JO L 109 du 6.5.200, p. 29.

327 Annexe III bis. Ingrédients visés à l'article 6, paragraphes 3 bis, 10 et 11. Céréales contenant du gluten (à savoir blé, seigle, orge, avoine, épeautre, kamut ou leurs souches hybridées), et produits à base de ces céréales) Crustacés et produits à base de crustacés. Œufs et produits à base d'œufs. Poissons et produits à base de poissons. Arachides et produits à base d'arachides. Soja et produits à base de soja. Lait et produits à base de lait (y compris le lactose). Fruits à coque, à savoir amandes (Amygdalus communis L.) noisettes (corylus avellana), noix (Junglans regia), noix de cajou (Anacardium occidentale), noix de pécan [Carya illinoiesis (Wangenh) K. Kolch], noix du Brésil (Bertholletia excelsa), pistaches (Pistacia vera), noix de macadamia et noix de Queenland (Macadamia ternifolia) et produits à base de ces fruits. Céleri et produits à base de céleri. Moutarde et produits à base de moutarde. Graines de sésame et produits à base de graines de sésame. Anhydride sulfureux et sulfites en concentrations de plus de 10mg/kg ou 10mg/litre exprimées en SO2. ».

fabrication de certaines denrées dans les mêmes installations où sont produits d'autres aliments contenant ces substances. Dans la mesure où l'exploitant n'utilise ni des instruments différents ni des moyens de manipulation distincts, la présence de ces risques est le résultat de son activité, consciente et volontaire.

Le contrôle de ces risques est subordonné à la volonté de l'exploitant. S'agissant des risques volontaires ou involontaires, l'autocontrôle suppose leur maîtrise de la part de l'exploitant. Cette maîtrise a lieu, tant à l'intérieur de l'exploitation qu'une fois le produit mis sur le marché. Le contrôle des risques à l'interne de l'exploitation est une responsabilité de l'exploitant clairement établie par l'article 17 du règlement CE 178/2002. Selon cette disposition, « *Les exploitants du secteur alimentaire et du secteur de l'alimentation animale veillent, à toutes les étapes de la production, de la transformation et de la distribution dans les entreprises placés sous leur contrôle, à ce que les denrées alimentaires ou les aliments pour animaux répondent aux prescriptions de la législation alimentaire [...]* ». L'autocontrôle de l'exploitant comprend toutes les denrées qui sont sous son contrôle, ce qui implique la gestion de tous les risques qu'elles peuvent présenter, y compris, ceux liés aux allergènes.

Il est indifférent que leur présence soit volontaire ou involontaire car une fois dans l'exploitation, ils sont soumis à l'autocontrôle de l'exploitant. Etant donné que tant les allergènes « *volontaires* » qu'« *involontaires* » sont identifiables par l'exploitant ils sont tout à fait susceptibles d'être maîtrisés dans l'exploitation. Au regard de l'article 17 du règlement CE 178/2002, l'exploitant est tenu de mettre en œuvre les moyens permettant leur contrôle.

128. Ces moyens restent sous l'initiative et maîtrise de l'exploitant, pouvant se référer à des risques spécifiques, comme c'est le cas des allergènes. Ainsi, par exemple, l'AFSSA a signalé que l'application d'un « *HACCP allergène* » permet « *d'améliorer la maîtrise du risque de survenue*

d'accidents allergiques en rapport aves des contaminations croisées. Ce type de démarche a été déjà mis en place avec succès dans certaines entreprises [...]. Les tests de détection pourront être utilisés comme des outils d'aide à la mise en place de la méthode HACCP [...] »[328]. La connaissance du risques mais aussi l'obligation de diligence fait que l'exploitant est tenu d'utiliser les méthodes plus efficaces permettant leur maîtrise.

La diligence dans le contrôle des allergènes présents dans les produits mis sur le marché est déduite de la responsabilité primaire de l'exploitant qui vise une sécurité dans tous les stades de la filière. Elle est fixée par l'article 19 du règlement CE 178/2002, selon lequel lorsque l'exploitant considère ou a de raisons de penser que la denrée ne respecte pas les prescriptions de sécurité, il doit engager des mesures de retrait ou de rappel. Or, si des denrées pouvant contenir des allergènes qui ne sont pas des ingrédients sont sur le marché, la diligence à laquelle est tenu l'exploitant oblige à que ces produits soient retirés ou rappelés.

Pour les allergènes qui sont des ingrédients, l'indication de leur présence dans l'étiquetage relève de l'exécution de l'obligation d'information sur les ingrédients signalée par l'article 6 de la Directive 2000/13. Elle aussi, constitue une manifestation de la diligence de l'exploitant qui met en garde les consommateurs pouvant être affectés. Mais cette information ne peut pas être considérée de la même manière par rapport aux allergènes «*involontaires*». Pour ces derniers, une telle information met en évidence, au contraire, une gestion des risques insuffisante.

129. A ces fins, il faut considérer que l'information sur les risques n'a pas pour vocation de communiquer au consommateur les défaillances de la

---

328 Agence Française de la Sécurité Sanitaire des Aliments. *Rapport sur les Allergies alimentaires et étiquetage de précaution*. Novembre 2008, p. 54, recommandation.

gestion de l'exploitant. L'objectif de l'information sur la denrée est de fournir au consommateur, des données claires et précises sur la denrée[329]. L'information doit permettre de choisir en connaissance de cause des aliments.

Un avertissement imprécis ou incertain sur des risques, par exemple, des allergènes dont la présence ne fait pas partie de la composition habituelle ou normale du produit, s'avère préjudicielle pour le consommateur. Cette information ne lui permet pas de maîtriser le risque, par le simple fait qu'il ne dispose pas des moyens pour maîtriser. Il s'agit d'une information inutile pour le consommateur.

Ce type d'information prouve les fautes de l'exploitant par rapport à la diligence requise, tant en ce qui concerne la gestion proprement dite, que par rapport à la communication de cette gestion au consommateur. De la même manière que l'exploitant est le premier responsable de la mise sur le marché de denrées sûres, il est le premier responsable pour informer sur leur sécurité. S'agissant d'une obligation de moyens, l'exploitant est tenu d'avoir une diligence stricte par rapport à sa gestion et à l'information qui en résulte.

130. A ce propos, l'article 14 § 3 b) du règlement CE 178/2002, en définissant le caractère dangereux d'une denrée, signale comme un critère à prendre en considération « *l'information fournie au consommateur, y compris des informations figurant sur l'étiquette, ou d'autres informations*

---

329 Sur ce point l'article 8 du règlement CE 178/2002 établit : « *La législation alimentaire vise à protéger les intérêts des consommateurs et elle leur fournit une base pour choisir en connaissance de cause les denrées alimentaires qu'ils consomment…* ». *Dans le même sens, aussi, la Directive 2000/13/CE article 13.2, signale* « *Les mentions prévues à l'article 3 et l'article 4 du paragraphe 3, sont facilement visibles, clairement lisibles et indélébiles* ». Directive 2000/13/CE du Parlement européen et du Conseil du 20 mars 2000 relative au rapprochement des législation des Etats membres concernant l'étiquetage et la présentation des denrées alimentaire ainsi que la publicité faire à leur égard. JO L 109 du 6.5.200, p. 29.

généralement à la disposition du consommateur, concernant la prévention d'effets préjudiciables à la santé propres à une denrée particulière ou à une catégorie particulière de denrées alimentaires ». Or, l'exploitant doit être diligent en ce qui concerne l'information fournie au consommateur. Cette diligence se manifeste par sa clarté et sa précision. Elle doit servir à communiquer le caractère dangereux ou sûr de la denrée.

Nous pouvons observer la diligence de l'exploitant en ce qui concerne l'information, dans le cas de l'avertissement sur les ingrédients qui sont aussi des allergènes. En sachant que ces produits présentent un risque pour certains consommateurs et qui affectent une catégorie particulière de denrées, l'exploitant doit informer de leur présence. Ce n'est pas le cas de l'étiquetage de précaution.

Les expressions « *traces éventuelles de* », « *peut contenir* » ou «*pourrait contenir* » suivies d'un liste d'allergènes, de même que l'expression « *produit fabriqué dans un atelier contenant ...*» accompagnée de la dénomination d'un allergène spécifique ou d'un groupe d'allergènes, qui figurent dans l'étiquetage de précaution, ne définissent pas si le produit est dangereux ou sûr. L'imprécision de ces énoncés montre d'une part, que l'exploitant n'a pas eu la diligence nécessaire lui permettant de définir le caractère sûr ou dangereux de la denrée dont il est le responsable. D'autre part, cette imprécision révèle l'incertitude qui en résulte de sa gestion, de l'insuffisance et de l'inefficacité des moyens employés.

131. Par rapport à l'étiquetage de précaution, l'AFSSA a recommandé « *qu'une mention préventive soit également étiquetée en indiquant explicitement au consommateur qu'aucune précaution n'a été prise vis-à-vis*

du risque allergène chez le fabricant du produit»[330]. Pour sa part, la Direction générale de contrôle de fraude avait indiqué déjà en 2005, que « *le recours à un étiquetage des présences fortuites ne doit constituer qu'un dernier recours dans le cas où il n'est pas possible de maîtriser le risque lié aux allergènes majeurs. Dans les cas où ce risque ne peut être maîtrisé, il pourra être recommandé aux opérateurs de recourir à une mention qui soit la plus informative possible pour le consommateur allergique.*»[331]Cette position a été reprise par le CNA en 2010, lors de son rapport concernant les allergies et les intolérances de certaines personnes[332]. Cependant, ce raisonnement semble antinomique à l'obligation d'autocontrôle. D'une part, elle tolère le non-contrôle d'un risque connu. D'autre part, elle tendrait à promouvoir une dé-responsabilisation de l'exploitant. Celui-ci doit gérer les risques. Il ne s'agit pas d'informer qu'ils n'ont pas été maîtrisés. Car une denrée dont les risques n'ont pas été contrôlés, c'est une denrée qui ne doit pas être mise sur le marché. C'est à l'exploitant que revient cette responsabilité.

Ainsi, la présence de l'information sous la forme d'un «*étiquetage de précaution*» sur les risques liés à certains allergènes, prouve la négligence de l'exploitant dans le contrôle. Celle-ci ne fait que constituer une preuve de l'inobservation de son obligation de moyens. Cette « *information* » s'avère en effet être la reconnaissance explicite de fautes à l'obligation d'autocontrôle de moyens de la part de l'exploitant.

330 Agence Française de la Sécurité Sanitaire des Aliments. *Rapport sur les Allergies alimentaires et étiquetage de précaution*. Novembre 2008, p. 54, recommandation.

331 Direction Générale de la concurrence, de la consommation et de la répression des fraudes. *Note d'information n°2005-163 (communicable au sens de la loi du 17 juillet 1978).* Paris, 25 novembre 2005, p. 5.

332 Conseil National de l'Alimentation. « *Comment mieux cerner et satisfaire les besoins des personnes intolérantes ou allergiques à certains aliments ?* ». Avis, n° 66, du 12 janvier 2010, p. 17.

132. Ces fautes sont mises en évidences en posant quelques questions : Si l'exploitant connaissait l'existence et des formes de contrôle, pourquoi certains risques ont-ils été laissés sans maîtrise? S'agit-il d'un souci strictement économique ? Pourquoi n'a-t-il pas corrigé les failles qui mettent en question la performance de son système de contrôle ? Est-ce qu'il vise uniquement à troubler le consommateur et de lui transmettre la responsabilité primaire? S'agissant d'une obligation de moyens, l'autocontrôle suppose une diligence stricte, selon laquelle ces fautes ne sont pas admissibles.

133. Nous avons pu observer que l'étiquetage de précaution, constate la négligence de l'exploitant dans la gestion des risques. Il sert, ainsi, à confirmer la qualification de l'autocontrôle, en tant qu'obligation de moyens. Dans ce cas, on pourrait même affirmer, qu'il s'agit d'une obligation de moyens renforcée.

Cette qualification s'attribue aux obligations de moyens, où le débiteur doit mettre en œuvre une diligence plus stricte. Compte tenu de ce qu'il s'agit de risques qui pourraient être contenus dans certains produits et qui affectent certains consommateurs, l'exploitant doit une diligence majeure. Ce renforcement est évident pour deux impératifs.

D'une part, par celui de la mise en œuvre d'un contrôle particulièrement rigoureux au regard de ces risques. S'ajoute, d'autre part, une obligation d'information qui devrait accompagner ce genre de produits, remarquant qu'ils ont été l'objet d'un contrôle particulier et que les risques spécifiques ont été maîtrisés.

La faute à cette obligation d'autocontrôle de moyens renforcée, ne fait que consolider la responsabilité primaire de l'exploitant à l'égard du consommateur. D'un côté, elle met en évidence la faute en ce qui concerne la mise en œuvre de contrôles suffisants, qui n'aurait pas permis de déceler les risques des aliments. De l'autre côte, l'information fournie est une reconnaissance de la négligence de l'exploitant à l'égard de l'existence de ces risques. L'exploitant apparaît donc clairement responsable du non-respect de cette obligation d'autocontrôle de moyens.

Le renforcement de la responsabilité primaire de l'exploitant, par la voie de l'obligation d'autocontrôle, n'est pas déterminé par la classification de cette dernière comme une obligation de moyens. Considérée comme une obligation de résultat, l'obligation d'autocontrôle réaffirme aussi cette responsabilité. Celle-ci s'avère donc autonome par rapport à la classification selon la force.

B. Une obligation de résultat qui réaffirme la responsabilité primaire de l'exploitant

134. D'après la classification proposée par Demogue, une obligation peut être aussi, de résultat. Soit le débiteur peut promettre un résultat précis soit la loi peut prescrire la réalisation d'un acte déterminé. Dans cette catégorie d'obligations, le seul fait de ne pas avoir obtenu le résultat place le débiteur en faute, indifféremment des efforts et des moyens qu'il a déployés. Il s'agit dans ces supposées, d'obligations de résultat.

La conséquence de cette qualification est fondamentale sur le plan de la preuve. Il suffit d'établir que le résultat n'a pas été atteint, pour signaler l'inexécution de l'obligation. Le débiteur doit prouver que l'inexécution provient d'une cause qui est étrangère à sa volonté[333].

En droit agroalimentaire, on pourrait considérer que l'autocontrôle est une obligation légale de résultat. La législation impose à l'exploitant

---

[333] MAZEAUD (H), MAZEAUD (L), MAZEAUD (J), CHABAS (F). *Op.Cit.* voir note n° 317, §21, p. 13.

l'obtention d'un résultat concret: la sécurité des aliments. La dangerosité d'une denrée suffit pour tenir comme non exécutée l'obligation.

135. Le résultat qui permet de considérer l'autocontrôle comme une obligation de résultat est composé de deux éléments, l'un de nature objective et l'autre, subjective. Le premier est défini en fonction de risques pouvant être présents dans un aliment. Le deuxième, est établi par rapport aux consommateurs. Ainsi, le résultat cherché par l'autocontrôle n'est pas une sécurité de la denrée de façon abstraite, mais une sécurité définie selon les risques qui peuvent affecter des consommateurs potentiels.

Dans un sens objectif, la sécurité est le résultat d'une double activité. D'une part, de la maîtrise des risques et d'autre part, de la constatation de cette maîtrise. La sécurité d'un aliment peut être considérée donc, comme la condition selon laquelle la maîtrise des risques est vérifiée. Ainsi, même si un produit est considéré comme sûr dans un moment donné, l'exploitant est tenu de constater cette condition postérieurement.

La double activité de l'exploitant, de laquelle résulte la sécurité d'une denrée, a son fondement dans deux dispositions du règlement CE 178/2002. La première se trouve à l'article 14 : « *Aucune denrée n'est mise sur le marché si elle est dangereuse*». La deuxième est à l'article 17, selon laquelle, l'exploitant doit veiller et vérifier à ce que les denrées qui sont sous son contrôle, respectent les prescriptions de la législation.

De ces impératifs se déduit d'une part, que l'exploitant doit obtenir un produit sûr comme résultat de son activité. D'autre part, qu'il doit vérifier par lui-même, cette condition avant de mettre l'aliment à disposition des consommateurs. Ainsi, par exemple, la sécurité d'un produit entreposé pendant une certaine période, doit être vérifiée avant la mise sur le marché. De la même manière, la sécurité d'un produit importé doit être vérifiée par l'importateur, avant la mise en circulation dans le marché auquel il est destiné.

En effet, le résultat auquel est tenu l'exploitant, à l'égard de l'obligation d'autocontrôle, est double. La sécurité supposée des aliments ne suffit pas à l'exécution de l'obligation d'autocontrôle de résultat. Elle doit être constatée par l'exploitant. Ainsi, l'obligation d'autocontrôle n'est pas exécutée si la vérification de la sécurité n'a pas eu lieu.

136. Cependant, la sécurité à atteindre et à constater n'est pas limitée à la denrée en soi. Elle n'est déterminée que par le contrôle des risques de la denrée. Il s'agit d'une sécurité qui est aussi définie par rapport aux consommateurs.

Dans une perspective subjective, l'autocontrôle est une obligation de résultat consistant à « *ne pas mettre sur le marché de denrées dangereuses*». Ceci signifie que les aliments mis en circulation doivent être sûrs. Cet impératif implique que les aliments doivent être sûrs pour tout consommateur potentiel. Or, si les personnes allergiques sont des consommateurs potentiels, l'exploitant doit s'assurer de la sécurité des denrées qui peuvent leur être destinées.

Ceci, car la sécurité d'une denrée ne peut se limiter qu'aux consommateurs qui n'ont aucun des problèmes liés aux aliments. Au contraire, il nous semble que la sécurité des denrées comporte une attention particulière aux sensibilités alimentaires des certains consommateurs. C'est pour cette raison que la législation alimentaire, dans la définition du caractère préjudiciable pour la santé, établit : « *Pour déterminer si une denrée alimentaire est préjudiciable à la santé, il est tenu compte: a) de l'effet probable immédiat et/ou à court terme et/ou à long terme de cette denrée alimentaire sur la santé non seulement d'une personne qui la consomme, mais aussi sur sa descendance; b) des effets toxiques cumulatifs probables;*

c) des sensibilités sanitaires particulières d'une catégorie spécifique de consommateurs lorsque la denrée alimentaire lui est destinée.»[334]. Il s'agit, à notre avis, des critères *non exclusifs* les uns des autres mais *cumulatifs*. Ils définissent une sécurité en relation tant au consommateur qui n'as pas de problèmes particuliers que par rapport à celui qui est allergique ou intolérant.

Compte tenu de l'appréciation subjective de la sécurité, l'obligation d'autocontrôle peut être accompagnée d'une obligation d'information. Cette dernière fournit au consommateur des informations lui permettant d'avoir connaissance du degré de sécurité que présente la denrée, en relation aux risques particulières. Cette obligation est évidente à l'article 14§3.b du règlement CE 178/2002 selon lequel, pour définir le caractère dangereux d'une denrée, il faut prendre en considération « *l'information fournie au consommateur, y compris des informations figurant sur l'étiquette, ou d'autres informations généralement à la disposition du consommateur, concernant la prévention d'effets préjudiciables à la santé propres à une denrée particulière ou une catégorie particulière de denrées alimentaires».* Or, cette information permet au consommateur d'avoir connaissance tant de la sécurité de la denrée que du résultat de l'autocontrôle entrepris par l'exploitant qui le constate.

Ce résultat peut être communiqué une fois que les risques connus ont été maîtrisés et lorsque les risques qui n'ont pas été contrôlés, sont définis. A ce moment là, l'exploitant peut informer le consommateur de denrées dangereuses et de celles qui sont sûres. De ce fait, l'information sur la maîtrise des risques s'avère une obligation qui, agrafée à celle d'autocontrôle, met en lumière le résultat atteint par le professionnel. Ainsi, par exemple, lorsque le produit fini a dans sa composition des allergènes,

---

334 Article 14.4 du règlement 178/2002.

l'exploitant est tenu, à côté de son obligation d'autocontrôle, d'informer de la présence de ces risques au consommateur. La certitude du résultat de l'autocontrôle, permettant d'affirmer ou d'infirmer la présence du risque, rend possible la mise en œuvre de l'obligation d'information.

137. Ceci n'est pas le cas de l'étiquetage de précaution. L'imprécision de cet étiquetage, en ce qui concerne la présence de ces risques, ne détermine ni leur existence ni leur absence. De cette manière, le consommateur ne peut pas avoir de certitude sur la sécurité ou la dangerosité de la denrée. A cette fin, il ne peut être considéré ni comme un résultat du contrôle de l'exploitant ni comme un moyen mettant en exécution l'obligation d'information sur les risques. Cet étiquetage montre au contraire, l'inexécution de l'autocontrôle en tant qu'obligation de résultat.

En premier lieu, les expressions telles que « *produit dans un atelier utilisant des ingrédients tels que…* », «*traces éventuelles de…* » ou « *peut* » ou « *pourrait contenir…*», prouvent que, à la suite des autocontrôles, l'exploitant n'a pas défini le caractère dangereux ou sûr des aliments. La Cour de Justice européenne a considéré dans une affaire concernant des produits cosmétiques, que « *pour écarter de […] risques résiduels pour la santé* »[335], le fabricant ou le distributeur du produit a l'obligation « *d'apporter, en cas de doutes, la preuve de l'exactitude matérielle des données de fait mentionnées sur l'étiquetage*»[336]. S'agissant de la maîtrise des risques et, plus particulièrement des dits « *risques éventuels* », nous pouvons affirmer par

335 Affaire C-221/00. Arrêt de la Cour (sixième chambre) du 23 janvier 2003. Commission des Communautés européennes contre République d'Autriche. Recueil de jurisprudence 2003, p. I-1007 spécif. n° 49. Dans le même sens, arrêt du 28 janvier 1999, Unilever, C-77/97, Rec. p. I-431, point 35).

336 Affaire C-221/00. Arrêt de la Cour (sixième chambre) du 23 janvier 2003. Commission des Communautés européennes contre République d'Autriche. Recueil de jurisprudence 2003, p. I-1007 spécif. n° 49. Dans le même sens, arrêt du 28 janvier 1999, Unilever, C-77/97, Rec. p. I-431, point 35).

analogie que l'exploitant doit aussi prouver l'exactitude des données mentionnées sur l'étiquetage des aliments. Au contraire, l'absence de certitude sur cette information démontre qu'il n'a pas défini le caractère dangereux de l'aliment, ce qui l'empêche de mettre en œuvre les mesures de maîtrise, et donc, d'accomplir le résultat dont il est tenu.

En deuxième lieu, l'étiquetage de précaution confirme que des risques connus n'ont pas été contrôlés. L'information sur des allergènes connus qui « *pourraient* » être présents dans le produit, montre la connaissance de leur présence. L'avertissement par l'étiquetage, met en évidence que l'exploitant ne les a pas maîtrisé. Or, si le résultat de l'obligation d'autocontrôle est la maîtrise des risques connus et suspectés, il n'a pas été atteint.

Une telle information vient révéler l'intention des professionnels d'échapper à une éventuelle responsabilité civile. D'une part, ils cherchent à « *constituer* » deux « *causes étrangères* », visant un effet exonératoire[337]. D'autre part, ils excluent l'application de la responsabilité du fait de produits sur un fondement subjectif. Toutefois, il nous semble que l'effet exonératoire de ces raisonnements n'est qu'apparent et il pourrait, au contraire, se retourner contre les exploitants.

138. L'argument selon lequel la responsabilité du fait de produits n'est pas applicable aux exploitants agroalimentaires, pour les accidents dus à la présence fortuite d'allergènes, nous semble incorrect. Evoqué par le Conseil national de l'alimentation, cet argument part du fait que le défaut de sécurité

---

[337] Cependant, la jurisprudence retient dans certains cas, qu'une atténuation de la responsabilité. V. Cass. 2ème Civ, 13 mars 1957, *D.* 1958, p. 73 note, RADOUANT (J), *JCP* G 1957, II, 10084, note ESMEIN (P), *S* 1958, p. 77, note MEURISSE (R). Au contraire, FABRE-MAGNAN (M). *Droit des obligations 2. Responsabilité civile et quasi-contrats.* P.U.F. 2007, n°51 à 54 ; VINEY (G), JOURDAIN (P). *Op.cit,* voir note n°282, n° 402, p. Aussi, GARCIA (F). *Op.cit,* note n°311, §118, p. 168.

est défini « *par rapport à ses caractéristiques propres et non en fonction des facteurs individuels du consommateur* »[338]. Toutefois, l'application de ce régime de responsabilité ne peut pas être déterminée à partir d'un critère particulier car finalement, les individus allergiques potentiels composent un groupe assez vaste. La question qui se pose est de savoir alors, d'une part, si la présence fortuite des allergènes constitue ou pas un défaut de sécurité pouvant causer un dommage aux utilisateurs, et d'autre part, si l'information figurant sur l'étiquetage de précaution constitue un défaut d'information, qui justifie l'action en justice sous le fondement de la responsabilité du fait des produits.

139. Concernant cette dernière possibilité, il est reconnu que *« le fournisseur doit informer les utilisateurs de son produit des dangers que présentent les usages raisonnablement prévisibles de ce produit, dès lors que les utilisateurs ne sont pas censés en avoir déjà connaissance»*[339]. Le contenu de l'information peut être assez ample, s'agissant dans tous les cas, d'une information sur les risques. Sur la forme, cette information doit être intelligible. En ce sens, le fabricant doit aussi veiller à ce que l'étiquetage ne suscite pas une confusion du consommateur, comme le signale le professeur Borguetti, «*qui pourrait l'amener à prendre le produit pour ce qu'il n'est pas* »[340]. Or, une information qui ne précise pas la présence des risques, ne permet pas d'avoir connaissance sur le risque. Au contraire, elle peut conduire le consommateur allergique à acheter un produit comportant l'étiquetage de précaution, en supposant qu'il ne contient pas les allergènes qui pourraient l'affecter et donc, qu'il est sûr pour lui. Il nous semble donc

---

338 Conseil National de l'Alimentation, en citant la jurisprudence Civ. 22 janvier 1991, *Op.Cit*, voir note n° 332, 19.

339 En ce sens, BORGUETTI, *Op.Cit*, voir note n° 296, p. 294 §297.

340 BORGUETTI, *Op.Cit*, voir note n° 296, p. 299, §302.

pertinent, de considérer que l'étiquetage de précaution constitue un défaut d'information qui permet d'évoquer la responsabilité du fait des produits.[341]

140. En relation à la question de savoir si la présence fortuite des allergènes constitue un défaut de sécurité, nous nous orientons vers une réponse affirmative. D'après ce même auteur, le défaut de sécurité est un danger anormal du produit. La question que se pose est alors de savoir si la présence fortuite des allergènes peut être considérée comme un danger « *normal* », pouvant ainsi écarter la responsabilité du fait des produits. Selon les industriels, celle-ci est en effet, un résultat propre des procédés de production. A notre avis, la présence fortuite des allergènes ne peut pas être considérée comme un danger normal. Dans la mesure où ces allergènes ne font pas partie des ingrédients de la denrée, ils sortent de la sphère de la normalité de la composition du produit, et passent à celle de l'anormalité. La présence fortuite des allergènes est une anomalie dans la composition de la denrée, étant un danger anormal et constituant ainsi, un défaut de sécurité.

Une solution similaire a été évoquée par la Cour d'appel de Toulouse dans une décision du 1er décembre 2000, qui a condamné un boucher chevalin pour la défectuosité d'un morceau de viande de cheval infecté par des larves de trichine[342]. Ces larves ne constituent pas des dangers normaux de la viande, de la même manière que les allergènes fortuits ne sont pas des ingrédients normaux des produits qui les contiennent. Même s'il s'agit des risques différents, tous les deux réunissent la caractéristique de ne pas faire partie de la composition ordinaire ou normale

---

341 Sur l'appréciation du défaut lorsque celui-ci est lié à l'information sur le produit, voir note n°296, spécif. p.455, §464.

342 COLLART-DUTILLEUL (F), DELEBECQUE (P). Op.cit, voir note n°37, p.272, §303. *Contrats, conc. consom.* 2001, comm. RAYMOND (G), *D.* 2000, inf.rap. p.269, *JCP éd. G*, 2000. II.10429, note LE TOURNEAU (P) RCA. 2000 comm. 369, note GRYNBAUM (L). De même, BORGUETTI, (J-S). *Op.Cit*, voir note n°296, p. 545.

du produit. Il s'agit en effet, de dangers anormaux et donc, ils constituent un défaut de sécurité.

Compte tenu que l'information sur la présence fortuite des allergènes constitue un défaut d'information et que la présence fortuite des allergènes elle-même, est un danger anormal, il est possible d'affirmer l'existence d'un défaut de sécurité. Les exploitants utilisant un étiquetage de précaution pourraient donc, faire l'objet d'une action en justice en matière de responsabilité de fait de produits défectueux.

141. Les professionnels qu'évoquent des causes étrangères, ne visent qu'à obtenir une exonération de leur responsabilité. C'est ainsi, par exemple, que le CNA a considéré que « *[...] l'étiquetage dit de « précaution » peut avoir dans certains cas (notamment sur le terrain de la responsabilité civile) un effet exonératoire...* »[343]. Ils partent d'un apparent caractère d'extériorité, tant de la présence des produits contenant ces allergènes, que de la consommation «*en connaissance de cause*».

En premier lieu, les professionnels essayent d'établir que la présence des allergènes est extérieure à leur volonté. Ceci moyennant la confusion de deux différents types de risques. Ils cherchent à rapprocher les allergènes, qui sont des risques connus, aux risques de développement, de manière à faire allusion à l'incertitude des derniers. Une fois que les premiers sont assimilés aux deuxièmes, dont l'existence est incertaine, les professionnels leur ont attribué un caractère irrésistible, inévitable et extérieur à leur volonté. En effet, ils ont pour objectif d'affirmer que la présence de ces risques constitue une cause étrangère.

En deuxième lieu, ils cherchent à établir qu'en informant le consommateur de leur présence, les dommages survenus pour ces risques

---

343 Conseil National de l'Alimentation, *Op.Cit*, voir note n°332, p. 20.

sont le résultat du fait fautif de la victime. L'intention des professionnels est de faire que la consommation de produits présentant ces allergènes, en «*connaissance de cause* », devienne un fait intentionnel du consommateur. Ainsi, il s'agirait d'une cause que leur serait, étrangère.

142. Dans aucun de ces deux présupposés il n'est cependant possible, d'affirmer que l'exploitant puisse évoquer une véritable cause étrangère. Le professeur Viney définit la cause étrangère comme « *un événement dont la personne à laquelle la responsabilité d'un dommage est imputée, cherche à se prévaloir pour démontrer que le fait qui lui est reproché n'est pas la seule cause ni même peut être la cause principale du préjudice invoqué. Le but poursuivi est alors, bien entendu, d'obtenir une exonération ou, au moins, une atténuation de la responsabilité.*»[344] La cause étrangère doit être toujours prouvée par le défendeur, elle doit lui être reliée par un rapport de nécessité, surtout, elle doit être extérieur à la volonté du créancier.

L'extériorité implique qu'une cause est indépendante de la volonté du défendeur.[345] Par exemple, le fait de la victime ainsi que le cas fortuit ou la force majeure, sont des causes qui étant extérieures à la volonté du débiteur d'une obligation, constituent des illustrations de la cause étrangère. Elles permettent d'évoquer une exonération de la responsabilité.

Un fait de la victime, susceptible de constituer une cause étrangère, est celui que «*sans avoir été imprévisible et irrésistible pour le défendeur [...] ait contribué à la réalisation du dommage*»[346]. La faute de la victime peut exonérer complètement le défendeur, « *lorsqu'elle est la cause exclusive du*

---

344 VINEY (G), JOURDAIN (P). *Op.cit,* voir note n°283, n° 402, p. Dans le même sens, GARCIA (F). *Op.cit,* note n°311, p. 251, §383.

345 VINEY (G), JOURDAIN (P). *Op.cit,* voir note n°283, n° 402, p. Aussi, GARCIA (F). *Op.cit,* note n°311, p. 258, § 389.

346 VINEY (G), JOURDAIN (P). *Op.cit,* voir note n°283, n° 425.

dommage ou qu'elle a été intentionnelle »[347]. Or, si le fait de la victime a été provoqué par le défendeur, il ne sera pas considéré comme une cause étrangère.[348]

Le cas fortuit ou la force majeure, souvent employés comme des synonymes, définissent «*l'action des forces naturelles, [...] des événements anonymes d'origine humaine (guerres, attentats, émeutes, etc.) ou encore [...] l'existence de règles impératives* auxquelles le défendeur n'a pas pu se soustraire»[349]. Ils se caractérisent par l'imprévisibilité et l'irrésistibilité. Autrement dit, d'une part, par le caractère d'une cause (action ou phénomène) selon laquelle celle-ci « *[...] ne pouvait pas être prévue par un individu raisonnable* »[350]et d'autre par, par le caractère inévitable de la cause et ses effets.[351]

143. Nous pouvons observer que ni le caractère « *involontaire* » de la présence des allergènes dans les denrées, ni le fait du consommateur en les ingérant, ne remplissent les conditions pouvant constituer une cause étrangère. Dans le premier cas, les circonstances ne sont ni irrésistibles, ni imprévisibles, ni extérieures à l'action de l'exploitant. Dans le deuxième, la cause du dommage n'est pas extérieure à la volonté de l'exploitant. Elles ne peuvent donc pas justifier l'exonération de sa responsabilité.

144. D'une part, le fait du consommateur ne constitue pas une cause étrangère car il est déterminé par le professionnel. En premier, le fait de la

---

347 MALAURIE (Ph), AYNES (L), STOFFEL-MUNCK (Ph). *Op.Cit,* voir note n° 317, p. 67, n°128.1.

348 VINEY (G), JOURDAIN (P). *Op.cit,* voir note n°282, n° 402.

349 VINEY (G), JOURDAIN (P). *Op.cit,* voir note n°282, n° 402.

350 CORNU, (G). (sous la direction de). *Op.Cit.*, note n°10, p. 472.

351 VINEY (G), JOURDAIN (P). *Op.cit,* voir note n°282, n° 402, p. Egalement, GARCIA (F). *Op.cit,* note n°311, p. 272, § 396.

victime est déterminé ou même provoqué par le professionnel qui fournit au consommateur une information imprécise, pouvant le conduire à commettre cette faute. Il a été démontré que malgré un tel avertissement le consommateur allergique ou intolérant achète l'aliment[352]. Or, l'imprécision de l'étiquetage de précaution ne permet pas de déterminer si le produit est sûr ou dangereux, créant une incertitude qui n'est pas attribuable au consommateur, mais provoqué par le professionnel. Ainsi, le défendeur ne peut pas prétendre qu'une telle faute ne lui est pas imputable.[353]

L'information fournie au consommateur ne constitue pas une acceptation des dommages corporels ni des risques, qui vaut la renonciation à la responsabilité de plein droit du professionnel et qui pourrait lui permettre d'évoquer que les risques et/ou les dommages sont extérieurs à sa volonté. L'efficacité du consentement des dommages est justifiée « *lorsque s'y ajoute*

---

352 "Consumers with food allergy are increasingly ignoring advisory labeling. Because food products with advisory labeling do contain detectable levels of peanuts, a risk exists to consumers choosing to eat such foods. The format of the labeling statement did not influence the likelihood of finding detectable peanut, except for products listing peanuts as a minor ingredient, but did influence the choices of consumers with food allergy". HEFLE (S), FURLONG (T), NIEMANN (L), LEMON-MULE (H), SICHERER (S), TAYLOR (S). *Consumer attitudes and risks associated with packaged foods having advisory labeling regarding the presence of peanuts.* IN, *Journal of Allergy and Clinical Immunology*, Volume 120, Issue 1, Décembre, 2007, page 171, 171-176. Dans le même sens, AHN (S.S), FURLONG (T.J), WEISS (C), SICHERER (S.H). *Consumer Attitudes and Response to New Food Allergen Labeling.* IN, Journal of Allergy and Clinical Immunology, Volume 121, Issue 2, Supplement 1, February 2008, Page S182. Sur l'ambiguïté de l'étiquetage pouvant affecter le consommateur. BIDAT (E), BARANES (T), FEUILLET-DASSONVAL (C), ROSSIGNOL (B). *De l'importance de lire attentivement les étiquettes avant de consommer...des spaghettis.* IN, *Revue Française d'Allergologie et d'Immunologie Clinique*, Volume 46, Issue 4, Juin 2006, p. 413-415. PIERETTI (M.M), PACENZA (R), SLOTKIN (T). SICHERER (S.H). *Frequency and Language Used in Allergen Advisory Labels ("May contain"): A Survey of 20,241 Commercially Available Products.* IN, *Journal of Allergy and Clinical Immunology*, Vol. 121, Issue 2, supplément 1, février 2008, p. S182. De même, PIERETTI (M.M), CHUNG (D), PACENZA (R), SLOTKIN (T), SICHERER (S). *Audit of manufactured products: Use of allergen advisory labels and identification of labeling ambiguities.* In, *Journal of Allergy and Clinical Immunology*, Vol. 124, Issue 2, Août 2009, p. 337-341.

353 Concernant le fait non imputable au défendeur, VINEY (G), JOURDAIN (P). *Op.cit,* voir note n°283, p. 255, §387.

un intérêt particulier (par exemple, l'acte chirurgical) que la loi ne réprouve pas»[354]. En ce qui concerne l'acceptation des risques, la renonciation de plein doit s'applique uniquement dans le cas des compétitions sportives, et plus particulièrement pour les dommages causés aux compétiteurs[355].

En effet, la communication imprécise sur les risques ne peut pas être considérée comme une acceptation des risques ou de dommages de la part du consommateur, qui puisse constituer un fait fautif. Il ne pourrait donc pas être évoqué comme une cause étrangère par le professionnel.

145. D'autre part, la présence « *involontaire* » des allergènes dans les denrées, ne remplisse pas les conditions d'une cause étrangère. D'abord, La présence des risques dans les aliments est une condition inhérente à ces produits. Tout aliment en présente. Ce qui vise la législation c'est la maîtrise des risques. Ainsi, même quand le risque pourrait être considéré en soi-même comme « *irrésistible* », car son existence ne peut pas être évité, ses effets sont au contraire, évitables. D'autant plus que la maîtrise des risques fait l'objet de l'obligation d'autocontrôle.

Ensuite, la présence des allergènes est prévisible. Cette prévisibilité découle de plusieurs facteurs : l'exploitant connaît les allergènes, autrement dit, les dangers, il sait dans quels aliments ces substances sont présentes, il connaît les endroits de l'exploitation où elles sont utilisées, c'est-à-dire, les points critiques, il est tenu de savoir quels sont les groupes de consommateurs étant susceptibles et auxquels ils sont destinés, et compte

---

354 Voir MALAURIE (Ph), AYNES (L), STOFFEL-MUNCK (Ph). *Op.Cit,* voir note n° 317, p. 69, §131-132.

355 Voir MALAURIE (Ph), AYNES (L), STOFFEL-MUNCK (Ph). *Op.Cit,* voir note n° 317, p. 69, §131-132. Sur l'acceptation des risques, voir ESMEIN (P). *L'idée de l'acceptation des risques en matière de responsabilité civile. Revue international de droit comparé*. 1952, Vol.4, No.4, p. 683-691, spécialement p.687. Aussi, HONORAT (J). *L'idée de l'acceptation des risques dans la responsabilité civile*. Paris: L.G.D.J, 1969. 253 p.

tenu de l'obligation d'autocontrôle, il est tenu de doit savoir quelles sont les mesures pour les maîtriser. L'autocontrôle exige de maîtriser ces risques comme le résultat de l'obligation.

Enfin, on ne peut pas affirmer que les allergènes remplissent la caractéristique d'extériorité de la cause étrangère. Ils ne sont pas des risques indépendants à la volonté de l'exploitant. Leur présence et leur contrôle sont définis par la volonté de l'exploitant. Ceci pour deux raisons.

D'un côté, parce que la présence de ces allergènes est due à deux situations, dont l'exploitant a le contrôle. La première, est celle dans laquelle ces allergènes sont employés comme des ingrédients. Dans cette situation, ils sont utilisés volontairement dans la production de la denrée. La deuxième est celle dans laquelle ils sont utilisés pour la fabrication d'autres denrées dans les mêmes installations, ce qui implique la possibilité d'une contamination « *croisée* ». Mais, dans ce cas, leur présence a été également, prévue par l'exploitant.

D'un autre côté, car le contrôle de ces risques est déterminé par l'exploitant. Celui-ci a la maîtrise des intrants et des procédés dans son exploitation et dans ses entreprises. Ce contrôle technique, parallèle au juridique, lui permet d'organiser son exploitation de manière à produire des denrées sûres. C'est ainsi que le contrôle des risques s'avère soumis à l'organisation et, donc, à la volonté de l'exploitant.

146. En effet, le cas de l'étiquetage de précaution montre que l'autocontrôle peut être considéré comme une obligation de résultat. D'une part, cet étiquetage constate l'éventuelle mise en responsabilité des exploitants. Cela dans le cadre du fait des produits, à cause de l'inexécution de l'autocontrôle des allergènes lorsqu'ils sont considérés comme défauts de sécurité. Dans ce cas, la responsabilité de l'exploitant peut être mise en cause, car l'exploitant ne doit mettre sur le marché que des produits sûrs,

sans aucun défaut. Il est tenu à un résultat précis. D'autre part, la qualification d'obligation de résultat exige au débiteur de l'obligation, de prouver que l'inexécution provient d'une cause qui lui est étrangère. L'intention des professionnels pour établir que ces risques et que le fait du consommateur, peuvent constituer une cause étrangère, démontre que l'autocontrôle est conçu par eux-mêmes comme une obligation de résultat. Ainsi, sous différentes optiques l'autocontrôle peut se situer dans la qualification d'obligation de résultat.

147. Toutefois, ayant cette qualification, l'autocontrôle peut aussi se situer dans des catégories intermédiaires. Elle pourrait être considérée comme une obligation de résultat atténuée ou aggravée. Ceci varie selon la forme dans laquelle elle est établie.

148. Une obligation d'autocontrôle de résultat peut être atténuée, lorsqu'il est admis l'exonération de la responsabilité, en établissant une présomption de faute susceptible de preuve contraire. On pourrait voir un exemple de cette atténuation dans l'application de la responsabilité de fait de produits, envisagée par l'article 21 du règlement CE 178/2002, et qui pourrait être interprétée à la lumière de l'article 1386-7 du Code civil. Selon ce dernier, si le producteur ne peut pas être identifié, le vendeur, le loueur, ou tout autre fournisseur professionnel est responsable du défaut de sécurité du produit, dans les mêmes conditions que le producteur, à moins qu'il ne désigne son propre fournisseur ou le producteur. A l'égard de la responsabilité primaire de l'exploitant agroalimentaire, l'autocontrôle de la sécurité de la denrée, en étant une obligation de résultat, peut devenir atténuée car même si elle part de la présomption de la faute du professionnel, elle envisage la possibilité d'une exonération fondée sur une preuve contraire.

149. En revanche, l'obligation de résultat est aggravée, lorsque l'exonération de la cause étrangère est partiellement ou totalement écartée[356]. L'autocontrôle pourrait aussi être considéré comme une obligation de résultat aggravée, car l'exploitant est tenu de rendre un produit sûr. Si l'aliment n'a pas cette condition, quelle que soit la cause tout simplement le produit ne peut pas être mis sur le marché.

D'une part, elle ne vise pas seulement un résultat, c'est-à-dire, l'innocuité de la denrée, mais elle comporte aussi la vérification de celle-ci. D'autre part, la constatation du résultat a pour objectif la mise en œuvre d'alternatives permettant son exécution dans le cas où, du fait de raisons internes ou étrangères, le résultat prévu n'a pas été atteint. De ce fait, la cause étrangère est écartée, car même si elle a lieu, l'exploitant a obligation de vérifier la sécurité de la denrée, ce qui lui permet d'éviter la mise en circulation du produit.

Ce renforcement est illustré par exemple, dans le cas de la rupture de la chaîne du froid à cause d'une coupure électrique. Même si l'exploitant n'est pas coupable de la panne du service électrique, il doit vérifier la conservation des produits et le cas échéant, éviter la mise sur le marché des produits pour lesquels cette chaîne a été rompue. Dans cet exemple, l'aggravation de l'obligation réside d'une part, dans l'impératif qui pèse sur l'exploitant de vérifier la continuité de la chaîne du froid et, d'autre part, de prévoir par d'autres systèmes alternatifs cette continuité. Ceci, car les pannes électriques sont tout à fait envisageables et la conservation des produits à une certaine température est essentielle pour garantir la sécurité de la denrée.

---

356 VINEY (G), JOURDAIN (P), *Op. cit*, voir note n°282, p. 520, §534-2.

150. L'autocontrôle, en tant qu'obligation de résultat aggravée, peut être observé aussi, dans le cas de l'obligation qui figure à l'article R 234-9 du Code rural. Selon cette disposition *« les personnes physiques ou morales qui détiennent des animaux ou qui effectuent les opération d'abattage des animaux ou de conditionnement ou de première transformation des produits qui en sont issus s'assurent qu'ils respectent les dispositions de la présente section en effectuant des contrôles portant sur les résidus de médicaments vétérinaires, les contaminants chimiques ou les modalité d'utilisation des médicaments vétérinaires et des additifs destinés à l'alimentation animale.»* Les contrôles sur les résidus permettent de vérifier l'efficacité de la gestion des exploitants. Ils constituent le renforcement de l'obligation, car si la constatation des résultats attendus n'est pas effectuée, l'obligation est tenue comme non exécutée. Or, même si l'exploitant a fait un bon usage des substances en cause, il doit aussi vérifier qu'il est correct et qu'il n'a pas dépassé les limites de résidus admises. Par conséquent, l'obligation d'autocontrôle peut être considérée également, comme une obligation de résultat aggravée.

Nous avons constaté que l'autocontrôle peut être classé aussi bien comme une obligation de moyens que de résultat. Dans les deux cas, elle accentue la responsabilité primaire de l'exploitant. Ainsi, elle demeure une obligation autonome à la qualification d'obligation de moyen ou d'obligation de résultat.

Il convient cependant, de mesurer au préalable quels sont les caractères de cette autonomie et comment ils permettent de consolider son existence dans le droit agroalimentaire.

CONCLUSION DU TITRE I

151. L'étude des motivations qui sont à l'origine de la législation alimentaire européenne, révèle l'existence de l'obligation d'autocontrôle. Il s'agit d'une obligation qui s'impose sous la responsabilité de l'exploitant, comme un pilier du fonctionnement du système de contrôle officiel. Cette situation résulte de la nécessité d'articuler, moyennant un équilibre délicat, les efforts des autorités et les actions des exploitants dans le but d'assurer la sécurité alimentaire.

152. L'obligation d'autocontrôle se manifeste à la fois par l'impératif de la vérification de l'effectivité de la loi, et par l'usage d'instruments professionnels de contrôle. Elle est consacrée dans le droit agroalimentaire, concrètement à l'article 17 du Règlement CE 178/2002. Cette obligation vise à la protection de la santé des consommateurs face aux risques liés aux aliments. Ainsi, l'autocontrôle s'intègre dans un nouveau droit agroalimentaire qui a un objet précis : la gestion des risques.

153. En étant consacrée comme une obligation légale, propre au droit agroalimentaire et tout en ayant un objet particulier, l'autocontrôle est devenu une obligation autonome, en relation à d'autres obligations qui lui sont proches. Cette autonomie concerne tant son contenu que sa force. Par rapport au contenu, l'autocontrôle est une obligation différente de celle de conformité, car elle ne vise pas le défaut de conformité. De même, elle se distingue de l'obligation de sécurité, d'une part, parce qu'elle ne se réfère pas aux dangers mais aux risques liés aux aliments, et d'autre part, car elle ne poursuit pas leur élimination mais leur maîtrise.

154. Par rapport à la force, l'autocontrôle est une obligation autonome. Cette autonomie a son fondement dans la responsabilité primaire de

l'exploitant, selon laquelle la sécurité des denrées le concerne à titre principal. A ces fins, l'obligation d'autocontrôle peut être classée comme une obligation de moyens, de résultat, ou dans les qualifications intermédiaires des deux premières. Dans tous le cas, il s'agit d'une obligation qui réaffirme la responsabilité primaire de l'exploitant.

155. Les raisons sanitaires et institutionnelles qui ont conduit à l'instauration de cette obligation dans le droit agroalimentaire et à sa consécration, montrent qu'il s'agit d'une obligation autonome. Toutefois, il nous semble pertinent à présent d'analyser son cadre juridique.

TITRE II. LE CADRE JURIDIQUE

156. La gestion des risques se doit d'être efficace. L'efficacité constitue l'objectif de l'obligation d'autocontrôle. Cet objectif détermine son autonomie en deux sens. Dans un premier, il définit le contenu de cette obligation (Chapitre I). Dans un deuxième, il fixe la responsabilité de l'exploitant (Chapitre II). Ainsi, l'autonomie de l'obligation d'autocontrôle est établie.

CHAPITRE I. LA DETERMINATION DU CONTENU

157. Le contenu de l'obligation d'autocontrôle comporte un double objet: l'impératif de veiller au respect de la législation d'une part (Section I) et l'obligation de vérifier son efficacité d'autre part (Section II).

Section 1. Veiller au respect de la législation

158. Dans le langage courant, le terme « *veiller* » se réfère à un comportement actif d'«*y faire grande attention et s'en occuper activement…entre garde et entre en éveil, vigilant…*»[357] L'Association Henri Capitant, le définit comme « *avoir l'œil sur… tenir la main à (en général par fonction) ; porter attention à…en tirer la conséquence…* »[358]. En droit agroalimentaire, l'obligation de « *veiller* » est énoncée par l'article 17 du règlement CE 178/2002, selon lequel l'exploitant doit «*veiller au respect des prescriptions de la législation alimentaire* ». Cependant, le texte n'établit pas clairement le contenu de cette dernière.

Malgré cette imprécision, le texte évoqué apporte deux éléments qui peuvent nous permettre de déterminer le contenu de cette obligation. En premier, l'action à effectuer est définie par le verbe « *veiller* », imposant l'action de constater quelque chose. En deuxième, l'objet de vérification est signalé comme « *le respect*» des prescriptions de la législation alimentaire. Or, le respect des prescriptions consiste en l'application de ces dernières. Nous pouvons affirmer alors, que l'obligation de veiller implique la constatation de la mise en œuvre de la législation.

La vérification de l'application de la législation alimentaire se manifeste selon deux obligations spécifiques imposées à l'exploitant. D'une

---

357 REY-DEBOVE, (J); REY, (A). *Op.cit,* Voir note n° 5, p. 2744.

358 CORNU, (G). (sous la direction de). *Op.cit,* voir note n° 10, p. 954.

part, l'obligation de se tenir informé (I) et d'autre part, celle qui exige de lui une vigilance sur l'application (II).

§1. L'obligation de se tenir informé

159. L'obligation de se tenir informé[359] demeure essentielle à la gestion de l'exploitant. L'information est une condition pour l'organisation des procédures de contrôle des risques. A ces fins, elle comporte à la fois, un double objectif et un double objet.

160. En relation avec les objectifs, d'abord, cette obligation vise à ce que l'exploitant se procure des informations lui permettant de mettre en œuvre la gestion des risques. Ensuite, elle cherche à ce que le professionnel communique les informations sur les risques et sur les mesures de contrôle, aux autorités et aux autres exploitants. Il s'agit en effet, de s'informer pour, d'un côté, effectuer la gestion interne et externe des risques et, d'autre côté, informer les autres de cette gestion.

Cette obligation d'information aux autorités et aux exploitants partenaires est établie par le règlement CE 178/2002. Par rapport aux premiers, l'article 19§3 signale que « *Tout exploitant du secteur alimentaire informe immédiatement les autorités compétentes lorsqu'il considère ou a des raisons de penser qu'une denrée alimentaire [...] peut être préjudiciable à la santé humaine* ». Dans le même sens, l'article 20§3 établit cette obligation aux exploitants du secteur de l'alimentation animale: «*Tout exploitant du*

---

[359] Sur l'obligation de s'informer pour informer dans les droit des contrats, voir notamment, FABRE-MAGNAN (M). *De l'obligation d'information dans les contrats*. Paris : L.G.D.J, p. 192, 1992, spécif. §247 à § 251. Aussi, PANHALEUX (L). *Le devoir d'information juridique*. IN, *Revue juridique de l'Ouest,* 1990, n°2, p. 134 et s. 154. Sur l'obligation de s'informer dans le droit agroalimentaire et notamment en ce qui concerne la veille juridique, COLLART DUTILLEUL (F). *Op.Cit.* voir note n°76, p. 48, 4.5.

secteur de l'alimentation animale informe immédiatement les autorités compétentes s'il considère ou a des raisons de penser qu'un aliment pour animaux qu'il a mise sur le marché ne répond pas aux prescriptions relatives à la sécurité des aliments pour animaux ». L'obligation d'informer les autorités concerne tous les exploitants qu'ils soient, nationaux ou étrangers, et elle touche tous les risques, qu'ils soient avérés ou suspectés. La connaissance ou la suspicion d'un risque oblige l'exploitant à communiquer la situation aux autorités. A ces fins, il doit se tenir informé.

161. Cette obligation d'informer les autorités est aussi présente dans le droit étranger. Par exemple, aux États-Unis, la « *Food and Drug Administration Amendments Act* » de 2007 dicte l'obligation d'information de l'opérateur agroalimentaire, lorsqu'il a connaissance qu'une denrée mise sur le marché est susceptible de présenter un risque pour la santé des personnes ou des animaux auxquels elle est destinée[360]. Son objet concerne tant les produits domestiques que les étrangers. Cette loi étend au niveau interne, la portée de l'obligation d'information déjà appliquée aux importations par la « *Bioterrorism Act* » de 2002[361]. Toutefois, cette obligation présente des

---

360 Sec. 417. [21 USC 350f] Reportable food registry. " *(d) Reporting and notification. (1) In general. Except as provided in paragraph (2), as soon as practicable, but in no case later than 24 hours after a responsible party determines that an article of food is a reportable food, the responsible party shall– (A) submit a report to the Food and Drug Administration through the electronic portal established under subsection (b) that includes the data elements described in subsection (e) (except the elements described in paragraphs (8), (9), and (10) of such subsection); and (B) investigate the cause of the adulteration if the adulteration of the article of food may have originated with the responsible party. (2) No report required. A responsible party is not required to submit a report under paragraph (1) if– (A) the adulteration originated with the responsible party; (B) the responsible party detected the adulteration prior to any transfer to another person of such article of food; and (C) the responsible party– (i) corrected such adulteration; or (ii) destroyed or caused the destruction of such article of food.*" Sec. 417. [21 USC 350f], Federal Food, Drug, and Cosmetic Act, Title 21, Chapter IV. Food, Section 417.

361 " ... *(m)(1) In the case of an article of food that is being imported or offered for import into the United States, the Secretary, after consultation with the Secretary of the Treasury, shall by regulation require, for the purpose of enabling such article to be inspected at ports*

différences sur l'objet et la procédure. La réforme du 2007 est spécifique au risque constaté tandis que la loi sur le bioterrorisme part d'une information concernant le risque suspecté. La première vise ce risque sans que le produit soit mis sur le marché. Au contraire, la deuxième, l'envisage une fois que l'aliment est en circulation au niveau national. Sur la procédure, la première ordonne une notification aux autorités dans les vingt-quatre heures suivant la connaissance du risque[362], tandis que la deuxième impose une notification préalable entre les six heures et les cinq jours avant l'arrivé du produit sur le territoire américain[363]. Néanmoins, dans les deux cas ces obligations

---

of entry into the United States, the submission to the Secretary of a notice providing the identity of each of the following: The article; the manufacturer and shipper of the article; if known within the specified period of time that notice is required to be provided, the grower of the article; the country from which the article originates; the country from which the article is shipped; and the anticipated port of entry for the article. An article of food imported or offered for import without submission of such notice in accordance with the requirements under this paragraph shall be refused admission into the United States. Nothing in this section may be construed as a limitation on the port of entry for an article of food [...] (2) Default; minimum period of advance notice.—If under paragraph (1) the requirement for providing notice in accordance with section 801(m) of the Federal Food, Drug, and Cosmetic Act takes effect without final regulations having been made effective, then for purposes of such requirement, the specified period of time that the notice is required to be made in advance of the time of the importation of the article of food involved or the offering of the food for import shall be not fewer than eight hours and not more than five days, which shall remain in effect until the final regulations are made effective." Section 307. Prior notice of imported food shipments. *Public Health Security and Bioterrorism preparedness and response act of 2002.* Public law 107-188—june 12, 2002.

362 V. *supra* note n°360.

363 *" (2) Default; minimum period of advance notice.—If under paragraph (1) the requirement for providing notice in accordance with section 801(m) of the Federal Food, Drug, and Cosmetic Act takes effect without final regulations having been made effective, then for purposes of such requirement, the specified period of time that the notice is required to be made in advance of the time of the importation of the article of food involved or the offering of the food for import shall be not fewer than eight hours and not more than five days, which shall remain in effect until the final regulations are made effective."* Section 307. Prior notice of imported food shipments. Public Health Security and Bioterrorism preparedness and response act of 2002. Public law 107-188—june 12, 2002.

confirment l'existence, dans le droit américain, de l'obligation de l'exploitant d'informer les autorités sur les risques alimentaires.

162. L'obligation de s'informer pour informer ensuite les autres exploitants, découle de deux sources. L'une de nature contractuelle et l'autre de nature légale. La première est l'obligation générale d'information propre au droit des contrats et, en particulier, celle qui est spécifique propre aux professionnels. Ces derniers sont contraints d'avoir une connaissance sur leur activité. Ainsi, par exemple, le juriste doit se tenir informé sur le droit[364] de même que les médecins ont le devoir d'«*entretenir et perfectionner leurs connaissances* »[365]. De la même manière l'exploitant agroalimentaire est aussi concerné par cette obligation de s'informer.

La deuxième source de nature légale se trouve dans la législation agroalimentaire. Les articles 19 et 20 du règlement CE 178/2002 comportent cette obligation de manière implicite dans les mesures de rappel et de retrait. S'agissant d'actions qui se réalisent une fois que le produit est mis sur le marché, l'exploitant doit disposer de l'information lui permettant de communiquer les risques à ses partenaires de la filière. Ainsi, par exemple, le producteur ayant connaissance d'un risque, communique avec le distributeur, qui intervient directement dans le rappel ou le retrait. Dans ces situations, on pourrait même affirmer que l'obligation de s'informer pour informer aux

---

364 PANHALEUX (L). *Op.cit.,* note n°359, p. 134 et s. 154.

365 « *Article R4127-11 : Tout médecin doit entretenir et perfectionner ses connaissances ; il doit prendre toutes dispositions nécessaires pour participer à des actions de formation continue.* » Code de la santé publique. Aussi, FABRE-MAGNAN (M). *Op.cit, note n°*359, §247.

autres, fait partie de l'obligation de collaboration entre exploitants agroalimentaires[366].

Cette obligation de se tenir informé a été déjà mise en évidence implicitement dans la jurisprudence nationale et européenne. Au niveau national, la Cour de Cassation a considéré dans le domaine du droit des contrats, l'obligation des professionnels de s'informer. Dans un arrêt du 3 janvier 1985, la Cour a indiqué : « *dans le cadre de son mandat d'entremise, l'agent immobilier est tenu d'une obligation de conseil, laquelle, s'agissant de la vente d'un terrain à bâtir, implique la vérification du caractère constructible du terrain* »[367]. En effet, les professionnels sont tenus de rechercher et de vérifier certaines informations avant de la transmettre aux autres personnes.

En droit agroalimentaire, cette obligation de s'informer est évidente dans les règles qui se trouvent à l'annexe II, section III, point 1, du règlement (CE) n°853/2004. Ce texte établit que « *les exploitants des abattoirs, avant d'accepter ou non des animaux dans leurs locaux, doivent évaluer les informations disponibles sur la chaîne alimentaire, puis les transmettre au vétérinaire officiel* ». La Direction générale de la santé et de la protection des consommateurs européenne (DG SANCO) a estimé que cette évaluation implique que « *l'exploitant doit vérifier que ces informations sur la chaîne alimentaire sont complètes, exemptes d'erreurs ou d'omissions manifestes et peuvent à juste titre étayer sa décision…* »[368]. Par conséquent, l'obligation de

---

366 GARCIA (F). *L'obligation de collaboration des entreprises en matière de sécurité des produits. Eléments d'un renouveau de la responsabilité civile par le droit communautaire.* IN, Revue de la Recherche Juridique. Droit prospectif. 2010, *à paraître.*

367 Civ. 1er, 3 janvier 1985, *Bull. civ.* I, n°1, p.1. Aussi, Civ. 1er du 9 juillet 1980, *Bull.civ.* I, n°212, p. 173 ; Civ. 3ème 7 janvier 1982, *Bull. civ.* III, n°5, p. 4.

368 Commission Européenne. *Direction générale de la santé et de la protection des consommateurs. Document d'orientation sur la mise en œuvre de certaines dispositions du règlement (CE) n° 853/2004 concernant l'hygiène des denrées alimentaires d'origine animale.* Bruxelles, le 21 décembre 2005 p. 12 §5.6.

s'informer ne se limite pas à recevoir des informations mais elle implique la constatation de leur pertinence.

163. Sur le plan communautaire, l'obligation de s'informer a été évoquée dans l'affaire Communautés/ Royaume-Uni de Grande-Bretagne et d'Irlande du Nord[369]. La Cour de Justice a estimé en relation à la clause exonératoire litigieuse envisagée à l'article 7 de la Directive sur la responsabilité de fait de produits défectueux[370], que l'obligation d'informer « *ne prend pas en considération l'état des connaissances dont le producteur en cause était ou pouvait être concrètement ou subjectivement informé, mais l'état objectif des connaissances scientifiques et techniques dont le producteur est présumé être informé* »[371]. En l'espèce, la Cour a déterminé que la cause exonératoire opère sur la base de la connaissance que le professionnel est sensé avoir. Il est possible d'en déduire que le responsable doit se procurer ces informations et donc, qu'il est tenu de s'informer.

164. En droit national, cette obligation a été confirmée par les juges néerlandais: « *The court ruled a trader in food should keep himself informed, according to his capability, on developments concerning safety and health*

---

369 Arrêt de la Cour (cinquième chambre) du 29 mai 1997. Commission des Communautés européennes contre Royaume-Uni de Grande-Bretagne et d'Irlande du Nord. Affaire C-300/95, spécif. §27. *D.* 1998, p. 488, note PENNEAU (A), *JCP éd. G,* 1997.I.4070, n°31, obs. VINEY (G), *LPA,* 17 décembre 1997, p.31, note RICARTE (J). BORGUETTI (J-S), *Op.cit,* n°296, p. 462, spécif. § 474.

370 Directive du Conseil du 25 juillet 1985 relative au rapprochement des dispositions législatives, réglementaires et administratives des États membres en matière de responsabilité du fait des produits défectueux 1985/374/CEE. JOCE n° L 210 du 7 août 1985, p. 29.

371 Le souligné est notre. Aussi, Directive du Conseil du 25 juillet 1985 relative au rapprochement des dispositions législatives, réglementaires et administratives des États membres en matière de responsabilité du fait des produits défectueux 1985/374/CEE. JOCE n° L 210 du 7 août 1985, p. 29

and safety with regard to products in his line of business…". [372] En l'espèce, l'information en question concernait l'utilisation d'un ingrédient benzo(a)pyrène, que l'exploitant devait observer. L'exploitant qui utilisait ce produit devait observer tant le rapport de l'Autorité néerlandaise de sécurité des aliments (*Voedsel en Waren Autoriteit, VWA*), mais aussi les communications du Ministère de l'agriculture. D'après ce jugement, l'exploitant doit se tenir informé tant des nouvelles connaissances techniques que des décisions de l'administration qui concernent ses produits.

165. En relation à l'objet, celui de l'obligation de se tenir informé est double. D'une part, elle concerne les risques et d'autre part, les mesures de contrôle[373]. En relation avec les risques, cette obligation se réfère tant à ceux connus qu'à ceux suspectés[374]. Ainsi, l'information à laquelle doit veiller l'exploitant a des caractéristiques différentes selon le risque visé.

S'agissant des risques connus, l'information est constatée ou au moins, une partie est considérée comme certaine ou généralement acceptée par la communauté scientifique. Compte tenu de cette caractéristique, leur connaissance est répandue dans le milieu professionnel. La législation présuppose cette connaissance de la part de l'exploitant et vient la réaffirmer en lui imposant l'obligation de s'informer. Cela ne signifie pas, cependant, que l'information sur les risques connus ne fasse pas l'objet de changements. Celle-ci comporte aussi des modifications, mais l'information de base fait l'objet d'un consensus assez généralisé.

---

372 VAN DER MEULEN (B). *The Duty for food business operators to keep themselves informed.* IN, *European Food and Feed Law Journal*. No. 3, 2007, p. 1.

373 V. sur ce point, *supra* Chapitre I.

374 V. *supra* §81, §83. *Infra,* §206 et ss.

En relation avec les risques suspectés, l'information à laquelle doit veiller l'exploitant est, au contraire elle est fortement controversée. Elle n'est pas le résultat d'une acceptation généralisée. Elle ne constitue pas non plus, une condition préalable au développement de l'activité de l'exploitant. Il s'agit d'une information qui n'est pas disponible à l'avance dans tous les cas. En conséquence, l'exploitant doit porter une attention particulière aux nouvelles sources et informations visant ces risques.

La législation alimentaire ne distingue pas entre l'information concernant l'un ou l'autre type de risque. Le devoir de se tenir informé est imposé par la législation alimentaire de manière générale. De ce fait, cette information comprend dans son contenu, autant celle relative aux risques connus que suspectés.

166. Toutefois, la législation alimentaire impose une attention particulière à ces derniers. Ainsi, tant l'article 19§1 que l'article 20§1 du règlement n°178/2002, dictent l'application de mesures de gestion de la part de l'exploitant, lorsqu'il a des « *raisons de penser* » qu'une denrée ou un aliment pour animaux, ne répond pas aux prescriptions de la législation alimentaire. La suspicion se fonde sur la connaissance de l'existence du risque, connaissance qui est liée au fait que l'exploitant se maintient informé. Dès lors, le devoir de s'informer se traduit dans une actualisation constante des connaissances scientifiques et techniques « *pertinentes* », dont l'exploitant est tenu de disposer.

167. D'après les professeurs Lorvellec et Collart Dutilleul, cette information doit provenir d'une source fiable[375]. La fiabilité de la source est

---

[375] Voir en ce sens, LORVELLEC, (L); COLLART-DUTILLEUL, (F). *Op.Cit.*, note n°71, p. 462. Dans le même sens, MUNOZ-UREÑA (H). *Consideraciones sanitarias en el Comercio Internacional.* San José, IJSA, 2004, p. 50, spéfic. c) sur la « *Credibilidad de las fuentes* »: *"Para que la fuente sea válidamente aceptada como tal debe tener credibilidad. Para los efectos de este estudio, se podría definir dicho término como la calidad que tienen*

définie par l'indépendance de l'autorité scientifique qui la fournit, dans les activités d'évaluation, de gestion et de communication des risques. Ainsi, issue de la réforme de la législation alimentaire, la création de l'Autorité européenne de la sécurité des aliments (AESA), a parmi ses objectifs, celui de définir cette autorité comme une source fiable d'information sur les risques. De cette manière, l'article 22 du règlement CE n°178/2002, définissant les missions de l'AESA, établit qu'elle « *[...] fournit des avis scientifiques et une assistance scientifique et technique à la politique et à la législation de la Communauté dans tous les domaines ayant un impact direct ou indirect sur la sécurité des denrées alimentaires et des aliments pour animaux. Elle constitue une source indépendante d'informations sur toutes les questions relevant de ces domaines et assure la communication sur les risques.*» Alors, au sens strict de la législation alimentaire, nous pourrions affirmer que l'obligation de l'exploitant de se tenir informé se réfère aux avis et études effectués par cette autorité.

168. Cependant, nous pourrions mettre en question cette affirmation, car d'autres autorités qui fournissent aussi des opinions scientifiques concernant la sécurité alimentaire existent au niveau européen[376]. Même si leurs études servent à définir une position nationale sur un sujet déterminé, dans certains cas ils sont contradictoires avec ceux qu'apporte l'AESA. Ainsi par exemple, l'évaluation du risque ESB au Royaume-Uni[377] et la levée de

determinada persona o entidad, en virtud de la cual, sus criterios y estudios científicos son respetados y la identifican como una autoridad en la materia."

376 DURAND (F), NESTOR (J), VERLIAC (F), GRIVEL (N). *L'articulation entre expertises nationale et européenne en matière de sécurité alimentaire.* Paris : La documentation française. Ministère de l'agriculture, de l'alimentation, de la pêche et des affaires rurales. Comité permanent de coordination des inspections. Inspection générale des affaires sociales. 2004, p. 12-14.

377 European Food Safety Authority. Opinion of the Scientific Panel on Biological Hazards of the European Food Safety Authority on the application of the United Kingdom for Moderate Risk BSE status. (Question N° EFSA-Q-2003-013) Adopted on 21 April 2004, 21 p.

l'embargo sur les viandes bovines portugaises[378] ont fait l'objet d'une confrontation des avis des autorités scientifiques nationales et communautaires. La question qui se pose est donc de savoir à quelle information doit se référer l'exploitant. Est-il possible de tenir une information comme absolument valide ? Quelle est la valeur juridique de l'information issue des avis de l'AESA face à celle qui ressort des autorités sanitaires nationales ? La prévision dans l'article 30 du règlement CE 178/2002, d'une procédure pour identifier et résoudre les divergences sur des questions scientifiques montre aussi bien l'existence de ces contradictions[379].

Notamment, European Food Safety Authority. *Opinion of the Scientific Panel on Biological Hazards of the European Food Safety Authority on the scientific justification for proposing amendments to the United Kingdom Date Based Export Scheme (DBES) and to the Over Thirty Months (OTM) rule. The scientific justification for proposing amendments to the United Kingdom Date Based Export Scheme and the Over Thirty Months rule.* (Question N° EFSA-Q-2003-13) Adopted on 21 April 2004. EFSA Journal (2004) 56, 1-4. Sur la position de la France, AFSSA - Saisine n° 2003-SA-0261. Agence française de sécurité sanitaire des aliments. Avis de l'Agence française de sécurité sanitaire des aliments relatif à la révision du schéma d'abattage des animaux âgés de 30 mois destinés à la destruction dénommé « *Over Thirty Months Scheme* »(OTMS) au Royaume-Uni (RU) et à l'éventuelle modification du régime d'exportation dénommé « *Date Based Export Scheme* » (DBES) et, d'autre part, à la demande de reclassement du RU en catégorie III de la classification européenne du Geographical BSE-Risk (GBR). 16 p. Aussi, supra §note n°376.

378 European Food Safety Authority. *Opinion on the determination of the BSE risk status of Portugal. Opinion of the European Food Safety Authority on the determination of the BSE risk status of Portugal.* Question N° EFSA-Q-2003-093 Adopted on 1st of December 2004. EFSA Journal (2004) 143, p. 1-5. Aussi, supra §note n°376. Aussi, supra §note n°376. Sur la position française, Agence française de sécurité sanitaire des aliments. *Avis de l'Agence française de sécurité sanitaire des aliments relatif à l'évaluation comparative du risque sanitaire lié à la consommation de viandes bovines et de produits bovins portugais, éligibles au DBES, et de viandes.* AFSSA - Saisine n° 2003-SA-0019, 18 p.

379 Par exemple, « *(17) Par lettre datée du 20 avril 2007, adressée au directeur de l'EFSA, la Commission a indiqué qu'un examen attentif des avis de l'AFSSA, du 15 janvier 2007, et de l'EFSA, du 8 mars 2007, avait mis en lumière une certaine divergence entre les appréciations du risque faites par les deux organismes concernant le caractère zoonotique potentiel de la tremblante. L'institution a estimé que cette situation rendait nécessaire la mise en œuvre de la procédure définie à l'article 30, paragraphe 4, du règlement (CE) n° 178/2002 [...] en vue soit de résoudre la divergence, soit de préparer un document commun aux deux organismes clarifiant les assertions contenues dans les conclusions [...] (19) Par lettre du 22 juin 2007, le directeur de l'EFSA a indiqué à la*

169. Nous nous interrogerons aussi, sur le caractère contraignant des avis de l'AESA. Conformément à l'article 22 du règlement CE 178/2002, la Cour de Justice a confirmé ce caractère, reprochant à la Commission la non-observance d'un avis de l'AESA dans la formulation de corpus normatif. Dans l'affaire France *vs* Commission, la Cour a condamné cette dernière pour ne pas avoir considéré l'avis de l'AESA sur les risques de transmission de BSE au moyen de la viande ovine et caprine. La condamnation vise notamment, l'absence du caractère systématique du programme de surveillance[380] dans la formulation des mesures des risques. Or, si les avis de l'AESA ont un caractère obligatoire pour la Commission, est-ce qu'on pourrait affirmer qu'ils

---

Commission que, après consultation de l'AFSSA, il n'existait aucune divergence d'opinion entre les deux organismes ». Affaire, T-257-07, *République française c/Commission des Communautés européennes,* 28 septembre 2007, spécif. n° 17 et 19.

380 Dans l'affaire France vs Commission, la Cour a signalé « *Or, ainsi qu'il a été exposé, il peut être considéré, à tout le moins à première vue, que les avis de l'AFSSA du 15 janvier 2007 et de l'EFSA du 8 mars 2007 expriment de réelles incertitudes scientifiques sur les conditions dans lesquelles les EST, autres que l'ESB, pourraient être transmissibles à l'homme. En l'état actuel des connaissances, il ne serait pas possible d'exclure que la consommation de viandes et de produits issus d'animaux infectés par des EST, autres que l'ESB, présente un danger pour la santé humaine. (108) En outre, les deux avis précités semblent exprimer de réelles incertitudes scientifiques quant à la fiabilité des tests discriminatoires, ce qui implique que des viandes et des produits provenant d'animaux porteurs de souches d'ESB non détectées pourraient être mis sur le marché, ce qui représente un réel danger pour la santé humaine. [...] (115) Il convient, en effet, de relever que, à l'absence de caractère systématique du programme de surveillance des ovins et des caprins prévu au règlement n° 270/2002 et à la possibilité de livrer à la consommation humaine les viandes et les produits issus d'animaux génétiquement résistants, s'ajoute la mise sur le marché de tout un ensemble de viandes et de produits provenant d'animaux issus de troupeaux atteints par une EST et porteurs d'un génotype sensible qui, dans le système antérieur à celui mis en place par le règlement n° 727/2007, auraient été mis à mort et détruits. (116). En conclusion, l'allégation de la requérante selon laquelle les dispositions incriminées ne permettent pas de circonscrire le risque que les EST représentent pour la santé humaine et sont même susceptibles de l'aggraver ne semble pas, au moins à première vue, dépourvue de pertinence. Dans ces conditions, le grief tiré d'une violation du principe de précaution du fait d'une erreur de la Commission dans la gestion du risque justifie un examen approfondi qu'il appartient uniquement au juge du fond d'effectuer.»* Le souligné est notre. Affaire, T-257-07, *République française c/Commission des Communautés européennes,* 28 septembre 2007, spécif. n°107,108, 115, 116.

deviennent aussi contraignants pour les exploitants? Que font-t-ils des avis minoritaires de l'AESA mentionnés à l'article 38 point b) du règlement CE 178/2002 ? Sont-ils aussi contraignants? Quelle est donc, l'information valable?

170. En ce qui concerne les exploitants des pays tiers, cette situation est moins claire. D'après l'article 4 du règlement CE 852/2004, les exploitants sont tenus de se conformer aux règles d'hygiène figurant dans les annexes de ce texte. Ces règles concernent aussi les exploitants des pays tiers, comme l'indique l'article 10 de ce même règlement[381]. Ces dispositions peuvent faire l'objet de modifications. Parmi d'autres éléments, celles-ci peuvent résulter de la prise en compte d'«*avis scientifiques et notamment des nouvelles analyses des risques*»[382]. Dans ce contexte, nous nous interrogerons sur plusieurs aspects : Est-ce que ces avis scientifiques sont uniquement ceux de l'AESA ? Est-ce que les exploitants étrangers doivent prendre aussi en compte, les informations fournies par les autorités nationales? Si les avis des autorités des pays tiers sont contradictoires, si subsistent des contradictions avec ceux de l'autorité européenne ou avec ceux des autorités nationales, ou bien si l'autorité nationale ne se prononce pas ou si simplement elle n'existe pas, sur quelle source d'information peuvent s'appuyer les exploitants de pays tiers? Quel rapport avec les avis et les rapports des organismes internationaux tels que le Codex Alimentarius, l'Organisation Mondiale de la Santé Animale ou la Convention Internationale de Protection Phytosanitaire?

---

381 « *Article 10. Importations. En ce qui concerne l'hygiène des denrées alimentaires importées, les exigences pertinentes de la législation alimentaire visées à l'article 11 du règlement (CE) no 178/2002 comprennent les exigences prévues aux articles 3 à 6 du présent règlement."* Règlement CE 852/2004.

382 Art. 13 1, d), Règlement CE 852/2004.

171. Dans certains pays les avis et les rapports émis par ces organisations pourraient être considérés comme d'observation obligatoire par les exploitants, soit parce qu'ils sont implicites à la législation du marché interne ou parce qu'ils sont implicitement prévues dans les règles des échanges internationaux. Ainsi, par exemple, dans certains pays comme le Costa Rica[383] ou Le Salvador[384], les normes de la Commission du Codex Alimentarius ont un caractère obligatoire. Or, compte tenu du fait que les rapports et les avis des groups d'experts sont le fondement de ces normes, ils apportent les éléments de base pour la mise en œuvre de la gestion des risques de l'exploitant. De ce fait, leur caractère obligatoire devient implicite à son application.

172. La prise en compte des informations ressortant de ces organisations, est prévue aussi, dans le contexte des accords bilatéraux. Par exemple, l'Accord d'association de la communauté avec le Chili, l'article 6 point b de l'Annexe IV sur les mesures sanitaires dit : « *c) Les parties reconnaissent que leurs échanges reposent sur le statut établi- en fonction de la prévalence ou de l'incidence d'une maladie animale autre que celles visées à l'appendice III. A ou d'infections animales, et/ou le cas échéant du risque qui y est associé- des territoires, régions, secteurs ou sous-secteurs des parties, selon la définition des organisations internationales de normalisation*

---

383 La *Procuraduría General de la República*, a interprété, par un avis contraignant, que les normes du Codex Alimentarius sont d'application directe, sans que soit nécessaire la promulgation des décrets, et donc, elles sont obligatoires pour les producteurs costaricains. "*De conformidad con las normas citadas y las consideraciones de [sic] expuestas, la Procuraduría General de la República concluye que no es necesario promulgar reglamentos ejecutivos con el fin de aplicar las reglas del Codex Alimentarius*." Dictamen C-140-97 de 31 juillet 1997.

384 República de El Salvador, Ley del Consejo Nacional de Ciencia y Tecnología. Decreto Legislativo n° 287 de 15 juillet 1992, publiée au Diario Oficial n° 144, tome 316 du 10 août 1992, art. 123: "*Mientras no se aprueben las normas técnicas oficiales, se tendrán como tales las normas [...] del Codex Alimentarius de la FAO/OMS...*".

reconnues par l'accord SPS de l'OMC. La partie importatrice peut s'il y a lieu demander, pour les importations d'animaux vivants et de produits animaux, des garanties conformes au statut défini selon les recommandations des organisations de normalisation.» Mise appart la discussion sur la fonction de normalisation de ces organisations, l'Accord sur les mesures sanitaires et phytosanitaires de l'OMC institue la Commission du Codex Alimentarius, commission de travail conjointe de l'Organisation Mondiale de la Santé (OMS) et l'Organisation des nations unies pour l'agriculture et l'alimentation (FAO), la Convention Internationale de protection des végétaux (CIPV) et l'Organisation mondiale de la santé animale (OIE), comme les organisations de « *référence* »[385], sans qu'elles soient les seules sources fiables. Ainsi, l'Accord d'association se réfère explicitement aux normes et aux recommandations de la dernière[386] et inclut celles spécifiques de l'FAO[387].

---

385 « *Normes, directives et recommandations internationales a) pour l'innocuité des produits alimentaires, les normes, directives et recommandations établies par la Commission du Codex Alimentarius en ce qui concerne les additifs alimentaires, les résidus de médicaments vétérinaires et de pesticides, les contaminants, les méthodes d'analyse et d'échantillonnage, ainsi que les codes et les directives en matière d'hygiène; b) pour la santé des animaux et les zoonoses, les normes, directives et recommandations élaborées sous les auspices de l'Office international des épizooties, c) pour la préservation des végétaux, les normes, directives et recommandations internationales élaborées sous les auspices du Secrétariat de la Convention internationale pour la protection des végétaux en coopération avec les organisations régionales opérant dans le cadre de ladite Convention; et d) pour les questions qui ne relèvent pas des organisations susmentionnées, les normes, directives et recommandations appropriées promulguées par d'autres organisations internationales compétentes ouvertes à tous les Membres et identifiées par le Comité.* ». Organisation mondiale du commerce. Accord général sur les tarifs douaniers et le commerce, (GATT, 1947). Accord sur l'application des mesures sanitaires et phytosanitaires. 1947, Annexe 1, sur les définitions, point 3, p. 90-92.

386 Par exemple, dans l'article 4 paragraphe a) sur les définitions, l'Accord dit : « *a) «animaux et produits animaux» les animaux vivants, y compris les poissons et les mollusques bivalves vivants, le sperme, les ovules, les embryons et les œufs à couver, ainsi que les produits d'origine animale, y compris les produits de la pêche, tels qu'ils sont définis par le code zoosanitaire international et le code sanitaire international pour les animaux aquatiques de l'Office international des épizooties (OIE)* ». Dans le même sens, cette le paragraphe k) de cet article établit «*normes de bien-être animal*» *les normes de protection des animaux élaborées et appliquées par les parties et, s'il y a lieu, adoptées*

173. L'information qu'est tenu de connaître l'exploitant a un contenu de plus en plus large dans le cadre des échanges internationaux. Elle comprend tant l'information issue des sources fiables au niveau national, du pays auquel les denrées sont destinées mais aussi, celles qui sont définies dans le cadre du commerce international. Dans un sens strict, cela fait partie des connaissances que l'exploitant d'un pays tiers est tenu d'avoir en raison de son activité.

Par conséquent, autant l'exploitant étranger qui exporte vers la Communauté que l'exploitant communautaire, dédié au commerce interne ou participant à l'exportation, a l'obligation de s'informer. Toutefois, cette obligation ne comporte que l'information relative aux risques. Sur ce point les professeurs Lorvellec et Collart Dutilleul signalent qu': «*une entreprise a une double obligation d'information s'agissant des denrées qu'elle met elle-même sur le marché : information de ce qu'elle soupçonne que cette denrée peut être préjudiciable à la santé humaine, d'une part, et information des mesures qu'elle prend, d'autre part.* » Or, l'obligation de se tenir informé concerne aussi celle relative aux mesures visant à contrôler les risques[388].

174. L'information sur les méthodes de contrôle des risques a deux sources. D'une part, les connaissances techniques et scientifiques qu'acquiert l'exploitant lors du développement de son activité et d'autre part, la législation. La pratique professionnelle instaure des actions issues de

---

conformément aux normes de l'OIE et entrant dans le champ d'application du présent accord; ». Accord établissant une association entre la Communauté européenne et ses États membres, d'une part, et la République du Chili, d'autre part. JO L 352, 30.12. 2002, 1-1450, spécif.p. 1046.

387 L'article 4 paragraphe m, point ii) « *ii) pour ce qui est de la santé végétale, une zone au sens défini par le «glossaire des termes phytosanitaires»* établi par la FAO dans le cadre des normes internationales pour les mesures phytosanitaires, c'est-à-dire une partie ou la totalité du territoire des parties», JO L 352, 30.12. 2002, 1-1450, p. spécif. p. 1047.

388 En ce sens, LORVELLEC (L), COLLART-DUTILLEUL, (F). *Op.cit,* voir note n° 71, p. 475.

l'évolution technique et scientifique. L'exploitant doit se tenir informé sur les nouveaux résultats, qui donnent lieu à des nouvelles méthodes et mesures de contrôle. Ainsi, celles-ci lui permettront de rendre sa démarche plus efficace.

La législation signale notamment, un ensemble d'actions de contrôle de « *base* ». Suivant une structure pyramidale[389], des mesures d'hygiène[390] et de contrôle officiel[391], sont de cette manière établies. Cependant, autres mesures se développent, de manière spécifique aux activités particulières. La complexité de l'industrie agroalimentaire le justifie. En ce sens, l'obligation de l'exploitant de s'informer, se traduit par celle d'effectuer une veille juridique relative à l'évolution de la législation qui établit de nouveaux outils de contrôle[392], de s'informer sur le développement des nouveaux instruments de contrôle issus de la technique professionnelle et de s'informer sur les risques qui peuvent affecter les denrées alimentaires que l'exploitant produit.

---

389 COLLART DUTILLEUL (F). *Op.Cit,* v. note n°17, p. 107. Sur ce même point, COLLART DUTILLEUL (F). *Op.cit.* v. note n°20, p. 98.

390 Notamment, le dénommé « *Paquet hygiène* », composé par les règlements communautaires Règlement (CE) n° 852/2004 du Parlement Européen et du Conseil du 29 avril 2004 relatif à l'hygiène des denrées alimentaires. JOUE, L 139 du 30 avril 2004. Règlement CE no 853/2004 du Parlement européen et du Conseil du 29 avril 2004 fixant des règles spécifiques d'hygiène applicables aux denrées alimentaires d'origine animale. JOUE L 226 du 25.6.2004, p. 22. Règlement (CE) N°183/2005 du Parlement européen et du Conseil du 12 janvier 2005 établissant des exigences en matière d'hygiène des aliments pour animaux. JOCE L 31 du 8 février 2005. Règlement (CE) N°183/2005 du Parlement Européen et du Conseil du 12 janvier 2005 établissant des exigences en matière d'hygiène des aliments pour animaux, JOUE L 31 du 8 février 2005.

391 En particulier, le dit « *Paquet contrôles* » qui comprend les règlements (CE) No 854/2004 du Parlement européen et du Conseil du 29 avril 2004 fixant les règles spécifiques d'organisation des contrôles officiels concernant les produits d'origine animale destinés à la consommation humaine. JOCE, L 226 du 25.6.2004, p. 83. Règlement (CE) No 882/2004 du Parlement européen et du Conseil du 29 avril 2004 relatif aux contrôles officiels effectués pour s'assurer de la conformité avec la législation sur les aliments pour animaux et les denrées alimentaires et avec les dispositions relatives à la santé animale et au bien-être des animaux, Journal officiel des Communautés européennes, JOCE L 191 du 28.5.2004, p. 1

392 Dans le même sens, COLLART DUTILLEUL (F). *Op.cit,* voir note n° 76, p. 34.

§2. L'obligation de vigilance

175. L'obligation de veiller comporte aussi celle d'effectuer une vigilance. Étant donné que la sécurité de l'aliment se doit d'être garantie au long de son parcours dans la filière, l'exploitant doit veiller au respect de la législation alimentaire dès la production de la denrée jusqu'à sa consommation. Il s'agit d'une vigilance en ce qui concerne les risques. Les professeurs Lorvellec et Collart Dutilleul, affirment que l'objectif de cette vigilance est « *de mettre les entreprises en mesure de suspecter les risques liés à l'utilisation de leurs produits* »[393].

A notre avis, il s'agit bien de contraindre l'exploitant à la suspicion des risques, mais cela ne se cantonne pas à l'utilisation des denrées. Une suspicion sur les risques au stade de l'utilisation, nous semble la réduire à la sphère du consommateur, où l'exploitant a une maîtrise des risques assez faible. Au contraire, nous considérons que cette exigence de « *suspecter* » s'applique aussi aux autres stades, tels que la production, la transformation et la commercialisation.

Cette vigilance est conditionnée, bien entendu, à l'accès qu'a l'exploitant au produit. Celui-ci est différent selon l'étape de la chaîne dans laquelle il se trouve. Considérant ceci, cette obligation s'effectue en deux temps distincts. Dans le premier, l'aliment se trouve sous contrôle direct de l'exploitant. Dans le deuxième, le produit ne se trouve plus sous son contrôle.

176. Dans un premier temps, selon ce qui est prescrit par l'article 17 du règlement CE 178/2002, «*Les exploitants du secteur alimentaire et du secteur*

---

393 LORVELLEC (L), COLLART-DUTILLEUL, (F). *Op.cit*, voir note n° 71, p. 473.

de l'alimentation animale veillent [...] dans les entreprises placées sous leur contrôle [...] à ce que les denrées alimentaires ou les aliments pour animaux répondent aux prescriptions de la législation alimentaire». Il est à souligner que le contrôle auquel se réfère cette disposition est de nature juridique[394]. Il comprend la maîtrise technique de l'entreprise agroalimentaire. Dans la mesure où l'exploitant est capable juridiquement et techniquement de contrôler les aliments qu'il produit, transforme ou distribue, il est aussi dans la meilleure position pour effectuer la vigilance de ces produits pendant qu'ils sont sous son contrôle.

S'agissant de l'exigence de suspecter l'existence de risques, cette vigilance se traduit par leur identification et leur gestion. Ces deux activités reposent sur trois objets: sur la démarche que l'exploitant développe, sur la denrée elle-même et sur les intrants et les matériaux employés. Par rapport à la vigilance des risques issus de la démarche de l'exploitant, la législation donne des références permettant de signaler cette obligation selon les procédés qu'il met en place à l'intérieur de son exploitation. Par exemple, l'annexe I du règlement CE 852/2004, relatif à l'hygiène des denrées alimentaires, détaille l'impératif de veiller à ce que les produits soient protégés des sources de contamination[395], ainsi qu'à la bonne santé et

---

394 Également, sur ce point, COLLART DUTILLEUL (F). *Op.cit*, voir note n° 76, p. 21.

395 « *2. Les exploitants du secteur alimentaire doivent, dans toute la mesure du possible, veiller à ce que les produits primaires soient protégés contre toute contamination, eu égard à toute transformation que les produits primaires subiront ultérieurement.*

3. Sans préjudice de l'obligation générale prévue au point 2, les exploitants du secteur alimentaire doivent respecter les dispositions législatives nationales et communautaires pertinentes relatives à la maîtrise des dangers dans la production primaire et les opérations connexes, y compris:

a) les mesures visant à contrôler la contamination provenant de l'air, du sol, de l'eau, des aliments pour animaux, des engrais, des médicaments vétérinaires, des produits phytosanitaires et des biocides et du stockage, de la manipulation et de l'élimination des déchets ...». Annexe I, §II, 2 et 3.a) du règlement CE 852/2004 relatif à l'hygiène des denrées alimentaires.

l'hygiène du personnel[396]. La Commission a communiqué que la vigilance peut faire l'objet d'une procédure simple[397], pouvant être instauré à l'intérieur de l'entreprise. Elle peut comprendre ainsi, la vérification visuelle de la température des équipements, des procédures de dépouillement lors de l'abattage ou du traitement thermique des produits. En effet, la vigilance est une activité omniprésente dans la démarche de l'exploitant.

177. Par rapport aux denrées, la vigilance de leur innocuité concerne tant les produits dont la fabrication, la transformation ou la distribution est finie, que ceux qui se trouvent dans un stade intermédiaire. Cette obligation d'observer la sécurité des denrées est mise en évidence par l'interdiction de mettre sur le marché de denrées dangereuses, instituée par l'article 14§1 du règlement CE n°178/2002. L'exploitant est donc, tenu de surveiller l'innocuité de la denrée avant de la mettre en circulation, quel que soit de l'état de transformation du produit.

178. Concernant la sécurité des intrants et des matériaux en contact avec les aliments, la législation impose l'obligation de vigilance à leur égard. Par rapport aux intrants, cette obligation se déduit de celle des denrées. Selon l'article 2 du règlement CE n°178/2002, une denrée alimentaire est «*toute substance ou produit, transformé, partiellement transformé ou non transformé, destinée à être destinée ou raisonnablement susceptible d'être ingéré par l'être humain. Ce terme couvre [...] toute substance [...] intégrée*

---

396 « *Les exploitants du secteur alimentaire qui élèvent, récoltent ou chassent des animaux ou qui produisent des produits primaires d'origine animale doivent prendre des mesures adéquates, afin, le cas échéant, de: [...] e) veiller à ce que le personnel manipulant les denrées alimentaires soit en bonne santé et bénéficie d'une formation relative aux risques en matière de santé;* » Annexe 2, chapitre VIII du règlement CE 852/2004. Dans le même sens voir, Annexe §II.6.

397 Commission des Communautés Européennes. Projet Document d'orientation sur l'application des procédures fondées sur les principes HACCP et leur aide à leur mise en œuvre dans certaines entreprises du secteur alimentaire. Bruxelles, C (2005) final. p. 24, § 8.3.1.

intentionnellement dans les denrées alimentaires au cours de leur fabrication, de leur préparation ou de leur traitement ...». Or, si la vigilance est une obligation qui vise les denrées, elle concerne l'innocuité de leurs matières premières et de leurs ingrédients.

179. En relation avec les matériaux, cette obligation de vigilance se manifeste par les contraintes relatives à la fabrication et à l'observation des effets qu'ils pourraient produire lorsqu'ils sont en contact avec les aliments. A titre d'illustration, le Règlement CE n°1935/2004 sur les matériaux et objets destinés à entrer en contact avec des denrées alimentaires[398], dicte l'obligation des entreprises[399] de fabriquer des matériaux qui, dans des conditions normales d'utilisation, « *ne cèdent pas aux denrées alimentaires des constituants en une quantité susceptible: a) de présenter un danger pour la santé humaine, ou b) d'entraîner une modification inacceptable de la composition des denrées, ou c) d'entraîner une altération des caractères organoleptiques* »[400]. Ainsi, l'obligation de vigilance s'impose d'une part, lors de la fabrication et les essais de matériaux, et d'autre part, lorsque les denrées sont sur le marché et les altérations à la sécurité, à la composition ou aux conditions organoleptiques, se rendent évidentes.

Pour synthétiser, même si l'obligation de vigilance concerne les procédés mis en place par les exploitants, l'innocuité des intrants et des matériaux ou les denrées, elle s'avère une obligation qui constitue une

---

398 Règlement CE n°1935/2004 du Parlement européen et du conseil du 27 octobre 2004 concernant les matériaux et objets destinés à entrer en contact avec des denrées alimentaires et abrogeant les directives 80/590/CEE et 89/109/CEE. JOUE, du 13.11.2004, L 338/4.

399 Ce terme défini « *toute entreprise publique ou privée assurant, dans un but lucratif ou non, des activités liées aux étapes de la fabrication, de la transformation ou de la distribution de matériaux et d'objets* ». Art. 2§c, du règlement CE n°1935/2004.

400 Art. 3§1, du règlement CE n°1935/2004.

condition préalable à la maîtrise d'un risque. Ce caractère préalable la rend aussi sous-jacente et fondamentale aux autres obligations.

180. Dans un deuxième temps, l'obligation de vigilance vise aussi la denrée pendant le temps qu'elle est sur le marché, et qu'elle n'est plus sous le contrôle direct de l'exploitant. Il s'agit d'une obligation d'identifier les risques dont la denrée peut faire l'objet. L'exploitant est donc, sensé inspecter entre d'autres, l'état dans lequel se trouve la denrée, les conditions de manipulation, de transport, de la chaîne de froid ou des effets qu'elle provoque sur les consommateurs. La vigilance de ces conditions fournit à l'exploitant, des informations essentielles pour sa propre gestion, pour les autorités et pour les autres partenaires commerciaux.

C'est pour cette raison, que la vigilance est une obligation fondamentale à la mise en œuvre des réseaux de surveillance et de prévention des risques. Ainsi, par exemple, l'article 201-2-II, du Code rural établit : « *A des fins de veille sanitaire, le ministre chargé de l'agriculture constitue sous son autorité des réseaux de surveillance et de prévention des risques [...] Les propriétaires et détenteurs d'animaux, les propriétaires et détenteurs à titre professionnel de denrées d'origine animale ou d'aliments pour animaux, les propriétaires ou exploitants de fonds, les vétérinaires, les laboratoires et toute autre personne détentrice dans le cadre de ses activités professionnelles d'informations correspondant à l'objet d'un réseau sont tenus d'adhérer au réseau correspondant à leur type d'activité et de se soumettre, sans préjudice des dispositions de l'article 226-13 du code pénal, aux mesures prescrites par le ministre chargé de l'agriculture.* »[401] L'intégration des exploitants à ce réseau de surveillance, confirme cette obligation. Ainsi, l'obligation de vigilance s'inscrit aussi bien qu'une contrainte dans le cadre de

---

[401] Article L 201-2, §II, du Code Rural.

la mise en œuvre des contrôles officiels que comme une action inhérente à l'obligation d'autocontrôle.

L'obligation de vigilance de la denrée se manifeste moyennant d'autres obligations. Nous pouvons évoquer parmi elles, celles de suivi, de traçabilité, de retrait ou de rappel. L'obligation de suivi impose une vigilance du parcours de la denrée à partir de sa mise sur le marché. La traçabilité établit une vigilance concernant l'identification des fournisseurs et destinataires de la denrée. Les obligations de retrait et de rappel supposent au préalable, une vigilance de la denrée permettant de l'identifier et de la situer dans un moment donné, afin de la retirer ou de la rappeler si elle représente, le cas échéant, un risque. Chacune de ces obligations comporte, à la base une obligation de vigilance.

181. Nous devons cependant, distinguer cette obligation de veiller de celle de surveiller. Cette dernière a pour objet *« l'action de veiller sur une personne ou une chose dans l'intérêt de celle-ci, ou de surveiller une personne ou une opération pour la sauvegarde d'autre intérêts [...] l'action préventive, qui fondée sur la vigilance de celui qui surveille (marqué par des actes de vérification et de contrôle), s'applique à l'action d'autrui dans les temps»*[402]. L'obligation de veiller à la différence de celle surveillance, définit une action de vigilance plus large, pouvant être effectuée tant sur soi-même ou sur une activité propre que sur d'autres personnes ou activités. Les obligations établissant un devoir de surveillance et de veille sont donc, distinctes.

Leur différence s'établit en relation avec l'objet visé. Celui de l'obligation de surveillance est l'action d'autrui[403], comme c'est le cas de la

---

402 CORNU, (G). (sous la direction de). *Op.cit,* voir note n° 10, p.

403 COULON (C). *L'obligation de surveillance.* Paris: Economica. 2003, p. 3§3.

surveillance des parents sur les actions de leurs enfants ou celle exercée par des personnes ayant en charge des personnes âgées. Celui de l'obligation de veiller comprend, en plus, le contrôle des actions propres. Or, l'obligation de veiller a un champ d'application plus large que celle de surveillance. C'est en effet en ce sens, que l'obligation de veiller est évoquée par la législation alimentaire.

Cela ne signifie cependant pas, qu'en droit agroalimentaire, l'obligation de surveillance ne soit pas présente. Nous pouvons citer son existence dans la surveillance que mettent en place les autorités officielles par rapport à la démarche de l'exploitant, ainsi que dans celle qu'effectue l'exploitant lorsqu'il surveille la démarche de ses fournisseurs.

Les obligations de vigilance et de s'informer, intègrent celle de veiller de manière à atteindre la sécurité des denrées. Toutefois, même en veillant sur le respect de la législation, il est possible que l'exploitant ne réussisse pas à maîtriser les risques. C'est pour cette raison que l'exploitant doit vérifier que l'application de la législation est efficace. Autrement dit, il doit vérifier la sécurité des denrées.

Section 2. Vérifier la sécurité

182. Le verbe «*vérifier*» définit dans le langage courant, l'action d'«*examiner la valeur de quelque chose, par une confrontation avec les faits ou par un contrôle de la cohérence interne. [...]* »[404]. Dans le même sens, les mots «s'assurer» définissent le fait d'«*examiner (une chose) de manière à pouvoir établir si elle est conforme à ce qu'elle doit être, si elle fonctionne correctement*»[405]. Dans le langage juridique, les actions d'examiner et de confronter sont implicites au terme «*vérification*», il définit « *l'action de vérifier, spécialement de la part d'une autorité ; action d'éprouver la réalité d'un fait, l'exactitude d'une allégation, la véracité d'une déclaration, la conformité d'une situation aux exigences de la loi, l'existence d'un pouvoir ou d'un droit, etc., souvent synonyme de contrôle.*»[406] De ce fait, la vérification implique la comparaison ou l'examen d'une chose par rapport à une autre, qui lui sert de paramètre ou de référence et qui permet de déterminer si elle correspond à ce qui a été prévu.

D'après l'article 3, point 3, du règlement CE 882/2004, les contrôles officiels « *...comprennent les contrôles des entreprises du secteur de l'alimentation animale ou du secteur alimentaire », autrement dit, ils sont effectués sur la base des résultats des contrôles réalisés par les exploitants. Or, dans la mise en œuvre de ces contrôles de « deuxième niveau* », l'objet de comparaison duquel partent les autorités sont les résultats des

---

404 REY-DEBOVE, (J); REY, (A). *Op.cit.* note n° 5, p. 2756.

405 REY-DEBOVE, (J); REY, (A). *Op.cit.* note n° 5, p. 2756.

406 CORNU, (G). (sous la direction de). *Op.cit*, note n° 10.

autocontrôles. Etant le responsable du contrôle de « *premier niveau* », l'exploitant est tenu d'effectuer ces contrôles à partir du même objet : les résultats de sa démarche.

C'est ainsi que l'obligation de vérifier, qui intègre celle de l'autocontrôle, définit son contenu. Il consiste en un examen qui s'effectue à partir de la comparaison entre les résultats de la gestion effectuée par l'exploitant et les risques qui devaient avoir été contrôlés. Si à la suite de cet examen, le produit ne peut pas être considéré comme sûr, l'exploitant doit entreprendre les mesures garantissant efficacement son innocuité, c'est-à-dire, il est obligé de mettre en œuvre des mesures correctives (I). Si au contraire, l'aliment correspond à la sécurité envisagée, l'exploitant doit prouver cette condition (II).

§1. Entreprendre des mesures correctives

183. La mise en œuvre d'une mesure de contrôle des risques peut s'avérer inefficace. C'est pour cette raison que même si la législation établit les prescriptions de base qui servent à guider la gestion de l'exploitant, ces prescriptions peuvent s'avérer insuffisantes. L'exploitant doit donc, envisager d'autres mesures lui permettant de parvenir à maîtriser efficacement les risques.

La vérification de l'efficacité de la gestion de l'exploitant est évoquée par la législation alimentaire, tant dans les dispositions générales du règlement CE 178/2002 que dans les dispositions spéciales. En relation avec les premières, l'article 19§2 du règlement CE 178/2002 dit: « *Tout exploitant du secteur alimentaire [...] engage, dans les limites de ses activités propres, les procédures de retrait du marché de produits ne répondant pas aux prescriptions relatives à la sécurité des denrées...* ». Également, l'article 20§1 du même règlement, dicte « *si un exploitant [...] considère ou a des raisons de penser qu'un aliment pour animaux qu'il a importé, produit, transformé, fabriqué ou distribué ne répond pas aux prescriptions relatives à la sécurité des aliments pour animaux, il engage immédiatement les procédures de retrait du marché* ...». Ces dispositions montrent que même si la gestion de l'exploitant avait été tenue comme efficace dans un moment donné, la sécurité peut se voir affaiblie ou les mesures qui la garantissaient peuvent s'avérer inefficaces. C'est-à-dire, même si la législation est respectée, il arrive que les risques soient encore présents ou bien, que leur contrôle ne soit pas possible. Des mesures correctives s'imposent alors.

La vérification de l'efficacité de la gestion des risques est aussi, mise en évidence par les dispositions spécifiques de la législation alimentaire qui établissent des mesures correctives. Par exemple, l'article 5§2 du règlement CE 852/2004, relatif à l'hygiène des denrées alimentaires, prescrit que l'exploitant est tenu, en respectant l'application des principes du système HACCP, d'«*établir les actions correctives à mettre en œuvre lorsque la surveillance révèle qu'un point critique de contrôle n'est pas maîtrisé* »[407]. Dans ce texte, la vérification de l'efficacité de la gestion est la raison qui justifie la mise en place des mesures rectificatives visant le risque non-contrôlé.

Les mesures correctives sont fondées sur la base de l'expérience des autocontrôles et donc, des résultats obtenus. Aux termes de l'article 13 point 1, b) du règlement CE 852/2004 et de l'article 10, point 1, 2) du règlement 853/2004, les modifications dont peuvent faire l'objet les procédures d'analyse et de maîtrise des risques de l'article 5 du règlement 852/2004, sont liées, parmi d'autres aspects, à « *l'expérience acquise dans le*

---

407 Règlement CE 852/2004, Art. 5) e.

cadre de l'application de systèmes fondés sur la HACCP ». Ces dispositions instituent la possibilité de modifier les systèmes d'autocontrôle de manière à corriger les défaillances qui ont empêché le contrôle des certains risques.

184. En ce sens, des mesures correctives sont évoquées à titre « *d'exemple* » par la Commission, dans un document d'orientation sur les procédures fondées sur les principes du HACCP[408] : « *Pour chaque point critique pour la maîtrise, l'équipe HACCP doit préétablir des mesures correctives afin que celles-ci puissent être appliquées sans hésitation dès qu'un écart par rapport à la limite critique est observé au cours de la surveillance. Ces mesures correctives doivent comprendre : l'identification de la personne ou des personnes responsable(s) de la mise en œuvre de la mesure corrective ; une description des moyens et mesures à mettre en œuvre pour corriger l'écart observé ; les mesures à prendre pour les produits fabriqués pendant la période où le procédé n'était pas maîtrisé ; un enregistrement écrit des mesures prises fournissant toutes les informations utiles (date, heure, type d'action, auteur et vérifications ultérieures, etc.)*»[409] L'objectif de la mesure est clair: faire que l'exploitant rectifie les défaillances qui affectent la sécurité des produits, depuis les stades essentiels de sa gestion.

Cette obligation d'entreprendre des mesures correctives est aussi mise en évidence dans d'autres dispositions. Ainsi, le considérant 25 du règlement 2073/2005, relatif aux critères microbiologiques des denrées

---

408 Commission des Communautés Européennes. *Projet Document d'orientation sur l'application des procédures fondées sur les principes HACCP et leur aide à leur mise en œuvre dans certaines entreprises du secteur alimentaire*. Bruxelles, 2005, SANCO/1955/2005 Rev. 3 (PLSPV/2005/1955/1955R3-FR.doc), p. 16.

409 Le souligné est nôtre.

alimentaires[410], dicte: « *L'évolution des résultats des essais doit être analysée car elle peut mettre en lumière des phénomènes indésirables au niveau du procédé de fabrication. L'exploitant du secteur alimentaire pourra alors prendre des mesures correctives avant de perdre la maîtrise du procédé.*» Or, les résultats insatisfaisants imposent l'application de ces mesures. En ce sens son article 7 évoque clairement que : « *Lorsque les essais fondés sur les critères définis à l'annexe I donnent des résultats insatisfaisants, les exploitants du secteur alimentaire prennent les mesures indiquées aux paragraphes 2 et 4 du présent article ainsi que les mesures correctives définies dans leurs procédures HACCP et les autres mesures nécessaires pour protéger la santé des consommateurs. Ils prennent en outre des mesures qui leur permettront de découvrir la cause des résultats insatisfaisants en vue de prévenir la réapparition de la contamination microbiologique inacceptable. Ces mesures peuvent comporter des modifications de procédures fondées sur les principes HACCP ou d'autres mesures de contrôle de l'hygiène des denrées alimentaires en vigueur.* » La mise en œuvre des mesures correctives est ainsi, la conséquence nécessaire de la vérification des résultats insatisfaisants de la gestion des risques. Elle suppose un comportement actif de l'exploitant, qui doit chercher les causes des résultats inadéquats. Ceci contraint le professionnel à réviser l'intégralité de son système de contrôle.

185. Sur ce point, l'AFSSA a estimé que «*Dans son plan de maîtrise sanitaire, l'exploitant doit définir les mesures correctives qu'il prévoit de mettre en place en cas de dépassement des critères, et les conditions de leur mise en œuvre. Pour les micro-organismes indicateurs d'hygiène et qui sont*

---

410 Règlement (CE) 2073/2005 de la Commission du 15 novembre 2005 concernant les critères microbiologiques applicables aux denrées alimentaires. JOCE L 338 du 22.12.2005, p. 1.

également des pathogènes (par exemple Clostridium perfringens et Bacillus cereus), il est recommandé aux exploitants de prévoir des corrections (pouvant aller jusqu'à une procédure de retrait/rappel dans le respect de l'article 14 du règlement (CE) n°178/2002) »[411]. C'est ainsi que les mesures correctives font partie du système de gestion des risques qu'est tenu d'élaborer le professionnel pour vérifier la sécurité des denrées.

186. L'exigence d'entreprendre des mesures correctives se manifeste également dans le droit étranger. La résolution chilienne concernant « *El alcance del programa de aseguramiento de calidad en fábricas o elaboradoras de alimentos y suplementos para animales y fábricas de ingredientes de origen animal destinados a la alimentación animal* »[412], *du 1er septembre 2009, dicte dans l'article premier, paragraphe i) : « La implementación de acciones correctivas a las situaciones de no conformidad y a los productos non conformes, de manera de asegurar la inocuidad de éstos* ». Mise à part l'absence de distinction entre la conformité et la sécurité que nous observons dans ce texte, l'application des actions correctives s'avère une condition pour garantir l'innocuité des aliments. Cette condition est exigée dans les premiers stades de la filière, comme garantie d'une sécurité dans les étapes suivantes de la chaîne.

187. Cette obligation est évidente aussi dans l'article 5 du décret costaricain 26.599 qui établit que : « *Del análisis y control que el Ministerio de Agricultura y Ganadería realice con relación a la observancia y*

---

411 AFSSA. *Avis de l'Agence française de sécurité sanitaire des aliments concernant les références applicables aux denrées alimentaires en tant que critères indicateurs d'hygiène des procédés.* Saisine n° 2007-SA-0174. Maisons-Alfort, le 13 mars 2008. p. 4 et 5.

412 Resolución por la que se establece el alcance del programa de aseguramiento de calidad en fábricas o elaboradoras de alimentos y suplementos para animales y fábricas de ingredientes de origen animal destinados a la alimentación animal. Ministerio de Agricultura. Servicio de Agricultura y Ganadería (Chile), n°5025, del 1 de septiembre de 2009, Article 5, point 1, §i).

cumplimiento del sistema SARCPC (HACCP), se aplicarán las siguientes acciones administrativas en caso de incumplimiento: [...] b- Vencido el plazo citado sin que se hubieren practicado efectivamente las correcciones establecidas a satisfacción de las autoridades sanitarias, las mismas no emitirán ningún certificado que ampare exportaciones de la planta o empresa bajo sistema SARCPC. c- Transcurrido un plazo de treinta días hábiles desde el vencimiento del plazo citado en el punto a) del presente artículo, el Ministerio de Agricultura y Ganadería podrá revocar o suspender la autorización de la planta o empresa, previa notificación a la misma. La revocatoria o suspensión decretada no impedirá el que la planta o empresa pueda ser nuevamente autorizada, cuando acredite a satisfacción de las autoridades sanitarias, el cumplimiento de las directrices y recomendaciones que las mismas le hubieren emitido en ejercicio de su competencia y así lo soliciten por escrito al Ministerio de Agricultura y Ganadería.» L'objectif de cette disposition est de mettre en œuvre des mesures correctives dans le cadre des exportations, où la faute entraîne la suspension du certificat d'exportation[413]. Il s'agit en effet, d'obliger l'exploitant à assumer dans sa totalité, l'amélioration des défaillances de son système de contrôle des risques.

188. Ces deux exemples, montrent que la mise en œuvre des mesures correctives s'applique à des produits dont les marchés sont différents. Dans le cas chilien, cette obligation est envisagée pour tous les produits, y compris ceux qui sont destinés au marché national, tandis que dans le cas costaricain, cette obligation n'est établie que pour les produits d'exportation. Cette

413 Reglamento sobre el control de la aplicación de los sistemas de HACCP en los alimentos, productos y subproductos destinados a la exportación. Decreto Ejecutivo n°26559-MAG-S (Costa Rica). Gaceta n° 13 de 20 de enero de 1998.

différence trouve sa justification dans l'approche adoptée par les administrations.

Au Chili, l'ouverture du marché local à l'étranger a motivé la mise en œuvre des obligations, comme celle d'autocontrôle, afin de pouvoir démontrer la cohérence de la gestion des risques alimentaires, tant pour le marché local que pour l'international. Au Costa Rica, l'approche sanitaire est encore celle qui existait dans l'Union européenne avant les crises des années quatre-vingt-dix, selon laquelle, l'administration est responsable de la sécurité sanitaire des aliments et l'exploitant effectue des corrections sur la demande de cette dernière.

Néanmoins, cette approche devra évoluer, car les échanges internationaux entre l'Union européenne et l'Amérique latine imposeront la prise en considération d'exigences de plus en plus spécifiques. En ce qui concerne l'agroalimentaire, l'obligation d'autocontrôle sera à l'origine des modifications dans l'approche de la mise en œuvre de la sécurité des denrées et, notamment dans le comportement de l'exploitant qui devra effectuer les corrections de sa démarche, de sa propre initiative, afin de pouvoir satisfaire les exigences du marché européen.

189. Cette situation est déjà mise en lumière dans le cadre des échanges internationaux de la Communauté. Les rapports des audits des systèmes de contrôle des pays tiers, signalent comme faute, l'absence de la constatation de la part des autorités nationales, de l'application des mesures correctives entreprises par les exploitants exportateurs. Dans le rapport de 2006, concernant le système de contrôle sanitaire des produits de la pêche et de l'aquaculture de la Colombie, les autorités communautaires ont considéré que « *The Colombian standards applicable to export FP [fish products] to the EU do not cover all the equivalent Community requirements. The presence of certain uncorrected deficiencies in some establishments already reported in previous CA [Competent authority] inspection reports demonstrated that*

follow-up is not properly carried out after inspections. In spite of the procedures put in place by INVIMA [Instituto Nacional de Vigilancia de Medicamentos y Alimentos] to provide for harmonised control activities carried out at regional and local level, the absence of:[...] as well as the insufficient verification by INVIMA and/or the regional and local control bodies of the completion of the corrective actions..." [414]. Le respect des mesures correctives est signalé comme une défaillance du système officiel colombien. Cependant, leur mise en œuvre concerne les exploitants dans un premier temps, ce qui contraint les autorités colombiennes à l'exiger. Ceci, montre aussi, l'intérêt des autorités communautaires d'instituer cette démarche de l'obligation d'autocontrôle *-obligation de correction-*, qui définit l'approche passive de l'exploitant caractérisant les systèmes sanitaires latino-américains.

190. Cette situation est aussi évidente, lors de l'audit du système de contrôle sanitaire des résidus vétérinaires dans les animaux et produits d'origine animale du Chili, effectué en 2009[415]. La mission européenne a signalé: "*Wholesalers and pharmacies are controlled by the SAG [Servicio Agrícola y Ganadero] regional offices. The mission team noted that: regular controls in accordance with SAG instructions could be seen in the wholesaler visited; there was incomplete labelling of several VMPs [veterinary medicinal products] at the wholesaler visited. This had already been noted during a routine inspection of the regional SAG office and corrective actions had been*

---

414 European Commission. Health & Consumer protection Directorate-*General. Food and Veterinary Office Final report of a mission carried out in Colombia from 15 to 23 march 2006 in order to assess the public health controls and the conditions of production of fishery product and aquaculture*. DG (Sanco)/8164/2006. p. 10 et 11. Le souligné est nôtre.

415 European Commission. *Health & Consumer Protection. Directorate-General. Food and Veterinary Office Final report of a mission carried out in Chile from 7 to 15 march 2007 concerning the evaluation of the control of residues and contaminants in live animals and animal products, including controls on veterinary medicinal products.* DG(SANCO)/2007-7316. Spécif.5.3.3.1, p. 12. Le souligné est nôtre.

initiated." Sur le terrain les autorités communautaires ont observé que les autorités chiliennes avaient initié le contrôle sur l'exécution des mesures correctives. L'autorité nationale accomplit ainsi, un contrôle de deuxième niveau, à partir des défaillances signalées. Les mesures correctives ont été mises en application par les vendeurs de médicaments vétérinaires, qui lors de cet audit, ont été assimilés aux exploitants agroalimentaires.

191. Egalement, nous pouvons voir la contrainte pesant sur l'exploitant européen, de mettre en application des mesures correctives dans les cas des exportations. Ainsi, lors de l'audit effectué par le *Food Safety and Inspections Service* (FSIS), du « *Department of Agriculture* » des États-Unis, sur le système d'inspection de la viande français en 2008, le service américain a indiqué : « *A significant important portion of the inspection personnel rely almost exclusively on the content of « MEGAREG » [Inspection des établissements élaborant des produits carnés et agréés à l'exportation vers les Etats – Unis*[416]] in order to perform their duties in enforcing FSIS requirements. The most recent version of the DGAL/MCSI/N2005 8262 was distributed to inspection personnel on March 5, 2007. » Sur ce point, le service français a répondu : « *l'application de la MEGAREG, actualisée en 2007, a été complétée en 2008 par une note de service générale relative aux exportations des denrées d'origine animale. Cette instruction précise les notions de plans « sps » [Sanitation performance standards], SSOP [Sanitation sanitary operating procedures], HACCP [Hazard Analysis Control Critical Points], et établit la correspondance entre les éléments prévues pour les dossiers d'agreement communautaire d'une part, et spécifique pour*

---

416 Note de service DGAL/MCSI/N2000-8005 du 18 janvier 2000 : MEGAREG inspection des établissements élaborant des produits carnés et agréés à l'exportation vers les Etats-Unis modifiée en dernier lieu par la NS DGAL/SDSSA/MCSI/N2005-8263 du 22 novembre 2005.

l'exportation vers les USA, d'autre part »[417]. Même si ces procédures sont encadrées par l'autorité française, elles sont mises en application par les exploitants agroalimentaires conformément à l'obligation d'autocontrôle de l'article 17 du règlement CE 178/2002 et selon l'article 5 du règlement 852/2004. Comme pour les cas antérieurs, il s'agit de mesures de correction dont l'application correspond aux professionnels eux-mêmes, sous la supervision des autorités.

Dans les exemples précédents il faut cependant distinguer entre les mesures correctives qui concernent le système de contrôle officiel, de celles qui concernent l'autocontrôle. Les premières sont effectuées par les autorités. Les deuxièmes sont appliquées par les exploitants. Sous l'approche de la responsabilité primaire de la législation alimentaire, ces audits montrent comment les autorités qui effectuent les audits contraignent les audités, à la constatation de l'exécution de ces mesures correctives. L'application des actions correctives initie ainsi le cycle qui conditionne, d'une part, le contrôle officiel à l'autocontrôle et d'autre part, le contrôle des résultats aux corrections.

Toutefois, la vérification en elle-même ne permet pas de tenir pour accomplie l'obligation d'autocontrôle. L'exploitant est tenu de prouver que cette vérification a eu lieu. C'est à lui à que revient l'obligation de constituer la preuve.

---

417 Draft final Report of an audit carried out in France covering france's meat and poultry inspection system. February 27 through March 1, 2008, p. 27.

§2. Prouver l'efficacité de la gestion

192. Une fois que l'efficacité de la gestion des risques a été vérifiée, l'exploitant doit constituer la preuve. Ceci est effectué de manière unilatérale, pour des raisons de nature économique, organisationnelle et probatoire : la nécessité de l'état de transmettre les coûts du contrôle sanitaire aux exploitants, l'organisation des contrôles officiels à partir des autocontrôles et l'impossibilité du consommateur de constituer la preuve du non-respect de la législation de l'exploitant.

En premier lieu, la constitution unilatérale de la preuve de l'efficacité de la gestion des risques, répond au besoin étatique de rendre l'exploitant responsable des coûts économiques des résultats défaillants de sa démarche. Compte tenu que les exploitants ont une responsabilité primaire dans la maîtrise des risques, la législation alimentaire cherche à leur octroyer la responsabilité économique de cette activité moyennant l'obligation d'autocontrôle. Par conséquent, il est tenu de prouver la gestion efficace car, cela lui permet d'un côté, de protéger l'investissement économique déjà réalisé et d'autre côté, d'éviter des dépenses additionnelles dues aux résultats insatisfaisants [418].

---

418 « *Dépenses résultant de contrôles officiels additionnels. Lorsque la détection d'un manquement à la législation donne lieu à des contrôles officiels dépassant les activités de contrôle normales de l'autorité compétente, cette dernière impute aux exploitants responsables du manquement ou peut imputer à l'exploitant propriétaire ou détenteur des marchandises au moment où les contrôles officiels additionnels sont effectués les dépenses résultant des contrôles officiels additionnels.* » Article 28, règlement CE 882/2004 relative à l'organisation des contrôles officiels.

La constitution unilatérale de la preuve a, en deuxième lieu, une justification organisationnelle. Elle se fonde sur le fait que l'objet du contrôle officiel est le résultat de l'autocontrôle. Ce dernier a pour objectif, la constatation du respect des obligations de l'exploitant à l'égard de la législation alimentaire. A ces fins, il doit prouver le respect de la législation aux autorités.

Troisièmement, l'exploitant doit constituer unilatéralement la preuve de sa gestion pour une raison d'ordre probatoire. Celle-ci réside dans l'impossibilité du consommateur de prouver que l'exploitant a accompli ses obligations légales. La charge de la preuve revient à l'exploitant, tant pour sa position privilégiée dans la filière que par la responsabilité primaire qui lui est attribuée par la législation alimentaire.

193. L'obligation de prouver l'efficacité de la gestion des risques est instituée aussi bien dans les règlements concernant l'hygiène des denrées que dans ceux relatifs aux contrôles officiels sur les aliments. En relation avec les premiers, cette obligation est dictée par l'article 5§4 du règlement CE 852/2004 qui établit: « *Les exploitants du secteur alimentaire: a) démontrent aux autorités compétentes qu'ils se conforment au paragraphe 1 en respectant les exigences de l'autorité compétente [...]* ». Il s'agit de démontrer le respect des dispositions visant l'hygiène des denrées.

Par rapport aux deuxièmes, cette contrainte est établie par l'article 4 du règlement CE 854/2004. Selon cette disposition, les audits officiels s'appuient sur « *tout document ou registre requis en vertu du présent règlement ou que l'autorité compétente juge nécessaire pour évaluer la situation.»* Pour accomplir les tâches d'audit, « *l'autorité compétente veille tout particulièrement à: [...] b) vérifier tous les enregistrements pertinents des exploitants du secteur alimentaire; c) prélever des échantillons pour des analyses en laboratoire, lorsque cela est nécessaire, et d) justifier les éléments pris en compte et les résultats de l'audit.»*[419] Dans le même sens, l'article 10, point 2 du règlement CE 882/2004, dit : « *Les contrôles officiels des aliments pour animaux et des denrées alimentaires comprennent, entre autres, les activités suivantes: a) l'examen de tout système de contrôle mis en place par les exploitants du secteur de l'alimentation animale et du secteur alimentaire et des résultats obtenus; [...] e) l'examen des documents écrits et d'autres données qui peuvent se révéler utiles pour évaluer le respect de la législation relative aux aliments pour animaux ou aux denrées alimentaires...*». Les contrôles officiels se basent donc, sur les résultats de l'exécution de l'autocontrôle. De ce fait, l'exploitant est tenu de constituer la preuve.

A partir de ces dispositions nous pouvons déduire deux aspects fondamentaux concernant la preuve: l'objet et le sujet. L'objet est l'information obtenue lors de l'exécution de l'obligation d'autocontrôle, c'est-à-dire, les résultats des mesures entreprises par l'exploitant. L'exploitant est en effet celui qui doit obtenir l'information, il est le sujet sur lequel pèse cette obligation. Il s'agit donc, d'une constitution unilatérale de la preuve.

194. L'objet de cette obligation comporte un contenu et un délai de conservation qui n'ont pas été définis par la législation. Ce n'est que la forme de cette information, qui fait l'objet d'un léger encadrement. Selon l'article 5.4 paragraphe b) du règlement CE 852/2004, les exploitants «*veillent à ce que tout document décrivant les procédures élaborées conformément au présent article soit à jour à tout moment*». Ainsi, parmi l'information qui définit le contenu de cette obligation figure celle relative aux procédures de contrôle mises en application.

---

[419] Art. 4.8 du Règlement CE 854/2004.

195. La Commission a expliqué que cette information comporte aussi «*la documentation relative aux exigences structurelles*» et « *la documentation relative aux exigences opérationnelles* »[420]. La première se réfère, *grosso modo*, à l'état des installations, tandis que la deuxième a trait aux méthodes adéquates pour lutter contre les organismes nuisibles. Le contenu de l'information est donc, assez large, portant sur les données relatives aux risques, les procédures à mettre en œuvre, les résultats des contrôles, ou encore, sur l'état des installations et des établissements.

196. Par rapport au délai de conservation de l'information, l'article 5.4 paragraphe c) du règlement 852/2004 impose que les exploitants « *conservent tout autre document et dossier pendant un période appropriée* ». Dans le sens de cette disposition, la documentation des procédures citées dans le paragraphe précédent ainsi que tout autre document, doit être conservée par l'exploitant pendant une période non-spécifiée. Ceci pose des problèmes d'ordre pratique et juridique. D'une part, les coûts de la conservation de l'information sont élevés, indifféremment de leur support. D'autre part, la conservation de cette information devrait comporter un terme, permettant à l'exploitant de se décharger de l'obligation. Ce terme pourrait être lié au délai pour établir une action en responsabilité. Toutefois, le délai de conservation de l'information n'a pas été déterminé par la législation alimentaire.

L'article 21 du règlement CE 178/2002 dicte l'application de la directive du 25 juillet 1985 sur le domaine de l'agroalimentaire. D'après ce renvoi, on pourrait interpréter que le délai devrait être celui de dix ans compté à partir de la mise en circulation de la denrée, qui correspond à l'action en

---

420 Commission européenne. *Direction générale : Santé et Protection des Consommateurs. Document d'orientation concernant l'application de certaines dispositions du règlement (CE) n°852/2004 relatif à l'hygiène des denrées alimentaires*. Bruxelles, 16 février 2009, p. 12.

responsabilité régie par l'article 1386-16 du Code civil. Il s'agit d'un délai raisonnable, compte tenu de l'intérêt qu'a l'exploitant lui-même face aux éventuelles actions en responsabilité. Toutefois, d'autres délais concernant aussi, la conservation de cette information sont suggérés par les autorités communautaires.

C'est le cas du délai de conservation de l'information ressortant de l'obligation de traçabilité, définie dans l'article 18 du règlement CE 178/2002. A défaut d'une définition normative, le Comité permanent de la chaîne alimentaire et de la santé animale, a suggéré de conserver l'information pendant cinq ans comptés à partir de la date de fabrication ou de délivrance. Cependant, ce délai peut s'élargir dans le cas de produits dont la vie utile est supérieure à ce délai. Il peut aussi se réduire à six mois, pour les denrées qui ont une date de caducité inférieure à trois mois ou sans date spécifiée ou encore, varier selon les conditions spécifiques imposées aux entreprises[421]. Cette situation montre que les critères de fixation de délai de conservation de l'information sont très variables.

---

421 *"Article 18 does not specify a minimum period of time for keeping records, and therefore it is for the businesses to decide, bearing in mind that failure to produce adequate records would constitute an offence. On a broad basis, it is considered that commercial documents are usually registered for a period of 5 years for taxation controls. It is suggested that this 5 year period, where applied from date of manufacturing or delivery to traceability records, would be likely to meet the objective of Article 18. However, this common rule would need to be adapted in some cases: - For highly perishable products, which have a "use by" date less than 3 months or without a specified date, destined directly to final consumer, records could be kept for the period of 6 months after date of manufacturing or delivery. - For other products with a "best before" date, records could be kept for the period of the shelf-life plus 6 months; - For products without a specified durability date, the general rule of 5 years could apply). Finally, it should be taken into account that, apart from the traceability provisions of Article 18 of the Regulation, many food businesses are subject to more specific requirements in terms of record keeping (type of information to be kept and time). Competent authorities should ensure that they comply with these rules."* Committee on the food chain and animal health. Guidance on the implementation of articles 11, 12, 14, 17, 18, 19 and 20 of regulation (EC) 178/2002 On General Food Law . 26 janvier 2010, p. 22, point, vi.

Dans le cas de la traçabilité, ce délai est défini d'une part, à partir des critères fiscaux et, d'autre part, selon les conditions exigées aux entreprises. Celui de dix ans est établi en relation à l'action en responsabilité civile. Il est évident que la réduction du délai ou même son indétermination, servent à l'exploitant à limiter tant les coûts de cette conservation que « *l'exposition* » de l'exploitant à une éventuelle mise en responsabilité. A notre avis, le délai à respecter est celui de dix ans, y compris pour l'information relative à la traçabilité, cela afin de garantir l'action du consommateur. Toutefois, il est clair que l'interprétation du Comité permanent ainsi que le silence de l'article 5.4 du règlement CE 852/2004, donnent lieu à une interprétation confuse sur la durée de conservation de l'information qui constitue la preuve de la gestion de l'exploitant.

197. En ce qui concerne la forme de l'information, elle est encadrée de manière relativement imprécise par la législation. Dans les formulations des textes communautaires, nous pouvons observer la référence à la «*documentation* [422]», aux «*registres* [423]», aux «*procédures* [424]» ou encore,

---

[422] Par exemple, 5§4 points b) et c), du règlement CE 852/2004.

[423] Parmi autres, l'article 4.1 du règlement 854/2004 : « *1. Les États membres veillent à ce que les exploitants du secteur alimentaire fournissent toute l'assistance requise pour garantir l'exécution efficace des contrôles officiels par l'autorité compétente. Ils veillent notamment: [...] à présenter tout document ou registre requis en vertu du présent règlement ou que l'autorité compétente juge nécessaire pour évaluer la situation* ». *Dans le même sens, l'annexe I, A, point 1) 854 dit :* » *Le vétérinaire officiel doit contrôler et analyser les informations pertinents provenant des registres de l'exportation d'origine des animaux destinés à l'abattage et prendre en compte les résultats dûment étayés de ce contrôle et de cette analyse lorsqu'il effectue des inspection ante et post mortem* ».

[424] Ainsi par exemple, le point A. 4) de l'annexe II du Règlement CE 853/2004 : « *4. Les exploitants du secteur alimentaire doivent, en application de l'article 18 du règlement (CE) 178/2002, disposer de systèmes et de procédures leur permettant d'identifier les exploitants qui leur ont fourni des produits d'origine animale et auxquels ils ont livré des produits d'origine animale.* » *Aussi, l'article 31 du règlement 882/2004,* « *1. a) Les autorités compétentes définissent les procédures que doivent suivre les exploitants du secteur de l'alimentation animale et du secteur alimentaire lorsqu'ils sollicitent l'enregistrement de leurs établissements conformément au règlement (CE) no 852/2004,*

aux «*enregistrements*»[425]. Tous ces termes sont définis dans un sens large et imprécis. Cette situation donne lieu à une certaine «*souplesse formelle*».

La Commission a fait valoir une telle souplesse, en signalant que l'information à fournir pour l'exploitant « *[...] peut revêtir des formes diverses: les guides de bonnes pratiques peuvent contenir déjà tout ou partie de la documentation nécessaire; les entreprises du secteur alimentaire peuvent préférer mettre au point une documentation personnalisée, plus appropriée à leur situation particulière; les procédures fondées sur les principes HACCP peuvent constituer une base possible (compte tenu de la flexibilité nécessaire aux entreprises du secteur alimentaire, particulièrement aux petites entreprises). La documentation peut prendre la forme de résultats d'essais menés en laboratoire, de rapports sur la lutte contre les nuisibles, de mesures de température, de citations extraites de la littérature spécialisée, de documents techniques provenant des fournisseurs des matériaux de construction, etc.* »[426] L'exploitant peut donc, prouver sa démarche de façons multiples, selon les méthodes ou instruments de contrôles déployés. Dans tous les cas, la preuve de l'efficacité de la gestion se matérialise moyennant l'information résultant des contrôles.

198. Concernant l'aspect subjectif, cette information n'est que constatée par les autorités. Elle est fournie de manière unilatérale par l'exploitant. C'est lui qui doit la constituer, conserver et apporter aux autorités et le cas échéant, aux autres exploitants. Cette situation est justifiée par le fait que c'est l'exploitant qui, en raison de la gestion des risques qu'il effectue, génère et

---

à la directive 95/69/CE ou au futur règlement relatif à l'hygiène des aliments pour animaux. » Egalement, *Op.cit.,* note n°420, p. 13.

425 A titre d'illustration, art. 4.6.b) et d) du règlement 854/2004. Dans le même sens, voir *Op.cit.,* note n°420, p. 13.

426 Commission européenne. Direction générale: Santé et Protection des Consommateurs. *Op.cit*, n°420, §8.3.

conserve l'information constituant la preuve de sa démarche. Toutefois, cette condition pourrait compromettre son droit à la défense.

199. Ce droit pourrait être mis en question car il semble promouvoir l'auto-incrimination de l'exploitant. Cette controverse trouve son origine dans la confluence du rôle du contrôlé et du contrôleur, chez l'exploitant, ce qui motive un conflit d'intérêts. Ce conflit n'est pas sans conséquence au regard d'un processus équitable et de la présomption d'innocence.

D'après la Convention européenne de Droits de l'homme, «*Toute personne accusée d'une infraction est présumée innocente jusqu'à ce que sa culpabilité ait été légalement établie*»[427]. Or, l'obligation de constituer et de conserver l'information sur la gestion de risques, pourrait s'avérer contraire au droit fondamental de défense. Cela est fondé sur deux raisons: d'une part, elle suggère une présomption de culpabilité de l'exploitant et d'autre part, elle lui impose de constituer et d'apporter une preuve qui pourrait être employée contre lui-même.

200. Afin de protéger les garanties processuelles, le droit allemand, introduit une interdiction explicite de l'emploi d'une telle preuve dans le domaine alimentaire. Le paragraphe 44 (2) du *Lebensmittel- und Futtermittelgesetzbuch – LFGB* (Code alimentaire allemand) dicte que l'information fournie par l'exploitant ne peut pas être utilisée contre lui, dans les procédures criminelles ou punitives.[428] Néanmoins, cette garantie pourrait,

---

427 Article 6 de la Convention de sauvegarde des Droits de l'Homme et des Libertés fondamentales. Conseil de l'Europe. Convention de sauvegarde des Droits de l'Homme et des Libertés fondamentales telle qu'amendée par le Protocole n° 11 accompagnée du Protocole additionnel et des Protocoles n° 4, 6, 7, 12 et 13. Conseil de l'Europe, Rome, 4 novembre 1950, ETS n° 5. Convention européenne de droits de l'homme.

428 « *§44 (2). Übermittlung nach Absatz 3 Satz 1 oder nach Artikel 18 Abs. 3 Satz 2 der Verordnung (EG) Nr. 178/2002 darf nicht zur strafrechtlichen Verfolgung des Unterrichtenden oder Übermittelnden oder für ein Verfahren nach dem Gesetz über Ordnungswidrigkeiten gegen den Unterrichtenden oder Übermittelnden verwendet werden.*

justifier d'un côté, que l'exploitant occulte l'information qui puisse le compromettre, car nul ne peut se constituer une preuve contre soi-même. D'autre côté, il pourrait aussi non informer, car il a le droit de garder silence[429].

201. Le droit français ne comporte pas de disposition de ce type. Au contraire, il établit clairement l'obligation de l'exploitant d'informer l'administration, sur les contrôles qu'il effectue. Ainsi par exemple, selon l'article L201-1 du Code rural, « *Tout propriétaire ou détenteur de denrées mentionnées à l'article L 231-1 ou d'aliments pour animaux et tout laboratoire est tenu de communiquer à l'autorité administrative tout résultat d'examen indiquant qu'une denrée alimentaire ou un aliment pour animaux qu'il a importé, produit, transformé, fabriqué, distribué ou analysé présente ou est*

Satz 1 Nr. 1 gilt auch, wenn der Unterrichtung eine Unterrichtung nach Absatz 4 Satz 1 oder Absatz 5 Satz 1 vorausgegangen ist. Die durch eine Unterrichtung nach Artikel 19 Abs. 1 oder 3 Satz 1 oder Artikel 20 Abs. 1 oder 3 Satz 1 der Verordnung (EG) Nr. 178/2002 erlangten Informationen dürfen von der für die Überwachung zuständigen Behörde nur für Maßnahmen zur Erfüllung der in § 1 Abs. 1 Nr. 1 oder Nr. 4 Buchstabe a Doppelbuchstabe aa oder Abs. 2 genannten Zwecke verwendet werden."

Notre traduction: "*Code de l'agroalimentaire et de l'alimentation humaine et animale. [...] § 44.2 Une transmission d'après le alinéa 3 phrase 3 ou d'après l'article 18 paragraphe 2 phrase 2 du règlement européen 178/2002 ne doit mener ni à des poursuites pénales ni à la mise en œuvre d'une procédure prévu par la loi sur les infractions administratives contre les signataires ou les intermédiaires. Les informations obtenues par la communication des résultats d'une enquête prévu par l'article 19 paragraphe 1 ou de l'article 20 paraphe 1 ou 3 phrase 1 du règlement européen 178/2002 devront être utilisées par l'administration compétente pour une surveillance des seules mesures nécessaires à l'accomplissement des objectifs du paragraphe 1 alinéa 1 numéro 1 ou 4 a et aa.*" "*Lebensmittel- und Futtermittelgesetzbuch in der Fassung der Bekanntmachung* vom 24. Juli 2009 (BGBl. I S. 2205), das durch die Verordnung vom 3. August 2009 (BGBl. I S. 2630) geändert worden ist".

Sur ce point, voir VAN DER MEULEN, (B.M.J.) and FRERIKS, (A). *Op.cit*, note n° 100, p. 174-175.

429 Arrêt du Tribunal de première instance (première chambre élargie) du 20 février 2001. Cour Européenne de Droits de l'Homme. Affaire T-112/98. (Droit de refuser de fournir une réponse impliquant reconnaissance d'une infraction). *Recueil de jurisprudence 2001 page II-00729.*

susceptible de présenter un danger pour la santé humaine ou animale». Dans cette disposition, l'exploitant communique à l'autorité les résultats des tests qu'il est supposé effectuer, dans le cadre de la mise en œuvre de l'obligation d'autocontrôle. L'exploitant doit communiquer l'existence d'un risque.

Afin d'obtenir l'information qui puisse le confirmer, les agents habilités « *peuvent demander la communication, obtenir ou prendre copie par tout moyen et sur tout support ou procéder à la saisie des documents professionnels de toute nature, en quelques mains qu'ils se trouvent, propres à faciliter l'accomplissement de leurs missions et peuvent recueillir, sur place ou sur convocation, tout renseignement ou toute justification nécessaire aux contrôles*» et ils «*ont accès, pour le contrôle des opérations faisant appel à l'informatique, aux logiciels et aux donnés stockées ainsi qu'à la restitution en clair des information propres à faciliter l'accomplissement de leurs missions. Ils peuvent en demander la transcription par tout traitement approprié dans des documents directement utilisables pour les besoins du contrôle. [...] Les infractions sont constatées par des procès-verbaux qui font foi jusqu'à preuve contraire [...]* » [430] La sanction à la personne qui fait obstacle aux fonctions des agents est de six mois d'emprisonnement et de sept mil cinq cent euros[431].

Dans la législation française, l'obligation de l'exploitant de fournir l'information sur les contrôles est ainsi appréciée comme le contenu du contrôle administratif. Il s'agit des éléments et procédures de preuve établis par la loi, sur la base de la loyauté de l'exploitant qui la fournit[432]. Les

430 Art. L231-2-1 du Code rural.

431 Art. L237-1, III) du Code rural.

432 LEMOINE (P). *La loyauté de la preuve (à travers quelques arrêts récents de la chambre criminelle*. IN, *Rapport annuel 2004*, spécif. II, sur la loyauté des preuves produites par les parties.

contrôles de l'administration peuvent être contestés par l'exploitant. Sous cette perspective, la preuve produite par l'exploitant ne présente pas une atteinte au droit de défense.

202. Toutefois, il est clair que la protection du droit de défense et du principe d'innocence se trouve en confrontation avec les objectifs de la protection de la santé publique et de la sécurité qui poursuit la législation alimentaire. Il s'agit, d'ailleurs d'un objectif prioritaire de la politique communautaire. La question qui se pose est alors de savoir si la protection d'un droit fondamental peut mépriser la protection de la santé publique ou si, au contraire, la protection de la santé publique peut justifier l'affectation de garanties fondamentales.

Il s'agit en effet, d'une conséquence inéluctable qui ressort de la responsabilité primaire de l'exploitant. Dans le but de protéger la santé et la sécurité des consommateurs, l'exploitant est tenu de gérer les risques. Il est obligé de disposer, conserver et transmettre l'information lui permettant cette gestion. Comment pourrait-il accomplir autrement la gestion des risques?

203. Egalement, la communication de cette information aux autorités ne constitue pas, à notre avis, d'une forme d'auto-incrimination. Il s'agit d'une activité ordinaire qui ressort de la participation de l'exploitant dans la maîtrise des risques. Comment pourraient faire les autorités pour constater le respect et l'efficacité de l'application faite par l'exploitant sans sa coopération?

L'obligation de constituer la preuve de l'autocontrôle manifeste clairement la recherche de l'efficacité de la législation. Elle se développe entre la discussion de la protection de la santé et de la sécurité des consommateurs, d'une part, et le droit de défense de l'exploitant, d'autre part. C'est sans doute dans un point d'équilibre, que la solution peut être envisagée. Il correspondra à la Cour de Justice de définir où se trouve cet équilibre et comment il doit être interprété.

L'obligation de constituer la preuve sur les risques maîtrisés confirme l'objectif d'efficacité de l'obligation d'autocontrôle. Toutefois, cet objectif ne détermine pas seulement le double objet du contenu de cette obligation mais il définit aussi, la responsabilité de l'exploitant de l'assurer.

CHAPITRE II. LA DETERMINATION DU ROLE DE L'EXPLOITANT

204. L'exploitant est le responsable de la sécurité des denrées. L'innocuité d'un produit est assurée par une gestion efficace des risques. Cette gestion est en principe effectuée par lui-même (Section 1). Cependant, compte tenu de sa complexité, l'exploitant peut faire intervenir des tiers (Section 2). Les deux hypothèses déterminent le rôle de l'exploitant.

Section 1. Une gestion effectuée par l'exploitant lui-même

205. La gestion des risques est effectuée par l'exploitant. Néanmoins, cette gestion est différente selon la nature des risques. Ainsi, il effectue une double gestion : celle qui vise les risques avérés (§1) et celle qui a pour objet les risques suspectables (§2).

§1. La gestion des risques avérés

206. L'exploitant effectue une gestion des risques avérés. Dans cette gestion il n'évalue pas ces risques et il ne définit pas non plus les mesures visant leur contrôle. Les autorités sont celles qui assument tant l'évaluation que la définition des mesures de contrôle imposées par la législation. La tâche de l'exploitant se voit ainsi limitée à l'identification des dangers (A) et à l'application de mesures d'hygiène (B).

A. L'identification des dangers

207. Les risques avérés sont ceux pour lesquels il n'existe plus l'incertitude sur l'effet préjudiciel du danger qu'ils présentent. Dans ces cas, la gestion du risque se base sur l'élimination du danger. Pour éliminer le danger il faut, au préalable, les identifier. La législation attribue la tâche d'identification des dangers à l'exploitant.

L'identification des dangers est contenue dans l'obligation d'appliquer les «*principes HACCP*». D'après le paragraphe 1) de l'article 4 du règlement CE 852/2004, « *Les exploitants du secteur alimentaire mettent en place, appliquent et maintiennent une ou plusieurs procédures permanentes fondées sur les principes HACCP»*. Le tout premier de ces « *principes* »[433] consiste à « *identifier tout danger qu'il y a lieu de prévenir, d'éliminer ou de ramener à un niveau acceptable* ». L'exploitant est tenu ainsi d'identifier les dangers.

Cette identification des dangers est aussi présente dans le droit international et national des pays tiers. Au niveau international, l'obligation d'identifier les risques par l'exploitant se manifeste implicitement par l'Accord sur l'application des mesures sanitaires et phytosanitaires et par les normes des organisations d'harmonisation internationale.

208. D'après l'Accord SPS une « *mesure sanitaire ou phytosanitaire* » est définie comme toute mesure appliquée par un Etat membre de l'OMC, pour protéger son territoire « *de l'établissement ou de la dissémination de parasites, maladies, organismes porteurs de maladies ou organismes pathogènes; b) [sa population...] des risques découlant des additifs, contaminants, toxines ou organismes pathogènes présents dans les produits alimentaires, les boissons ou les aliments pour animaux; c) [...] des risques découlant de maladies véhiculées par des animaux, des plantes ou leurs produits, ou de l'entrée, de l'établissement ou de la dissémination de parasites; ou d) pour empêcher ou limiter [...] d'autres dommages découlant de l'entrée, de l'établissement ou de la dissémination de parasites*». Cette définition est axée sur l'énumération des dangers visés par les Etats lors de l'adoption des dispositions nationales. Etant donné que ces dispositions sont mises en œuvre par les exploitants, c'est à eux à que revient la responsabilité de l'identification de ces dangers.

---

433 Il ne s'agit pas des « principes » au sens juridique du terme. Les «principes du HACCP» définissent des actions spécifiques qui ne permettent pas d'instituer des normes générales.

L'obligation d'identifier les dangers a été également instituée moyennant les normes, directrices et recommandations adoptées par les organisations internationales dans le cadre de l'harmonisation de l'Accord SPS[434], à savoir, le Codex Alimentarius, le Secrétariat de la Convention internationale pour la protection des végétaux (CIPV) et l'Organisation internationale de la santé animale (OIE). Dans son ensemble, ces organisations dictent des dispositions qui cherchent l'identification des dangers préalablement à leur contrôle. Dans la mesure où les législations nationales s'inspirent de ces normes, les exploitants sont donc tenus d'identifier les dangers.

C'est par exemple le cas de la norme sur l'établissement de zones exemptes de mouches des fruits (Tephritidae)[435] établit par la CIPV ou des dispositions sur la maîtrise des risques associés aux maladies communes à plusieurs espèces comme la rage[436], la fièvre aphteuse[437] ou la trichinellose[438], dictées par l'OIE. C'est également le cas des normes du Codex Alimentarius, comme celle relative au «*Codes d'usage international*

---

434 Selon l'article 3 de l'Accord SPS, les États ont l'obligation d'établir les mesures sanitaires sur la base des normes, directives ou recommandations dictées par ces organisations internationales, afin de favoriser l'harmonisation. Toutefois, l'organe d'appel dans l'affaire Hormones, a signalé que cette harmonisation ne signifie pas, que les états doivent adopter un niveau de protection déterminé, comme serait le cas, s'ils fondent ces mesures dans les recommandations internationales. Ainsi, il a été établit que cette harmonisation est volontaire. Sur ce point, Organe d'appel. Organisation Mondiale du Commerce. *Mesures communautaires concernant les viandes et les produits carnes (hormones)*. WT/DS26/AB/R et WT/DS48/AB/R. 16 janvier 1998, §177.

435 Norme NIMP n°26 de 2006.

436 Chapitre 8.10, du Titre 8, Volume 2, du Code sanitaire pour les animaux terrestres, version 2009.

437 Chapitre 8.5, du Titre 8, Volume 2, du *Code sanitaire pour les animaux terrestres,* version 2009.

438 Chapitre 8.13, du Titre 8, Volume 2, du *Code sanitaire pour les animaux terrestres*, version 2009.

recommandé des principes généraux d'hygiène alimentaire»[439], qui incorpore l'obligation d'identifier les dangers moyennant l'application du système d'analyse des risques et points critiques pour leur maîtrise (HACCP). De même, les normes sur les « *Principes régissant l'établissement et l'application de critères microbiologiques pour les aliments* »[440] ; sur les « *Principes et directives régissant la conduite de l'évaluation des risques microbiologiques* »[441]; ou celle sur les contaminants et les toxines présents dans les produits destinés à la consommation humaine et animale[442], établissent, toutes les trois, l'identification d'un danger spécifique. Dans ce contexte, là c'est à l'exploitant qui incombe cette identification.

L'Accord SPS ainsi que les dispositions émises par ces organisations d'harmonisation se sont intégrées peu à peu dans les législations nationales et régionales. Ceci a produit une généralisation de l'obligation d'identifier les dangers. Elle se manifeste par exemple, dans le droit régional latino-américain ainsi que dans les législations nationales.

209. Au niveau régional, par exemple, les dispositions du « *Mercosur* » visent l'identification des dangers. La résolution du Mercosur sur les "*Principios, directrices, criterios y parámetros para el reconocimiento de la equivalencia de los sistemas de control de alimentos entre los Estados Partes*"[443], dicte l'obligation des Etats de "*Notificar peligros y riesgos y las acciones adoptadas para su control*". Cette disposition part d'une approche

---

439 CAC/RCP 1-1969, Rév. 4 (2003).

440 CAC/GL 21 - 1997.

441 CAC/GL-30 (1999).

442 Codex Standard, n° 193, 1995. Revisé en 2009.

443 Mercado Común del Sur. *Principios, directrices, criterios y parámetros para el reconocimiento de la equivalencia de los sistemas de control de alimentos entre los Estados Partes.* MERCOSUR/GMC/RES n° 59/99. XXXV GMC - Montevideo, 29/IX/99.

où l'identification des dangers justifie la mise en œuvre des mesures de maîtrise.

210. Sur le plan national, l'obligation d'identifier les dangers est aussi évidente. Le «*Reglamento sanitario de los alimentos*» chilien, le « *Reglamento sobre el control de la aplicación de los sistemas de « HACCP » en los alimentos, productos y subproductos destinados a la exportación* » du Costa Rica, le « *Code of Federal Regulations* » (CFR) des États-Unis[444] ainsi que le projet sur les « *Prácticas de higiene para el proceso de alimentos, bebidas o suplementos alimenticios* »[445] du Mexique, imposent l'obligation d'appliquer l'HACCP[446] aux établissements de production des aliments. Ce qui suppose dans un premier temps, l'identification des dangers par les exploitants.

L'identification des dangers est une condition préalable à la mise en application des mesures de contrôle. Une fois connus les effets et les manifestations de la présence d'un danger, les mesures visant leur élimination sont établies dans la législation sous la forme des mesures « *d'hygiène* ». L'exploitant doit appliquer ces mesures sans pour autant intervenir dans l'évaluation des risques qui découlent de ces dangers. Il n'a pas non plus participé dans la définition des mesures de contrôle. Son rôle consiste dans la mise en application des mesures d'hygiène préétablies par la législation.

---

444 Code of Federal Regulations (CFR). Sub-Chapter E- Regulatory requirements under the Federal Meat Inspection Act and the Poultry Products Inspection Act. 9 CFR III, §416.17.

445 Proyecto de Norma Oficial Mexicana PROY-NOM-251-SSA1-2007. *Prácticas de higiene para el proceso de alimentos, bebidas o suplementos alimenticios*. Diario Oficial de la Federación. Secretaría de Gobernación, 2007, p. 8.

446 Ministerio de salud. Gobierno de Chile. *Reglamento sanitario de los alimentos*. Decreto n°977/96. Diario Oficial 13.05.97, art. 69.

B. L'exploitant applique les mesures d'hygiène

211. Selon l'article 3 du règlement CE 852/2004, l'exploitant est tenu de mettre en exécution les mesures d'hygiène. L'hygiène est définie comme « *les mesures et conditions nécessaires pour maîtriser les dangers et garantir le caractère propre à la consommation humaine d'une denrée alimentaire compte tenu de l'utilisation prévue*»[447]. Il s'agit donc, des mesures qui ont pour objet la maîtrise des dangers.

Ces mesures ont été préalablement établies par les autorités dans la législation. Ceci implique qu'elles doivent être appliquées selon les termes dans lesquels elles sont instituées. Cependant, la législation suppose que ces dispositions comportent une certaine « *souplesse* ». Ce qui est sensé faciliter leur mise en œuvre.

L'article 7 du règlement CE 852/2004 signale, de manière implicite, l'existence de cette « *souplesse* » dans l'utilisation facultative par les exploitants, des guides de bonnes pratiques nationales ou communautaires, qui servent à la mise en œuvre des obligations d'hygiène. Aussi, elle est explicitement évoquée dans le considérant 15 du même règlement[448]. Toutefois, les obligations d'hygiène encadrent fortement l'activité de l'exploitant. Elles ne comportent donc qu'une «souplesse» apparente.

---

[447] Article 2, point 1, paragraphe a) du règlement CE 852/2004.

[448] Le considérant 15 du règlement CE 852/2004 est plus clair: « *Les exigences concernant le système HACCP [...] devraient prévoir une souplesse suffisante pour pouvoir s'appliquer dans toutes les situations, y compris dans les petites entreprises. Il convient, notamment, de reconnaître que, dans certaines entreprises du secteur alimentaire, il n'est pas possible d'identifier les points de contrôle critiques et que, dans certains cas, de bonnes pratiques d'hygiène peuvent remplacer la surveillance des points de contrôle critiques. De même, l'exigence prévoyant d'établir des «limites critiques» n'implique pas qu'il soit nécessaire de fixer une limite numérique dans chaque cas. En outre, l'exigence prévoyant de conserver les documents doit être souple afin de ne pas entraîner des charges injustifiées pour les très petites entreprises.*»

212. D'après la DG SANCO, la «*souplesse*» des mesures d'hygiène a une double fonction. D'un côté, elle permet aux États de prendre certaines mesures nationales adaptant les obligations sur la base d'un contenu « *variable* », défini dans « *certains annexes du règlement* ». D'un autre côté, elle permet aux exploitants d'adapter les procédures sanitaires à leurs activités. Il s'agit d'une souplesse qui vise tant l'application des obligations d'hygiène au niveau interne de l'entreprise que le champ d'application de ces obligations à l'ensemble de la filière.

En ce qui concerne l'application de ces mesures au niveau interne de l'entreprise, la DG Sanco dit : «*La méthode HACCP est souple par nature. En effet, elle se fonde sur un ensemble limité de principes et de procédures appuyant l'objectif de la sécurité des denrées alimentaires, sans obliger les entreprises du secteur alimentaire à observer des règles ou à appliquer des procédures non pertinentes ou inadaptées au contexte particulier de leur activité.*»[449] Il s'agit, en principe, d'une «souplesse» dans le choix des procédures. Cette «*souplesse*», «*flexibilité*» ou «*choix*» n'est cependant que très superficielle.[450] Dans la définition des mesures ayant comme fondement le HACCP, le contenu des actions est défini au préalable par la législation. L'exploitant n'a donc pas une véritable marge de manœuvre.

213. Le caractère apparent de cette flexibilité se manifeste dans les difficultés qu'affrontent les entreprises pour mettre en œuvre les mesures d'hygiène fondées sur les principes de l'HACCP[451]. Contrairement à ce que

---

449 Direction générale santé et des consommateurs. *Op.cit,* v. note n° 420, §5.3, p. 15.

450 Sur la nécessité d'une certain dégrée de flexibilité, voir, ARCHER, (D) *The Need for Flexibility in HACCP.* IN, *Food Technology*. 1990, n° 44 (5) 174-178.

451 «*Les principales difficultés relevées tiennent à certaines restrictions du champ d'application des règlements concernés, à certaines définitions établies dans ces règlements et à la procédure d'adaptation de celles-ci, à des aspects pratiques de l'agrément des établissements traitant les denrées alimentaires d'origine animale et au*

les autorités affirment, le contenu de l'HACCP ne peut pas être adapté[452]. L'exploitant doit suivre les actions indiquées par l'HACCP.

Ce que peut faire l'exploitant est de décider de l'organisation de son entreprise. Dans le cadre du management interne, il organise les ressources et définit les activités à suivre. Mais, cela ne signifie pas, qu'il a un «*choix*» ou qu'il dispose d'une « *souplesse* » dans la définition du contenu des obligations d'hygiène. Il doit tout simplement les mettre en œuvre dans les termes selon lesquels elles sont établies. Sinon, quelle sécurité juridique existerait-t-elle pour l'exploitant, pour le consommateur et pour l'État ?

214. Par rapport au champ d'application des obligations d'hygiène, la Commission signale que cette «*souplesse*» a deux buts particuliers. Elle vise à préserver l'utilisation des méthodes traditionnelles d'une part, et à répondre aux besoins des établissements situés dans des régions soumises à des contraintes géographiques particulières, d'autre part.[453] Dans les deux cas, il ne s'agit pas d'établir une utilisation particulière des mesures d'hygiène, mais de définir un régime d'exception à ces activités. Cette situation est mise en évidence par la modification non adoptée du règlement CE 852/2004 qui

---

marquage de ces denrées, au régime d'importation de certaines denrées alimentaires, à la mise en place des procédures fondées sur les principes HACCP dans certaines entreprises du secteur alimentaire ». Commission des Communautés Européennes. Rapport de la Commission au Conseil et au Parlement Européen concernant l'expérience acquise dans l'application des règlements (CE) n° 852/2004, n° 853/2004 et n° 854/2004 du Parlement européen et du Conseil du 29 avril 2004 relatifs à l'hygiène des denrées alimentaires Bruxelles, le 28.7.2009 COM(2009) 403 final, {SEC(2009) 1079, p. 4.

452 « *Flexibilité des principes HACCP. Compte tenu des remarques précédentes, on s'attachera ci-après à illustrer comment les principes HACCP peuvent être appliqués de manière flexible et simplifiée. Les guides de bonnes pratiques sont un instrument approprié pour fournir des orientations en la matière.*» Commission des Communautés Européennes. *Op.Cit*, note n°408, p.23.

453 Direction générale santé et consommateurs. *Op.cit*, v. note n°420, p. 14.

cherché à exempter les micro-entreprises de l'ensemble des exigences HACCP[454].

Certaines entreprises ont de difficultés pour appliquer les mesures d'hygiènes basées sur le HACCP. A ce propos, la Commission a signalé que: «*Pour être correctement appliquée, l'obligation de mettre en œuvre des procédures «HACCP» nécessite une équipe pluridisciplinaire capable, par exemple, d'identifier les risques et points de contrôle critiques et d'établir des limites critiques ainsi que des procédures de suivi des points concernés. Ces exigences sont susceptibles de représenter un coût annuel sensible au niveau de l'UE (estimé à 220 000 000 d'euros). Même si ces coûts peuvent paraître moins significatifs pour les grandes entreprises, étant donné qu'ils ne représentent qu'une fraction de leurs coûts d'ensemble, ils n'en constituent pas moins une charge extrêmement lourde pour les PME. En raison de l'impact sensible qu'une application stricte des exigences «HACCP» ferait peser sur les PME, et compte tenu du fait que certaines entreprises peuvent fournir le même niveau d'hygiène en mettant en œuvre l'ensemble des exigences du règlement (CE) n°852/2004, sans qu'il soit nécessaire d'appliquer des procédures «HACCP» en tant que telles et malgré l'existence d'un document d'orientation expliquant dans quelle mesure l'application des procédures «HACCP» peut faire l'objet de souplesse, il est nécessaire d'exempter certaines entreprises de l'ensemble des exigences «HACCP»*.[455] Or, l'argument économique justifiant la «*souplesse*» des ces

---

454 Proposition du Règlement du Parlement européen et du conseil modifiant le règlement n°11 concernant la suppression de discriminations en matière de prix et conditions de transport, pris en exécution de l'article 79, paragraphe 3, du traité instituant la Communauté économique européenne et du règlement (CE) n°852/2004 du Parlement européen et du Conseil relatif à l'hygiène des denrées alimentaires. Bruxelles, le 6.3.2007 COM(2007) 90 final 2007/0037 (COD), spécif. p. 4 et 5.

455 Commission européenne. Document de travail des services de la Commission. *Document accompagnant la Proposition de Règlement du Parlement européen et du Conseil modifiant le règlement n°11 concernant la suppression de discriminations en*

procédures montre bien que son objectif n'est pas de motiver une application progressive ou simplifiée à des activités déterminées. La dite « *souplesse* » cherche à définir des régimes d'exception aux obligations générales d'hygiène.

215. Les questions qui se posent sont donc multiples. Quelles sont les micros, petites et moyennes entreprises (PYME) concernées? Au sens de la recommandation 2003/361/CE[456], par exemple, la catégorie des PYME

---

matière de prix et conditions de transport, pris en exécution de l'article 79, paragraphe 3, du traité instituant la Communauté économique européenne et du règlement (CE) n°852/2004 du Parlement européen et du Conseil relatif à l'hygiène des denrées alimentaires. Résumé d'évaluation d'impact (règlement (CE) n°852/2004 - hygiène alimentaire, HACCP-. COM(2007) 90 final, SEC (2007) 301, SEC(2007) 303, SEC(2007), 304 /SEC/2007/0302, p. 1. Dans le même sens, Commission des Communautés Européennes *Proposition de Règlement du Parlement européen et du Conseil modifiant le règlement n°11 concernant la suppression de discriminations en matière de prix et conditions de transport, pris en exécution de l'article 79, paragraphe 3, du traité instituant la Communauté économique européenne et du règlement (CE) n°852/2004 du Parlement européen et du Conseil relatif à l'hygiène des denrées alimentaires.* Bruxelles, le 6.3.2007 COM(2007) 90 final 2007/0037 (COD) SEC(2007) 301, {SEC (2007) 302, SEC (2007) 303, SEC(2007) 304.

Sur les coûts d'application des procédures basés sur le HACCP, " *In the Netherlands, the Ministry of Public Health (Bex and Duits, 2006) published a study on the costs of food legislation. This was estimated at € 939 million per year, of which €404 million was the result of the national implementation of European laws. Important cost drivers were Hygiene and Labelling. A study by the UK FSA (see box 3.4) on the impact of the General Food Law concluded that 'relevant control systems are in place' in British companies. Costs for Hygiene and HACCP were estimated at £96.1 million per year. A study on HACCP compliance costs in dairy and meat businesses in Italy, the UK and the Netherlands (Romano, 2005), estimated them at 0.7 to 3% of turnover. The study concluded that 'costs are justified, there are benefits"*. WIJNANDS, (J.H.M), VAN DER MEULEN (B.M.J), POPPE (K.J), (Éds). *Op.cit,* voir note n°59. November 28, 2006, p. 79. Aussi, Comité économique et social européen. *Op.cit,* v. note n°60, spécif. 1.6, 3.5.1, 3.5.2, 3.5.3., 3.13, 4.4.

456 « *Article 2. Effectif et seuils financiers définissant les catégories d'entreprises 1. La catégorie des micro, petites et moyennes entreprises (PME) est constituée des entreprises qui occupent moins de 250 personnes et dont le chiffre d'affaires annuel n'excède pas 50 millions d'euros ou dont le total du bilan annuel n'excède pas 43 millions d'euros. 2. Dans la catégorie des PME, une petite entreprise est définie comme une entreprise qui occupe moins de 50 personnes et dont le chiffre d'affaires annuel ou le total du bilan annuel n'excède pas 10 millions d'euros. 3. Dans la catégorie des PME, une micro entreprise est définie comme une entreprise qui occupe moins de 10 personnes et dont le chiffre*

couvre des entreprises qui occupent entre moins de 10 salariés à moins de 250 et dont les chiffres d'affaires va de 2 à 250 millions d'euros[457]. Si le 90% de l'industrie alimentaire européenne est constitué des PYME[458], l'objectif de cette « souplesse » est-il d'exonérer des obligations d'hygiène la plupart des acteurs de la filière ? Est-ce qu'un tel régime d'exception est cohérent avec l'approche globale de la législation alimentaire ?

On pourrait affirmer, en effet, qu'en relation au champ d'application des mesures d'hygiène, cette « *souplesse* » cherche à créer des régimes d'exception. Ceci pourrait donner lieu à des situations d'insécurité juridique, affectant la mise en œuvre de la législation alimentaire dans son approche intégrale. Par rapport à l'application au niveau interne de ces mesures, leur « *souplesse* » ne permet pas une véritable adaptation aux besoins de l'entreprise. Elle doit s'appliquer de la même manière quelle que soit l'entreprise. Ainsi, la dite «*flexibilité*» ou «*souplesse*» des mesures fondées sur l'HACCP, c'est-à-dire, l'ensemble des mesures d'hygiène, n'est qu'apparente.

---

d'affaires annuel ou le total du bilan annuel n'excède pas 2 millions d'euros. » Recommandation 2003/361/CE de la Commission, du 6 mai 2003, concernant la définition des micro, petites et moyennes entreprises. JOUE L 124 du 20.05.2003, p.4.

457 Comité économique et social européen. *Avis du Comité économique et social européen sur la «Proposition de règlement du Parlement européen et du Conseil modifiant le règlement no 11 concernant la suppression de discriminations en matière de prix et conditions de transport, pris en exécution de l'article 79, paragraphe 3, du traité instituant la Communauté économique européenne et du règlement (CE) no 852/2004 du Parlement européen et du Conseil relatif à l'hygiène des denrées alimentaires*. COM(2007) 90 final, 2007/0037 (COD) (2007/C 175/09). JOUE C 175/37, 27.07.2007, §1.5.

458 *"[...] 99% of the food businesses in the EU are small and medium-sized enterprises. Many of these produce traditional products, applying traditional production methods. Diversity in ways of producing is important for the vitality and versatility of the economy"*. WIJNANDS, (J.H.M), VAN DER MEULEN (B.M.J), POPPE (K.J), (Éds). *Op.cit,* voir note n°59, November 28, 2006, p. 85.

La « *flexibilité* » ou la « *souplesse* » superficielle des mesures d'hygiène montre comment la gestion des risques avérés est fortement encadrée par la législation alimentaire. Concernant ces risques, la gestion de l'exploitant se réfère principalement à l'application des mesures d'hygiène basées sur la procédure HACCP. Cependant, il est tenu de gérer aussi les risques suspectables. A cette fin il doit mettre en œuvre une gestion différente.

§2. La gestion des risques suspectables

216. Les risques suspectables font aussi objet de la gestion de l'exploitant. Toutefois, il ne s'agit pas d'une gestion visant tous ces risques mais seulement ceux qui sont spécifiques à son activité (A). Cette gestion révèle l'application du principe de précaution par l'exploitant agroalimentaire (B).

A. L'exploitant gère les risques suspectables spécifiques à son activité

217. La définition de mesures de contrôle suppose l'évaluation préalable des risques. Les risques spécifiques à l'activité de production, transformation ou distribution de denrées, doivent être évalués par l'exploitant. Ceci lui permet d'évaluer et déterminer les actions visant à contrôler les risques.

L'évaluation des risques est définie par la législation alimentaire comme « *un processus reposant sur des bases scientifiques et comprenant quatre étapes : l'identification des dangers, leur caractérisation, l'évaluation de l'exposition et la caractérisation des risques* »[459]. L'identification des dangers et leur caractérisation permettent de distinguer la nature des risques. L'évaluation de l'exposition ainsi que la caractérisation fournissent des informations pour déterminer les mesures de gestion à prendre.

Pour les risques avérés, les mesures sont définies par les autorités dans la législation. En ce qui concerne les risques suspectables, les autorités définissent des mesures particulières, lorsque le risque a fait l'objet d'une évaluation. Il s'agit d'une démarche propre à chaque risque, d'une analyse « *cas par cas* »[460]. Or, compte tenu de cette situation, une grande quantité des risques suspectables échappe tant à l'évaluation qu'à la définition des mesures de contrôle de la part des autorités.

218. L'exploitant peut se trouver dans une situation où il a des suspicions sur un risque au sein de son entreprise. Le contrôle technique et juridique dont il dispose lui permet de faire tant une évaluation qu'une définition des mesures de maîtrise de ces risques. Il est donc tenu d'effectuer leur gestion spécifique.

Cette gestion implique une attention particulière de l'exploitant aux suspicions qu'il peut avoir. Son rôle devient plus actif : le fait de suspecter le contraint à évaluer ce risque et à prendre des mesures de contrôle. Ceci révèle l'application du principe de précaution par l'exploitant agroalimentaire.

---

459 Article 3, paragraphe 11, du règlement CE 178/2002.

460 La Cour de Justice a estimé ce caractère spécifique de l'évaluation de risques. Ainsi par exemple dans les cas des auxiliaires technologiques a dit: « *Par son caractère systématique, le décret de 1912 ne permet pas de respecter le droit communautaire en ce qui concerne l'identification au préalable des effets nocifs des AT et l'évaluation du risque réel pour la santé qu'ils présentent, lesquels exigent une évaluation approfondie, au cas par cas, des effets que pourrait entraîner l'utilisation des AT en cause.* » Affaire 333-08, Commission *vs* République Française du 28 janvier 2010, §101. Les souligné est nôtre.

B. Une gestion qui révèle l'application du principe de précaution par l'exploitant

219. La gestion des risques suspectables constitue une manifestation de l'application du principe de précaution par l'exploitant. L'application de ce principe n'est pas limitée aux États. Les acteurs privés sont tenus aussi d'intervenir.

En ce sens le professeur Viney considère que: «...*le principe de précaution doit s'imposer à tous les « décideurs », c'est-à-dire, à toute personne qui a le pouvoir de déclencher ou d'arrêter une activité susceptible de présenter un risque pour autrui. Les décideurs privés, à savoir les entreprises, doivent donc, y être soumises*...».[461] L'application de ce principe suppose, en reprenant les mots du professeur Lorvellec, un devoir «*d'initiative*»[462] des entreprises dans les cas de suspicion d'un risque.

Ce devoir est implicite au contrôle de l'exploitant sur son entreprise et à sa responsabilité primaire. D'une part, parce que le contrôle sur l'entreprise lui permet d'organiser les ressources et les activités pour la maîtrise des risques. D'autre part, en tant qu'exploitant et responsable de la sécurité des denrées, lorsqu'il soupçonne un risque, il doit envisager les possibles mesures de contrôle. C'est précisément à cette fin que la responsabilité primaire de l'exploitant a été instituée.

La définition des procédés de contrôle des risques suspectables par l'exploitant est cantonnée au champ de l'entreprise. Cette limitation opère en deux sens. D'un côté, elle est limitée par l'activité qui effectue l'exploitant. D'autre côté, elle est restreinte par l'objet de contrôle, c'est-à-dire, les

---

461 VINEY, (G) ; KOURILSKY, (P). *Op.Cit*, note n°20, p. 143 et 144.

462 LORVELLEC, (L); COLLART-DUTILLEUL, (F). *Op. cit*, note n°71, p. 473.

aliments. S'agissant d'un champ réduit de contrôle, les mesures sont établies de manière particulière, ce qui les rend plus efficaces.

La définition des procédés de gestion des risques suspectables par l'exploitant n'est pas sans objections. Elle motive une forte réticence de la part des professionnels. Ceci car elle implique un investissement économique important d'un côté, et parce qu'elle signifie un renforcement de leur responsabilité, d'autre côté. Toutefois, cette réticence a des conséquences qui peuvent se retourner contre les exploitants eux-mêmes. Elle est à l'origine des certaines méfiances sur leur gestion.

220. De nos jours, par exemple, la discussion autour des nano-objets a créé un nouvel espace pour envisager des risques suspectables[463] dont la gestion concerne en premier lieu l'exploitant. Les nano-objets sont des produits issus de la recherche en nano-technologies qui comprend toutes les « *activités de recherche traitant de la matière à l'échelle nanométrique* »[464]. Un nanomètre est la millième partie d'une micromètre, c'est-à-dire, « *l'unité de longueur valant un millionième de mètre* »[465]. Les nano-objets «*couvrent les nanoparticules et leur agrégation à l'échelle nanométrique, les nanosystèmes, les nanomatériaux, les matériaux nanostructurés et les*

---

463 Voir en ce sens, *Rapport du Comité de la prévention et de la précaution et de la précaution : Nanotechnologies, nanoparticules : quels dangers, quels risques* ? Mai 2006.

Aussi, Scientific committee on emerging and newly and newly identified health risks (Scenihr). *Opinion on the appropriateness of existing methodologies to asses the potential risks associated with engineered and adventitious products of nanotechnologies*. 28-29 September, Scenihr.

464 Commission Européenne. *Recommandation de la Commission du 7 février 2008 concernant un code de bonne conduite pour une recherche responsable en nanosciences et nanotechnologies*. JOUE, 30.4.2008 L 116, p.49, annexe, point 2, sur les définitions.

465 REY-DEBOVE, (J); REY, (A). *Op.Cit,* note n°5, p. 1629.

nanoproduits[466]». Il s'agit donc, des objets dont la taille, extrêmement réduite, est particulièrement utile à l'industrie. Néanmoins, les risques qui ils pourraient provoquer ne sont pas encore connus. Ce qui préoccupe autant les autorités que les consommateurs.

L'emploi assez répandu de ces objets dans le domaine alimentaire a été déjà mis en évidence.[467] L'obligation d'autocontrôle qui impose la gestion des risques au sein de l'entreprise implique que les exploitants doivent veiller et vérifier la sécurité des produits, y compris des substances, ingrédients ou des objets incorporés dans les aliments. L'exploitant doit ainsi définir les mesures de gestion des risques des nano-produits, en tant que risques suspectables.

Dans ce cas, les mesures à prendre seront hétérogènes. Elles doivent être définies selon l'évaluation que chaque exploitant fait sur les risques que pourraient entrainer les nano-objets qu'il utilise. En effet, de la même manière que pour d'autres risques suspectables, les mesures de contrôle sont spécifiques.

221. Un autre exemple est celui du Bisphénol A (BPA). Dans ce cas, les exploitants agroalimentaires pourraient définir et appliquer de mesures diverses. Le BPA est un œstrogène de synthèse « *issu de la réaction entre du phénol et de l'acétone.*»[468] Même si cette substance a été considérée

---

466 Commission Européenne. *Recommandation de la Commission du 7 février 2008 concernant un code de bonne conduite pour une recherche responsable en nanosciences et nanotechnologies*. JOUE, 30.4.2008 L 116, p. 49, annexe, point 2, sur les définitions.

467 WEILL (C). *La réglementation européenne: Reach et nano industries.* IN, DAB (W), LE DUFF (F), GEORGE-GUITON (A). Nanotechnologies et santé publique. Actualité et dossier en santé publique. *Revue du Haut conseil de la santé publique*. Paris : La Documentation française. Septembre 2008, numéro 64, p. 66.

468 « *Synthétisé dès la fin du XIXe siècle, il était destiné, dans les années trente, à être utilisé comme un oestrogène de synthèse ; il n'a, en définitive, jamais été utilisé comme médicament en raison de la découverte du diéthylstilbestrol, qui paraissait plus*

comme sûre et si son utilisation a été autorisée pendant les derniers quarante ans, de récentes études ont mis en question son innocuité[469]. Parmi les effets préjudiciels sur la santé, elle pourrait « *perturber le système reproductif, [...] développer le risque de cancers hormono-dépendants, [...] modifier le métabolisme et le comportement [...]*»[470] Toutefois, ces effets sont aujourd'hui en débat[471]. Et il reste encore des incertitudes.

---

prometteur. Depuis les années soixante, le BPA est très largement utilisé dans la fabrication industrielle par polymérisation de plastiques de type polycarbonate et dans celle de résines époxydes. En 2006, la production mondiale s'élevait à environ 3,8 millions de tonnes, utilisées aux deux tiers pour la fabrication du polycarbonate et pour un tiers pour celle de résines. Le BPA n'est donc pas un additif ou un plastique mais le constituant de base du polycarbonate.» DERIOT, (G). (Rapporteur). Commission des affaires sociales. Rapport du Sénat, tendant à interdire le Bisphénol A dans les plastiques alimentaires. 23 janvier 2010, p. 9.

469 Les études sont multiples. Parmi les principales, Environnement Canada et Santé Canada. Évaluation préalable finale pour le défi concernant le Phénol, 4,4′ -(1-méthyléthylidène)bis (Bisphénol-A), Numéro de registre du Chemical Abstracts Service. Cheminfo Services Inc., Technical and Socio-Economic Background Study of Specific Uses of Bisphenol A. 19 janvier 2009. EFSA. Autorité européenne de sécurité des aliments. Avis du groupe scientifique sur les additifs alimentaires, les arômes, les auxiliaires technologiques et les matériaux en contact avec les aliments [AFC] relative au 2,2-BIS (4-HYDROXYPHÉNYL) PROPANE (Bisphénol A) Question no EFSA-Q-2005-100. The EFSA Journal. 2006. 428:1-75. INRP. National Toxicology Program (US). November 2007. NTP-CERHR Expert panel report on the reproductive and developmental toxicity of bisphenol-A. Research Triangle Park (NC): US Department of Health and Human Services, Center for the Evaluation of Risks to Human Reproduction, National Toxicology Program. Ministère de l'Environnement et de l'Énergie de l'Ontario. 1994. Water management policies, guidelines, provincial water quality objectives. Consulté en septembre 2007.

470 DERIOT, (G). (Rapporteur). *Op.cit.* note n°468, p.13.

471 « *Par ailleurs, les perturbateurs endocriniens auraient des effets chronobiologiques spécifiques : une même dose pourrait avoir des conséquences différentes selon le moment où elle est introduite dans le corps, ce qui les distingue clairement d'un additif alimentaire. Ainsi, tant la dose, que son moment et la durée d'exposition doivent être pris en compte pour mesurer l'impact sur l'homme. En outre, ils n'agiraient pas de la même manière selon le stade de développement de la personne (in utero, post-natal, enfance, puberté...) ; leurs effets différeraient selon l'état de maturation du système hormonal. Enfin, certaines études ont mis en avant l'éventuelle « synergie » de ces produits : des doses apparemment anodines pourraient se révéler toxiques lorsqu'elles sont combinées* ». DERIOT, (G). (Rapporteur). *Op.cit.* note n°468, p.15.

Il faut toutefois signaler que le cas du BPA ne constitue plus un risque de développement, désormais. Les risques de développement sont définis comme les risques « *qui étaient inconnaissables au moment de la mise en circulation du produit*»[472]. C'est à partir de la mise en circulation que s'apprécie le risque du développement. Étant donné que la mise en circulation est constante et que les connaissances scientifiques évoluent, les risques de développement doivent s'apprécier conformément à cette évolution, au moment précis de la mise en circulation du produit.

Cela implique que le fabricant doit se maintenir attentif à l'évolution dans les facteurs d'appréciation de la normalité du risque[473], des connaissances scientifiques y comprises. Or, si le fabricant a eu connaissance ou suspicion du risque, le risque n'est plus de développement et devient soit un risque avéré, soit un risque suspecté. De ce fait, le fabricant

---

472 Sur la définition et les limites du risque de développement, voir COLLART DUTIILLEUL (F), DELEBECQUE (Ph), *Op. cit*, voir note n°37, §267.1, et § 311. Également, BERG (O). *La notion de risque de développement en matière de responsabilité du fait des produits défectueux*. IN, *JCP*, 1996. Ed. G I.3945. CALAIS-AULOY (J). *Le risque de développement: une exonération contestable*. IN, *Mélanges CABRILLAC*, Litec, 1999, 81. BORGUETTI, (J-S), *Op. cit*, voir note n°296, p. 630, spécif. §662. Sur l'aspect négatif du risque du développement, KISS (A). *Droit et risque*. Archives de philosophie du droit, Tome 36. Droit et Science, Sirey, 1991, p. 49. Sur les caractères du risque de développement, OUDOT (P). *Le risque de développement. Contribution au maintien du droit à la réparation*. Dijon : Éditions Universitaires de Dijon. Collection Institutions. Dijon, 2005, p. 27, §19.

473 Sur ce point M. BORGUETTI (J-S) signale : « *Selon nous, le principe d'internalisation commande de se place à l'instant de l'utilisation du produit pour juger de la normalité du risque. Le comportement de l'utilisateur est en effet un des facteurs de risque, et il s'apprécie, par définition, au moment de l'utilisation. Pour des raisons de cohérence, il est donc nécessaire d'apprécier les autres facteurs de risque au même moment. Cette solution est au demeurant en adéquation avec le caractère relative du défaut, qui fait que celui-ci ne peut être appréhendé en dehors du contexte d'utilisation du produit. Il semble pourtant que le droit positif n'aille pas En ce sens. Partout, en effet, c'est au moment de la mise en circulation du produit qu'est évaluée la défectuosité du produit. Dans la plupart des cas, cependant, lorsque le produit a une « espérance de vie » réduite, les facteurs de normalité du risque n'évoluent pas entre le moment de la mise en circulation et celui de l'utilisation du produit.* » BORGUETTI (J-S). *Op.cit*, note n°, p. 623, §654. Le souligné est nôtre.

ne peut plus évoquer l'exonération pour risque de développement de l'article 1386-11 du Code civil.[474] Dans le cas du BPA, il s'agit d'un risque dont les effets préjudiciables sont actuellement en discussion. Il s'agit dans l'état actuel des choses, d'un risque suspectable.

Il est ainsi perçu par les autorités sanitaires étrangères et nationales. Aux États-Unis, *la Federal Drug Administration* (FDA)[475] a reconnu « *des incertitudes substantielles dans l'interprétation globale de ces études et les implications possibles pour la santé humaine des effets de l'exposition au BPA. Elle relève que les bébés représentent une population potentiellement sensible au BPA, car leurs systèmes neurologique et endocrinien sont en développement et leur système hépatique permettant une détoxification et une élimination de substances telles que le BPA est immature*»[476]. S'agissant des risques suspectables, les autorités américaines ont donc pris des

---

[474] Art. 1386-11 : « *Le producteur est responsable de plein droit à moins qu'il ne prouve : [...] 4° Que l'état des connaissances scientifiques et techniques, au moment où il a mis le produit en circulation, n'a pas permis de déceler l'existence du défaut.*»

[475] *"FDA has carefully studied the review and conclusions of the expert panel convened by CERHR, released on November 26, 2007. [...] Although the NTP Draft Brief discusses "some concern" for developmental exposure and mammary and prostate gland cancer, it also highlights the uncertainties regarding these data and states that the evidence is not sufficient to conclude that BPA is a rodent carcinogen for these endpoints or that BPA presents a cancer hazard to humans."* Alderson, (N). BPA (Bisphenol-A). Food and Drug Administrations, May 14, 2008.

Dans le même sens, *"The NTP has some concern for effects on the brain, behavior, and prostate gland in fetuses, infants, and children at current human exposures to bisphenol A. The NTP has minimal concern for effects on the mammary gland and an earlier age for puberty for females in fetuses, infants, and children at current human exposures to bisphenol A. The NTP has negligible concern that exposure of pregnant women to bisphenol A will result in fetal or neonatal mortality, birth defects, or reduced birth weight and growth in their offspring. The NTP has negligible concern that exposure to bisphenol A will cause reproductive effects in non-occupationally exposed adults and minimal concern for workers exposed to higher levels in occupational settings."* NTP-CERHR Monograph on the Potential Human Reproductive and Developmental Effects of Bisphenol A. National Toxicology Program U.S. Department of Health and Human Services. Center September 2008 NIH Publication No. 08 – 5994, p. 8.

[476] DERIOT, (G). (Rapporteur). *Op.cit.* note n°468, p. 18.

« *mesures raisonnables pour réduire l'exposition humaine au BPA dans la nourriture* »[477].

Les autorités canadiennes ont pris aussi des mesures en attribuant la même nature à ces risques. D'après le Ministère fédéral de la santé, « *l'évaluation finale des risques confirme que les niveaux d'exposition sont inférieurs à ceux qui pourraient causer des effets sur la santé; cependant, en raison de l'incertitude soulevée dans certaines études sur les effets possibles de faibles doses, le gouvernement a pris des mesures pour accroître la protection des nouveau-nés et des nourrissons*» [478]. Le gouvernement canadien envisage même l'interdiction de la publicité, la vente et l'importation de biberons en plastique polycarbonate contenant du BPA[479]. C'est en effet, l'incertitude générée par des études récentes qui justifie la prise des mesures précautoires.

En France, les rapports en préparation pourraient justifier l'adoption de mesures similaires[480]. Les incertitudes sont bien présentes. Deux avis de l'AFSSA, sur l'innocuité des matériaux contenant cette substance, en contact avec les aliments démontrent l'émergence de doutes scientifiques. Tandis que dans le premier avis rendu en 2008, l'AFSSA a signalé que l'utilisation des biberons en polycarbonate «*ne justifie pas de précaution d'emploi particulière*» [481], dans le deuxième rendu en 2010, cette autorité signale que «*Les conséquences pour la santé humaine de ces signaux d'alerte ne sont*

---

477 DERIOT, (G). (Rapporteur). *Op.cit.* note n° 468, p.18.

478 DERIOT, (G). (Rapporteur). *Op.cit.* note n° 468, p. 19. Le souligné est nôtre.

479 Décret modifiant l'annexe I de la Loi sur les produits dangereux (bisphénol A). Gazette du Canada. Vol. 143, no 26. 27 juin 2009.

480 DERIOT, (G). (Rapporteur). *Op.cit.* note n° 468, p. 16-17.

481 AFSSA. *Avis de l'Agence française de sécurité sanitaire des aliments relatif au Bisphénol A dans les biberons en polycarbonate susceptibles d'être chauffés au four à micro-ondes.* Saisine 2008-SA-0141 du 24 octobre 2008, p. 3.

pas clairement établies.» [482] C'est à la suite de ces incertitudes que la Loi 2010-729 du 30 juin 2010 à suspendu la commercialisation de biberons produits à base de bisphénol A.

Dans l'état actuel des choses l'obligation d'autocontrôle impose aux exploitants de définir et de prendre des mesures de gestion de ces risques. En termes du règlement CE 178/2002, aucune denrée ne peut être mise en circulation si elle est dangereuse. Dans le même sens, le règlement CE 1935/2005 concernant les matériaux et objets destinés à entrer en contact avec des denrées alimentaires, impose l'obligation que les matériaux ne cèdent pas aux denrées alimentaires de constituants en quantité susceptible de présenter un danger pour la santé.[483] Compte tenu du fait que l'exploitant

---

482 « *Les études de toxicité menées selon les normes internationales n'ont jusqu'à ce jour pas objectivé de risque pour la santé aux doses auxquelles le consommateur est exposé. Quel que soit le mode d'alimentation, l'exposition des nourrissons est très inférieure à la DJT fondée sur ces études. Cependant, des publications récentes, dont la méthodologie ne permet pas d'interprétation formelle, font état de signaux d'alerte après une exposition in utero et postnatale à des doses inférieures à celle sur laquelle se fonde la DJT. Les conséquences pour la santé humaine de ces signaux d'alerte ne sont pas clairement établies. Par ailleurs, si ces signaux d'alerte relèvent de l'activité oestrogénique du bisphénol A, il est alors fondamental de comprendre les mécanismes d'action du bisphénol A chez l'homme, par ailleurs exposé à d'autres composés ayant une activité oestrogénique, d'origine chimique ou naturelle, présents dans certains aliments. Dans ce contexte, l'Afssa poursuivra son travail d'expertise, en lien avec le réseau international des agences sanitaires, pour approcher la signification sanitaire de ces signaux d'alerte et pour proposer de nouvelles méthodologies pour l'évaluation des risques liés aux très faibles doses de bisphénol A et plus généralement des perturbateurs endocriniens. Elle recommande d'acquérir des données françaises sur la présence de bisphénol A dans le lait maternel, chez le nourrisson et dans les laits maternisés. Elle recommande également d'investiguer d'autres sources d'exposition au bisphénol A que les matériaux au contact des aliments. Ces nouvelles données sont importantes pour éclairer le consommateur et pour permettre au gestionnaire de prendre les mesures appropriées au risque sanitaire.»* Avis de l'Agence française de sécurité sanitaire des aliments relatif à l'analyse critique des résultats d'une étude de toxicité sur le développement du système nerveux ainsi que d'autres données publiées récemment sur les effets toxiques du bisphénol A. Saisine n° 2009- SA-0270 du 29 janvier 2010, spécif. Conclusions, p. 4. Le souligné est nôtre.

483 « *Les matériaux et objets, y compris les matériaux et objets actifs et intelligents, sont fabriqués conformément aux bonnes pratiques de fabrication afin que, dans les conditions normales ou prévisibles de leur emploi, ils ne cèdent pas aux denrées alimentaires des*

doit préserver les produits alimentaires de dangers pour la santé, si les matériaux qui sont en contact avec l'aliment peuvent le rendre dangereux, c'est à lui à que revient la responsabilité de définir et de mettre en œuvre les mesures pour éviter les effets préjudiciels.

222. Dans ce contexte, les mesures de contrôle visant le BPA, en tant que risque suspectable, peuvent être multiples. L'exploitant pourrait retirer de la commercialisation les produits concernés par l'utilisation de ce matériau, effectuer une diminution de son utilisation, la substituer ou l'éliminer totalement. Ou bien, il pourrait continuer l'usage de ce matériel, en risquant à l'avenir, une mise en cause de sa responsabilité. Quoi qu'il fasse, l'exploitant demeure responsable tant de la définition que de la mise en œuvre des mesures de contrôle qu'il estime les plus efficaces.

La gestion des risques suspectables propres à son activité ressort de la compétence de l'exploitant. Étant celui qui soupçonne le risque, il est le seul à pouvoir effectuer l'évaluation précise et à déterminer quelle est la mesure à prendre. De ce fait, la gestion des risques suspectables, au sein de son entreprise, incombe uniquement à l'exploitant.

223. La définition que fait l'exploitant des mesures visant les risques suspectables, ne doit cependant pas être confondue avec une certaine «*souplesse*» ou avec la «*flexibilité*» des obligations d'hygiène couramment évoquée par les autorités sanitaires. De la même manière que cette «*souplesse ou flexibilité*» n'existe pas pour les obligations d'hygiène, elle n'existe pas non plus pour les mesures à définir par l'exploitant. La définition des mesures de gestion des risques que fait l'exploitant est cantonnée par les

---

constituants en une quantité susceptible: a) de présenter un danger pour la santé humaine,...». Article 3 paragraphe 1, du règlement (CE) no. 1935/2004 du Parlement Européen et du Conseil du 27 octobre 2004 concernant les matériaux et objets destinés à entrer en contact avec des denrées alimentaires et abrogeant les directives 80/590/CEE et 89/109/CEE. JOUE L 338/4 du 13.11.2004.

caractéristiques du risque suspectable et les possibles effets préjudiciels. Il doit établir celle qui permet la maîtrise effective du risque. Par conséquent, nous ne pouvons pas parler d'une souplesse ou d'une flexibilité dans la gestion de ce type de risques.

224. La gestion des risques avérés et suspectables repose sur l'exploitant. Toutefois, celui-ci peut faire intervenir des tiers dans cette gestion. Une telle intervention répond à des conditions particulières. Ces conditions servent à assurer l'efficacité de la gestion des risques pour lesquels l'exploitant reste toujours le responsable.

Section 2. Une gestion de l'exploitant avec l'intervention de tiers

225. La gestion de l'exploitant doit être efficace. Pour constater cette efficacité, l'exploitant assume un double rôle. Il est à la fois contrôlé et contrôleur. Ceci peut rendre son évaluation peu objective. De même, cette évaluation s'avère limitée dans les champs où il ne dispose pas de compétences techniques spécifiques. Or, pour faire face à la vérification de l'efficacité de sa gestion, l'exploitant peut faire intervenir des tiers, soit parce qu'ils font un examen objectif de la gestion (§1) soit parce qu'ils ont des compétences techniques particulières (§2).

§1. Une intervention justifiée par la nécessité d'un examen objectif

226. L'efficacité de la gestion des risques doit être appréciée objectivement. Compte tenu que l'exploitant est autant celui qui met en œuvre la gestion des risques que celui qui évalue les résultats, cette objectivité n'est pas forcement garantie. Afin d'assurer un jugement objectif, il peut demander à un tiers d'apprécier l'efficacité de sa démarche.

L'appréciation objective de la gestion des risques comporte l'impartialité de celui qui évalue. Par analogie aux contrôles officiels, cette notion d'impartialité s'applique aux contrôles mis en application par un tiers. L'article 4 du règlement CE 882/2004 signale l'obligation des autorités de garantir « *l'impartialité [...] des contrôles officiels à tous les niveaux*». De même le considérant 11 du règlement CE 882/2004, la reconnaît en établissant : « *Les autorités qui sont compétentes pour exécuter les contrôles officiels devraient satisfaire à un certain nombre de critères opérationnels de manière à garantir leur impartialité* ». Le but de cette impartialité est d'apporter un examen indépendant. Le caractère extérieur du tiers par rapport à l'activité de l'exploitant assure un certain degré d'objectivité. Une telle appréciation pourrait donc être effectuée, en principe, tant par des autorités publiques que par des sujets de droit privé.

Or, la question qui se pose est de savoir comment l'impartialité de l'évaluation peut être garantie lorsque l'exploitant fait appel à quelqu'un d'autre. Les sujets privés ne remplissent pas forcément cette condition. Ils sont liés à l'exploitant par une relation contractuelle qui pourrait affecter leur « *objectivité* ». Cette condition d'impartialité est remplie uniquement par les autorités. Les autorités sont les tiers qui peuvent apporter cette évaluation impartiale à l'exploitant. Cependant on pourrait se demander comment elles pourraient mettre en œuvre d'examens différents à ceux qui sont des leurs ? Il nous semble que la solution pourrait se trouver dans une activité non officielle de contrôle qui serve de corollaire ou qui soit complémentaire aux contrôles officiels.

227. En Europe, les laboratoires communautaires de référence[484] font par exemple, des analyses tant dans le cadre des contrôles officiels que dans celui des contrôles des exploitants. A l'étranger, au Costa Rica, l'autorité nationale en matière vétérinaire, le « *Servicio Nacional de Salud Animal* » (SENASA) moyennant le «*Laboratorio Nacional de Servicios Veterinarios (LANASEVE)* »[485] offre le service des analyses sur les produits d'origine animale. L'exploitant peut s'adresser à ce laboratoire pour constater

---

484 Annexe VII du règlement CE 882/2004.

485 Art. 46, Ley General del Servicio Nacional de Salud Animal. (Costa Rica). Ley n°8495. Gaceta n°93 de 16 de mayo de 2006.

l'efficacité des mesures entreprises sur un produit déterminé. Il s'agit, dans les deux cas, d'une intervention d'une autorité qui vérifie la démarche de l'exploitant à sa demande, sans pour autant remplacer le contrôle officiel.

L'examen des autorités n'est pas pour autant dépourvu d'aspects subjectifs. Toutefois il serait plus objectif que celui que pourrait demander l'exploitant à un tiers. Il s'agit, bien entendu, d'une possibilité qui est conditionnée à l'indépendance de l'autorité officielle. C'est ainsi que dans les cas où une telle indépendance n'est pas garantie, comme, par exemple, lorsque le service de contrôle officiel est privatisé, ces types d'évaluations ne remplissent pas davantage la condition d'objectivité qu'un autre tiers.

Le contrôle que font les sujets privés de la gestion de l'exploitant ne remplit pas forcement la condition d'impartialité. Cependant, leur situation externe à l'exploitation ou à l'activité, leur permet d'intervenir. Sous la forme d'organismes d'audit, ils vérifient l'efficacité des activités entreprises.

228. Ces organismes ne sont pas soumis à un contrôle technique ou juridique de l'exploitant. Toutefois, leur objectivité peut être compromise par l'engagement contractuel. Malgré cela, le fait qu'ils interviennent en tant qu'observateur extérieur de l'activité de l'exploitant semble garantir une série d'informations qui paraissent objectives que celles que pourrait avoir l'exploitant par lui même.

Ces organismes effectuent une vérification à partir des instruments souples de contrôle. Il s'agit des instruments de contrôle qui s'adaptent aux besoins des exploitants, comprenant dès aspects particuliers jusqu'aux généraux. Ainsi par exemple, la norme ISO relative à la traçabilité des aliments[486] institue le contrôle des aspects particuliers qui visent la garantie du fonctionnement d'un système de traçabilité au sein de l'entreprise agroalimentaire. D'autres dispositifs comme la norme ISO 22000[487], au contraire, prend en considération un grand nombre de critères ayant pour objectif d'assurer la sécurité des denrées à l'interne de l'entreprise. Il s'agit en effet, des instruments dont l'adaptabilité favorise les besoins de l'exploitant.

C'est justement cette souplesse qui a favorisé le recours au contrôle « *privé* » dans le milieu professionnel. Ceci est au centre d'une grande discussion autour des « *contrôles privés* »[488]. Cette discussion concerne d'une part, la préférence des professionnels pour ces contrôles face aux officiels et d'autre part, la superposition de ces contrôles à ceux des autorités. Il s'agit d'un débat sur l'efficacité démontrée par les contrôles privés et qui met en cause, par voie de conséquence, l'existence des certains contrôles officiels.

En dépit de cela, les contrôles demandés par l'exploitant à des sujets de droit privé et ceux demandés aux autorités, coexistent. L'intervention de ces tiers a un rôle essentiel : celui d'apporter un examen impartial sur les résultats des mesures déployées par l'exploitant.

L'évaluation par des tiers de l'efficacité de la gestion de l'exploitant n'est cependant conditionnée que par la recherche de l'impartialité. Elle est

---

486 Organisation Internationale de Normalisation. ISO 22005:2007. *Traçabilité de la chaîne alimentaire*. Principes généraux et exigences fondamentales s'appliquant à la conception du système et à sa mise en œuvre.

487 Organisation Internationale de Normalisation. ISO 22000:2005. *Systèmes de management de la sécurité des denrées alimentaires*. Exigences pour tout organisme appartenant à la chaîne alimentaire.

488 Moyennant des normes couramment appelées « *privées* » ces contrôles sont à l'origine des discussions importantes dans le cadre du commerce international. Voir sur ce point notes n° 179 et n° 187.

aussi déterminée par la nécessité de l'exploitant d'un examen des aspects de sa gestion où il n'a pas la compétence technique requise.

§2. Une intervention justifiée par une compétence technique particulière

229. La gestion des risques suppose, parfois, la mise en œuvre d'actions qui impliquent une compétence technique particulière. Même si l'exploitant est présumé disposer d'une telle compétence il y a des domaines dans lesquels il n'a pas les compétences techniques nécessaires. Il doit alors faire appel aux tiers.

C'est le cas, par exemple, du recours aux laboratoires. Les produits alimentaires doivent être soumis à des analyses chimiques ou microbiologiques, afin d'écarter ou confirmer la présence d'un danger. Compte tenu que la plupart des exploitations n'a pas de laboratoires propres, l'exploitant doit faire ces analyses dans des laboratoires qui ont la compétence technique et qui sont des tiers en relation à son activité.

La compétence technique est une condition essentielle du contrôle de la gestion des risques. Elle est inhérente aux personnes qui effectuent le contrôle, notamment en fonction de leur qualification et de leur formation. C'est un tel critère qui garantit l'exécution efficace de l'activité qui leur est confiée.

230. L'exigence de la compétence technique des tiers est encadrée de la même manière que celle exigée dans la délégation des contrôles officiels. De la même manière que les autorités officielles doivent constater que les organismes à qui elles délèguent leurs tâches de contrôle[489] possèdent

---

[489] Article 5 du règlement CE 882/2004, spécif. §2.b) i et ii.

l'expertise[490] ainsi que le personnel dûment qualifié et expérimenté[491], l'exploitant doit constater les compétences techniques des tiers qui effectuent des tâches de contrôle sur sa gestion. L'exploitant demeure responsable de la vérification de leur efficacité. Pour cela, il doit s'assurer que les tiers à qu'il confie des tâches de gestion ont les compétences nécessaires.

Dans l'exemple du paragraphe précédent, l'exploitant doit s'assurer que l'organisme de contrôle auquel il demande une tâche de contrôle, travaille et est accrédité conformément à la norme européenne EN 45004, relative aux « *Critères généraux pour le fonctionnement des différents types d'organismes procédant à l'inspection* »[492]. Il s'agit de la capacité technique de ceux à qui l'exploitant confie l'exécution d'une activité de contrôle. Ceci lui permet de confirmer l'efficacité de la gestion de laquelle il est le responsable.

La capacité technique est une condition des tiers qui participent à la mise en œuvre des tâches spécifiques, dans les cas où l'exploitant ne dispose pas d'une telle compétence. Pourtant, elle n'est pas exclusive. Nous avons vu que la nécessité d'un examen objectif détermine aussi l'intervention des tiers dans la démarche de l'exploitant. Il s'agit des exigences qui assurent l'efficacité de sa gestion.

C'est justement la recherche de cette efficacité qui justifie le recours de l'exploitant à des sujets externes à son exploitation et à son contrôle. C'est aussi cette efficacité, qui détermine le contenu de l'obligation d'autocontrôle. Ce contenu une fois défini, il convient d'étudier les modalités dans lesquels cette obligation est mise en œuvre.

---

490 Article 5 du règlement CE 882/2004, spécif. §2.b) point i.

491 Article 5 du règlement CE 882/2004, spécif. §2.b) point ii.

492 Article 5 du règlement CE 882/2004, spécif. § 2. c.

CONCLUSION DU TITRE

231. L'autocontrôle est une obligation autonome. Son autonomie découle de l'objectif d'efficacité de la gestion des risques. Cet objectif détermine à la fois le contenu de l'obligation et la responsabilité de celui qui est tenu de l'exécuter.

232. L'objectif d'efficacité permet de définir un contenu qui est propre à cette obligation. Il comporte un double objet : veiller au respect de la législation alimentaire d'une part, et vérifier l'efficacité de ce respect d'autre part. Il s'agit donc d'une obligation qui implique la mise en œuvre de mesures de contrôle des risques, mais aussi, la constatation de la maîtrise du risque visé. Dans son ensemble, ces deux impératifs cherchent à assurer l'innocuité des aliments.

233. L'exploitant doit assurer l'objectif d'efficacité de la maîtrise des risques. Cependant, il peut l'effectuer par lui même ou avec l'aide des tiers. Il est toujours le responsable, tant dans un cas que dans l'autre.

234. La gestion de l'exploitant concerne des risques dont la nature est différente. Or, la gestion s'avère distincte selon le risque visé. L'exploitant doit ainsi, appliquer des mesures de contrôle distinctes pour les risques avérés et pour les risques suspectables.

235. Par conséquent, la gestion de l'exploitant sur ces risques, définit sa responsabilité dans le cadre de l'obligation d'autocontrôle. Cette responsabilité s'inscrit dans le contenu de cette obligation mettant en évidence son autonomie. Etant une obligation autonome, nous devons à présent, analyser sa mise en œuvre.

CONCLUSION DE LA PREMIERE PARTIE

236. Il existe une obligation d'autocontrôle dans le droit agroalimentaire. Son existence est démontrée par la mise en évidence de son autonomie. Cette autonomie est déterminée par l'objectif d'efficacité de la gestion des risques.

237. Des indices ont démontré l'existence de l'obligation d'autocontrôle, bien avant sa consécration dans le règlement CE 178/2002. Ce n'est qu'avec l'adoption de ce texte qu'elle prend son caractère autonome. Celui-ci concerne tant la force que le contenu de l'obligation.

238. L'autonomie de l'obligation d'autocontrôle est fondée sur l'objectif d'atteindre une maîtrise efficace des risques liés aux aliments. C'est à l'exploitant que revient son accomplissement. Ainsi, l'exploitant alimentaire est désormais le principal responsable de la sécurité des denrées.

239. A partir de ces premiers constats la question qui se pose est alors celle de savoir comment l'obligation d'autocontrôle est appliquée et quels sont les défis que son application présente pour les exploitants et les administrations. Il conviendra ainsi d'examiner sa mise en œuvre.

PARTIE II. LA MISE EN ŒUVRE DE L'OBLIGATION D'AUTOCONTROLE

240. La mise en œuvre de l'obligation est effectuée par l'application de mesures qui permettent la gestion des risques. Cette gestion peut être faite par des modalités multiples. Dans cette deuxième partie de notre étude, nous nous efforcerons d'apprécier quelles sont ces modalités (Titre I), puis nous examinerons ses effets (Titre II).

TITRE I. LES MODALITES DE MISE EN ŒUVRE

241. La mise en œuvre de l'obligation d'autocontrôle peut être effectuée aussi bien par des modalités définies par la loi (Chapitre I) que par des modalités issues de la volonté de l'exploitant (Chapitre II).

CHAPITRE I. LES MODALITES IMPOSEES PAR LA LOI

242. La méthode HACCP ainsi que les guides de bonnes pratiques (GBP) d'hygiène sont des instruments d'ordre « *technique* » qui ont été incorporés dans la législation alimentaire afin de servir aux exploitants dans la gestion des risques. Ayant cette finalité, ils constituent deux modalités légales de mise en œuvre de l'obligation d'autocontrôle. Ces deux modalités méritent d'être étudiées afin de déterminer dans quelle mesure elles assurent l'exécution de l'obligation d'autocontrôle (Section 2). Il sera pertinent au préalable d'analyser quels sont leurs caractères (Section 1).

Section 1. Les caractères

243. La procédure HACCP et les guides de bonnes pratiques ont des champs d'application complémentaires (§1), même si leur caractère obligatoire fait l'objet de discussions (§2).

§1. Des champs d'application complémentaires

244. La méthode HACCP et les guides de bonnes pratiques se distinguent par rapport à leur champ d'application. D'après la législation alimentaire, la première s'applique à tous les stades de la filière à l'exception de la production primaire, tandis que les deuxièmes comprennent aussi ce stade. Leur application complémentaire permet la mise en œuvre de l'obligation d'autocontrôle dans l'ensemble de la filière.

245. Toute au long de son évolution, la méthode HACCP[493] a été conçue comme un outil managérial et technique[494]. Elle est définie par la législation comme un « *ensemble de principes*»[495]. Chacun de ces

---

493 *Supra* §52 et ss.

494 SURAK (J). *HACCP and ISO: development of a food safety management standard*. IN, *Annual Quality Congress, Kansas City*, MI, Vol. 57, June 2003, pp. 463-468, spécif. 464.

495 "*2. Les principes HACCP sont les suivants: a) identifier tout danger qu'il y a lieu de prévenir, d'éliminer ou de ramener à un niveau acceptable; b) identifier les points critiques aux niveaux desquels un contrôle est indispensable pour prévenir ou éliminer un danger ou pour le ramener à un niveau acceptable; c) établir, aux points critiques de contrôle, les limites critiques qui différencient l'acceptabilité de l'innacceptabilité pour la prévention, l'élimination ou la réduction des dangers identifiés; d) établir et appliquer des procédures de surveillance efficace des points critiques de contrôle; e) établir les actions correctives à mettre en œuvre lorsque la surveillance révèle qu'un point critique de contrôle n'est pas*

« *principes* » institue des actions différentes, dont l'ensemble constitue la procédure de maîtrise des dangers HACCP. Ce n'est qu'à partir de son incorporation dans la législation alimentaire qu'elle va être envisagée comme une procédure.

Le terme « procédure » définit « *un ensemble d'actes successifs accomplis pour parvenir à une décision* »[496]. L'HACCP est composée d'une série d'actions ordonnées. Ces actions visent à la fois le respect de la législation et la vérification de l'innocuité des denrées.

Ces actions fournissent à l'exploitant des informations qui lui permet de décider des mesures à prendre pour accomplir l'objectif de sécurité. Ainsi, dans la mesure où l'HACCP est composée par d'actions qui se succèdent, dont l'objectif est de servir à l'exploitant dans la définition et la mise en application de mesures de contrôle, elle constitue une procédure.

246. Cette procédure a un champ d'application spécifique aux secteurs de la production, de la transformation et de la distribution. Mais elle ne s'applique pas à la production primaire. Aux termes du règlement CE 852/2004, la procédure HACCP doit être appliquée par les exploitants du secteur alimentaire « *qui exercent des activités se rapportant à une étape de la production, de la transformation et de la distribution des denrées alimentaires après la production primaire et les opérations connexes énumérées à l'annexe I* »[497]. Ces opérations connexes comprennent le transport, l'entreposage, la manipulation des produits primaires dans le lieu

---

maîtrisé; f) établir des procédures exécutées périodiquement pour vérifier l'efficacité des mesures visées aux points a) à e), et g) établir des documents et des dossiers en fonction de la nature et de la taille de l'entreprise pour prouver l'application effective des mesures visées aux points a) à f).» Art. 5§2 du règlement CE 852/2004.

496 CORNU, (G). (sous la direction de). *Op.cit.* voir note n° 10, p.725.

497 Article 5§3 du règlement CE 852/2004.

de production, le transport des animaux vivants et les opérations de transport des produits primaires d'origine végétale, des produits de la pêche et du gibier sauvage.[498] L'HACCP s'applique donc à tous les stades de la filière sauf à la production primaire[499].

247. A l'inverse, les guides de bonnes pratiques d'hygiène ont vocation à s'appliquer à toute la filière, y compris à la production primaire[500]. Les guides de bonnes pratiques sont des documents issus de la coutume[501] ou des usages professionnels[502]. Ils imposent des règles concernant l'application des mesures de contrôle des dangers.

Ces guides doivent être élaborés en prenant en considération des recommandations fixées par les règlements CE 852/2004 relatif à l'hygiène des denrées alimentaires[503] et CE 183/2005 concernant l'hygiène des aliments pour animaux[504]. Ces recommandations établissent les activités de

---

498 Article 5§3 du règlement CE 852/2004.

499 SPERBER (W. H). *HACCP does not work from Farm to Table*. IN, *Food Control*, no. 16, 2005, p. 511-514.

500 RASPOR (P). *Total food chain: how good practice can contribute?* IN, *Trend in food science & technology*. Vol. 19, 2008, 405-412. ZSCHALER (R). *Good Manufacturing Practice (GMP) in the food industry*. IN, *Zentralblat fur Bakteriologie Mikrobiologie und Hygiene*. Vol. 87, issue, 4-6, 1989, p. 546-556.

501 La coutume est « *une norme de Droit objectif fondée sur une tradition populaire (consensus utentium) qui prête à une pratique constante, un caractère contraignant ; [...] règle traditionnelle de caractère savant ou plus technique, reçue par la jurisprudence ou issue d'une pratique professionnelle...* ». CORNU, (G), *Op.Cit,* v. note n° 10, dans le sens d'usage commercial, p. 947.

502 Les usages professionnels sont définis comme les « *habitudes, pratiques suivies de longe date entre employeurs et salariés d'une même localité ou d'une même branche professionnelle. [...]* ». CORNU, (G), *Op.Cit*. v. note n° 10, dans le sens d'usage professionnel, p. 947.

503 Partie II. Recommandations pour les guides de bonnes pratiques d'hygiène, Annexe I, règlement CE 852/2004.

504 Partie B. Recommandations relatives aux guides de bonnes pratiques, Annexe I, règlement CE 183/2005.

base à réaliser par les exploitants, notamment concernant l'information sur les dangers et les mesures à prendre. Sur la base de ces recommandations, les professionnels élaborent les guides. Ces derniers reflètent ainsi, leurs propres objectifs. De ce fait, les guides de bonnes pratiques sont conçus relativement à des activités spécifiques.

248. Même si leur champ d'application est théoriquement plus large, la pratique montre que les guides de bonnes pratiques d'hygiène s'appliquent à dans des champs très spécifiques. Cette portée spécifique se manifeste clairement à la fois dans les guides conformes à la procédure établie par la législation que dans ceux qui ne le sont pas. Les premiers sont ceux qui font l'objet d'évaluation et du registre aux termes des règlements CE 852/2004 et CE 183/2005. Les deuxièmes sont ceux issus de l'initiative des professionnels et qui ne sont soumis ni à une évaluation ni à un registre auprès des autorités. Dans les deux cas, nous observons le caractère spécifique du champ d'application de ces instruments.

La spécificité des guides de bonnes pratiques se manifeste aussi bien au niveau national que communautaire. En France, par exemple le projet de guide relatif à la « *Transformation des palmipèdes à foie gras dans les ateliers artisanaux et à la ferme* » a été élaboré par le Comité interprofessionnel des palmipèdes à foie gras et par le Centre technique de la conservation des produits agricoles[505]. Dans le même sens, la proposition concernant la «*Distribution des produits surgelés et réfrigérés* » a été faite par le Syndicat national des négociants de produits surgelés et congelés et en glaces[506]. Dans ces deux guides, le caractère spécifique découle de l'intérêt des professionnels pour contrôler les risques liés à un produit déterminé. Les

---

505 Ministère de l'alimentation, de l'agriculture et de la pêche. *Liste des guides français en cours d'évaluation au 05/03/09*, p.4.

506 *Ibid,* p.2

guides de bonnes pratiques d'hygiène s'inscrivent ainsi dans le contexte d'une filière précise.

Sur le plan européen, le champ d'application spécifique de ces modalités est aussi évident. Ainsi, le « *Guide sectoriel de l'autocontrôle pour la production primaire végétale* » belge[507], le « *System of Critical Points in Gastronomy* »[508] tchèque, l'« *Hygiene guidelines for egg-packing centers* »[509] allemand ou le guide espagnol sur l'« *Aplicación del sistema de análisis de riesgos y control de puntos críticos en platos preparados (elaboración de croquetas)*[510]», ont tous élaborés par les exploitants qui intègrent ces filières[511]. Ils définissent de cette manière un champ d'application spécifique à la production d'une denrée particulière.

249. En ce qui concerne les guides élaborés au niveau des entreprises, la spécificité de ces instruments est aussi claire. Ils ont une portée limitée aux stades où l'activité des exploitants se développe. Ainsi par exemple, les cahiers des charges « *IFS-Food* », « *BRC-Food Safety* » et « *Global-GAP* » instituent des bonnes pratiques d'hygiène dont le champ d'application est limité à un maillon de la filière.

---

507 *Plateforme de concertation pour la transformation et le négoce des matières premières et produits végétaux / CBB - Confédération des Betteraviers Belges asbl. Guide sectoriel de l'autocontrôle pour la production primaire végétale Sectorgids autocontrole voor de primaire plantaardige productie. 2dd 5/7/2007.* IN, Health and Consumer Protection Directorate. European Commission. *Register for national guides to goods practices*, p.6.

508 Systém kritických bodů v gastronomii. (HACCP). České a slovenské odborné nakladatelství, s.r.o. 2002. ISBN: 80- 902553-7-X. IN, *Ibid,* p. 8.

509 Hygieneleitlinien fuer Eierpackstellen. Zentralverband der deutschen Gefluegelwirtschaft e.V. (ZDG) jul-99. IN, *Ibid*, p.8.

510 Application of HACCP system for prepared meals (preparation of croquettes) Ministerio de Sanidad y Consumo; Federación Española de Industrias de Alimentación y Bebidas (FIAB); Asociación de Española Fabricantes de Platos Preparados, 1996. *Ibid,*. p.14

511 Health and Consumer Protection Directorate. European Commission. *Op.Cit*, note n°507.

L'*IFS-Food*[512] est un cahier des charges élaboré par les distributeurs français et allemands. Il s'applique aux fournisseurs de produits alimentaires transformés qui sont commercialisés sous la marque d'un distributeur. Ce cahier des charges permet l'audit d'entreprises qui transforment des denrées alimentaires ou qui sont mises en vente en vrac. Son emploi est réservé aux produits transformés ou traités, ou lorsqu'il existe un danger de contamination du produit lors du premier emballage. Il s'agit d'un instrument employé par les transformateurs de denrées pour effectuer la maîtrise de risques avérés à ce stade précis de la chaîne.

La British Retail Consortium a élaboré la méthode *BRC-Food Safety*[513], consistant aussi en un cahier des charges pour la maîtrise des dangers. Il institue parmi d'autres aspects, le respect des dispositions du Codex Alimentarius et de la procédure HACCP. Son champ d'application est limité à la filière de la distribution britannique et s'applique aux fournisseurs de produits alimentaires commercialisés sous la marque d'un distributeur. De même que l'IFS-Food, cette méthode permet la mise en œuvre de l'obligation, au moins en ce qui concerne les dangers qui doivent être contrôlés au stade de la distribution.

Le *Global-GAP* est la dénomination actuelle d'un autre procédé crée en 1997 par des distributeurs britanniques ainsi que du nord de l'Europe. Cette méthode a pour objectif d'assurer le respect des bonnes pratiques agricoles (Good Agricultural Practices, G.A.P) dans le secteur des fruits et des légumes frais. Institué sous la forme d'un cahier des charges, ce standard prescrit le respect des normes d'hygiène essentielles dans le cadre

---

512 http://www.ifscertification.com/index.php?page=home&content=public_content&desc=ifs_standards_food_5&language=French.

513 http://www.brcglobalstandards.com/standards/.

de l'exécution de l'obligation d'autocontrôle. Il s'applique aux producteurs et aux personnes qui conditionnent les fruits et les légumes frais.

Les guides de bonnes pratiques d'hygiène développés dans ces cahiers des charges ont donc une portée limitée. Celle-ci est réservée à un réseau d'activités à un stade de la filière. Ainsi, tout comme les guides élaborés selon les termes de la législation alimentaire, ceux-ci comportent des mesures qui assurent la gestion des risques à un maillon de la chaîne alimentaire.

250. La gestion des risques instituée par les guides des bonnes pratiques peut être mise en œuvre à tous les stades de la filière. Leur portée s'avère toutefois spécifique car la pratique montre que leur utilisation s'inscrit dans un maillon précis de la filière, y compris au stade de la production primaire. L'application des guides de bonnes pratiques s'avère ainsi complémentaire à la gestion visée par la méthode HACCP.

D'ailleurs, les guides de bonnes pratiques d'hygiène comportent dans certains cas, les « *principes* » de la procédure HACCP. Cela permet l'application des mesures de vérification et de correction à un stade où l'obligation de la procédure HACCP n'est pas imposée par la législation. Les guides de bonnes pratiques assurent le contrôle des risques dans la production primaire, ce qui accomplit l'objectif de la législation d'assurer l'innocuité des denrées tout au long de la filière.

251. En effet, ayant un champ d'application complémentaire, la procédure HACCP et les guides de bonnes pratiques d'hygiène sont des instruments d'exécution des mesures d'hygiène que vise la maîtrise des risques. Cette finalité fait d'eux des modalités de mise en œuvre de l'obligation d'autocontrôle. Par conséquent, leur application devient contraignante pour les professionnels.

§2. Le caractère contraignant

252. Même si procédure l'HACCP et les guides de bonnes pratiques d'hygiène sont utilisés couramment par les professionnels afin de mettre en œuvre l'obligation d'autocontrôle, leur caractère contraignant mérite notre attention. Ni l'application de la méthode HACCP ni l'emploi des guides ne sont établis explicitement par la législation comme une obligation. Ils sont évoqués comme des moyens sur lesquels les procédures des exploitants *doivent* se *fonder* soit ou *peuvent* être utilisés par eux.

253. D'une part, nous devons souligner que la législation alimentaire n'impose pas l'obligation aux exploitants de mettre en œuvre la procédure HACCP. Ce qu'elle institue, c'est une obligation de « *mettre en place, appliquer et maintenir une ou plusieurs procédures permanentes fondées sur les principes du HACCP* »[514]. Ces « *principes* » définissent en réalité une véritable procédure de base qui doit être mise en place par tous les exploitants.

254. D'autre part, l'élaboration et l'application des guides de bonnes pratiques sont évoquées comme une « *faculté* » des exploitants. Leur objectif est de « *les aider à remplir les obligations qui leur incombent* »[515] au titre des exigences d'hygiène. Toutefois, la pratique fait d'eux des instruments d'application obligatoire. Ils font l'objet d'évaluations et de contrôles officiels nationaux et communautaires. Cette dernière situation consolide *de facto* le caractère obligatoire de ces instruments.

---

[514] Article 5.1 du règlement CE 852/2004. Le souligné est nôtre.

[515] Article 4§6 du règlement CE 852/2004.

L'article 4 du règlement CE 852/2004 établit la possibilité des exploitants d'utiliser les guides de bonnes pratiques d'hygiène pour les aider à atteindre les exigences générales et spécifiques d'hygiène. Il s'agit des guides nationaux ou communautaires *« validés »* par les autorités compétentes[516]. La législation distingue ainsi les guides qui n'ont pas fait l'objet d'une *«évaluation»* de la part des autorités de ceux qui sont soumis à cette procédure.

La « *validation* » des guides de bonnes pratiques est faite tant par les autorités nationales[517]que communautaires[518]. Au niveau national les États ont l'obligation d'encourager l'élaboration et la diffusion[519] des guides de bonnes pratiques d'une part, et d'évaluer leur conformité aux exigences de la législation alimentaire d'autre part. Au niveau communautaire c'est la Commission, par l'intermédiaire du Comité permanent de la chaîne alimentaire et de la santé animale, qui veille à leur élaboration et à leur diffusion[520]. Dans les deux cas, une procédure de validation est appliquée, l'objectif étant d'évaluer la conformité aux exigences de la législation alimentaire.

Les procédures de « *validation* » sont établies par chaque autorité nationale. Des critères spécifiques sont institués par le règlement CE 852/2004[521] afin de soumettre les guides nationaux aux mêmes critères

---

516 Article 7 du règlement CE 852/2004

517 Articles 7 et 8 du règlement CE 852/2004.

518 Article 9 du règlement CE 852/2004.

519 Articles 7 et 8 du règlement CE 852/2004.

520 Article 9, §1, §2 en relation à l'article 14 du règlement CE 852/2004.

521 Article 8, §1, §2 et §3 du règlement CE 852/2004.

d'évaluation. Une fois les guides évalués, ils sont inscrits dans une liste qui est communiquée à la Commission européenne[522].

255. L'évaluation des guides au niveau nationale doit s'effectuer conformément à l'article 8 du règlement CE 852/2004. Elle vise à constater trois aspects concernant la technique, la faisabilité et la légalité. D'abord, il faut vérifier que ces instruments ont été définis après consultation des représentants des milieux dont les intérêts risquent d'être fortement touchés, en se référant aux codes d'usage pertinents du Codex Alimentarius, et en tenant compte des recommandations de la législation lorsqu'ils concernent la production primaire et les opérations connexes. Ensuite, il faut étudier s'ils peuvent être mis en application dans le secteur visé. Enfin, il faut examiner s'ils respectent les obligations générales[523] et spécifiques[524] d'hygiène ainsi que de la méthode HACCP[525].

256. En France, la validation des guides de bonnes pratiques et l'application de l'HACCP forment un processus où interviennent la Direction générale de l'alimentation, la Direction générale de la concurrence, de la consommation et de la répression des fraudes et la Direction générale de la santé. La procédure comporte six étapes[526]: la notification et la désignation d'une administration qui oriente l'élaboration des guides en question ; le recueil des commentaires des trois administrations; l'avis de l'AFSSA; la présentation au Conseil national de la consommation; la publication au

---

522 Article 8 § 4 du règlement CE 852/2004.

523 Article 3 du règlement CE 852/2004.

524 Article 4 du règlement CE 852/2004.

525 Article 5 du règlement CE 852/2004.

526 *Avis aux professionnels de l'alimentation relatif aux guides de bonnes pratiques d'hygiène et d'application des principes HACCP*. NOR. ECOC0500094V. Journal Officiel de la République Française, n° 138 du 15 juin 2005 page 10289, texte n° 127.

Journal officiel de la République et la communication à la Commission européenne. S'agissant des guides visant le contrôle de la sécurité des denrées, c'est à la Direction générale de l'alimentation que revient leur validation au niveau international.[527]

257. Au niveau européen, les guides communautaires sont évalués par le Comité permanent de la chaîne alimentaire et de la santé animale qui veille à leur élaboration et à leur diffusion. La procédure instituée par l'article 9 du règlement CE 852/2004, établit une vérification des trois mêmes aspects que pour les guides nationaux[528], mais à l'échelle européenne. Pour l'instant, un seul guide communautaire a été élaboré. Il concerne la filière de la grande distribution[529].

258. L'importance de la distinction entre les guides « *validés* » et « *non validés* » réside dans le fait que seuls les premiers sont reconnus comme des modalités de mise en œuvre de l'obligation d'autocontrôle. Cette reconnaissance est évidente dans le contexte des contrôles officiels. Aux termes de l'article 10§2 d) du règlement CE 882/2004, la vérification de l'application de ces guides fait partie de l'objet des contrôles officiels.

Leur adoption est en effet obligatoire pour les exploitants. Les autorités françaises sont de cet avis. Dans la note d'information de la DGAL sur la procédure d'évaluation et de validation des guides nationaux de 2008, il est signalé que « *La version validée et intégrale d'un GBPH [Guides de bonnes pratiques d'hygiène] présente également l'intérêt d'être un document*

---

527 Direction générale de l'alimentation (DGAL). *Note d'information aux professionnels précisant le contenu de ces différentes étapes d'évaluation et de validation des GBPH français*, du 11/06/2008.

528 *Supra*, § 255.

529 World Union of Wholesale Markets. *Community Guide to Good Hygienic Practices Specific to Wholesale Market Management in the European Union*, 2009, 77 p.

de référence pris en compte lors des contrôles officiels des professionnels de la chaîne alimentaire comme il est rappelé dans l'article 10 du règlement (CE) n°882/2004. Un guide non validé, ou une version professionnelle abrégée, s'ils peuvent avoir un intérêt au niveau de la filière professionnelle, ne seront néanmoins pas reconnus par l'administration comme permettant de respecter les exigences réglementaires[530]». Or, il est clair que l'élaboration des guides de bonnes pratiques ne constitue pas une « *faculté* » de l'exploitant. C'est une exigence au regard de la mise en œuvre de l'obligation d'autocontrôle.

259. C'est justement leur caractère obligatoire qui a motivé l'élaboration accrue de ces guides. Il y a désormais une grande quantité de guides aux niveaux nationaux et communautaire. Ainsi par exemple, le registre communautaire des guides nationaux des bonnes pratiques hygiéniques comportait plus de cinq cent guides[531] en février 2010 et leur nombre ne cessera pas d'augmenter.

260. Sur le plan des échanges avec les pays tiers, le caractère obligatoire de ces guides est aussi évident. Ces guides constituent une preuve de l'accomplissement des obligations d'hygiène des importations de denrées d'origine animale. Lors de contrôles officiels, les établissements des pays tiers doivent être agréés auprès des autorités communautaires[532]. L'agrément implique le respect des obligations instituées dans le règlement

---

530 Direction générale de l'alimentation. *Ministère de l'alimentation, de l'agriculture et de la pêche. Guide de bonnes pratiques d'hygiène et d'application des principes HACCP validés*. Note d'information à l'usage des professionnels. La procédure d'évaluation et de validation des guides, du 11/06/2008.

531 Health and Consumer Protection Directorate. European Commission. *Op.Cit,* note n°507.

532 Article 12 du règlement CE 854/2004, sur l'obligation des établissements des pays tiers d'être autorisés à l'exportation.

CE 852/2004 visant, en général, l'hygiène des aliments[533]. Les contrôles communautaires réalisés dans les pays tiers visent à vérifier l'accomplissement des ces obligations et les guides de bonnes pratiques en fournissent la preuve.

261. Au niveau des échanges extra-communautaires, ces guides sont aussi appelés procédures de « *Good Hygiene Practices (GHPs)* » ou « *Good manufacture practices (GMPs)*». Leur constatation fait partie des contrôles officiels des importations en provenance des pays tiers. Ainsi, lors de l'audit d'inspection sur le système des contrôles des produits carnés chiliens mené en 2009, les autorités communautaires ont signalé : « *In poultry establishments approved for exports to the EU, apart from the AMI and PMI described in point 5.3.2, the OV [Officiel veterinary] carries out everyday series of official controls laid down in the relevant manuals of procedures. Inter alia, these controls include: verification of establishment's pre-operational and operational Sanitation Standards Operating Procedures (sanitation checks covering randomly selected parts of the premises); verification of Good Manufacturing Practices (GMPs) and GHPs; verification of the establishment's monitoring of the Critical Control Points (CCPs). In all establishments visited the reports of these controls were available to the MT [Mission team]* »[534]. Or, les autorités communautaires font une vérification explicite de la mise en œuvre des guides de bonnes pratiques par les exploitants des pays tiers, moyennant l'audit du système de contrôle officiel

---

533 Article 3 du règlement CE 853/2004, qui institue les conditions d'agrément et enregistrement des établissements, en relation avec l'article 6 du même texte qui signale les conditions qui doivent remplir les exploitants du secteur alimentaire qui importent des produits d'origine animale de pays tiers.

534 European commission. Health and consumers protection directorate-general. *Final report of a mission carried out in Chile from 16 to 25 november 2009 in order to evaluate the food safety control systems in place governing the production of poultry meat and poultry meat products Intended for export to the European Union*. DG (Sanco) 2009-8345.MR final. § 5.3.3, p. 12.

qu'évalue les GMP, GHP et les procédures HACCP. Cela confirme le caractère obligatoire des guides de bonnes pratiques, en tant que modalités de mise en œuvre de l'obligation d'autocontrôle.

262. Lors de l'inspection du système colombien du contrôle sanitaire des produits de la mer de 2006, la vérification de la mise en œuvre des guides des bonnes pratiques a fait l'objet d'évaluation par les autorités communautaires. Le rapport d'audit signale: « *Establishments intending to export to the EU must submit an application to INVIMA for approval to export to the EU. Officials from INVIMA visit the establishment. A harmonised checklist is used covering structure, hygiene conditions, GMP and HACCP. If the establishment complies with the requirements, an export code number is allocated and the CCA (Central competent authority) propose it for inclusion in the list of establishments authorised to export to the EU*[535]». La vérification de la mission européenne concernant l'application du GMP et des procédés HACCP permet aux autorités de constater si les obligations d'hygiène sont mises en œuvre. Les guides de bonnes pratiques sont ainsi évalués, ce qui montre bien qu'ils n'ont pas un caractère facultatif. Bien au contraire, ils prouvent en tant que modalités d'application de l'obligation d'autocontrôle, que les exploitants exportateurs des pays tiers respectent la législation alimentaire européenne.

263. La vérification de l'emploi des GBPH dans la gestion des risques que font les exploitants des pays tiers, ainsi que la validation des guides de bonnes pratiques aux niveaux national et communautaire montrent leur caractère obligatoire. Les guides dits « *validés* » sont ceux qui permettent à l'exploitant la mise en œuvre des exigences d'hygiène tant au stade de la

---

535 European commission. Health and consumers protection directorate-general. *Report of a mission carried out in Colombia from 15 to 23 march 2006 in order to assess the public Health controls and the conditions of production of fishery product and aquaculture.* DG (SANCO)/8164/2006 – MR Final Final. § 2.3, p. 5.

production primaire, où la méthode HACCP n'est pas applicable, qu'aux autres stades de la filière. L'emploi des guides de bonnes pratiques s'avère obligatoire pour les exploitants de l'agroalimentaire.

264. De même, la vérification de la mise en œuvre de procédures fondées sur la méthode HACCP lors des contrôles officiels montre leur caractère obligatoire au regard de l'accomplissement de l'obligation d'autocontrôle. L'élaboration de procédures de contrôle sur la base de l'HACCP met en évidence la planification dans la gestion des dangers. Cela confirme que l'exploitant assume sa responsabilité primaire en exécutant au sein de son entreprise les mesures visant à la sûreté des produits.

265. La méthode HACCP et les guides de bonnes pratiques d'hygiène comportent des différences par rapport à leur champ d'application. Toutefois, tout deux s'avèrent d'application obligatoire en tant que moyens de mise en œuvre de la gestion des risques. Il convient à présent d'analyser dans quelle mesure ces instruments permettent cette gestion.

Section 2. La gestion des risques

266. L'obligation d'autocontrôle a pour objet la gestion des risques. La procédure HACCP ainsi que les guides de bonnes pratiques d'hygiène permettent cette gestion moyennant deux activités. Ils imposent l'identification d'éléments qui déterminent les mesures de contrôle des risques d'une part (A), et la constatation de ce contrôle d'autre part (B).

§1. L'identification des éléments déterminant des mesures de contrôle

267. Les actions qui imposent la méthode HACCP et les guides de bonnes pratiques d'hygiène ont pour objectif l'identification des éléments liés au risque. Ces éléments permettent à l'exploitant de déterminer le type de mesure de contrôle à prendre. Cette identification est une tâche qui demeure sous la responsabilité exclusive de l'exploitant, car il est le seul à pouvoir déceler ces éléments au sein de son exploitation. Il s'avère donc être une démarche inhérente à la gestion des risques dans son activité.

268. Les guides de bonnes pratiques d'hygiène imposent une démarche d'identification du danger. Il s'agit d'une identification spécifique du danger en raison du produit. Les guides sont définis selon les dangers qui affectent une denrée particulière. Ainsi par exemple, la guide belge sur l'«*autocontrôle*

pour les boulangeries et pâtisseries »[536], le guide allemande sur l'« *Hygiene Practice in the fruit juices* industry »[537] ou le guide française sur les *« bonnes pratiques hygiéniques des végétaux crus prêts à l'emploi* »[538], définissent des mesures de maîtrise des risques imposant l'identification du danger préalable qui affecterait spécifiquement ces denrées.

269. Toutefois, il faut rappeler[539] que les guides de bonnes pratiques peuvent aussi comprendre les « *principes* » de l'HACCP. Cela implique l'application *de facto* de cette procédure au niveau de la production primaire. Dans ce contexte, l'identification n'est plus limitée aux dangers. Elle s'élargie.

270. L'HACCP impose, au contraire des guides de bonnes pratiques d'hygiène, une démarche d'identification plus complexe. Elle vise trois objets différents: les dangers, les points critiques et les limites critiques. L'identification de chacun de ces éléments est essentielle pour la mise en œuvre de l'obligation d'autocontrôle. Elle conditionne la mesure de maîtrise de risques à adopter par l'exploitant.

271. En premier lieu, l'identification des dangers consiste en la détermination de la présence d'un agent chimique, physique ou biologique capable de provoquer un effet nocif sur la santé des personnes. Cette identification est effectuée via des méthodes d'analyse et d'échantillonnage,

---

536 Guide d'autocontrôle pour les boulangeries et pâtisseries. Autocontrolegids voor de brood- en banketbakkerij. Confédération Belge des Boulangers, Pâtissiers, Chocolatiers, Glaciers. Health and Consumer Protection Directorate. *Op.Cit*, v. note n° 507, p. 4.

537 Leitlinien fuer eine gute Hygienepraxis in der Fruchtsaft-Industrie. Verband der deutschen Fruchtsaft- Industrie e.V. (VdF). Health and Consumer Protection Directorate. European Commission. *Op.Cit*, v. note n° 507, p. 8.

538 Guide de bonnes pratiques hygiéniques Végétaux crus prêts à l'emploi. Centre Technique interprofessionnel des fruits et légumes (CTIFL). SSN: 0767-4538; ISBN: 2- 11-074448-0. Health and Consumer Protection Directorate. European Commission. *Op.Cit*, v. note n° 507, p. 25.

539 *Supra*, § 207 et ss.

conformément à ce qu'a établit l'article 4 du règlement CE 852/2004. Cet article prévoit son utilisation par les professionnels comme mesures spécifiques d'hygiène.

La législation alimentaire ne définit pas la notion de « *méthodes d'analyse ou d'échantillonnage* ». Toutefois, elle est évoquée dans le cadre des contrôles officiels[540], comme des outils qui permettent aux autorités de vérifier le respect de la législation alimentaire. Elles ont pour finalité la détermination de l'absence ou de la présence de dangers dans les aliments.

Le règlement CE 882/2004 définit comme « échantillonnage pour analyse » le procédé de « *prélèvement d'aliments pour animaux ou de denrées alimentaires ou de toute autre substance (y compris dans l'environnement) intervenant dans la production, la transformation ou la distribution d'aliments pour animaux ou de denrées alimentaires, ou dans la santé animale, en vue d'en vérifier par analyse la conformité avec la législation relative aux aliments pour animaux ou aux denrées alimentaires ou aux dispositions relatives à la santé animale* »[541]. Il peut être employé tant par les autorités lors de contrôles officiels que dans le cadre des autocontrôles des exploitants.

Selon les priorités sanitaires, la législation institue même les méthodes particulières à employer pour l'identification des dangers. Cela est le cas de la définition des tests pour l'identification des dangers spécifiques signalés par le règlement CE 2073/2005 relatif aux critères

---

540 Art. 11 du règlement 882/2004. En ce qui concerne la caractérisation des méthodes d'analyse, voir notamment l'annexe III de ce texte.

541 Art. 2§11 du règlement 882/2004.

microbiologiques[542]. En revanche, dans les cas où la législation n'indique pas les méthodes d'échantillonnage ou d'analyse pour identifier les dangers, l'exploitant peut utiliser d'autres méthodes offrant des résultats équivalents à ceux issus des méthodes de référence, à condition qu'ils soient « *validés conformément aux règles ou protocoles reconnus à l'échelle internationale*»[543].

Ainsi, préalablement à l'identification des dangers, l'exploitant doit déterminer les méthodes à employer ainsi que leur validité. Les résultats des ces analyses ou de ces méthodes doivent lui permettre de déterminer quelles sont les mesures de maîtrise des dangers les plus convenables. Toutefois, la responsabilité de l'exploitant n'est pas limitée à une liste des dangers.

Elle comporte aussi la détermination des méthodes appropriées pour identifier les risques pouvant affecter les denrées. Ceci est fondamental dans le cadre de la mise en œuvre de l'obligation d'autocontrôle. C'est à partir de l'emploi des bonnes méthodes d'identification des risques que les mesures de contrôle peuvent être définies.

272. En deuxième lieu, la démarche d'identification qu'institue la procédure HACCP a pour objet la détermination des « *points critiques de contrôle ou de maîtrise*». Même si la législation évoque l'identification de ces « *points critiques*» dans les « *principes HACCP* », elle n'en établit aucune définition. Le Codex Alimentarius les définit comme les stades auxquels « *une surveillance peut être exercée et est essentielle pour prévenir ou éliminer un danger menaçant la salubrité de l'aliment ou le ramener à un niveau*

---

542 Règlement (CE) No 2073/2005 de la Commission du 15 novembre 2005 concernant les critères microbiologiques applicables aux denrées alimentaires, JO L 338 du 22.12.2005, p. 23.

543 Article. 4.5 du règlement CE 852/2004.

acceptable.»[544] Aux termes de l'activité de l'exploitant, il s'agit d'un stade où un danger peut être présent.

A la différence de l'identification des risques, dont l'objectif est de déterminer l'absence ou la présence d'un danger, celui de l'identification des points critiques consiste à déterminer les stades où les actions de l'exploitant peuvent compromettre la sécurité des denrées. L'identification des points critiques fixe les étapes de l'activité où les mesures de contrôle s'imposent. La détermination des points critiques permet la surveillance des conditions de la sécurité des denrées dans les différentes étapes de l'activité.

273. En troisième lieu, la procédure HACCP impose la définition des « *limites critiques* ». Le règlement CE 852/2004 indique que ces limites servent à distinguer ce qui est résulte acceptable -acceptabilité- de ce qui ne l'est pas –innacceptabilité- vis-à-vis des dangers identifiés[545]. Cependant, la législation ne définit ni le concept de « *limite critique* » ni celui relative à « *l'acceptabilité* » ou à « *l'innacceptabilité* » des dangers. Elle ne fixe que des seuils quantitatifs à partir desquels on pourra déterminer si la présence de dangers dans une denrée peut représenter un effet nocif pour la santé. Nous pouvons donc affirmer que les limites critiques sont des niveaux, souvent quantifiés, à partir desquels s'impose la maîtrise ou l'élimination d'un danger.

La détermination de ces seuils ou limites n'est pas effectuée par l'exploitant mais par la législation ou par les autorités. L'inverse de ce qu'affirme la législation, le rôle de l'exploitant dans ce contexte n'est pas de déterminer la limite critique. Il n'est tenu que d'identifier les denrées qui la

---

544 Commission du Codex Alimentarius. *Code d'usages international recommandé. Principes généraux d'hygiène alimentaire CAC/RCP 1-1969, Rév. 4 (2003).* Système d'analyse des risques. Points critiques pour leur maîtrise (HACCP) et directives concernant son application, Appendice, p. 39.

545 Art. 5§2 b), règlement CE 852/2004.

dépasse et de définir les mesures de maîtrise pour les rendre conformes. C'est ainsi qu'au regard de l'obligation d'autocontrôle, la définition des limites critiques accentue la responsabilité de l'exploitant dans une perspective objective. L'exploitant est tenu de respecter les « *seuils* » imposé par la loi. Cette responsabilité va inciter l'exploitant à déterminer si les denrées présentent des dangers, ainsi que les mesures de contrôle les plus convenables pour les contrôler.

La détermination des limites critiques montre l'objectif d'instituer au sein de l'obligation d'autocontrôle, des critères « *objectifs*» ou « *scientifiques* » concernant la sécurité des denrées. Dans la mesure où ces limites sont définies par des experts externes à l'activité de l'exploitant et à partir de méthodes impartiales, elles définissent la sécurité des denrées d'une manière plus homogène, ce qui est censé faciliter l'évaluation du respect de la législation.

Il s'agit en effet d'une manifestation de l'intervention de la science dans la gestion des risques, dont l'HACCP est souvent considérée comme une forme d'évaluation des risques comportant une base scientifique.[546]

---

546 FORTIN (N). *The Hang-Up With HACCP: The Resistance to Translating Science Into Food Safety Law.* IN, *Food and Drug Law Journal*, 2003. Vol 58, p. 567, spécif. n°II. Dans le même sens, UNNEVEHR (L), JENSEN (H). *The economic implications of using HACCP as a food safety regulatory standard National Academy of Sciences.* IN, *Food Policy.* 1999, No.24, p. 625–635, spécif.p. 628. VAN SCHOTHORST (M). *Microbiological Risk Assessment of foods in international trade.* IN, *Safety Science.* Vol. 40, Issues 1-4, February-June 2002, p. 359-382, spécif.§1.2. Smith (W), Kelly (S). *Science, technical expertise and the human environment.* IN, *Progress in Planning.* 2003. Vol. 60, Issue 4, November, p.321-394, spécif. p. 326-327. BONNAUD (L), COPPALLE (J). HOOKER (N), TERATANAVAT (R), SALIN (V). *Crisis management effectiveness indicators for US meat and poultry recalls.* IN, *Food Policy.* 2005. Vol. 30, Issue 1, February 2005, p. 63-80, spécif.p. 67. IN, *Sociologie du travail.* 2008. Vol. 50. 15–30, spécif. p.18. *Ensuring Safe Food From Production to Consumption.* Report, 1998, p. 29-30. PASCAL (G). *La loi du 1er août 1905 et l'évaluation scientifique.* IN. *Direction Générale de la concurrence, de la consommation et de la répression des fraudes. Op.Cit,* note n°37, p. 253- 263. *MEDINA (B). Cent ans d'expertise scientifique pour la détermination des fraudes et falsifications. Op.Cit,* note n°37, p. 321-326.

L'influence de la science peut être appréciée lors de l'utilisation des limites critiques de contrôle des dangers et lors du recours à des experts pour leur définition. La législation incorpore ces critères afin que l'exploitant soit en mesure d'évaluer lui-même la sécurité des denrées à partir des critères objectifs prédéfinis.

274. L'identification des risques et des dangers opérée par la mise en œuvre des guides de bonnes pratiques d'hygiène, ainsi que de la méthode HACCP, est étroitement liée à *l'adéquation* des mesures de contrôle. Ceci a été reconnu par la Cour de Justice européenne, lorsqu'elle a analysé le caractère adéquat d'une mesure de contrôle sur un danger.

275. Dans l'arrêt du 24 novembre 2005[547] dit « *Sucreries* », la Cour de Justice a répondu à une demande de question préjudicielle faite par une juridiction autrichienne (l'Unabhängiger Verwaltungssenat Salzburg). La question posée est la suivante : « *Les dispositions des articles 28 CE à 30 CE, lues en combinaison avec celles de l'article 7 de la directive 93/43 [...], font elles obstacle à une disposition nationale antérieure à la directive et interdisant d'offrir à la vente sans emballage dans des distributeurs automatiques des friandises dans la fabrication desquelles entrent du sucre naturel ou des produits de substitution du sucre?»*[548].

Dans l'affaire principale l'administration autrichienne avait engagé une procédure administrative à caractère pénal à l'encontre d'un professionnel car il avait commercialisé des sucreries sans emballage dans

547 Georg Schwarz c/ Bürgermeister der Landeshauptstadt Salzburg. C-366/04, Arrêt de la Cour (première chambre) 24 novembre 2005.

548 Georg Schwarz c/ Bürgermeister der Landeshauptstadt Salzburg. C-366/04, Arrêt de la Cour (première chambre) 24 novembre 2005, §20.

des distributeurs automatiques[549]. La législation autrichienne exigeait aux professionnels l'emballage des sucreries fournies par les distributeurs automatiques afin d'éviter la contamination des aliments vendus aux consommateurs. Ces mesures étaient conformes à l'annexe III de la directive 93/43 où s'établissent des prescriptions concernant l'hygiène des distributeurs automatiques[550].

En l'espèce le professionnel estima que l'exigence d'un emballage individuel pour les pâtes à mâcher de l'article 2 du règlement sur l'hygiène des friandises autrichiennes, avait pour effet d'empêcher la libre circulation des denrées alimentaires. Il en résulterait une interdiction de commercialiser des produits non autrichiens. Les fabricants étrangers ne seraient guère disposés à fabriquer des produits emballés uniquement pour ledit marché. Cela constituerait selon le professionnel, une mesure contraire à l'article 7 de la Directive 93/43. Selon cette disposition, les États pouvaient établir des mesures nationales d'hygiène à condition qu'elles ne soient pas plus sévères que celles établies dans l'annexe de la dite directive et qu'elles ne représentent pas une entrave à l'importation. Au contraire, les mesures ne seraient pas justifiées au regard de l'article 36 du TFUE[551].

La Cour a signalé que cette disposition ne constitue pas un obstacle à l'importation. Aux termes de la Cour cette norme ne s'oppose pas *« à une disposition nationale antérieure à cette directive interdisant d'offrir à la vente sans emballage, dans des distributeurs automatiques, des friandises dans la fabrication desquelles entrent du sucre naturel ou des produits de substitution*

549 Georg Schwarz c/ Bürgermeister der Landeshauptstadt Salzburg. C-366/04, Arrêt de la Cour (première chambre) 24 novembre 2005, § 10, §15, §18, §19, §34, §35, §36.

550 Directive 93/43/CEE du Conseil du 14 juin 1993 relative à l'hygiène des denrées alimentaires. JOCE L 175 du 19.7.1993, Annexe III.

551 *Traité sur le fonctionnement de l'Union Européenne*. Version consolidée. JOUE du 9.5.2008, C 115/61.

du sucre »[552]. La Cour a ainsi fondé sa conclusion sur la base du caractère adéquat de la mesure par rapport au risque et de sa proportionnalité vis-à-vis du commerce.

Cette juridiction estima que « *l'interdiction énoncée à l'article 2 du règlement sur l'hygiène des friandises constitue une mesure adéquate et proportionnée pour protéger la santé publique.*»[553] L'adéquation de la mesure correspond à sa pertinence pour contrôler le risque. Pour déterminer cette pertinence il est indispensable d'identifier préalablement le risque ou le danger.

276. L'identification du risque ou du danger est une tâche de l'exploitant. C'est en ce sens qu'elle est envisagée par la procédure HACCP et par les guides de bonnes pratiques d'hygiène. Au regard de l'exemple précité, l'identification du danger par le professionnel est également prévue par la législation autrichienne, lorsqu'elle impose aux exploitants l'obligation de mettre en œuvre les mesures pour gérer les risques de contamination.

L'arrêt cité met en évidence la dynamique du caractère conditionnel de l'identification du risque par rapport à l'adéquation de la mesure de contrôle. D'une part, il signale la pertinence de la mesure de contrôle par rapport au risque en cause. La mesure de contrôle ne peut pas être déterminée si le risque n'a pas été préalablement identifié. La connaissance de ce risque oblige l'exploitant à évaluer quelle est l'action adéquate pour le contrôler.

D'autre part, cette décision institue une adéquation de la mesure de contrôle par rapport aux moyens dont dispose l'exploitant. Cette adéquation

---

552 Georg Schwarz c/ Bürgermeister der Landeshauptstadt Salzburg. C-366/04, Arrêt de la Cour (première chambre) 24 novembre 2005,§39.

553 *Ibid*, §34.

concerne l'organisation managériale du professionnel de manière à concilier son obligation d'autocontrôle avec la viabilité économique de son activité. L'identification des risques comporte de cette manière une adéquation entre la mesure de contrôle et la démarche managériale du professionnel.

En effet, nous pouvons observer à partir de cette décision jurisprudentielle, que l'identification des risques ou des dangers joue un rôle clé pour la mise en œuvre de l'obligation d'autocontrôle. Cette identification permet à l'exploitant de définir les mesures *adéquates* à prendre, ce qui est le point de départ d'une gestion des risques efficace et qui constitue l'objet de l'obligation d'autocontrôle.

L'identification des risques, des points critiques et des limites critiques sont les trois éléments déterminants des mesures inhérentes à l'application de la méthode HACCP. Cette méthode cherche à maîtriser les risques, le même objectif étant poursuivi par les guides de bonnes pratiques. L'HACCP et les guides de bonnes pratiques constituent des instruments qui permettent à l'exploitant de fixer les bases de la gestion des risques. Cependant, ils fixent aussi des actions visant à constater que cette gestion a été réalisée.

§2. La constatation du contrôle

277. Les guides et l'HACCP définissent des procédés dont l'objectif est de vérifier que le contrôle des dangers a été effectué. Dans le cadre des guides des bonnes pratiques, la vérification du contrôle a lieu lorsque l'exploitant évalue et registre les mesures appliquées. Le registre suppose au préalable, l'évaluation des mesures de contrôle afin de déterminer leur efficacité. Le registre prouve non seulement que l'exploitant a mis en œuvre

un certain nombre d'actions mais aussi que les dites mesures ont permis de maîtriser le danger.

Les mesures de vérification de la gestion instituées par l'HACCP concernent la mise en place des procédures de surveillance d'une part, et l'application des mesures correctives d'autre part. D'après cette méthode l'exploitant doit établir et appliquer des procédures de surveillance efficaces sur les points critiques de contrôle. Or, il s'agit d'une surveillance qui s'institue à l'intérieur de l'exploitation et qui concerne les procédés de production, de transformation ou de distribution instaurés par l'exploitant. Elle vise à déterminer quels sont les stades où l'exploitant commet des fautes dans ses procédés, affectant directement la maîtrise des dangers et qui peuvent être prévenus. Ainsi, par exemple, c'est lors de cette surveillance que l'exploitant doit identifier la rupture de la « *chaîne de froid* » ou si les ingrédients ou les aliments sont exposés à des sources de contamination.

278. La surveillance qu'impose l'HACCP ne doit pas être confondue avec la vigilance générale qui ressort des articles 19 et 20 du Règlement CE 178/2002. Même si les deux motivent des actions de contrôle des risques, il s'agit de mesures différentes. D'abord, les mesures de contrôle issues de l'HACCP visent les risques avérés, tandis que dans le cadre d'une vigilance générale de la sécurité, les actions comprennent aussi les risques suspectables. Ensuite, ces mesures sont mises en place à des moments distincts. La vigilance résultante des articles 19 et 20 du règlement 178/2002 suppose des actions de contrôle des risques qui ont lieu lorsque le produit est mis sur le marché, tandis que l'HACCP prévoit des actions de maîtrise des dangers qui ont lieu au sein de l'entreprise, sans que le produit n'ait été mis sur le marché. Enfin, la vigilance générale issue de l'obligation d'autocontrôle impose à l'exploitant d'effectuer des retraits ou des rappels des produits afin d'éviter des possibles dommages. En revanche, la surveillance qu'institue l'HACCP implique la mise en œuvre de mesures de correction des pratiques

développées par l'exploitant dans ses procédés de production, sans que le consommateur ne soit confronté au danger pour autant.

279. Parallèlement à cette surveillance, la méthode HACCP institue des mesures dites « *correctives* ». Ces mesures jouent un rôle capital dans la mise en œuvre de l'obligation d'autocontrôle. D'une part, elles reflètent la reconnaissance par l'exploitant des failles dans son système de contrôle. Cette reconnaissance est le résultat de son auto-évaluation. C'est à la suite de cette auto-évaluation que l'exploitant peut définir quelles sont les mesures de rectification à prendre.

D'autre part, lorsque l'exploitant met en œuvre ces mesures, elles prouvent son action directe dans la rectification des aspects déficients de sa démarche. Il s'agit des mesures qui démontrent que l'exploitant respecte la législation et qu'il vérifie les conditions garantissant la sécurité des denrées. Il accomplit ainsi les deux objets qui composent le contenu de l'obligation d'autocontrôle.

280. Toutefois, nous devons remarquer que la vérification qu'impose l'HACCP n'est pas une constatation de la sécurité de la denrée proprement dite, mais de la démarche de l'exploitant qui garantie cette sécurité. La présence des dangers dans une denrée est, dans la perspective de l'HACCP, soit un élément qui permet de déterminer des mesures de contrôle à prendre, soit l'évidence des défaillances dans la mise en œuvre des mesures visées par cette méthode. De ce fait, la vérification qu'impose l'HACCP contribue à la vérification de la sécurité des denrées, dans une perspective opérationnelle, où l'objet de constatation n'est pas la denrée en soi mais les procédés développés par l'exploitant.

281. Cette démarche de vérification d'HACCP comporte un élément de preuve. Comme l'a signalé le professeur Lorvellec, la méthode HACCP

montre une « *évolution dans la pré-constitution de preuves* » [554]. La documentation des contrôles est évoquée comme l'un des « *principes* » de cette procédure, dont l'importance juridique réside dans son caractère probatoire. L'exigence concernant la documentation des contrôles effectués permet à l'exploitant ainsi qu'aux autorités de vérifier la gestion qui a été réalisée. L'exigence d'établir cette documentation fournit aux exploitants des éléments pour reprendre le cycle d'autocontrôle, pour prouver leur gestion aux autres exploitants et aux autorités ainsi que pour se soumettre aux contrôles officiels.

L'exigence de la documentation des mesures entreprises par l'exploitant fait partie aussi, de l'élaboration et de la mise en application des guides de bonnes pratiques d'hygiène. Les règlements CE 183/2005 et CE 852/2004 signalent parmi les recommandations pour l'élaboration de ces guides, «*les mesures portant sur la tenu de registres* »[555]. L'exigence de la documentation du contrôle entrepris justifie la valeur probatoire de ces registres.

En effet, tant l'HACCP que les guides de bonnes pratiques assurent l'application du contrôle des dangers. Elles constituent des instruments pour la mise en œuvre de l'obligation d'autocontrôle. Toutefois, cette obligation est aussi mise en application par des modalités volontaires, définies par les exploitants eux-mêmes.

---

554 LORVELLEC, (L). *Rapport de synthèse : le droit face à la recherche de qualité des produits agricoles et alimentaires.* IN, *Revue de droit rural*, n°276 octobre 1999, p, 466, spécif. §B,2).

555 Règlement CE 852/2004, Annexe I, partie B, §2, j) et règlement CE 183/2005, Annexe I, partie B, 2§ i).

CHAPITRE II. LES MODALITES VOLONTAIRES

282. L'obligation d'autocontrôle peut être mise en œuvre par un nombre indéterminé de modalités conçues dans le cadre de la liberté managériale et de la liberté contractuelle. Parmi les modalités issues de la première nous pouvons évoquer les différents systèmes de contrôle de la qualité[556], et de la valorisation des produits[557]. A l'issu de la deuxième, l'obligation d'autocontrôle peut être mise en œuvre moyennant des clauses qui l'impose. Les clauses peuvent prendre la forme d'une condition précontractuelle, résolutoire ou de résiliation, de l'exigence d'une garantie de non-conformité ou bien de l'imposition d'une clause d'indemnisation lors de son inexécution, entre autres formules possibles. Dès lors, la marge de manœuvre de l'exploitant dans la définition des modalités dites « *volontaires* » est très large.

283. Toutefois, nous devons distinguer entre la possibilité qu'a l'exploitant de « *choisir* » la modalité de mise en œuvre de cette obligation et le fait que son application soit entendue comme « *volontaire* ». L'autocontrôle est une obligation d'agir, dont les modalités sont définies par l'exploitant. Elle n'est ni une démarche volontaire et son exécution ne se réduit pas à une telle démarche. L'autocontrôle est une contrainte légale avec une liberté quant aux moyens.

---

556 Assemblée permanente des Chambres d'agriculture. *Contribution des démarches Qualité/Environnement au développement de l'agriculture raisonnée répertoire des démarches mises en place dans les exploitations.* Version 1 - mai 2006, 47p.

557 COLLART DUTILLEUL (F) (Rapporteur). *Avis sur la mise en œuvre de la réforme des signes d'identification de la qualité et de l'origine des produits agricoles et agroalimentaires.* Conseil national de l'alimentation. Avis n°61, Conseil National de l'Alimentation, du 12 juin 2008, p. 34.

284. Certaines des modalités volontaires sont appliquées par l'exploitant lui-même, tandis que d'autres sont exécutées par des tiers. Les premières peuvent être considérées comme des modalités « *internalisées* », dans la mesure où l'autocontrôle est effectué par l'exploitant lui-même au sein de son exploitation. Ce contrôle « *interne* » constitue le premier niveau du système intégral de contrôle sanitaire[558], dans lequel l'exploitant est celui qui initie le cycle du contrôle. Les modalités internalisées ne présentent pas de contradictions avec la conception globale du système de contrôle sanitaire institué par la législation alimentaire. Pour cette raison, ces modalités ne feront pas l'objet de notre étude.

Au contraire, nous nous intéresserons aux modalités dites « *externalisées* ». Celles-ci sont des modalités dans lesquelles un tiers réalise des actions de gestion des risques sous l'ordre de l'exploitant. Cette externalisation découle de la liberté de choisir les modalités de mise en œuvre de l'obligation d'autocontrôle. Nous allons analyser les conséquences de l'« *externalisation* » de l'application de l'autocontrôle à partir des deux modalités fréquemment utilisées par les exploitants : l'audit (Section 1) et la certification (Section 2).

---

558 *Supra* § 55.

Section 1. L'audit

285. L'audit est une modalité de mise en œuvre de l'obligation d'autocontrôle. L'audit impose une évaluation (§1) de la maîtrise des risques effectuée par l'exploitant. Cette évaluation est transparente et indépendante (§2).

§1. Une évaluation de la maîtrise des risques

286. Le mot « *audit* » est utilisé dans le langage comptable et financier pour décrire l'activité d'évaluation, d'où découlent des recommandations visant à améliorer l'activité examinée[559]. Il est conçu comme un outil de contrôle de la gestion[560] managériale qui s'est élargie à différents domaines, y compris au droit. La vérification des relations humaines au sein de l'entreprise, tenant en compte du droit social envisagé par *« l'audit social»*[561]

559 THIERY-DUBUISSON (S). *L'audit*. p. 3. Aussi, COLLINS (L) et VALIN (G). *Audit et contrôle interne*. Paris: Coll. Dalloz Gestion, 3ème éd., 1986, 396p.

560 En ce sens, FERRY (N). *Un nouvel aspect de l'audit : l'audit contractuel de l'entreprise*. IN, *Petites affiches*, 1985, p. 52.

561 MOUSSERON (J.M). *Technique contractuelle*. Paris: Ed. Lefebvre. 2ème éd. 1999, p. 737, §1958. Sur les audits « *sociaux* » des fournisseurs agroalimentaires implantés à l'étranger voir, DEL CONT (C) (Rapporteur). *Les nouveaux facteurs légitimes de régulation du commerce international des denrées alimentaires*. Avis n°59 du Conseil National de l'Alimentation. 7 février 2008, p. 33. PRUGUE (M) (Rapporteur). Conseil Economique et Social. *Une Agriculture productive soucieuse de prévenir les risques sanitaires et environnementaux*, 3 juillet 2008, p. 30, §5.2. PERETTI (J-M), VACHETTE (J.L). *L'audit social*. Paris : Éd. d'organisation, 1987, p. 209 ; RAVALEC (J.P). *L'audit social et juridique*. Paris: Ed. Montchrestien, 1986, 559 p. DESCOTTE (R). *Gestion du personnel : audit ou diagnostique ?*, IN, *Petits affiches*, n°. 108, 1985, p. 19. GUYENOT (J). *Typologie des fonctions de l'audit juridique dans ses rapports avec l'entreprise*. IN, *Ibid*, p. 29.

illustre l'utilisation de l'audit dans le domaine juridique. Dans le même sens, le contrôle de la conformité de l'activité de l'entreprise visé par « *l'audit fiscal* »[562] et « *l'audit sociétaire* » montre bien l'éclosion de cet instrument dans le droit des sociétés et fiscal.

Le professeur Cornu apporte une définition plus large. Il définit l'audit comme une «*mission d'investigation confiée à un professionnel indépendant (parfois nommé auditeur) par un personne en quête d'information sur l'intérêt d'une opération ou la situation d'une entreprise (nommé prescripteur) qui consiste selon ce que prévoit la convention (contrat d'audit) soit seulement à vérifier la conformité de l'opération ou de la situation étudiée aux règles de Droit en général ou dans un secteur déterminé (droit fiscal, droit des sociétés, etc.) soit également à évaluer les risques de l'initiative ou de l'activité considérée ou même son degré d'efficacité et à en faire rapport au prescripteur ; nommé « audit juridique » en général ou, plus spécifiquement selon le cas, « audit fiscal », « social », « comptable»*[563]. Cette définition met en lumière les trois éléments de base de l'audit : la fonction de contrôle, le caractère externe et la condition objective.

CALENDINI (J.M). *L'audit contentieux. Un exemple d'audit juridique.* IN, *Ibid,* p, 43. FERRY (N). *Un nouvel aspect de l'audit: l'audit contractuel de l'entreprise.* IN, *Ibid*, p. 53. ANTONA (J-P). *L'audit social.* IN, *Ibid,* p. 57.

562 CHADEFAUX (M). *L'audit fiscal.* Paris : Litec, 1987, 301 p. LAMBERT (T). *Contrôle fiscal: principes et pratiques*. Paris : Economica. 1988, 223 p. DUHEM (J), JAMMES (M). *Audit & gestion fiscale de l'entreprise*. Paris : EFE, Édition formation entreprise. 1996, 616 p. Schick , (P) Evraert , (S) Vera (J). *Memento d'audit interne.* Paris : DUNOD. 2007, 1 vol, 217 p. RENARD, (J), CHAPLAIN, (J-M), GALLOIS, (L). *Théorie et pratique de l'audit interne.* Paris : Éditions d'Organisation 6ème éd. 2006, 479 p.

563 CORNU, (G). *Op.Cit*, voir note n° 10, p. 92.

Le professeur J.M. Mousseron se réfère de manière particulière à l'audit juridique[564] en le définissant comme « *le contrôle de tout ou partie des opérations juridiques menées par une entreprise effectué par une personne physique ou morale liée- audit interne- ou non –audit externe- par un contrat de travail à la première et déterminé par des paramètres objectifs, spatiaux ou temporels* »[565]. Cet auteur reprend les éléments définis par le professeur Cornu, concernant l'audit comme une évaluation de l'activité de l'entreprise, effectuée par un tiers indépendant et sur la base de paramètres objectifs préalablement établis.

287. De manière plus spécifique, l'audit constitue un instrument de contrôle dans le domaine agroalimentaire. Il est défini par la législation alimentaire comme « *un examen méthodique et indépendant visant à déterminer si les activités et les résultats y afférents satisfont aux dispositions préétablies et si ces dispositions sont mises en œuvre de façon effective et permettent d'atteindre les objectifs*»[566]. Toutefois, nous devons souligner que cette définition ne se réfère pas à l'audit fait dans le cadre de l'obligation d'autocontrôle, mais à celui institué vis-à-vis des contrôles officiels.

En ce sens, l'audit est envisagé explicitement par la législation alimentaire comme un outil des autorités qui permet de vérifier le respect de la législation de la part des exploitants ou des États. Dans le premier cas, l'audit est une modalité de contrôle utilisée à toutes étapes de la filière. Il porte tant sur l'activité des entreprises européennes, dont la production est destinée au marché communautaire que sur l'activité des entreprises

---

564 DEYSINE (J-P) *L'audit juridique, audit et auditeur. Pour une définition.* IN, *Op.Cit,* n°564, p. 11. MOUSSERON (J-M). *L'audit de la propriété industrielle.* IN, *Op.Cit*, note n°564. LEDOUBLE (D). *Pour une théorie de l'audit juridique.* IN, *Op.Cit*, note n°564, p.21.

565 MOUSSERON (J-M). *Op.cit voir note* n°561, §1959.

566 Article 2 point 6 du règlement CE 882/2004

exportatrices et importatrices[567]. Par rapport à l'emploi de l'audit comme un type de contrôle du respect de la législation alimentaire par les États, il est envisagé comme un contrôle tant au niveau communautaire[568] qu'extracommunautaire[569]. Cependant, cela n'empêche pas aux professionnels de l'agroalimentaire[570] de l'utiliser comme un instrument de mise en œuvre de l'obligation d'autocontrôle au sein de leurs entreprises.

288. L'audit est couramment utilisé comme une modalité « *externalisée* » d'application de l'autocontrôle. Même si l'audit peut être aussi effectué par l'exploitant lui-même[571], la liberté de choisir les modalités de mise en application de cette obligation lui donne la possibilité de faire appel à des tiers[572]. C'est en ce sens qu'il constitue une modalité externalisée de la mise en œuvre de l'obligation d'autocontrôle lorsqu'il est réalisé par des tiers.

289. Nous devons souligner que l'audit, en tant que modalité de mise en œuvre de l'obligation d'autocontrôle, n'est pas réglé par la législation. Au contraire, des lignes directrices[573] ont été établies pour la réalisation[574] des

---

567 Article 3, règlement 3§3, 3§4.

568 Article 45, règlement CE 882/2004.

569 Article 46 du règlement CE 882/2004.

570 WIJNANDS, (J.H.M), VAN DER MEULEN (B.M.J), POPPE (K.J), *Op.cit,* voir note n°59, p. 64, 89, 91, 91. Aussi, PETIT (C). *Les règles de sécurité alimentaire : de l'influence de la réglementation sanitaire sur les productions alimentaires et animales.* IN, *Revue de Droit rural* n° 349, Janvier 2007, étude 8, p. 17.

571 GUYENOT (J).IN, *Op.Cit,* note n°564, p. 29.

572 COLIN (P). *L'audit juridique externe d'une entreprise.* IN, *Op.Cit,* note n°564.

573 Décision de la Commission du 29 septembre 2006 établissant des lignes directrices fixant des critères pour la réalisation des audits en application du règlement CE 882/2004 du Parlement européen et du Conseil relatif aux contrôles officiels effectués pour s'assurer de la conformité avec la législation sur les aliments pour animaux et les denrées alimentaires et avec les dispositions relatives à la santé animale et au bien-être des animaux, 2006/677/CE, JOUE L 278/15 du 10.10. 2006.

audits officiels, la norme ISO 19011:2002 sur les « *Lignes directrices pour l'audit des systèmes de management de la qualité et/ou de management environnemental*»[575] ayant servi de base. Cela justifie que le contenu des guides des audits officiels soit similaire- ou identique- à celui employé par les professionnels qui ont déjà mis en œuvre la dite norme volontaire.

La définition des lignes directrices sur les audits officiels répond à l'obligation de la Commission de définir de quelle façon ces contrôles vont être effectués.[576] Conformément à l'article 4 du règlement CE 882/2004, les autorités nationales doivent procéder à des audits internes ou à des audits externes pour assurer que les contrôles officiels atteignent les objectifs fixés par le dit règlement. Ces audits suivent un approche méthodique, doivent faire l'objet d'un examen indépendant et doivent être exécutés de manière transparente.

290. L'audit est conçu comme une méthode composée au moins de trois étapes: la planification, la réalisation et le suivi. Dans une première étape, les audits officiels doivent être planifiés à partir d'une analyse des risques. Ceci permet aux autorités de définir les priorités de contrôle. Ces priorités sont établies tant pour le contrôle national ou communautaire que pour les pays exportateurs vers la Communauté. Ainsi, en 2010 les priorités des audits concernant les pays membres comprennent parmi d'autres, la traçabilité des viandes fraîches de bovins et des produits d'origine bovine depuis leur production jusqu'à leur commercialisation pour les pays comme la France, la Pologne et l'Irlande; l'application du Paquet «*Hygiène*» concernant

---

574 Conformément à l'article 43 du règlement CE 882/2004.

575 Organisation internationale de normalisation (ISO). *Lignes directrices pour l'audit des systèmes de management de la qualité et/ou de management environnemental.* Norme ISO 19011:2002, 1er octobre 2002.

576 Art. 43 du Règlement CE 882/2004.

la viande et le lait en Bulgarie, au Danemark, en Italie, au Luxembourg, en Roumanie et en Suède[577]. Concernant les importations des pays tiers, les priorités des audits communautaires ont concerné à titre illustratif, le contrôle des résidus de pesticides pour les pays tels que la Chine, la Thaïlande et Israël ; la maîtrise des mycotoxines dans les denrées en provenance de Chine, de la République islamique d'Iran, du Pakistan, de l'Inde et du Brésil, ou encore le contrôle sur la contamination microbiologique des herbes et épices, en provenance de Thaïlande.[578] Cette priorisation répond à une analyse des risques au regard de denrées spécifiques. Etant donné que les autorités ne peuvent pas matériellement assurer un contrôle officiel pour toutes les denrées, les audits sont planifiés selon les résultats de ces analyses, de manière à concentrer les contrôles sur les risques dits « *prioritaires* ».

291. Cette priorisation des audits officiels affecte directement la planification des audits des exploitants. D'une part, les exploitants doivent autocontrôler les risques liés aux denrées, ce qui les oblige à les analyser et à planifier les mesures de maîtrise. D'autre part, ils savent que la maîtrise de certains risques est l'objet d'un contrôle officiel, ce qui les motive à accentuer leurs propres audits sur ces risques spécifiques. Ainsi par exemple, dans la mesure où la gestion du risque chimique[579] constitue l'une des priorités des audits communautaires, elle est reprise par les audits des exploitants.

---

577 Direction générale de la Santé et Consommateurs. Office alimentaire et vétérinaire. *Programme d'audits et d'inspections 2010*, p.4.

578 *Ibid*, p.10

579 Sur les matériaux en contact avec les denrées, voir l'article 3 du règlement CE 1935/2004 du 27 octobre 2004 concernant les matériaux et objets destinés à entrer en contact avec des denrées alimentaires et abrogeant les directives 80/590/CEE et 89/109/CEE, JOUE L 338 du 13 novembre 2004, p. 4-17. Sur les contaminants voir le règlement 1881/2006 de la Commission du 19 décembre 2006 modifié portant la fixation des teneurs maximales pour certains contaminants dans les denrées alimentaires, JOUE L

Les référentiels IFS ainsi que BRC comprennent dans leurs audits, la gestion de ce risque. Dans le premier cette gestion est prévue comme faisant partie des mesures de nettoyage et d'hygiène[580]. Entre autres d'actions sont établis l'étiquetage et le stock des produits chimiques dans une zone spécifique, l'information du personnel sur la manipulation de ces produits ou sur les procédures afin d'éviter la contamination lors de l'utilisation des matériaux à risque. Dans le deuxième, la gestion du risque chimique est prévue dans le cadre de la maîtrise des risques de contamination physique et chimique des produits, comprenant, parmi d'autres mesures, le stockage séparé des aliments à forte teneur en matière grasse qui ne doivent pas être stockés à proximité des arômes volatiles.[581] Ces mesures font partie de l'objet de l'audit des exploitants étant donné qu'elles assurent la gestion du risque chimique visé comme une des priorités des audits officiels. La planification des audits des exploitants suit donc les critères de planification des contrôles officiels[582].

292. La réalisation de l'audit constitue la deuxième étape du processus. Elle consiste en l'exécution de l'évaluation de la gestion des risques. Comme résultat de la gestion de l'audit, un rapport doit être établit. Celui-ci contient

---

364 du 20 décembre 2006, p. 5-24. Sur les résidus phytosanitaires voir le règlement CE n°396/2005 du Parlement européen et du Conseil du 23 février 2005 concernant les limites maximales applicables aux résidus des pesticides présents dans ou sur les denrées alimentaires et les aliments pour animaux, d'origine végétal ou animale et modifiant la directive 91/414/CEE du Conseil, JOUE, L 70 du 16 mars 2005, p. 1-16. Sur ce point, BANET (J). *La gestion du risque chimique au prisme de la proposition REACH*. IN, *Gazette du Palais*, nov. 2005, n° 328, p. 24.

580 International Featured Standards. IFS Food, Chapitre 4, spécif. 4.7.5, sur le nettoyage et hygiène. Version 5, applicable depuis le 1er janvier 2008. Cité par ACTIA, *Op.cit.* 36 p. 65.

581 British Retail Consortium. Chapitre. 3.6, Risques de contamination physique et chimique des produits. Cité par ACTIA, *Op.cit.* 36, p. 65.

582 Sur la planification des contrôles officiels voir principalement l'article 41 et ss. du règlement CE 882/2004.

les conclusions qui permettront ensuite, d'établir de nouvelles mesures de maîtrise.

293. Le suivi des résultats est la troisième étape de l'audit. Selon les lignes directrices concernant les audits officiels ce suivi est *«...un plan d'action [qui] devrait proposer des actions correctives et préventives, associées à un calendrier, pour remédier à toute lacune décelée par l'audit ou le programme d'audit »*[583]. Or, le suivi des résultats de l'audit impose une démarche de correction et de vérification. Si l'audit est utilisé pour contrôler la gestion des États ou des professionnels, son suivi implique toujours une vérification *a posteriori* de l'action de l'audité face aux défauts mis en évidence par le rapport d'audit.

Dans la perspective de l'exploitant le suivi des résultats de l'audit implique qu'il est tenu dans un premier temps de revoir les points faibles de sa démarche et de les corriger. Dans un deuxième, temps il implique que l'exploitant doit s'assurer que les corrections sont effectives. Le suivi des résultats de l'audit permet à l'exploitant de garantir la correcte gestion des risques.

Le suivi des résultats, la réalisation et la planification intègrent l'audit en tant que méthode de contrôle. L'audit est de ce fait utilisé comme un outil de vérification de la gestion des risques dans le secteur agroalimentaire.

Nous avons vu jusqu'ici que l'audit suit une approche méthodique. Parallèlement à cette approche, l'audit présente aussi deux autres caractéristiques: la transparence et l'indépendance. Nous allons à présent les

---

583 Décision de la Commission du 29 septembre 2006, *Op.cit*, note n° 573, §6.3.

étudier pour déterminer comment celles-ci conditionnent l'évaluation visée par l'audit.

§2. Une évaluation transparente et indépendante

294. L'audit doit être effectué de manière transparente. Il doit aussi être effectué par un sujet indépendant à l'activité de l'exploitant. Ces deux conditions cherchent à garantir l'objectivité de l'évaluation.

295. La transparence n'est pas une notion claire[584]. Dans le langage courant elle est définie comme « *la qualité de ce qui laisse paraître la réalité toute entière, de ce qui exprime la vérité sans l'altérer ; le caractère de ce qui est visible pour tous* »[585]. Toutefois, cette définition n'apporte pas aucun élément précis de ce qu'on pourrait entendre par « *transparence* ». Dans le contexte juridique, le professeur Cornu définit cette notion dans un sens particulier concernant le marché. La transparence est ainsi définie comme étant l'«*accessibilité des informations relatives not. [sic] aux prix de revient et conditions de vente qui y ont cours. Ex. transparence tarifaire d'un fournisseur.*»[586] D'après cette définition il est possible de déduire que la transparence est une condition qui suppose l'accès à une information donnée.

---

584 REIM (F). *La notion de transparence dans le droit de la concurrence.* Paris : L'Harmattan. 2002, 502 p. LEQUESNE (C). *La transparence vice ou vertu des democraties [sic]?* IN, *La transparence dans l'Union Européenne : Mythe ou principe juridique* ? Paris: L.G.D.J, 1999, p. 11 HIRSH (M). *Ces peurs qui nous gouvernent. Sécurité sanitaire: faut-il craindre la transparence* ? Paris : Alban Michel. 2002, 294 p. RENTROP (T). *The European Food Model: Transparency through an ISO Norm on Labelling.* IN, *Journal of European Integration,* 1477-2280, Volume 23, Issue 2, 2001, p. 215 -222.

585 REY-DEBOVE, (J); REY, (A). *Op.Cit*, note n° 10, p. 2664.

586 CORNU, (G). (sous la direction de), *Op.Cit*, note n° 10, p. 932.

296. Le droit agroalimentaire n'apporte aucune définition sur cette notion. Toutefois, dans le contexte du contrôle de la sécurité des denrées, les lignes directrices des audits officiels signalent que « *pour démontrer la transparence du processus d'audit, des procédures documentés devraient notamment comporter un processus clairement défini de planification des audits, des critères d'audit et des mécanismes d'approbation et de distribution des rapports d'audit […] Assurer la transparence du processus d'audit pour les autres intervenants facilitera la diffusion de l'information, et notamment la communication des meilleures pratiques au sein des autorités compétentes et entre elles.*» Il se déduit de cette disposition que la transparence est entendue comme l'accès aux documents, l'échange d'information et la communication des résultats de l'évaluation d'audit.

Cette notion de transparence de l'audit officiel pourrait être transposée, par analogie à celle mise en œuvre par l'exploitant. Toutes les deux ont les mêmes objectifs, ce qui pourrait justifier l'exigence des mêmes conditions. Lorsqu'on applique la condition de la transparence à l'audit fait par l'exploitant, à l'accès aux documents, à l'échange d'information et à la communication des résultats, il semble que ces exigences ne suggèrent aucun conflit. Etant donné que l'exploitant fait intervenir un tiers pour évaluer sa maîtrise des risques, il est nécessaire de lui fournir des documents et les informations nécessaires qui lui permettent d'effectuer l'audit. De même, il paraît évidente que l'auditeur communique à l'audité, les résultats de l'évaluation.

297. S'agissant d'une évaluation de l'activité de l'entreprise, la recherche de l'information constitue une étape préliminaire à l'examen visé par l'audit. Dans les audits officiels l'information demandée est établie de

manière générale par la législation[587] mais dans les cas des audits externalisés par l'exploitant, la question qui se pose est de savoir quelle est l'information que l'auditeur doit demander. Parallèlement nous nous interrogeons quant aux informations dont il a accès. De plus, quelles sont les sources de travail de l'auditeur ?[588] L'exploitant communique-t-il dans tous les cas les informations demandées ou seulement celles qui peuvent mettre en question sa gestion? Nous nous interrogeons aussi sur le contrôle de la véracité de cette information, lorsque seulement l'exploitant y a accès. La législation alimentaire part de la bonne foi du professionnel, mais si l'information sur la démarche peut servir *a posteriori* pour mettre en cause la maîtrise des risques, l'exploitant va-t-il la communiquer à l'auditeur? Voudra-t-il aussi communiquer aux consommateurs et aux autorités les résultats de ces audits, s'ils peuvent être utilisés pour engager sa responsabilité ?

Lorsque l'audit est utilisé comme un instrument pour mettre en œuvre l'obligation d'autocontrôle l'exploitant doit communiquer toute information aux auditeurs. Il s'agit d'une condition essentielle pour connaître la situation de la maîtrise des risques effectuée. Sinon, les résultats seront imprécis et superficiels. La responsabilité du professionnel sera à un moment ou à un autre, mise en cause. Les défaillances de la maîtrise des risques seront forcement évidentes en cas de denrées dangereuses. Par conséquent, les exigences d'échanges d'informations, d'accès aux documents et de communication des résultats des audits aux autorités et aux consommateurs qui composent la condition de transparence, sont fondamentales à l'audit en tant que modalité de mise en œuvre de l'obligation d'autocontrôle.

---

587 Article 10 règlement CE 882/2004.

588 Cette même question avait été posée par Mme. M-A HERMITE et D. DORMONT, lorsqu'ils analysent des pouvoirs d'enquête des commissions d'expert. IN, VINEY (G), KOURILSKY (P). *Op.cit,* voir note n° 20, annexe 3, p. 376.

298. Cette condition de transparence est étroitement liée à celle de l'indépendance. L'accès aux documents ainsi que l'échange d'information sur les activités en examen, vont varier selon l'indépendance avec laquelle l'auditeur peut mettre en œuvre l'audit. Toute pression de l'exploitant sur l'auditeur peut compromettre le rapport final.

Selon les lignes directrices pour la réalisation des audits dans le contexte des contrôles officiels, les «*organismes d'audit devraient être à l'abri de toute pression commerciale, financière, hiérarchique, politique ou autre qui pourrait influer sur leur jugement ou sur l'issue de l'audit. Le système d'audit, l'organisme d'audit et les auditeurs devraient être indépendants de l'activité auditée et ne pas se trouver dans une situation de partialité et de conflit d'intérêts. Les auditeurs ne devraient pas auditer des secteurs ou des activités vis-à-vis desquels ils ont une responsabilité directe.*»[589] Dans ce contexte pareillement au cas de l'audit externalisé de l'exploitant, la condition de l'indépendance de l'auditeur s'avère fondamentale. L'audit doit être mis en œuvre par des personnes indépendantes à l'activité à évaluer. Ceci assure une meilleure objectivité de l'auditeur.

299. L'auditeur[590] est défini comme la « *personne possédant la compétence nécessaire pour réaliser un audit* »[591]. Dans le sens du règlement CE 882/2004, l'audit peut être effectué par un « *organisme de contrôle* », c'est-à-dire, « *un tiers indépendant auquel l'autorité compétente a délégué certaines tâches de contrôle* »[592]. Au regard de ces définitions, l'indépendance résulte de la compétence technique de l'auditeur et de sa

589 Décision de la Commission du 29 septembre 2006, *Op.cit*, note n°573, §5.4.

590 DEYSINE (J-P). *L'audit juridique, audit et auditeur. Pour une définition*. IN, *Op.cit*, note n°561, p. 11.

591 Décision de la Commission du 29 septembre 2006, *Op.cit*, note n°573, §3.

592 Article 2§5 du règlement 882/2004.

condition d'extériorité à la situation en examen. Cela lui permet d'apporter un examen objectif.

300. Toutefois, nous nous interrogeons sur l'indépendance de l'auditeur en relation avec l'exploitant audité. Peut-il assurer un examen objectif lorsqu'il est lié à l'exploitant par une prestation de services? Est-il exempté d'un conflit d'intérêts? Pourrait-il être à l'écart des pressions exercées par l'exploitant pour éviter que des informations compromettantes soient mises en évidence ? En effet, ces questions montrent les inconvénients d'ordre éthique que présente ce processus.

301. Ces questions éthiques ne sont pas nouvelles. Le professeur Farjat[593] évoque l'audit parmi les exemples de « *contradictions internes des organisations économiques* », où les conflits d'intérêts sont multiples. Ceci soulève la considération des contraintes éthiques des exploitants agroalimentaires. La crise de la mélanine en Chine nous a permis d'observer que, malgré les contrôles officiels et les obligations des opérateurs économiques, la protection de la sécurité comporte aussi un engagement moral de l'exploitant[594]. Cet engagement a été reconnu par le Code de

---

593 FARJAT (G). Le droit économique et l'essentiel (pour un colloque sur l'éthique). IN, Revue internationale de droit économique. 1/2002 (t. XVI, 1), p. 153-166, spécif. 161. FARJAT (G). Réflexions sur les codes de conduite privés, Le droit des relations économiques internationales. IN, Etudes offerts à Berthold Goldman : Le droit des relations économiques internationales, Litec, 1982, p. 47-66; FARJAT (G). *Op.Cit*, note n° 181, p. 151-164. Sur l'éthique des entreprises en général, SUPIOT (A). *Du nouveau au self-service normatif : la responsabilité sociale des entreprises*. IN, Mélanges Pelissier. Paris : Dalloz, p. 541-558. Sur l'éthique dans l'industrie alimentaire, voir PINSTRUP-ANDERSEN, (P). *Ethics and economic policy for the food system*. IN, *American Journal of Agricultural Economics*. 2005, no. 87/5, 1097-1112. ZWART, H. *A short history of food ethics*. IN, *Journal of Agricultural and Environmental Ethics*. 2000, no. 12, 113-126. Sur les règles d'éthique dans l'audit social et juridique, RAVALEC (J.P). *Op.cit*, voir note n° 561, p. 12.

594 ZENOBIA, (C) WING-FU (L). *Revisiting the Melamine contamination event in China: implications for ethics in food technology*. IN, *Trends in Food Science & Technology*. No. 20, 2009, p.366- 373, spécif. 369. XIN (H) STONE (R). *Tainted milk scandal: Chinese*

déontologie du commerce international des denrées alimentaires de la Commission du Codex Alimentarius. D'après cette disposition « *le commerce international des denrées alimentaires devrait être fondé sur le principe selon lequel tous les consommateurs ont droit à des aliments inoffensifs de qualité saine et loyale, ainsi qu'à la protection contre des pratiques commerciales déloyales* »[595]. Le respect de ce principe concerne « *tous ceux qui travaillent dans le commerce international* » des denrées.[596] Or, la maîtrise des risques s'avère aussi conditionné par l'éthique de l'exploitant. Cette contrainte concerne à notre avis, aussi ceux qui participent à garantir ces obligations, comme c'est le cas de l'auditeur.

302. Toutefois, l'audit soulève d'autres questions concernant la relation entre l'auditeur et les autorités officielles : Est-que l'auditeur peut être tenu pour coresponsable de la gestion de l'exploitant ? Est-ce que l'auditeur doit communiquer aux autorités les défaillances du système de contrôle qui sont à l'origine de la dangerosité des denrées ou est-il tenu par le secret professionnel?

303. Le secret professionnel est défini comme l'«*obligation pour les personnes qui ont eu connaissance de faits confidentiels dans l'exercice ou à l'occasion de leurs fonctions, de ne pas les divulguer hors les cas où la loi impose ou autorise la révélation du secret; obligation sanctionnée par la loi pénale, qui pèse sur le médecins, chirurgiens, pharmaciens, sages-femmes, mais également sur toutes autres personnes, dépositaires par état, profession*

Probe Unmasks High-Tech Adulteration With Melamine. IN, *Science.* 28 November 2008. p. 1310-1311.

595 Article 4.1). Commission du Codex Alimentarius. *Code de déontologie du commerce international des denrées alimentaires*. CAC/RCP 20-1979 (Rév. 1-1985)1.

596 Commission du Codex Alimentarius. *Code de déontologie du commerce international des denrées alimentaires*. CAC/RCP 20-1979. Rév. 1-19851. Articles 4, en relation à l'article 6.1 c) et 7n),

ou fonctions (temporaires ou permanentes), des informations à caractère secret qu'on leur confie (avocats, notaires, ministres de culte, etc) et qui dispense de celle de déposer sur les faits appris dans ces conditions»[597]. A notre avis, l'information qui découle de l'audit ne constitue pas de « *faits confidentiels* ». Il s'agit d'une information sur les activités de l'exploitant qui font l'objet d'un contrôle officiel.

Dans le cadre des contrôles officiels la protection du secret professionnel ne s'oppose pas à la diffusion des informations sur les activités de contrôle des autorités et leur efficacité ou sur les mesures de contrôle des risques prévues à l'article 10 du règlement CE 178/2002. Les informations couvertes par le secret professionnel portent sur le secret de l'instruction ou d'une procédure judiciaire en cours ; les données à caractère personnel ; les documents couvertes par une exception dans le règlement CE n°1049/2001 du Parlement européen et du Conseil du 30 mai 2001 relatif à l'accès du public aux documents du Parlement européen, du Conseil et de la Commission[598] et les informations protégées par la législation nationale et communautaire concernant en particulier le secret professionnel, la

---

597 CORNU (G). *Op.Cit*, note n° 10, p. 850.

598 « *Article 4. Exceptions. 1. Les institutions refusent l'accès à un document dans le cas où la divulgation porterait atteinte à la protection: a) de l'intérêt public, en ce qui concerne:- la sécurité publique,- la défense et les affaires militaires,- les relations internationales, - la politique financière, monétaire ou économique de la Communauté ou d'un État membre; b) de la vie privée et de l'intégrité de l'individu, notamment en conformité avec la législation communautaire relative à la protection des données à caractère personnel. 2. Les institutions refusent l'accès à un document dans le cas où sa divulgation porterait atteinte à la protection:- des intérêts commerciaux d'une personne physique ou morale déterminée, y compris en ce qui concerne la propriété intellectuelle, - des procédures juridictionnelles et des avis juridiques, - des objectifs des activités d'inspection, d'enquête et d'audit, à moins qu'un intérêt public supérieur ne justifie la divulgation du document visé.* » Règlement (CE) n° 1049/2001 du Parlement européen et du Conseil du 30 mai 2001 relatif à l'accès du public aux documents du Parlement européen, du Conseil et de la Commission. JOCE n° L 145 du 31/05/2001 p. 0043 - 0048.

confidentialité des délibérations, les relations internationales et la défense nationale.[599]

Etant donné que l'auditeur fait, de même que les autorités, un examen de l'activité de l'exploitant, les informations résultantes de l'audit ne font pas partie du secret professionnel. En qualité d'exécuteur de l'obligation d'autocontrôle, l'auditeur doit être tenu comme coresponsable tant de cette information que de la communication aux autorités. Sa responsabilité concernant cette information découle du fait qu'elle servira à l'exploitant pour déterminer de futures mesures de contrôle des risques. Des conclusions erronées peuvent conduire l'exploitant à prendre des actions inefficaces. Il est aussi responsable de sa communication aux autorités, lorsque cette information compromet l'innocuité des denrées et donc, la santé des consommateurs.

Cependant, on pourrait aussi affirmer que l'obligation de l'auditeur est de fournir un état des lieux sur la question précise qui intéresse l'exploitant. Dans cette perspective c'est l'exploitant qui sera responsable de prendre les actions pour améliorer sa maîtrise des risques. Or, l'auditeur est simplement un tiers qui lui fournit des observations objectives. Dans cette perspective l'auditeur n'aurait pas de responsabilité quant à l'action de l'exploitant. Bien entendu, la portée de l'obligation de l'auditeur va être définie par le contenu du contrat d'audit[600].

304. La discussion sur la transparence et l'indépendance de l'auditeur au regard de l'obligation d'autocontrôle montre que l'audit présente des inconvénients qui affectent la confiance sur la maîtrise des risques

---

599 Article 7§3 du règlement CE n° 882/2004.

600 MOUSSERON (J-M). *Op.Cit*, voir note n°561, p. 737, §1957.

qu'effectue l'exploitant. Cela n'empêche qu'il soit utilisé par les professionnels. On pourrait même affirmer que son emploi est implicitement encouragé par la législation qui laisse la liberté à l'exploitant de choisir ses instruments de contrôle parmi lesquels figure l'audit. Toutefois, d'autres instruments permettent aussi l'application de cette dernière. C'est le cas de la certification.

Section 2. La certification

305. La certification est un outil utilisé par des professionnels pour faire foi du respect des conditions particulières exigées pour un service ou un produit[601]. Elle est utilisée par les exploitants de l'agroalimentaire comme une modalité de mise en œuvre de l'obligation d'autocontrôle. Elle sert à attester la maîtrise des risques concernant les aliments.

La certification est définie par l'Association Henri Capitant comme la «*reconnaissance et (le) contrôle de la conformité réalisés dans le cadre et par application de la normalisation technique ; plus précisément, attestation, après vérification, de la conformité d'un produit ou d'un service à certaines caractéristiques qui sont définies, ainsi que les modalités du contrôle de la conformité, par un document technique, nommé référentiel, services assuré, à la demande des intéressés (fabricant, prestataire de service, etc.) par des organismes certificateurs indépendants de ces derniers qui sont habilités, sous contrôle de l'État par des instances d'accréditation…»*[602]. En synthèse,

---

601 BRUNE (A). *La certification, clé d'un nouvel essor économique*. Rapport à la Direction générale des stratégies industrielles. Ministère de l'Industrie, des poster et télécommunications et du commerce extérieur. Imprimerie nationale. Fév. 1993, A. N. 976, 100 p. COURET (A), IGALENS (J) ET PENAN (H), *La Certification*. Paris : Presses Universitaires de France. 1995, Collection Que sais-je?, n°3006, p. 114. IACONO (G). *La certification d'assurance qualité : De nouvelles questions pour le Droit*? IN, *Revue Internationale de Droit Économique*, n°63, 1994, p. 63. HAVIGHURST, (C). *The Place of private accrediting among the Instruments of Government. Law and Contemporary problems*. 57, 1994, 1, pp. 10 à 13. CHAMPIGNEULLE-MIHAILOV (J). *Les conflits à l'utilisation des normes par les professionnels*. IN, *Petites Affiches, Aspects juridiques de la normalisation technique,* févr. 1998, n°18, p. 21, sur normes et marques de certification, §III et p. 27, sur la protection de la crédibilité de la certification.

602 CORNU, (G). *Op.Cit*, note n°10, p. 143.

la certification est une démarche qui cherche à affirmer le respect d'exigences préétablies.

La certification a une finalité probatoire[603]. Elle témoigne de la conformité à un ensemble de conditions dans l'objectif de prouver aux partenaires commerciaux ou aux Etats leur respect. Cette finalité est mise en évidence par la délivrance d'un « *certificat* ». Le terme certificat définit un «*acte écrit par lequel une personne, soit agent public agissant en sa qualité, soit simple particulier atteste un fait dont il a connaissance* »[604]. La personne qui réalise la vérification et qui délivre le certificat est dénommée « *organisme certificateur* ». Il s'agit d'une organisation ou d'un groupe de personnes qui sont soumis à un processus d'accréditation, c'est-à-dire, à « *la reconnaissance, par un organisme indépendant faisant autorité, de la compétence d'un organisme à réaliser des activités spécifiques d'évaluation de la conformité* »[605]. Ainsi, l'accréditation est un mécanisme de contrôle de la capacité technique et de l'indépendance de celui qui certifie. Ces conditions lui permettent d'évaluer la conformité d'un produit ou d'un service par rapport à une norme et si c'est le cas, la certifier.

Dans l'agroalimentaire, la certification est utilisé pour attester le respect à un certains nombre de conditions que doivent présenter les denrées. A cet égard, elle est définie par la Commission du Codex Alimentarius comme une «*procédure par laquelle les organismes officiels de certification ou les organismes officiellement agréés donnent par écrit, ou de manière équivalente, l'assurance que des denrées alimentaires ou des*

---

603 En ce sens voir PONTIER (J-M). *La certification, outil de la modernité normative.* IN, *Recueil Dalloz Sirey*, 1996, n°41, Chronique, p.356. CLUZEL-METAYER (L). *Le service public et l'exigence de qualité.* Paris : Dalloz. 2006, §53

604 CORNU (G). *Op.Cit*, note n°10, p. 142.

605 Comité français d'accréditation (COFRAC). *Règlement d'accréditation.* Document INS REF 05. Révision 05, Déc. 2009. Annexe I, p. 14.

systèmes de contrôle des aliments sont conformes aux exigences spécifiées. La certification des aliments peut, selon le cas, s'appuyer sur toute une série de contrôles prévoyant l'inspection continue sur la chaîne de production, l'audit des systèmes d'assurance-qualité et l'examen des produits finis.»[606] Cette définition institue la certification comme une modalité de contrôle de la conformité des denrées. Cependant, cela n'empêche pas son emploi concernant la sécurité des denrées[607].

306. C'est en ce sens qu'elle constitue une modalité volontaire de mise en œuvre de l'obligation d'autocontrôle. La certification assure l'application de cette obligation lorsqu'elle utilisé pour attester l'exécution de la maîtrise des risques des denrées faite par l'exploitant. A ces fins elle implique l'évaluation de la démarche de ce dernier à partir une norme (A) ou d'un référentiel (B).

---

606 Commission du Codex Alimentarius. *Principes applicables à l'inspection et à la certification des importations et des exportations alimentaires.* CAC/GL 20-1995, section 2), Définitions.

607 NGO (M-A). *La qualité et la sécurité des produits agro-alimentaires. Approche juridique.* Paris : L'Harmattan. 2006, sur la définition de la certification §333, §343 et ss, §354 et ss, §361 ; §430 sur le contrôle de la certification, §381, §386, sur les cahiers de charges. VALCESCHINI (E), BLANCHEMANCHE (S). *La certification de conformité de produit sur les marchés agroalimentaires : différenciation ou normalisation ?* IN, *Notes d'études économiques.* N°24, décembre 2005, pp. 7-40. BLANCHEMANCHE (S), BONNET (M), BARCELORD (I). *Etat des lieux quantitatif et qualitatif de la certification de conformité de produit.* Rapport MAAPAR-DPEI. 2003, 239 pages. CASTANG (M-CH). *Pour une approche globale de la qualité alimentaire.* IN, *B.I.D*, n°1, 1998, p. 37 s. FOQUE (F). *La certification des produits agricoles.* IN, *Le produit agroalimentaire et son cadre juridique communautaire.* Rennes : Ordre des Avocats de la Cour d'Appel de Rennes. 1996, p. 69 et ss. MARTIN (J-Y). *La politique de qualité des produits agroalimentaires en France.* IN, *Différenciation et qualité des produits alimentaires.* Ed. Clermont-Ferrand, 1995, p. 30. CREYSSEL (P). *Agroalimentaire : pour une stratégie de la normalisation.* IN, *Enjeux*, n°13, fév. 1993.

§1. La certification fondée sur un référentiel

307. La certification fondée sur un référentiel est utilisée comme un moyen de mise en application de l'obligation d'autocontrôle, lorsqu'elle atteste la vérification de l'innocuité ou l'utilisation de méthodes qui assurent la sécurité des denrées. Cette vérification a lieu à partir d'un document dénommé « *référentiel* » qui sert de paramètre de comparaison. La certification implique l'évaluation de la maîtrise des risques faite par l'exploitant à partir des conditions prédéfinies dans ledit document.

308. Dans le langage courant le terme référentiel est définit comme « *l'élément qui sert de point de départ à une comparaison, pour effectuer un calcul, une évaluation, etc* »[608]. L'Association Henri Capitant le définit en tant que « *base ou système de référence* »[609]. Malgré la simplicité de ces définitions, on peut noter l'élément essentiel de cette notion : le référentiel est une disposition qui sert aux professionnels de point de comparaison entre ce qu'ils effectuent et l'objectif à atteindre.

Les référentiels comportent ainsi un caractère formel. Il s'agit de normes écrites qui sont le résultat de la volonté des professionnels et qui sont consignées dans un document. Toutefois, ce caractère formel est différent de celui des normes[610] qui sont le résultat d'un processus d'élaboration encadré

---

608 REY-DEBOVE, (J); REY, (A). (Sous la direction de); *Op.Cit,* voir note n° 5, p. 2209.

609 CORNU, (G). (Sous la direction de), *Op.cit*, note n° 10 p. 783.

610 Sur le caractère formaliste des normes ainsi que leur processus d'élaboration, voir PENNEAU (A). *Op.cit.,* note n° 181, p. 82.

par la normalisation[611]. Les référentiels ne sont pas le résultat de ce processus. Ils sont des dispositions issues des usages professionnels ou de la coutume, définies par les opérateurs économiques dans le cadre de ses activités. Elles visent à assurer des moyens et des objectifs propres au déroulement de l'activité économique de l'entreprise.

309. Dans le domaine agroalimentaire contemporain leur éclosion est motivée par l'application de la « *Food Safety Act* » britannique de 1990. Cette loi institue l'obligation de «*due diligence*» selon laquelle l'opérateur doit « [...] *to prove that he took all reasonable precautions and exercised all due diligence to avoid the commission of the offence by himself or by a person under his control* »[612]. Les opérateurs qui n'ont ni fabriqué ni importé des denrées, qui sont accusés de la vente de denrées alimentaires non conformes aux exigences de la sécurité alimentaire[613], de la vente de nourriture n'étant pas de la nature ou de la substance ou de la qualité exigé[614] ou de la vente des denrées dont la description ou la présentation est

---

611 PERNOLLET (J). *Le processus d'élaboration des normes techniques aux plans national, communautaire et international*. IN, *Petits Affiches, Aspects juridiques de la normalisation technique*. 1998, n°18, p.12.

612 Food Safety Act 1990. Part II. Main Provisions, Chapter 16, Section 21. Sur cette notion voir, Food Agency Standards. *The Food Safety Act 1990- A Guide for Food Businesses*. Ed. 2009, p. 14. FOOD LIAISON GROUP. *Guidelines on the Statutory Defence of Due Diligence*, Humber Authorities. p. 5. BLANCHFIELD (J.R). *Due diligence - defence or system?* IN, *Food Control*. Volume 3, Issue 2, 1992, p. 80-83. FIDLER (D). *Due diligence and quality assurance in the UK*. IN, *Food Control*, Volume 1, Issue 2, April 1990, p.117-121. VAN SCHOTHORST (M), S. JONGENEEL (S). *HACCP, product liability and due diligence*. IN, *Food Control*, Vol. 3, Issue 3, July 1992, p. 122-124. JUKES (D). *Regulation and enforcement of food safety in the UK*. IN, *Food Policy*, Vol. 18, Issue 2, April 1993, p. 131-142. BUZBY (C), FRENZEN (P). *Food control and product liability*. IN, *Food Policy*. Vol. 24, Issue 6, December 1999, pages 637-651. HOBBS (J), FEARNE (A), SPRIGGS (A). Incentive structures for food safety and quality assurance: an international comparison. IN, *Food Control*. Vol. 13, Issue 2, March 2002, Pages 77-81. LOADER (R), HOBBS (J). *Strategic responses to food safety*. IN, *Food Policy*, Vol.24, 1999, 685–706, spécif. p. 696-697.

613 Food Safety Act 1990. Part II. Main Provisions, Chapter 16, Section 8, sub-sections 1-5.

614 Food Safety Act 1990. Part II. Main Provisions, Chapter 16, Section 14.

frauduleuse[615], peuvent seulement se libérer de leur responsabilité s'ils démontrent les causes d'exonération établies par la loi[616]. Cette obligation de « *due diligence* » implique en essence l'obligation d'autocontrôle des professionnels de l'agroalimentaire dans la législation britannique car à partir de la présomption de responsabilité, elle oblige les professionnels de l'agroalimentaire à prendre de mesures de contrôle de l'innocuité des aliments.

310. Les référentiels servent à la mise en œuvre de l'obligation d'autocontrôle car ils instituent les conditions que doivent respecter les professionnels pour assurer la sécurité des denrées. Ils se manifestent sous la forme de cahiers de charges élaborés par les professionnels eux-mêmes. La certification fournit la preuve de toutes les mesures entreprises par l'exploitant face à une éventuelle mise en responsabilité.

La certification implique au préalable l'adhésion aux référentiels. Cette adhésion est effectuée par voie contractuelle. Les cahiers des charges sont agrafés aux contrats, principalement conclus dans le cadre de la grande distribution. Comme preuve de leur exécution, le professionnel contacte un organisme certificateur qui à sa demande, réalise l'évaluation du respect du référentiel et l'atteste.

La certification peut s'avérer ainsi être une condition du contrat de référencement. Ce dernier est le contrat stipulé entre le groupement de distributeurs (référenceur) et chaque fournisseur (référencé) qui « *permet au fournisseur référencé, en contrepartie des avantages qu'il consent aux adhérents de la centrale d'achat, d'être sélectionné par le groupement et de profiter ainsi des nombreuses commandes des ses adhérents. Le*

615 Food Safety Act 1990. Part II. Main Provisions, Chapter 16, Section 15, sub-section 1-5.

616 Food Safety Act 1990. Part II. Main Provisions, Chapter 16, Section 21, sub-section 3-4.

groupement sélectionnera des fournisseurs en fonction du prix qu'ils proposent, de la qualité des produits, du service après-vente,... »[617]. La sécurité des denrées fait partie des critères de sélection des fournisseurs visés par ce type de contrat. Elle est inscrite dans les cahiers de charges qui composent les référentiels établis spécifiquement à cette fin. La certification du référentiel prouve le respect des exigences de sécurité. Elle permet à l'exploitant de démontrer qu'il a accompli ces exigences au regard du contrat de référencement.

311. Nous devons remarquer que la certification dans ce contexte a pour but la vérification tant du respect des conditions qui assurent la bonne gestion des risques fait par l'exploitant que de l'innocuité des denrées. La certification peut avoir différents objets, parmi lesquelles se trouvent l'entreprise[618], les produits industriels ou les services[619] ou les procédés[620].

---

617 VIRASSAMY (G), BEHAR-TOUCHAIS (M). *Les contrats de la distribution.* Paris : L.G.D.J. 1999, p. 783, §1432. Également, MALAURIE-VIGNAL (M). *Droit de la distribution.* Paris : Sirey- Université, 2006, p. 225.

618 Certification professionnelle des connaissances réglementaires des acteurs de marchés. IN, La Semaine Juridique. Entreprise et Affaires. 15 avril 2010, JCP E 200. Sur la distinction de la certification du produit et la certification d'entreprise, voir notamment, GRENARD (A). Normalisation, certification : quelques éléments de définition. IN: Revue d'économie industrielle. Vol. 75. 1er trimestre 1996. Normalisation et organisation de l'industrie. pp. 45-60, spécif. p. 55. Sur la certification dans l'entreprise agricole. MAZE (A), AUBRY (C), PAPY (F). La certification des exploitations agricoles. IN: Économie rurale. N°258, 2000. Les signes officiels de qualité. Efficacité, politique et gouvernance. pp. 134-139, spécif. 137.

619 CALAIS-AULOY, (J) et STEINMETZ, (F). *Op.Cit,* voir note n°37, §72. PENNEAU (A), PERINET-MARQUET (H). *La certification de produits et de services dans le domaine de la construction.* Etude pour le ministère de l'équipement des transports et du logement. Janvier 2004, 92 p. NGUYEN-THANH BOURGEAIS (D). La certification des produits industriels et des services. IN, *Contrats, conc. consom.* D. 1996, Chron. 355.

620 Comme par exemple, la certification ISO 14000 qui vise à attester le respect des exigences sur la protection de l'environnement dans les procédés mis en œuvre par les professionnels, sans qu'aucune condition sur les produits ou services ne soit établie.

Dans le domaine agroalimentaire, à titre d'exemple, la certification effectuée par la Seafish Authority Industry, dans le cadre du programme, «*Responsible Fishing Scheme* », atteste le

Concernant les trois premiers, la certification sert à garantir certaines des caractéristiques déterminées préalablement. Quant aux procédés, la certification évalue la capacité de l'entreprise à mettre en œuvre un ensemble de méthodes. La certification du respect des référentiels qui incorporent l'obligation d'autocontrôle en comporte deux: à la fois la certification sur les produits lorsqu'elle atteste l'innocuité des denrées et la certification sur les procédés, car elle sert à prouver la capacité de l'exploitant à mettre en application des méthodes de contrôle qui assurent la gestion efficace des risques.

312. Selon l'opérateur qui les définit, les référentiels peuvent être classés en deux catégories : ceux qui sont mis en œuvre par les opérateurs eux-mêmes, d'une part, et ceux établis et mis en place par des clients, d'autre part. La première catégorie cherche à aménager les activités du secteur ou de l'entreprise. C'est le cas du *Nestlé Quality System* (NQS)[621], référentiel dont la mise en œuvre reprend un ensemble de conditions relatives à la sécurité sanitaire applicables aux différentes usines de ce groupe au niveau international.[622] La deuxième a pour but d'assurer aux clients le respect des

---

respect de bonnes pratiques environnementales au niveau des méthodes de capture. La certification suit à l'audit des navires de pêche afin de valoriser les bonnes pratiques et le savoir-faire des professionnels dans les domaines de l'environnement et des conditions de travail. Il s'agit d'une certification des procédés, sans déterminer aucune qualité ou sécurité particulier des produits. En ce sens, RELOT, (A), CAILLART, (B). *L'écolabellisation dans le domaine de la pêche.* IN, *Éthique et économique/Ethics and Economics.* No. 6 (2), 2009, p.3.

621 CHARLIER (C) and VALCESCHINI (E). Food Safety, Market Power and Private Standards. An Analysis of the Emerging Strategies of Food Operators. Paper prepared for presentation at the 1st International European Forum on Innovation and System Dynamics in Food Networks Officially endorsed by the European Association of Agricultural Economists (EAAE), Innsbruck-Igls, Austria. February 15-17, 2007, p. 5. MANNING (L), BAINES (R.N) *Effective management of food safety and quality.* IN, *Emerald Group Publishing Limited British Food Journal.* 2004. Vol. 106 Issue, 8, p. 598 - 606.

622 VALCESCHINI (E), SOULAIS (L), BARREY (S). *Articulation entre règlementation, normalisation et référentiels privés dans les industries agroalimentaires.* Ministère de

conditions qu'ils ont établit. Cela est le cas des référentiels « *IFS-Food* », « *BRC-Food Safety* » et « *Global-GAP* »[623] qui répondent à des attentes des clients concernant parmi autres, la qualité et la sécurité des denrées.

313. C'est la deuxième catégorie de référentiels qui intéresse à notre étude. Ils établissent la responsabilité des fournisseurs de maîtriser les risques liés aux denrées dans ses activités, assurant la mise en œuvre de l'obligation d'autocontrôle. Ainsi par exemple, le référentiel Global-GAP part de l'application de mesures de contrôle résultantes de l'évaluation de risques qui doit « ... *être revue pour tenir compte de tout nouveau risque pour la sécurité alimentaire*»[624]. De ce fait, ce référentiel institue des actions des maîtrise des risques concernant entre autres, les conditions d'hygiène des produits frais[625], l'évaluation des risques au moment de la récolte[626], l'emballage des produits et l'évaluation des risques hygiéniques associés[627], dont l'application est effectuée par des guides de bonnes pratiques. Assurant le même objectif, des mesures concernant l'analyse des risques[628], la gestion

---

l'Agriculture et de Pêches. Direction des politiques économiques et internationale. Rapport final. Décembre 2005, p. 28.

623 *Supra* §460-§463.

624 GLOBAL-GAP. *Interpretation Guideline France Integrated Farm Assurance.* Modules: All Farm, Crops Base, Fruit and Vegetables. V3.0-2 Sep07 Valid from 25.10.2008 Mandatory from 25.01.20089, p. 7, point 2.2.1.

625 GLOBAL-GAP. *Interpretation Guideline France Integrated Farm Assurance.* Modules: All Farm, Crops Base, Fruit and Vegetables. V3.0-2 Sep07 Valid from 25.10.2008 Mandatory from 25.01.20089, p. 78, point 4.1.4.

626 *Ibid,* point 4.2.1.

627 *Ibid*, point 5.5.2 et 5.4.8 p.

628 IFS 5, 2.1.1 Le Système HACCP, 2.1.3, étude HACCP. BRC 4.1. Système HACCP. Cité par ACTIA, *Op.Cit*, voir note n°36, p. 39.

du risque chimique[629] ou allergène[630], la maîtrise de risques microbiologiques[631], la traçabilité[632], le retrait et le rappel de produits[633], sont prévus par les référentiels IFS-Food et BCR-Food.

314. La certification issue des référentiels permet l'application de l'obligation d'autocontrôle tout au long de la filière, y compris, sur le plan international. Dans les relations entre les exploitants de différents pays, où cette obligation n'a pas été établie par la loi comme c'est le cas des législations latino-américaines, l'exigence de la certification oblige les fournisseurs étrangers à exécuter cette obligation. Ainsi, par la voie de la certification la mise en œuvre de l'obligation d'autocontrôle[634] est imposée.

315. Toutefois, cette modalité d'application de l'autocontrôle n'est pas dépourvue de questionnements. D'une part, la question qui se pose est de savoir si la certification constitue une mesure de la grande distribution européenne pour protéger les filières communautaires[635]. La certification

---

629 IFS 5, 4.7.5 Nettoyage et hygiène; 4.5 Emballage du produit. Dans le même sens, BRC 4, 3.7, sur les risques de contamination physique et chimique des produits. ACTIA, *Op.Cit*, voir note n°36, p. 49 et ss, 65.

630 IFS 5, 4.18 sur les Allergènes et conditions spécifiques de fabrication ; 3.4 sur les locaux du personnel. Concernant le BRC 4, point 4.2 sur les exigences de manipulation des matériaux spécifiques. ACTIA, *Op.Cit*, voir note n°36, p. 65.

631 IFS 5, point 2.12 sur l'étude du HACCP et IFS 5, point 4.3 sur le développement du produit. Dans le BRC 4, point 1 sur le système HACCP. ACTIA, *Op.Cit*, voir note n°36, p. 61.

632 IFS 5, point 4.16 relatif à la traçabilité et point 4.4 sur les achats. En relation au BRC 4, point 2.13 sur la traçabilité. ACTIA, *Op.Cit*, voir note n°36, p. 61.

633 IFS 5, 5.9 Gestion des incidents, retrait/rappel de produits, ACTIA, *Op.Cit*, p. Sur le BRC 4 2.14, Gestion des incidents retrait et rappel des produits, ACTIA, *Op.Cit*, voir note n°36, p. 35.

634 ROYON (M). *L'émergence de systèmes nationaux de normalisation. Certification et leur connexion internationale*. IN, *Revue internationale de droit économique*. 1999, p. 107.

635 HERBERT (F). *L'utilisation protectionniste des mesures de certification.* IN, *Le produit agro-alimentaire et son cadre juridique communautaire*. Rennes : Ordre des Avocats de la Cour d'Appel de Rennes, 1996, p. 85.

semble s'imposer dans ce contexte comme un outil d'exclusion des fournisseurs[636]. Sur le plan du commerce international, cette situation motive la discussion dans le cadre de l'OMC[637], sans que pour l'instant, une solution n'ait été établie. D'autre part, nous nous interrogeons sur le point de savoir si le contrôle de la sécurité reste un objectif de la certification ou est devenu un objectif en soi. Il semblerait que l'objectif de maîtriser les risques qui avait motivé l'utilisation de la certification passe en second lieu face à l'impératif de la délivrance du certificat.

Malgré ces questions, nous avons constaté que la certification issue des référentiels constitue une modalité de mise en œuvre de l'obligation d'autocontrôle. Cependant, un autre type de certification permet aussi l'application de cette obligation. C'est le cas de la certification issue de la normalisation.

§2. La certification issue de la normalisation

316. Selon le professeur Laurence Boy, la normalisation « *a pour objet de fournir des documents de référence comportant des solutions à des problèmes techniques et commerciaux concernant les produits, biens et services, qui se posent de façons répétée dans les relations entre partenaires économiques scientifiques, techniques et sociaux* »[638]. La normalisation « *est*

---

636 C'est aussi le cas pour l'éco-labellisation. Voir dans ces sens, BOUGHERARA (D), THIEBAUT (L), GROLLEAU (G). *L'exclusion des produits agroalimentaires du dispositif d'éco-labellisation*. In: *Économie rurale*. N°275, 2003. pp. 83-90.

637 Voir, *infra,* §359.

638 BOY (L). *Les liens entre la norme technique et la norme juridique en droits communautaire et international.* IN, *Les enjeux de normalisation technique international, entre environnement, santé et commerce international.* Sous la direction de BROSSET (E)

une source de droit déplacé vers les pouvoir privés économiques »[639]. Elle comprend un processus d'élaboration de normes qui répond à l'autorégulation[640] du marché et dans lequel le contrôle de son respect est effectué par les mêmes acteurs économiques.[641]

317. Dans le cadre de la normalisation, la certification qui atteste le respect de l'obligation d'autocontrôle résulte de la vérification par un organisme certificateur de la maîtrise des risques faite par les exploitants.

---

et TRUILHE-MARENGO (E). Paris : La documentation française, 2006, p. 57. BOY (L) *Normes techniques et normes juridiques.* IN, *La normativité. Cahiers du Conseil constitutionnel*, n° 21, 2006, p. 119-126. BOY, (L). *Normes.* IN, *Revue internationale de droit économique.* 1998, n°2, p. 113 et ss. BOY (L). *Les ambigüités de l'élaboration internationale de la normalisation (l'exemple de l'agroalimentaire.* IN, *Droit et négociations internationales. Las prise en compte des aspects scientifiques et économiques.* Paris : INRA, 1999, n°16, p. 52 TIMSIT (G). *Normativité et régulation.* IN, *La normativité. Cahiers du Conseil constitutionnel*, n° 21, 2006, p. 127- 132. McMILLAN (J). *Qu'est que c'est la normalisation.* IN, *Revue du marché commun.* 1985, n°284, p. 93. NGUYEN-THANH BOURGEAIS (D). *La normalisation. JCL Conc. Consomm.* 1990, Fasc. 530.

639 BOY (L). *La valeur juridique de la normalisation.* IN, *Les transformations de la régulation juridique.* Sous la direction de CLAM (J), MARTIN (G). Paris : L.G.D.J. 1998, p. 183 et ss.

640 Nous renvoyons sur ce thème aux ouvrages spécifiques : BOY (L) RACINE (J.B), SIIRIAINEN (F). *Sécurité juridique et droit économique.* Bruxelles: Lancier, 2008, 586 p. MÖRTH (U). *Soft law in governance and regulation.* England: Cheltenham, UK ; Northhampton, MA : E. Elgar Pub., 2004, 224 p. OST (F), KERCHOVE (M). *Op.Cit*, voir note n°172, 112 et ss. OST (F). *La régulation : des horloges et des nuages…* IN, *Elaborer la loi aujourd'hui, mission impossible* ? Sous la direction de JADOT (B), OST (F). Bruxelles : Publications des Facultés universitaires Saint-Louis. 1999, p. 7 et ss. CHEVALLIER (J). *De quelques usages du concept de régulation.* IN, *La régulation entre droit et politique.* Sous la direction de MIAILLE (M). Paris : L'Harmattan, 1995, p. 71 et ss. AUTIN (J-L). *Réflexions sur l'usage de la régulation en droit public.* IN, *La régulation entre droit et politique. Ibid*, p. 45. FARJAT (G). *Nouvelles réflexions sur les codes de conduite privée.* IN, *Les transformations de la régulation juridique.* Sous la direction de CLAM (J), MARTIN (G). Paris : L.G.D.J. 1998, p. 164. RACINE (J-B). *Normalisation, certification et droit de la concurrence.* IN. *Revue international de droit économique.* 1998, n°2, p. 147 et ss. GRENARD (A). *Normalisation, certification : quelques éléments de définition.* IN, *Rev. éco. indus*, 1996, n°75. DUPONT (E). *La normalisation : une profonde évolution du contenu, des acteurs, des enjeux.* IN, *Enjeux*, n°137, septembre 1993, p.41. MONTUREUX (M). *L'Europe des normes et de la certification.* IN, *Enjeux*, avr.1990, p. 55.

641 BOY (L). *Normes.* IN, *Revue international de droit économique.* 1998, n°2, p. 126. Également, OST (F), KERCHOVE (M). *Op.Cit*, voir note n°172, p. 26-27, 98-99, 112 et ss.

Cette vérification est basée sur des normes[642] qui figurent parmi le répertoire des organismes de normalisation. Parmi les dispositions les plus importantes de nos jours et dans la perspective de notre étude, ont peut indiquer le groupe de normes ISO 22000.

318. Les normes ISO 22000 sont un ensemble de dispositions qui spécifient « *les exigences d'un système de management de la sécurité des denrées alimentaires d'un organisme souhaitant démontrer son aptitude à : maîtriser efficacement les dangers liés à la sécurité des aliments, [à] fournir en permanence des produits finis sûrs satisfaisants à la fois aux exigences des clients et des parties intéressées ; [à] mettre en place un démarche structurée d'amélioration continue.*»[643] Ces normes couvrent quatre aspects de base : les exigences concernant la maîtrise des risques[644], les exigences pour les organismes procédant à l'audit et à la certification [645]; les exigences sur l'application de la procédure HACCP[646] et sur la réalisation d'un système de traçabilité[647]. Ce groupe de normes vise à garantir la sécurité des denrées tout en partant de la gestion des risques au sein de l'entreprise. Elles reposent sur le principe de l'action de l'exploitant, de l'audit interne et de la

---

642 GAMBELLI (F). *Définitions et typologies des normes techniques.* IN, *Petits Affiches, Aspects juridiques de la normalisation technique*, 1998, n° 18, p.5.

643 BOUTOU (O). *Management de la sécurité des aliments.* Paris : AFNOR, 2006, p. 149.

644 ISO 22000. Systèmes de management de la sécurité des denrées alimentaire. Exigences pour tout organisme appartenant à la chaîne alimentaire. Spécif. Chap. 4.1 sur les exigences générales, cité par BOUTOU (O). Op.Cit, note n° 643, p. 166.

645 ISO/TS 22003. *Système de management de la sécurité des aliments.* Exigences pour les organismes procédant à l'audit et à la certification de systèmes de management de la sécurité des denrées selon l'ISO 22000. BOUTOU (O). *Op.Cit*, note n° 643, p. 154.

646 ISO/TS 22004. *Système de Management de la sécurité des denrées.* Lignes directrices relatives à l'application de l'ISO 22000: 2005. BOUTOU (O). *Op.Cit*, note n° 643, p. 152, 222-229, 242.

647 ISO 22005. *Système de traçabilité dans la chaîne alimentaire.* Principes généraux relatifs à la conception et à la réalisation. BOUTOU (O). *Op.Cit*, note n° 643, p. 151-245-248.

vérification du respect des normes. En ce sens, elles comprennent l'objet de l'obligation d'autocontrôle.

319. L'objet de l'obligation d'autocontrôle est la maîtrise des risques. Cet objet est à l'origine du double contenu de l'obligation. Il s'agit du respect de la législation alimentaire d'une part, et de la vérification de ce respect d'autre part. Le groupe de normes ISO 22000 comprend également de l'obligation principale de l'exploitant de maîtriser les risques qui peuvent compromettre la sécurité des denrées.

En premier lieu, ces normes instaurent un système d'autocontrôle des dangers alimentaires où la méthode HACCP est le point central. C'est à partir de la maîtrise des risques instituée par cette méthode que d'autres mesures telles que la surveillance des risques, la traçabilité, le retrait et le rappel des produits sont articulées. Ainsi, nous pouvons observer que de la même manière que la législation alimentaire impose l'obligation de mettre en œuvre des procédures de maîtrise des risques fondées sur la méthode HACCP, les normes ISO 22000 imposent le développement d'un système de contrôle des risques propre à l'entreprise sur la base de cette méthode.

En deuxième lieu, les normes ISO 22000 imposent une large démarche de vérification du « *système de management de la sécurité des aliments*», dont l'objectif est à la fois de vérifier la gestion des risques et la sécurité des denrées. Cette démarche de vérification constitue le point principal qui permet d'affirmer la condition de ces normes comme modalités de mise en œuvre de l'obligation d'autocontrôle.

La vérification est une démarche complexe. D'abord, elle implique la mise en œuvre d'audits internes. Ces audits mettent en évidence la capacité de l'exploitant d'identifier les failles dans son système de contrôle des risques. Ils sont à l'origine des mesures correctives. Ensuite, la démarche de vérification suppose le recours à une tierce partie qui évalue la gestion de l'exploitant. Cette évaluation externe montre l'efficacité des corrections entreprises par l'exploitant. Finalement, la vérification se complète par la certification, la finalité de la certification étant d'attester le respect de l'objectif prévu par les normes.

Par conséquent, la certification fournit la preuve de la maîtrise des risques faite par l'exploitant. Elle constitue la phase ultime de la mise en œuvre des normes 22000, comme c'est d'ailleurs les cas pour la plupart des normes issues des organismes de normalisation[648]. La certification atteste le respect des exigences de maîtrise des risques. A ces fins, elle sert aux professionnels pour démontrer la mise en œuvre de l'obligation d'autocontrôle face aux autres professionnels.

320. La certification pourrait être utilisée dans le même sens face aux autorités. La certification délivrée dans le cadre de la norme ISO 22000 pourrait être assimilée à celle prévue par les contrôles officiels. Tant l'une comme l'autre cherchent à attester le respect d'un certain nombre de conditions définies dans un document qui sert de paramètre de référence, soit à la norme soit à la législation, dans le but d'assurer la sécurité des denrées.

La certification officielle prévue par la législation alimentaire a un caractère spécifique déterminé par son objectif. Il s'agit d'un objectif de nature sanitaire. Même si la législation définit la certification comme « *la procédure par laquelle l'autorité compétente ou les organismes de contrôle autorisés à agir en cette capacité, attestent la conformité, par écrit, par moyen*

---

648 Certaines normes n'ont pas pour objectif la certification mais servir de guide. C'est le cas de la norme ISO 15161 « *Lignes directrices relatives à l'application de l'ISO 9001 : 2000 aux industries de l'alimentaire et des boisons* ». *Il s'agit d'une disposition qui « se veut un outil de lecture de la norme ISO 9001, soulignes les spécificités de l'agroalimentaire qui doivent être prise en compte dans un système de management de la qualité* ». BOULOT (O). *Op.cit*, note n°643, p. 36.

électronique ou par un moyen équivalent »[649], elle n'a pas pour objectif d'attester la conformité aux dispositions. Elle vise à attester la sécurité de la denrée par rapport à un risque. Ceci est mis en évidence par le fait que le contenu de la certification est établi spécifiquement par la législation, précisant les exigences de sécurité à évaluer et à attester.

Ainsi par exemple, le modèle harmonisé de certificat sanitaire intracommunautaire[650] comporte l'évaluation des différentes mesures qui assurent la sécurité des aliments examinés parmi lesquels, l'autorisation de l'établissement, le contrôle de la température ou les tests de laboratoire. De même, la certification officielle visant l'importation des produits alimentaires d'origine animale vise la maîtrise de risques précis associés à ces aliments[651], de manière à attester que « *les produits satisfont : a) aux exigences prévues pour les produits en question au titre du règlement CE n°852/2004 et du règlement CE n° 853/2004 ou à des dispositions équivalentes à ces exigences et à tout condition particulière en matière d'importation fixée conformément à l'article 48 du règlement CE n°882/2004.»*[652] Dans ce dernier, l'objectif de la certification est d'attester le respect des prescriptions d'hygiène. La certification officielle a pour objectif d'attester que les mesures prévues par la législation et mises en œuvre par l'exploitant, lui ont permis de

---

649 Article 2§12, règlement CE 882/2004.

650 Règlement CE 599/2004 de la Commission du 30 mars 2004 relatif à l'adoption d'un modèle harmonisé de certificat et de compte rendu d'inspection liés aux échanges intracommunautaires d'animaux et de produits d'origine animale, L 94/44, JOUE, 31.3.2004.

651 Annexe I, c), sur le certificat sanitaire pour les volailles destinées à a production de fois gras et pour les volailles à l'éviscération différée abattus dans l'exploitation d'origine, p. 38 ; Annexe II, modèle de certificat sanitaire pour les animaux abattus dans l'exploitation, p. 43 ; Annexe VI, sur les exigences relatives aux certificats accompagnant les importations, règlement CE 852/2004.

652 Article 14 du règlement CE 852/2005 en relation à l'Annexe VI du règlement CE 852/2004.

maîtriser les risques. Par conséquent, dans la mesure où la certification officielle cherche à atteste la maîtrise d'un risque ou d'un ensemble des risques, elle comporte un objectif sanitaire. Ainsi, la certification officielle et celle issue de la norme 22000 ont le même objectif.

321. La différence entre la certification issue de la normalisation et celle résultant des contrôles officiels réside dans l'instrument qui sert comme moyen de vérification et dans le sujet qui la réalise. Concernant le moyen de vérification, la première suit un audit tandis que la deuxième peut résulter de toute forme de constatation envisagée par les autorités compétentes, soit-elle un audit ou une inspection[653].

Nous devons toutefois remarquer, que même si toute certification comporte un audit, une inspection ou une évaluation de la démarche de l'exploitant, aucune de ces méthodes n'implique une certification. L'audit peut être une condition de la certification mais la certification n'est pas une condition de l'audit. Cette distinction est valide tant pour la certification délivrée dans le cadre des contrôles officiels que dans celui de la normalisation.

Concernant le sujet, la certification issue de la normalisation est délivrée par un organisme certificateur tandis que la certification officielle est délivrée soit par l'autorité compétente soit par un organisme de contrôle autorisé. Cependant, malgré ces différences, l'objectif sanitaire des deux types de certification reste le même : attester que la mise en application de l'ensemble des mesures prévues, a permis à l'exploitant agroalimentaire de

653 Entendu dans le sens de l'article 2§7, du règlement CE 882/2004, selon lequel il s'agit de « *l'examen de tout aspect liée aux aliments pour animaux, aux denrées alimentaires, à la santé animale et au bien-être des animaux en vue de s'assurer qu'il est conforme aux prescriptions de la législation relative aux aliments pour animaux et aux denrées alimentaires ainsi qu'aux dispositions relatives à la santé animale et aux bien-être des animaux* ».

maîtriser les risques liées aux aliments produits. Si l'on part de cet objectif, on pourrait en effet assimiler ces deux types de certifications.

322. La question qui se pose dès lors est celle de savoir si la certification issue de la norme ISO 22000 se « *substitue* » à la certification officielle et avec elle, les contrôles prévus par la législation. Cette substitution des instruments de contrôle se manifeste par exemple, concernant la proposition des professionnels du secteur alimentaire français d'obtenir la réduction de la fréquence des inspections officielles sur les entreprises qui appliquent cette norme et qui sont certifiés[654]. La réduction de la fréquence des inspections officielles suggère que les contrôles mis en application pour les entreprises afin d'être certifiés, sont équivalents à ceux des autorités. Et ce, car ils ont comme point commun la maîtrise des risques. Ainsi, il semblerait que la certification « *normalisée* » pourrait effectivement, se substituer à la certification officielle.

Cette situation n'est pas cependant un débat qui touche uniquement ce type de modalité de mise en œuvre de l'obligation d'autocontrôle. Il s'agit d'un effet commun des modalités d'application de cette obligation et de sa place centrale dans le système de contrôle sanitaire. Il est clair que lorsque l'exploitant instaure un système d'autocontrôle au sein de son entreprise, les contrôles officiels peuvent ne pas s'avérer nécessaires.

Toutefois, nous devons souligner que tant les modalités de mise en œuvre de l'obligation d'autocontrôle que les contrôles officiels sont

---

654 Ministère de l'alimentation, de l'agriculture et de la pêche. *Paquet hygiène et certification Iso 22000.* IN, *Magazine.* Dossiers. 19-23 octobre 2008. http://agriculture.gouv.fr/sections/magazine/dossiers/ministere-votre/paquet-hygiene. Association professionnelle des Ingénieurs du Génie Rural, des Eaux et des Forêts, AIGREF. *L'analyse de risque dans les contrôles officiels en matière de sécurité sanitaires des aliments* : quels enjeux pour demain ? IN, *Revue du GREF.* 2009, N°22, dossier 27, p. 5-13.

complémentaires. La certification « *normalisée* » ne constitue qu'une de modalités employées par les exploitants pour accomplir cette obligation dans un système où la sécurité est vérifiée tant par les professionnels que par les autorités. Les exploitants constatent la maîtrise des risques au sein de l'entreprise par la certification, l'audit ou n'importe quel autre moyen qu'ils estiment convenable. Les autorités vérifient cette démarche indifféremment de la modalité de mise en œuvre choisie par les exploitants. Ils n'interviennent pas dans la gestion de l'exploitant, qui a la responsabilité primaire. La certification s'avère donc, comme toute autre modalité d'application de l'obligation d'autocontrôle, complémentaire aux contrôles officiels.

Nous avons constaté jusqu'ici que la vérification de la maîtrise des risques et de l'innocuité des denrées qui sont à la base de la certification, justifient son usage en tant que modalité de mise en œuvre de l'obligation d'autocontrôle. La certification est utilisée par les professionnels afin d'attester le respect de cette obligation. Issue de la volonté managériale ou contractuelle, la certification s'avère être une modalité de mise en œuvre de cette obligation.

De plus, nous avons démontré que l'audit constitue une autre modalité de mise en œuvre de cette obligation. Effectué par l'exploitant, il implique un examen qui lui permet d'identifier les défaillances de sa maîtrise des risques et d'instaurer des mesures afin de l'améliorer. Il institue l'auto-évaluation de la maîtrise des risques de l'exploitant mettant ainsi en exécution l'obligation d'autocontrôle.

Tant l'audit que la certification constituent des modalités volontaires de mise en œuvre de cette obligation. Elles complètent celles instituées par la loi. C’est alors dans le champ des effets qu’il convient d’étudier les conséquences de cette obligation.

CONCLUSION DU TITRE I

323. La méthode HACCP, les guides de bonnes pratiques d'hygiène, l'audit et la certification mettent en évidence l'application de l'obligation d'autocontrôle. Les deux premiers issues de la volonté du législateur renforcent l'objectif d'assurer l'innocuité des denrées par l'action directe de l'exploitant sur les risques. Dans les deux derniers, ce sont les professionnels qui prennent l'initiative d'atteindre cet objectif. Ainsi, soit à partir des modalités issues de la loi soit à partir d'une liberté managériale ou contractuelle, l'application de l'obligation d'autocontrôle intègre l'activité des exploitants agroalimentaires. Ce constat nous conduit à nous interroger sur la question de savoir quelles sont les conséquences de cette mise en œuvre.

TITRE II. LES EFFETS DE LA MISE EN ŒUVRE DE L'OBLIGATION

324. Les effets de la mise en œuvre de l'obligation d'autocontrôle peuvent être étudiés à lumière du droit de la responsabilité et du droit de la concurrence et de la consommation. Pour les aspects généraux nous renvoyons aux ouvrages de droit commun. Nous ne retiendrons ici que les aspects spécifiques étant peu traités par la doctrine. Ainsi, nous nous intéressons à la sanction de l'inexécution la mise en œuvre de l'obligation d'autocontrôle (Chapitre I) et aux atteintes aux règles de la concurrence qu'elle peut présenter (Chapitre II).

CHAPITRE I. LA SANCTION DE L'INEXECUTION

325. La sanction de l'inexécution de l'obligation d'autocontrôle peut être de nature pénale (Section I), civile (Section II) ou administrative (Section III).

Section 1. La sanction pénale

326. La sanction pénale part du principe de légalité. Selon celui-ci, *« les autorités publiques doivent respect à la légalité (et qui traduit la subordination de l'administration à la loi*)»[655]. La légalité est donc « *la conformité aux lois positives* »[656] Dans le droit pénal ce principe impose qu'une condamnation ne peut être fondée que sur une incrimination qui était déjà définie par la loi avant les faits poursuivis[657]. Même si l'obligation d'autocontrôle ne fait pas l'objet d'une incrimination spécifique, cela n'empêche pas des incriminations larges permettant la sanction de son inexécution. C'est le cas de celles concernant la protection de la vie et de l'intégrité physique des personnes (§1) et celles visant la protection des intérêts du consommateur (§2).

§1. La sanction pour atteintes à la vie et à l'intégrité physique des personnes

327. L'obligation d'autocontrôle s'inscrit dans une démarche qui comprend la protection de l'intégrité physique et de la vie. L'intégrité physique comprend la santé de l'individu. La santé est une des conditions de la vie.

---

655 CORNU, (G). *Op. Cit*, voir note n°38, p. 538.

656 LALANDE (A). *Op.Cit*, p. 555.

657 LORVELLEC, (L), COLLART DUTILLEUL, (F). *Op.Cit*, p. 71, p. 479. En relation à la responsabilité pénale de l'agriculteur voir, GONI (Ph). *La responsabilité pénale de l'agriculteur du fait de ses produits*. IN. *Revue de droit rural*, n° 276, octobre 1999, p. 457.

Lorsque l'obligation d'autocontrôle institue le contrôle des risques présents dans les aliments, cette obligation cherche à protéger les personnes face aux possibles effets préjudiciels sur la santé et l'intégrité physique que peuvent provoquer des denrées dangereuses.

328. S'agissant d'une disposition pénale « *ouverte* », ces deux derniers impératifs ont un contenu très large et assez indéterminé. Il est possible d'envisager toute sorte de conduites qui peuvent s'avérer utiles à « *la protection de la vie* » ou à « *l'intégrité physique* ». Dans ces conduites, l'obligation d'autocontrôle est tout à fait envisageable, dans la mesure où la maîtrise des risques des denrées est un moyen de protéger la santé et l'intégrité physique des personnes. Ainsi, l'inexécution de l'obligation d'autocontrôle peut être tenue comme un des faits pouvant constituer un manquement à ces impératifs. Elle pourrait être sanctionnée dans le cadre de la notion d'homicide ou de blessures involontaires ainsi que de mise en danger d'autrui.

329. Les délits d'homicide et de blessures involontaires sont prévus par le Code pénal français dans les articles L221-6[658] et L222-19[659] à L222-21.

---

[658] Art. 221-6 «Le fait de causer, dans les conditions et selon les distinctions prévues à l'article 121-3, par maladresse, imprudence, inattention, négligence ou manquement à une obligation de sécurité ou de prudence imposée par la loi ou le règlement, la mort d'autrui constitue un homicide involontaire puni de trois ans d'emprisonnement et de 45000 euros d'amende.

En cas de violation manifestement délibérée d'une obligation particulière de sécurité ou de prudence imposée par la loi ou le règlement, les peines encourues sont portées à cinq ans d'emprisonnement et à 75000 euros d'amende. »

[659] Art. 222-19 « Le fait de causer à autrui, dans les conditions et selon les distinctions prévues à l'article 121-3, par maladresse, imprudence, inattention, négligence ou manquement à une obligation de sécurité ou de prudence imposée par la loi ou le règlement, une incapacité totale de travail pendant plus de trois mois est puni de deux ans d'emprisonnement et de 30000 euros d'amende.

Ces dispositions incriminent toute conduite où la « *[...] maladresse, [la] imprudence, [la] inattention, [la] négligence ou [le] manquement à une obligation de sécurité ou de prudence imposée par la loi ou le règlement* » sont à l'origine de la mort ou de l'incapacité total de travail pour un durée de plus de trois mois d'une personne. Les termes « *maladresse, imprudence, inattention ou négligence* » sont suffisamment larges pour inclure toute faute aux actions de maîtrise des risques envisageables dans le cadre de l'obligation d'autocontrôle.

Ainsi, constitue une « *maladresse* » la mise en œuvre incorrecte des mesures d'hygiène qui peuvent provoquer la contamination bactérienne d'une denrée. Constitue également une « *imprudence* » l'absence de contrôles des substances allergènes de même que constitue une « *inattention* » le manque de vigilance quant aux risques « *suspectables* » ou les omissions dans le retrait ou le rappel des produits. La « *négligence* » est aussi constatable lorsque l'exploitant n'instaure pas de système de maîtrise des risques dans son entreprise.

De ce fait, l'inexécution ou l'exécution incorrecte de mesures de maîtrise de risques peuvent être interprétées comme des faits de maladresse, d'imprudence, d'inattention ou de négligence qui peuvent être à l'origine de la mort ou de blessures involontaires d'une personne. L'inexécution de l'obligation d'autocontrôle s'avère ainsi susceptible d'être sanctionnée dans le cadre de l'infraction à l'impératif de protéger la vie et l'intégrité physique des personnes visée par les délits de blessures graves et d'homicide.

330. Toutefois, l'inexécution de l'obligation d'autocontrôle peut aussi être sanctionnée dans le cadre du délit de mise en danger d'autrui. De même

---

En cas de violation manifestement délibérée d'une obligation particulière de sécurité ou de prudence imposée par la loi ou le règlement, les peines encourues sont portées à trois ans d'emprisonnement et à 45000 euros d'amende. »

que dans le délit d'homicide, l'infraction de l'obligation d'autocontrôle peut être à l'origine des atteintes à la protection de la vie et de l'intégrité physique. Ces atteintes justifient que son inexécution puisse être sanctionnée sur la base de ce délit.

La mise en danger d'autrui est prévue par l'article 223-1 du Code pénal. Il consiste dans le « *fait d'exposer directement autrui à un risque immédiat de mort ou de blessures de nature à entraîner une mutilation ou une infirmité permanente par la violation manifestement délibérée d'une obligation particulière de sécurité ou de prudence imposée par la loi ou le règlement* ». Ce délit suit une approche de « prévention »[660]. De cette manière il n'exige pas « *la réalisation du dommage* »[661] mais l'exposition au risque.

L'exposition au risque est cependant soumise à quatre conditions. En premier, cette exposition doit être « *directe* ». En deuxième, elle doit provoquer un risque « *immédiat* ». En troisième, celui-ci doit être la conséquence de la violation « *délibérée* » d'une obligation de sécurité ou de prudence. En quatrième, l'infraction doit porter sur une obligation de sécurité ou de prudence « *particulière* ». Même si ces conditions sont assez restrictives, l'inexécution ou l'exécution incorrecte de l'obligation d'autocontrôle peut les constituer.

D'abord, l'infraction à l'obligation d'autocontrôle provoque une exposition directe au risque. L'exploitant expose le consommateur directement au risque une fois que la denrée dangereuse est mise sur le marché. A ce moment là, le consommateur peut l'acquérir et la consommer à tout moment. Il est donc exposé directement au risque. Ensuite, l'infraction à l'obligation d'autocontrôle peut constituer un risque « *immédiat de mort ou de*

---

660 VINEY (G), KOURLISKY (Ph). *Op.cit,* voir note n°20, p. 71

661 LORVELLEC (L), COLLART-DUTILLEUL (F), *Op.Cit*, note n°71, p. 480.

blessures graves » pour certains consommateurs. Cela c'est le cas des personnes allergiques, pour qui la présence d'une substance allergène peut déclencher des réactions multiples et même la mort ; de celles ayant un régime alimentaire particulier comme les personnes diabétiques, les enfants en bas âge ou les personnes âgées, dont les manques aux exigences d'hygiène comprises par l'obligation d'autocontrôle peuvent s'avérer fatals. Enfin, l'obligation d'autocontrôle comporte une obligation spéciale de prudence, selon laquelle l'exploitant est tenu de mettre en œuvre toute un ensemble des moyens qui assurent l'innocuité de denrées. Cette obligation de prudence est claire lorsque la législation impose la mise en œuvre de mesures d'hygiène, la vigilance ou le retrait des denrées. En ce sens, le non-respect de l'obligation d'autocontrôle pourrait constituer une « *violation délibérée* » de l'obligation spéciale de prudence qui lui est implicite, remplissant ainsi les conditions inhérentes au délit de mise en danger d'autrui.

On pourrait même affirmer que l'obligation d'autocontrôle comporte une obligation spéciale de sécurité. Cette obligation de sécurité spéciale pourrait être entendue dans le sens de l'assurance de l'innocuité des denrées qui garantit la sécurité des personnes. Or, l'inexécution ou la mauvaise exécution de l'obligation d'autocontrôle constituent la violation délibérée signalée dans le délit de mise en danger.

Par conséquent, la sanction pénale de l'inexécution ou de l'incorrecte mise en œuvre de l'obligation d'autocontrôle peut être établie sur le fondement des délits d'homicide et de blessures graves involontaires. Cette sanction se justifie par le fait que l'obligation d'autocontrôle cherche à protéger la santé et l'intégrité physique des personnes, contraignant l'exploitant agroalimentaire à contrôler les risques des aliments qui peuvent provoquer des effets préjudiciels pour les consommateurs. De ce fait, le non respect de l'obligation d'autocontrôle peut impliquer la présence de risques non maîtrisés dans les denrées qui peuvent dès lors constituer une atteinte à la santé et à l'intégrité physique des consommateurs.

331. Parallèlement à la sanction pénale qui pourrait être envisagée dans le cadre des délits précédents, les infractions à l'obligation d'autocontrôle peuvent être aussi condamnées sous la perspective des délits qui punissent les atteintes aux intérêts des consommateurs.

§2. La sanction des atteintes aux intérêts du consommateur

332. La protection des intérêts des consommateurs dans le droit pénal institue une autre voie de sanction de l'inexécution de l'obligation d'autocontrôle ou de son incorrecte mise en œuvre. Cette sanction peut être envisagée dans le cadre des délits de tromperie et de falsification. Ces délits comportent un élément moral de caractère intentionnel, qui peut résulter de la mauvaise foi ou bien de l'imprudence ou de la négligence de l'exploitant dans l'exécution des contrôles.

333. Le délit de tromperie est prévu par l'article L213-1 et suivant du Code de la consommation. Il sanctionne la volonté d'induire en erreur autrui sur les attributs de la marchandise ou du service fourni via l'information déloyale. Trois différentes catégories de tromperies sont établies.

En premier, ce délit vise la tromperie sur la nature, l'espèce, l'origine, les qualités substantielles, la composition ou la teneur en principe utiles de toutes marchandises. En deuxième, il concerne la tromperie sur la quantité des choses livrées ou sur leur identité par la livraison d'une marchandise autre que la chose déterminée qui a fait l'objet du contrat. En troisième, il vise la tromperie sur l'aptitude à l'emploi, les risques inhérents à l'utilisation du produit, les contrôles effectués, les modes d'emploi ou les précautions à prendre.

Au regard de notre étude, c'est sur le cadre de cette dernière catégorie de tromperie, en particulier sur celle concernant les contrôles effectués, que l'inexécution ou l'exécution incorrecte de l'obligation d'autocontrôle peuvent être sanctionnées.

334. La tromperie sur les contrôles effectués peut justifier la sanction du non-respect de l'obligation d'autocontrôle. Le professionnel doit exécuter les contrôles qui permettent d'assurer le respect des dispositions légales et réglementaires. La négligence ou l'imprudence dans l'exécution de ces contrôles peuvent suffire pour constituer l'élément moral de ce délit.

Selon l'obligation d'autocontrôle, l'exploitant doit mettre en œuvre des mesures de contrôle visant à maîtriser les risques présents dans les denrées. La négligence ou l'imprudence de l'exploitant dans l'application de ces mesures peuvent provoquer la non-identification ou la non-maîtrise des risques. Dès lors, des denrées dangereuses pourraient être mises à disposition des consommateurs.

Ainsi, l'inexécution partielle ou totale de l'obligation d'autocontrôle peut constituer une négligence ou une imprudence par rapport aux contrôles qui devraient être effectués. Lorsque les denrées sont mises sur le marché par l'exploitant, tout en sachant que les contrôles n'ont pas été réalisés ou que leur réalisation est insuffisante ou incorrecte, cette conduite « *négligente* » ou « *imprudente* » constitue l'élément moral du délit. Les infractions à l'obligation d'autocontrôle peuvent donc faire l'objet de sanction sur le fondement du délit de tromperie.

335. L'inexécution de l'obligation d'autocontrôle peut être aussi sanctionnée sur la base du délit de falsification. Cette infraction est prévue par l'article L213-3 du Code de la consommation. Il punit le recours à une

manipulation ou à un traitement irrégulier de manière à altérer la constitution physique du produit. Il s'agit de la sanction de la fabrication non-conforme aux règles en vigueur des produits alimentaires, agricoles et médicamenteux. Ainsi, dans la mesure où des denrées ne sont pas fabriquées en respectant l'obligation d'autocontrôle, l'exploitant pourrait être sanctionné sur le fondement de ce délit.

De la même manière que dans le délit de tromperie, l'élément moral de la falsification est constitué par la mauvaise foi. Si le professionnel n'a pas effectué les contrôles dus sur les produits, sa conduite peut être considérée comme de mauvaise foi. En ce sens, si l'exploitant ne met pas en application les mesures de maîtrise des risques ou si leur exécution est incorrecte, le fait d'avoir connaissance de cette situation constitue l'élément moral de la falsification. Dès lors, l'inexécution ou la mauvaise exécution de l'obligation d'autocontrôle peuvent être sanctionnées dans le cadre de cette disposition.

En dépit du principe de légalité, la jurisprudence a aussi estimé l'application de ce délit en se référant aux usages commerciaux et professionnels[662]. Ainsi, le non respect des mesures de maîtrise des risques envisagées, par exemple dans les référentiels ou dans les guides de bonnes pratiques spécifiques à certaines denrées, pourrait servir au juge de fond pour apprécier la falsification des denrées. Dès lors, l'appréciation de l'inexécution de l'obligation d'autocontrôle à la lumière de ce délit comporte une portée très large. Les actions de maîtrise des risques qui imputées à l'exploitant s'avèrent multiples.

Les infractions aux délits de falsification, de tromperie, des blessures graves et d'homicide sont suffisamment larges pour sanctionner le manquement à l'obligation d'autocontrôle. Toutefois, étant donné que

---

662 ANGOSTINI (F). *Op.cit,* note n° 147, p. 5.

l'obligation d'autocontrôle comporte aussi des exigences au regard des risques « *suspectables* », la question qui se pose est celle de savoir si il est nécessaire de créer des sanctions spécifiques. Selon les professeurs Lorvellec et Collart Dutilleul la création d'infractions particulières au regard du principe de précaution pourrait être envisageable sur le fondement des obligations des entreprises d'informer les autorités lorsqu'elles suspectent un risque[663] et par la prévision que fait l'article 17. 2 al. 3[664] des sanctions spécifiques.

A notre avis, l'obligation d'autocontrôle pourrait justifier la création d'infractions spécifiques sur un double fondement. D'une part, sur la base de l'impératif de maîtriser les risques que l'exploitant soupçonne, concernant les denrées qu'il produit, transforme ou distribue. D'autre part, sur le fondement de la responsabilité primaire que la législation alimentaire lui attribue et selon laquelle il ne peut pas mettre sur le marché des denrées dangereuses. La spécificité des infractions concernant cette obligation pourrait se justifier par le fait qu'elle ne devrait exiger ni la réalisation d'un dommage ni l'exposition au risque mais seulement l'inaction de l'exploitant face à la suspicion du risque.

Même si une portée si spécifique serait mise en cause par les professionnels, elle nous paraît tout à fait cohérente avec la responsabilité primaire de l'exploitant dans une perspective intégrale, c'est-à-dire comprenant tant les risques avérés que « *suspectables* ». Pour les premiers,

---

663 LORVELLEC, (L); COLLART-DUTILLEUL, (F). *Op.Cit*, note n°71, p. 481. Dans le même sens, COLLART DUTILLEUL (F) (rapporteur). *Rapport et Avis sur le principe de précaution et la responsabilité dans le domaine alimentaire.* Conseil nationale de l'alimentation. 20 septembre 2001, p. 35.

664 Selon cette disposition « *Les États membres fixent également les règles relatives aux mesures et sanctions applicables en cas de violation de la législation relative aux denrées alimentaires et aux aliments pour animaux. Les mesures et sanctions prévues doivent être effectives, proportionnées et dissuasives*».

la législation établit un grand nombre de mesures tandis que pour les seconds les mesures sont à définir, dans une grande partie, par les exploitants. Mais, s'agissant des risques « *suspectables* », comment sanctionner leur non-maîtrise ? C'est sur ce point que la spécificité concernant l'obligation d'autocontrôle pourrait être justifiée.

Nous avons constaté que l'inexécution, partielle ou totale, de l'obligation d'autocontrôle peut donc faire l'objet de sanctions dans le domaine du droit pénal. Il convient à présent d'analyser la sanction de cette obligation dans le domaine du droit civil.

Section 2. La sanction civile

336. L'inexécution totale ou partielle de l'obligation d'autocontrôle peut être l'objet d'une sanction civile sur le fondement de la responsabilité subjective (§1) ou de la responsabilité objective (§2).

§1. La sanction dans le cadre de la responsabilité subjective

337. La responsabilité subjective est prévue par les articles 1382[665] et 1383[666] du Code Civil. Selon ces dispositions, la responsabilité d'un individu peut être engagée soit par le fait d'une faute ou d'un comportement négligent ou imprudent. L'inexécution de l'obligation d'autocontrôle peut être entendue comme un fait fautif, imprudent ou négligent. Ainsi, elle peut être sanctionnée sur le fondement de cette responsabilité.

338. L'exploitant peut être tenu comme responsable lorsque des dommages sont subis par une personne à cause de ses fautes ou de ses conduites négligentes ou imprudentes, dans la maîtrise des risques des aliments. L'obligation d'autocontrôle lui contraint à maîtriser les risques des denrées afin de les rendre sûres. Son inexécution peut constituer une faute volontaire ou au moins, un faute de négligence ou d'imprudence.

---

665 Art. 1382 : « *Tout fait quelconque de l'homme, qui cause à autrui un dommage, oblige celui par la faute duquel il est arrivé, à le réparer* ».

666 Art. 1383: « *Chacun est responsable du dommage qu'il a causé non seulement par son fait, mais encore par sa négligence ou par son imprudence* ».

L'inexécution de l'obligation d'autocontrôle constitue une faute volontaire lorsque l'exploitant ne met pas en place les exigences prévues par la législation alimentaire pour maîtriser les risques. L'autocontrôle est une obligation d'agir. Ainsi, l'inobservance des dispositions relatives à l'hygiène des aliments pour animaux, à l'hygiène des aliments pour la consommation humaine, à l'exigence de traçabilité ou au fait de ne pas appliquer une procédure de maîtrise des risques fondée sur les principes de l'HACCP, constituent des fautes volontaires qui peuvent être à l'origine de la présence de risques dans les denrées. Ces risques sont à leur tour la cause de dommages sur la santé des personnes.

Le non-respect de cette obligation peut être aussi retenu comme une conduite négligente ou imprudente. La négligence est la « *faute non intentionnelle consistant à ne pas accomplir un acte qu'on aurait dû accomplir* »[667]. L'imprudence est la « *faute non intentionnelle [...] qui se distingue de la négligence par l'initiative qu'elle suppose* »[668]. Ainsi, la mise en application incorrecte des guides de bonnes pratiques d'hygiène ou le non-retrait d'un produit suspect sont des conduites négligentes. La mise en circulation de denrées contenant des substances allergènes avec un « *étiquetage de précaution* » est un comportement imprudent de l'exploitant agroalimentaire car il offre à tout consommateur, y compris aux personnes allergiques, des produits qui ne sont pas sûrs par rapport à certaines susceptibilités particulières. Ces conduites révèlent que les actions de contrôle des risques n'ont pas été réalisées ou que leur réalisation s'avère incorrecte.

---

667 CORNU, (G). *Op.Cit*, note n° 10, p. 610.

668 *Ibid,* note n° 10, p. 472.

Ces défaillances sont à l'origine de la dangerosité des denrées. Elles résultent de la faute, de l'imprudence ou de la négligence de l'exploitant. Cela justifie la mise en cause de sa responsabilité. Ainsi, il peut être tenu comme responsable des dommages sur la santé causés par des denrées dangereuses sur le fondement de la responsabilité civile pour faute.

Toutefois, nous devons remarquer certaines difficultés auxquelles peut se confronter la victime. En premier lieu, la preuve du lien de causalité s'avère être une tâche complexe étant donné que la victime doit prouver que la cause du préjudice est la non-maîtrise des risques qui a rendu la denrée dangereuse. Comment peut-elle accéder à l'information sur cette maîtrise, si c'est l'exploitant qui en dispose ? Est-ce que cette information peut être fiable ?[669] D'où la nécessité ici pour la victime de recourir aux contrôles officiels. Les résultats de ceux-ci peuvent être déterminants dans la démonstration des fautes commises par l'exploitant dans sa démarche de contrôle des risques.

En deuxième lieu, il se pose aussi la question de l'imputabilité. Étant donné que la législation alimentaire établit la « *responsabilité primaire de l'exploitant* », et que tout « *exploitant* » est tenu de maîtriser les risques liés aux denrées, comment la victime peut-elle déterminer qui a commis les fautes dans la démarche de contrôle ? Devrait-elle agir contre tous ceux qui pourraient être tenus comme solidairement responsables ? Comment déterminer leur part de responsabilité ?[670]

Malgré ces questions, nous avons observé que la responsabilité pour faute peut être un fondement de la sanction de l'inexécution de

---

669 *Supra,* §126, §131, §132, §137-§139, §146.

670 Dans le même sens, COLLART-DUTILLEUL (F), BORGUETTI (J-S), BOUGNICOURT (J-Ph). *Le droit de la responsabilité à l'épreuve du droit spécial de l'alimentation: premières questions.* IN, *Recueil Dalloz*, 2010, p. 1101.

l'obligation d'autocontrôle. Cependant, leur inexécution peut être aussi sanctionnée dans le cadre de la responsabilité sans faute.

§2. La sanction sur le fondement de la responsabilité sans faute

339. La responsabilité sans faute ou responsabilité objective est « *celle qui est fondée sur la seule constatation d'un dommage causé, abstraction faite de toute faute, la preuve d'un fait dommageable suffisant à engager la responsabilité de son auteur, même en absence de faute de sa part.* »[671] La responsabilité objective permet la sanction de l'inexécution de l'obligation d'autocontrôle lorsque celle-ci est à l'origine d'un dommage, physique ou moral, causé par des risques non-maîtrisés, présents dans la denrée. La sanction à l'inexécution de cette obligation peut être établie sous le fondement de la responsabilité du fait des choses. Cependant, nous ne pouvons pas affirmer de même dans le cadre de la responsabilité du fait des produits défectueux.

340. Selon l'article 1384 du Code civil, « *on est responsable non seulement du dommage que l'on cause par son propre fait, mais encore de celui qui est causé par le fait des personnes dont on doit répondre, ou des choses que l'on a sous sa garde* ». S'agissant du régime de responsabilité du fait de choses, peu importe le fait que le dommage soit causé par une faute, négligence ou imprudence. Ce que doit prouver la victime est la relation de causalité entre la chose mise en cause et le dommage subi.

La responsabilité du fait des choses peut être un fondement pour sanctionner l'inexécution de l'obligation d'autocontrôle. Selon cette dernière,

---

671 CORNU, (G). *Op.Cit*, note n° 10, p. 626.

l'exploitant doit maîtriser les risques afin que les denrées soient sûres. Sous réserve des causes d'exonération, lorsque les denrées sont dangereuses à cause de l'inexécution de mesures de maîtrise des risques et causent un préjudice, l'exploitant peut être tenu pour responsable.

Les risques non-maîtrisés pourraient être considérés comme des vices internes des denrées. Les vices internes d'une chose sont à l'origine des altérations sur leur structure[672]. L'exploitant peut être considéré comme le gardien de la structure de la denrée[673]. Si des altérations sur cette structure sont subies à cause de l'inexécution des mesures de maîtrise de risques, cela suffit pour retenir l'exploitant comme responsable des dommages occasionnés.

Le préjudice résultant de la non-maîtrise des risques inhérents aux denrées comprend tant celui subit sur la santé ou l'intégrité physique des personnes que le préjudice moral découlant de l'incertitude de subir la réalisation de l'un de ces risques. Ainsi par exemple, l'incertitude des personnes allergiques sur la présence de substances allergiques dans les aliments qui comportent un étiquetage de précaution, est à l'origine d'un « *sentiment d'angoisse* » [674] qui constitue en soi, un préjudice moral. Bien que

---

672 Sur la garde de la structure de la chose, VINEY (G), JOURDAIN (P). *Op.Cit*, note n°282, §691, p. 749.

673 Sur ce point voir également, COLLART DUTILLEUL (F). *Op.Cit*, voir note n°302, p. 323.

674 BOUTONNET (M). *Le risque, condition « de droit » de la responsabilité civile, au nom du principe de précaution ?* IN, *Recueil Dalloz,* 2009. p. 819. Cour d'appel de Versailles, 4 février 2009, SA Bouygues Télécom c/ Lagouge et autres, N° de RG: 08/08775. JOURDAIN (P). *Risque et préjudice (suite) : réparation au titre de troubles du voisinage du préjudice généré par la présence d'antennes relais de téléphonie mobile*. IN, *RTD Civ.* 2009, p. 327. STOFFEL-MUNCK (Ph). *La théorie des troubles du voisinage à l'épreuve du principe de précaution: observations sur le cas des antennes relais*. IN, *Recueil Dalloz* 2009 p. 2817. FELDMAN (J-Ph). *Le trouble voisinage du principe de précaution sur l'arrêt de la cour de Versailles du 4 février 2009, Bouygues Télécom c/ Lagouge (1)* IN, *Recueil Dalloz*, 2009 p. 1369. Plus largement, Boutonnet (M). *Le principe de précaution en Droit de la responsabilité civile.* Paris : LGDJ, 2005, p. 695.

des limites doivent être fixées par le juge, il nous semble que l'absence de certitude sur l'innocuité de l'aliment[675] constitue un préjudice raisonnable pour engager la responsabilité de l'exploitant agroalimentaire. De ce fait, l'exploitant pourrait être considéré responsable non des effets occasionnés par l'ingestion d'un aliment contenant des substances allergènes, mais de l'angoisse déclenchée par l'incertitude ou le mépris de ne pas savoir quels aliments peuvent être consommés.

Toutefois, deux questions s'imposent. En premier lieu, nous nous interrogeons sur le fait de savoir si l'exploitant peut être tenu comme responsable du fait d'exposer les personnes aux risques. Au-delà de la question concernant le risque préjudiciable[676], il nous semble que l'exploitant pourrait être tenu comme responsable sur le fondement du principe de précaution et de la fonction anticipatrice du droit de la responsabilité civile.[677] La responsabilité de l'exploitant pourrait être engagée du fait de l'exposition aux risques due à l'absence de mesures de précaution. Il faut remarquer que l'exploitant agroalimentaire est tenu de veiller aux risques « *suspectables* » et de mettre en place des mesures à cet effet. S'agissant des mesures qui font partie de la maîtrise des risques, le fait de pas les instaurer ou qu'elles s'avèrent inadéquates justifie la mise en cause de la responsabilité de l'exploitant pour inexécution de l'obligation d'autocontrôle.

---

675 Dans le même sens, mais concernant l'innocuité d'une exposition aux ondes, voir, BOUTONNET (M). *Ibid,* p. 820.

676JOURDAIN (P). Op.cit., note n°674. IN, *RTD Civ.* 2009, p. 327. JOURDAIN (P). Risque et préjudice : indemnisation des pertes de revenus volontairement subies par des salariés pour échapper à la réalisation du risque créé par l'exposition à l'amiante (Paris, 18e ch. C, 18 sept. 2008, SA ZF Masson et autres c/ Roca et autres, n° 07/00454). IN, *RTD Civ.* 2009, p. 325. JOURDAIN (Ph). Les dépenses destinées à prévenir un risque de dommage constituent un préjudice réparable (Civ. 2e, 15 mai 2008, Billy c/ Valmory, n° 07-13.483. IN, *RTD Civ.* 2008 p. 679. BRUN (Ph), JOURDAIN (P). Responsabilité civile. IN. *Recueil Dalloz,* 2007 juillet, 2006 - juin 2007. p. 2897

677 BOUTONNET (M). *Op.Cit,* note n°674, p. 820.

En deuxième lieu, de la même manière que la responsabilité pour faute, la question qui se pose est celle de savoir comment la victime peut prouver le lien de causalité lorsque les preuves de l'inexécution de l'obligation d'autocontrôle sont détenues par l'exploitant. Il faut en ce sens, s'interroger sur le fait que l'exploitant ne peut pas s'auto-incriminer[678], ce qui pourrait être utilisé comme argument pour ne pas fournir des informations qui mettraient en évidence l'inexécution de cette obligation. On touche ainsi aux limites des règles de la responsabilité civile en ce qui concerne le droit à la réparation pour inexécution de l'obligation d'autocontrôle.

Cependant d'autres limites sont aussi évidentes. Nous estimons que l'inexécution de l'obligation d'autocontrôle ne pourrait pas être fixée sous le fondement de la responsabilité du fait des produits défectueux et ceci en dépit du fait que le règlement CE 178/2002 prévoit l'application de ce type de responsabilité.

341. La responsabilité du fait des produits défectueux est prévue par l'article 1386 du Code civil. Elle établie la responsabilité du producteur du dommage causée par un défaut de son produit, qu'il soit lié ou non par un contrat avec la victime. Selon l'article 21 du règlement CE 178/2002, les dispositions concernant la législation alimentaire -comprises entre les articles 4 et 20 de ce règlement- s'appliquent sans préjudice de la directive 85/374/CEE du Conseil du 25 juillet 1985 relative au rapprochement des dispositions, législatives, réglementaires et administratives des États membres en matière de responsabilité du fait des produits défectueux.[679]

Ainsi, en principe, la responsabilité du fait des produits défectueux pourrait être appliquée pour sanctionner l'inexécution de l'obligation

---

678 Voir, *supra* §199.

679 *Op.Cit*, voir note n°289.

d'autocontrôle instituée dans l'article 17 du règlement CE 178/2002. Toutefois, les conditions objectives des obligations de sécurité et d'autocontrôle excluent l'application du régime de responsabilité du fait des produits à l'inexécution de la deuxième. Il s'agit de conditions différentes.

Selon la responsabilité du fait des produits défectueux, le producteur est responsable du défaut de sécurité du produit. Au regard de l'obligation d'autocontrôle, l'exploitant est responsable des risques non-maîtrisés qui rendent la denrée dangereuse. Pour considérer la dangerosité de la denrée en tant que cause de dommage dans le cadre de la responsabilité du fait des produits défectueux, il faudrait assimiler le risque au défaut de sécurité. Toutefois, il s'agit des notions distinctes.

342. Le défaut de sécurité est tout danger « *anormal* » du produit[680]. L'anormalité est appréciée en raison de ce que à quoi « *l'on peut s'atteindre* », en relation à un modèle auquel le produit est « *censé correspondre à l'intention du producteur* »[681]. Les questions qui se posent sont nombreuses. Est-ce que le risque alimentaire constitue un danger anormal ? Est-ce que le risque que l'exploitant n'arrive pas à maîtriser constitue un danger anormal ? Est-ce que le risque « *suspectable* » constitue un danger anormal ? A notre avis, les notions de risque alimentaire et de danger, ne sont pas équivalentes. Le danger, soit-il anomal ou pas, est un composant du risque. A l'inverse, le risque n'intègre pas le danger. Ainsi, il semblerait que la protection que pourrait procurer la responsabilité du fait des produits s'avère limitée en deux sens. D'une part, cette protection vise les dangers et non les risques. D'autre part, elle vise spécifiquement les dangers

---

680 Voir, *supra* § 106 et ss.

681 BORGUETTI (J-S). *Op.Cit*, note n° 296, §453. p. 447, Voir, *supra* §106 et ss.

« *anormaux* »[682] excluant tout les autres « *normaux* ». Mais en ce qui concerne les denrées alimentaires, elles comportent des risques « *normaux* », qui font l'objet du contrôle par l'exploitant. D'après cette obligation, l'exploitant doit contrôler tous les risques, qu'ils comportent des dangers normaux ou pas. Par conséquent, la responsabilité du fait des produits est limitée pour justifier la sanction de l'inexécution de l'obligation d'autocontrôle.

Au regard de l'obligation d'autocontrôle si la denrée présente un danger, normal ou anormal, elle n'est pas sûre. Alors, l'exploitant ne peut pas la mettre sur le marché conformément à ce que signale l'article 14 du règlement CE 178/2002. Au regard de l'obligation d'autocontrôle la condition objective de l'anormalité du danger n'est pas déterminante de la responsabilité de l'exploitant. C'est la non-maîtrise des risques, et non le caractère du danger qui détermine sa responsabilité.

De ce fait, nous rencontrons une incompatibilité entre les conditions objectives des obligations de sécurité et d'autocontrôle. Le défaut de sécurité et le risque alimentaire visés par la législation alimentaire sont des concepts différents. L'application du premier ne suffit pas pour comprendre les risques alimentaires. Ceci justifie la non-application du régime de responsabilité du fait des produits défectueux comme fondement de l'inexécution de l'obligation d'autocontrôle.

343. Il reste cependant la possibilité que le consommateur agisse, dans certains cas, sur le fondement de la garantie des vices cachés conformément à l'article 1641 du Code civil. Comme le signalent les professeurs Lorvellec et Collart Dutilleul, *« en cas de dommage causé par un défaut caché d'un*

---

682 COLLART-DUTILLEUL (F), BORGUETTI (J-S), BOUGNICOURT (J-Ph). *Op.Cit*, voit note n°670, p. 1100.

produit alimentaire vendu, l'acheteur victime peut obtenir une indemnisation, soit de son vendeur, soit d'un intermédiaire, soit du fabriquant »[683]. Le professionnel est responsable « *même si le vice était indécelable et par conséquent, même en cas de risque du développement.* »[684]

Le vice caché est « *le défaut non apparent que l'acquéreur ou le locataire ne peut, à lui seul, déceler dans la chose vendue ou louée, alors de la conclusion du contrat* ... »[685]. Le risque d'une denrée ne peut pas être décelé que lorsque celle-ci a été ingérée par la personne. Ainsi, il peut être considéré, en principe, comme un vice caché.

Dans la mesure où le consommateur ne connaît pas la présence des risques, cette garantie sert de base à l'action en responsabilité contre l'exploitant. Toutefois, cet argument n'est pas recevable dans tous les cas. Ainsi, lorsque le consommateur est informé des risques « *éventuels* », comme par exemple dans le cas de « *l'étiquetage de précaution* », le risque cesse d'être « *caché* » et cette garantie ne serait plus applicable.

Cette limitation, ainsi que celles rencontrées au regard de la responsabilité du fait des produits défectueux et du fait des choses semble suggérer que la sanction de l'inexécution de l'obligation d'autocontrôle pourrait s'envisager sous d'autres formes. La discussion sur les garanties financières dans le secteur de l'alimentation animale offre quelques éléments de réflexion sur ce point.

---

683 LORVELLEC, (L); COLLART-DUTILLEUL, (F). *Op.Cit*, note n°71, p. 482. Également, COLLART DUTILLEUL (F) (rapporteur). *Op.Cit*, voir note n°663 p. 218, 20 septembre 2001, p. 37. LECOURT (A). *La loi du 1er août 1905 : protection du marché ou protection du consommateur.* IN, Direction Générale de la concurrence, de la consommation et de la répression des fraudes. *Op.Cit*, note n°37, p. 242

684 LORVELLEC, (L); COLLART-DUTILLEUL, (F). *Op.Cit*, note n°71, p. 482.

685 CORNU, (G). (sous la direction de). *Op.Cit*, note n°10, p. 961

344. Selon l'article 8 du règlement (CE) n° 183/2005 sur l'hygiène de l'alimentation animale, les exploitants sont responsables de toute infraction à la législation applicable à la sécurité des aliments pour animaux et des conséquences directes du retrait du marché, du traitement et/ou de la destruction des aliments pour animaux, des animaux et des denrées alimentaires qui en sont issues. Afin de répondre aux possibles infractions à la législation, ils doivent prouver qu'ils sont couverts par des garanties financières. Ces garanties n'ont pas fait l'objet d'une définition dans le règlement CE 183/2005. Cependant, le débat visant à les établir suggère la mise en place de diverses solutions où la garantie financière de l'exploitant est une condition *sine qua non* de sa responsabilité primaire.

Même si cette disposition vise spécifiquement la filière de l'alimentation animale, il est clair que l'instauration d'un tel système de garanties financières produira un effet en « *cascade* » pouvant affecter l'ensemble de la filière agroalimentaire. Ainsi, ces garanties seront peu à peu, exigées à tous les exploitants. Ceci serait un moyen efficace pour consacrer la responsabilité primaire qui leur a été attribuée.

Dans la discussion de ce système de garanties, les formes envisagées sont multiples. Elles comprennent à titre d'exemple, l'« *assurance facultative ou obligatoire, des garanties bancaires et des épargnes bancaires, des systèmes de mise en réserve commune par secteur, sous la forme, par exemple, d'assurance mutuelle, et des fonds spéciaux à participation publique ou ligne de crédit de substitution*»[686]. Dans tous les cas, il s'agit de faire peser sur l'exploitant la responsabilité financière des dommages subis pour la non-exécution des obligations définies dans la législation alimentaire, y compris, celle d'autocontrôle.

---

686 Commission des Communautés Européennes. *Op.Cit*, note n°45, p. 4.

Le débat autour de la définition de ce système de garantie met en évidence les difficultés pour établir un régime de sanction de l'inexécution des obligations qui découlent de la responsabilité primaire de l'exploitant. L'obligation d'autocontrôle est fortement concernée par cette discussion. Et cela car même si le débat est centré sur la responsabilité des coûts des mesures administratives, elle nous amène à celle des coûts de réparation des préjudices causés à la santé des consommateurs. Contraignant l'exploitant à la maîtrise des risques, l'inexécution de cette obligation est à l'origine de la dangerosité des denrées. L'exploitant pourrait ainsi être tenu comme le responsable du fait de ne pas avoir contrôlé les risques et donc des préjudices causés par les denrées dangereuses. Ainsi, quels pourraient-être les mécanismes de réponse à cette responsabilité ?

345. La discussion sur le système de garanties financières suggère la transition du régime de la responsabilité civile à celui de l'indemnisation et de l'assurance[687]. Toutefois, les questions qui se posent sont multiples. Ainsi, la première qui se pose est celle de la source de financement[688]. En principe, s'agissant de la responsabilité primaire de l'exploitant, c'est à lui d'apporter ce financement. Mais, comment et selon quelles règles ? Le financement devrait-il s'établir à partir du regroupement de tous les opérateurs du secteur de l'alimentation animale ou des exploitants d'un même niveau d'un secteur donné dans un fond commun, ou sous la forme d'une assurance obligatoire, comme cela été déjà discuté face aux dépenses liées à des opérations de

687 Voir en ce sens dans autres législations, SKEES (J), BOTTS (A), ZEULI (K). *The potential for recall insurance to improve food safety*. IN, *International food and agribussiness management review*. Vol. 4, 2001, p. 99-111. NORTHEN (J). *Using farm assurance schemes to signal food safety retailers in the UK*. IN, *International food and agribussiness management review*. Vol. 4, 2001, p. 37-50. BUZBY (J), FRENZEN (P), RASCO (B). *Product liability and microbial foodborne illness*. IN, *Agricultural Economic Report* no. 799, april. 2001, 41 p.

688 Dans le même sens, Commission des Communautés Européennes. *Op.Cit*, note n°45, p. 2.

rappel [689]? Le secteur de l'assurance est opposé, par exemple, à un système de garanties financières dans le secteur de l'alimentation animale[690], même si des « *assurances-responsabilité produit* » existent déjà dans certains pays membres.[691] Les représentants du secteur de l'alimentation animale se sont opposés à un système de garanties financières. Ils suggèrent que si un tel système doit s'imposer, ils « *préféreraient que ce soit facultatif* »[692]. Ou, serait-il plutôt convenable de créer des « *fonds spéciaux* » sous contrôle de l'État, comme les agences d'assurance sociale ?[693]

Cependant, une telle option pourrait représenter une atteinte aux principes de libre concurrence, due à la forte intervention des États dans l'administration de ces fonds. Aussi pourrait-on s'interroger si le fait de supporter une charge financière, par exemple dans le cadre d'un fond commun ou d'une assurance obligatoire, ne constituerait pas un désavantage concurrentiel pour les exploitants européens ? Nous nous interrogeons aussi sur le fait de savoir si lorsque cette charge s'impose aux exploitants de pays tiers, elle pourrait-elle être considérée comme une entrave au commerce ?

346. A notre avis, la création d'un régime d'assurance-responsabilité détaché d'un fondement contractuel ou délictuel[694], serait une des options les plus efficaces pour obtenir réparation des dommages causés par l'inexécution de l'obligation d'autocontrôle. Au contraire, un régime d'assurances-

---

689 Commission européenne. *Op.Cit*, note n°45, p. 8.

690 Commission européenne. *Op.Cit*, note n°45, p. 11.

691 Commission européenne. *Op.Cit*, note n°45, p. 11.

692 Egalement, Commission des Communautés Européennes. *Ibid.*

693 Dans le même sens, Commission des Communautés Européennes. *Op.Cit*, note n°45, p. 9.

694 Sur ce point aussi, COLLART-DUTILLEUL (F), BORGUETTI (J-S), BOUGNICOURT (J-Ph). *Op.Cit*, voit note n° n°670, p. 1101.

dommage à charge du consommateur nous semble présenter des inconvénients. D'une part parce que ce dernier constituerait une option injuste dans la répartition des risques. Le consommateur finirait par assumer la réparation des dommages occasionnés par l'exploitant. D'autre part, elle nous paraît contraire au principe de la responsabilité primaire de l'exploitant agroalimentaire institué par la législation.

Cette responsabilité suit l'approche de la théorie des risques[695]. C'est-à-dire, que celui qui génère le risque, qui en tire un profit, est celui qui doit supporte la charge de la responsabilité. La création d'un régime d'assurances de responsabilité[696] nous semble être option convenable à cette approche de responsabilité primaire de l'exploitant. Elle lui ferait supporter la responsabilité de son activité.

Les assurances de responsabilité sont celles « *ayant pour objet de garantir l'assuré contre les recours exercés contre lui par des tiers à raison du préjudice qu'il a pu leur causer et qui engage sa responsabilité* »[697]. Le détachement du contrat ou de la loi d'un tel régime pourrait renforcer l'application de l'obligation d'autocontrôle comme un moyen pour éviter l'augmentation des primes dues suites aux préjudices.

Ainsi, l'exploitant devra faire un effort majeur pour maîtriser les risques. Cela permettrait de préserver leur responsabilité préventive au regard de l'innocuité des denrées. Quant à la sécurité des personnes ce régime pourrait donc favoriser la prévention des préjudices.

---

695 VINEY (G), JOURDAIN (P). *Introduction à la responsabilité.* Paris : L.G.D.J. 3ème Ed, 2008,§ 49 à 51. Aussi, FLOUR (J), AUBERT (J-L), SAVAUX (E). *Droit civil. Les obligations. 2. Le fait juridique.* Paris : Sirey, 13ème, 2009, n° 70-72.

696 Voir sur l'adaptation de l'assurance responsabilités, GARCIA (F). *Op.Cit*, §307 et ss.

697 CORNU, (G). (sous la direction de), *Op.Cit*, note n°38, p. 86.

La création d'un tel régime mérite cependant une certaine de réflexion. La discussion autour de la définition des instruments pour engager la responsabilité des exploitants agroalimentaires dans le cadre de la législation alimentaire semble mettre en question « *la capacité des seuls principes de la responsabilité civile à fournir des réponses opératoires* »[698]. Nous avons constaté que ces limitations sont aussi valides en ce qui concerne la sanction de l'inexécution de l'obligation d'autocontrôle. Nous allons à présent explorer, dans le champ du droit administratif, de possibles sanctions.

---

698 COLLART DUTILLEUL (F), BORGUETTI (J-S), BOUGNICOURT (J-Ph). *Op.Cit*, voit note n° n°670, p. 1101.

Section 3. La sanction administrative

347. L'inexécution de l'obligation d'autocontrôle peut être sanctionnée par la voie des sanctions administratives. La législation alimentaire établit l'encadrement général des sanctions au niveau communautaire. Elle définit leur objectif (§1) et leurs conditions (§2).

§1. L'objectif

348. La législation alimentaire établit l'objectif commun d'une série de mesures dites « *coercitives* ». Cela oblige les exploitants à corriger leurs manquements à la législation alimentaire. Les manquements à la législation constituent en soi, des éléments d'inexécution de l'obligation d'autocontrôle.

L'article 54 du règlement CE 882/2004 institue de mesures en cas de manquement à la législation alimentaire de la part des exploitants. Selon le paragraphe 1 « *lorsque l'autorité compétente relève un manquement, elle prend les mesures nécessaires pour que l'exploitant remédie à cette situation. Lorsqu'elle détermine les mesures à prendre, l'autorité compétente tient compte de la nature du manquement et des antécédents de cet exploitant en matière de manquements* ». Dès lors, ces mesures cherchent à contraindre l'exploitant à corriger sa gestion.

Ainsi par exemple, parmi les mesures envisagées les autorités peuvent « *imposer des procédures sanitaires ou tout autre mesure nécessaire pour garantir la sécurité des aliments pour animaux ou des denrées alimentaires ou le respect de la législation relative à ces produits et des dispositions relatives à la santé animale et au bien être des animaux* »[699]. Le contenu large de cette disposition suggère que toute sorte de « *procédure sanitaire* » peut être signalée par les autorités comme appropriée pour assurer le respect de la législation. Il s'agit en effet de faire que l'exploitant assume la mise en œuvre de la gestion des risques que lui est propre.

349. Ces sanctions sont de nature administrative. Elles « *répriment l'inexécution de lois ou de règlementations »*[700]. Il faut en ce sens les distinguer des actes administratifs proprement dits.

L'acte administratif est « *l'acte juridique fait dans le cadre et pour l'exécution d'une opération administrative ; [...]* »[701]. Alors, le contenu des sanctions et des actes administratifs peut être identique. Cependant, les sanctions « *se distinguent des actes administratifs qui peuvent avoir le même contenu (refus, retrais, interdictions) par le fait qu'elles sont destinées à punir une infraction* »[702]. Elles s'imposent après la vérification effectuée par les autorités qui constatent l'infraction à la législation alimentaire.

Par conséquent, les sanctions administratives sont conditionnées par la réalisation du contrôle de la part des autorités. Le but du contrôle officiel est de déterminer les manquements à la législation commis par l'exploitant et de déterminer, dans le cas précis, quelles sont les mesures pertinentes à prendre. La sanction administrative peut consister donc, tant dans l'exécution d'une action que dans la cessation de la conduite qui constitue l'infraction.

---

699 Article 54, §2, point a) du règlement CE 882/2004.

700 CORNU, (G). (sous la direction de). *Op.Cit*, note n° 10, p. 845.

701 CORNU, (G). (sous la direction de). *Op.Cit*, note n° 10, p. 17.

702 CORNU, (G). (sous la direction de). *Op.Cit*, note n° 10, p. 845.

350. La législation alimentaire prévoit ces deux types de sanctions. L'article 54 du règlement CE 882/2004 établit d'une part, des sanctions ordonnant l'inexécution de certaines actions. Ainsi sont prévues des sanctions visant à restreindre ou interdire la mise sur le marché, l'importation ou l'exportation d'aliments pour animaux, de denrées alimentaires ou d'animaux, la suspension des activités ou la fermeture totale ou partielle de l'entreprise pour une durée appropriée, ou encore la suspension ou le retrait de l'agrément de l'établissement. Dans tous le cas, l'activité de l'exploitant est interrompue afin d'éviter la continuation de l'action qui est à l'origine de l'infraction.

D'autre part, cette disposition établit des sanctions s'imposant à l'action de l'exploitant. Le but est de faire que l'exploitant complète la maîtrise des risques qui lui correspond. Les mesures établies sont le rappel, le retrait, l'utilisation à des fins autres que celles qui étaient initialement prévues, la destruction, et de manière plus générale, l'imposition des procédures sanitaires. Cette dernière sanction constitue comme nous l'avons déjà évoquée, une disposition dont la portée est assez large. L'autorité peut ainsi sanctionner l'exploitant en lui imposant la mise en œuvre de mesures variées qui peuvent comprendre entre autres, celles relatives à l'hygiène, des procédures sur la base de la méthode HACCP ou la réalisation de tests de laboratoire particuliers. La destruction s'avère être une mesure ultime, lorsque des procédures sanitaires ne sont pas applicables ou lorsque l'utilisation à des fins autres que celles qui étaient prévues n'est plus envisageable.

Le retrait consiste dans le fait de retirer du marché les denrées qui n'atteignent pas les exigences de la législation. Le rappel est l'action de faire revenir des denrées dangereuses dans le lieu d'achat afin d'éviter leur consommation. Le rappel se distingue du retrait par le fait qu'il implique l'intervention du consommateur. Celui-ci doit ramener le produit au distributeur ou au producteur qui l'a fournit. Au contraire du retrait où le producteur, fabricant ou distributeur, retire directement du marché la denrée en cause.

Ces sanctions sont applicables tant aux produits d'origine communautaire qu'à ceux en provenance de pays tiers. Toutefois, en ce qui concerne ces derniers, il est aussi possible d'appliquer la réexpédition des lots[703]. La réexpédition est soumise à trois conditions : elle doit avoir été convenue avec l'exploitant, l'autorité du pays tiers d'origine ou de destination doit avoir été informée, et lorsque les pays à destination est diffèrent du pays d'origine, l'autorité doit avoir accepté le lot en question.

Tant dans les sanctions applicables aux exploitants des denrées produites dans l'Union qu'à celles des denrées en provenance des pays tiers, les frais encourus par les autorités compétentes pour les opérations dans lesquelles ils interviennent, sont à la charge de l'exploitant[704]. Ainsi, l'exploitant n'est pas seulement sanctionné dans une perspective administrative mais aussi économique pour ses manquements dans le contrôle de la sécurité des denrées.

Par conséquent, nous pouvons observer que ces sanctions administratives visent de manière directe la maîtrise des risques non-réalisée par les exploitants. Le fait de l'obliger à mettre en œuvre des procédures sanitaires, des mesures de rappel, de retrait ou même la destruction des lots, sanctionnent le fait de ne pas avoir effectué le contrôle des risques qui est à l'origine de la dangerosité des denrées. Elles sanctionnent donc l'inexécution de l'obligation d'autocontrôle.

Lorsque ces sanctions sont instituées par la législation alimentaire, elles définissent un encadrement communautaire. A la différence des

---

[703] Article 21 du règlement CE 882/2002.

[704] Article 22 du règlement CE 882/2002.

sanctions pénales et civiles dont la définition correspond à chaque État selon sa législation nationale, les sanctions administratives sont définies dans une perspective harmonisée de manière à assurer l'application cohérente du droit alimentaire dans l'ensemble de la Communauté. A cette fin elles sont assujetties à certaines conditions.

§2. Les conditions

351. D'après l'article 17, point 2, paragraphe 3[705] et l'article 55 du règlement CE 882/2004[706] les États doivent fixer les sanctions applicables aux infractions de la législation alimentaire. Ces sanctions doivent être effectives, proportionnées et dissuasives. De ce fait, les conditions « *standards* »[707] des sanctions pénales et administratives sont introduites dans le droit alimentaire.

Ces conditions ont été déterminées par la Cour lors de l'affaire du maïs grec[708] de 1989, dans le cadre d'un litige opposant la Commission à la République Hellénique. En vertu de l'article 169 du traité CEE, aujourd'hui

705 « *Les États membres fixent également les règles relatives aux mesures et sanctions applicables en cas de violation de la législation relative aux denrées alimentaires et aux aliments pour animaux. Les mesures et sanctions prévues doivent être effectives, proportionnées et dissuasives* ».

706 « *Les États membres fixent le régime de sanctions applicables aux infractions à la législation relative aux aliments pour animaux et aux denrées alimentaires, ainsi qu'aux autres dispositions communautaires relatives à la protection de la santé animale et du bien-être des animaux, et prennent toutes les mesures nécessaires pour que ces sanctions soient appliquées. Les sanctions prévues doivent être effectives, proportionnées et dissuasives.*»

707 GIUDICELLI-DELAGE (G), DELMAS-MARTY (M), LAMBERT-ABDELGAWAD (E) *L'harmonisation des sanctions pénales en Europe*. Paris: *Société de Législation comparée*. 2003, Vol 5, 592, p. 3.

708 Commission des Communautés européennes *vs* République hellénique. Arrêt de la Cour du 21 septembre 1989. Affaire 68/88. Recueil de jurisprudence 1989, p. 2965.

l'article 201 du TFUE[709], la Commission avait établit un recours visant à faire constater « *que, en omettant de constater et de payer à la Communauté les ressources propres qui ont été frauduleusement soustraites au budget communautaire du fait que certains lots de maïs ont été importés de Yougoslavie en Grèce sans qu'un prélèvement fût perçu, puis exportés vers un autre pays membre de la Communauté comme étant d' origine grecque, et en refusant de prendre certaines autres mesures appropriées, la République hellénique a manqué aux obligations qui lui incombent en vertu du droit communautaire* »[710].

Selon la Commission, d'après l'article 5 du Traité constituant de l'Union européenne et actuel article 5 du Traité sur l'Union européenne[711], les États membres doivent sanctionner les auteurs de violations du droit communautaire de la même façon que les violations du droit national. La République hellénique «*aurait manqué à ces obligations en négligeant*

---

709 « Si le niveau des droits applicables aux marchandises en provenance d'un pays tiers à l'entrée dans un pays ou territoire est, compte tenu de l'application des dispositions de l'article 200, paragraphe 1, de nature à provoquer des détournements de trafic au détriment d'un des États membres, celui-ci peut demander à la Commission de proposer aux autres États membres les mesures nécessaires pour remédier à cette situation. » Op.Cit, note n°551.

710 Commission des Communautés européennes contre République hellénique. *Op.Cit*, note n°708, §1.

711 « Article (ex-article 5 TCE) 1. Le principe d'attribution régit la délimitation des compétences de l'Union. Les principes de subsidiarité et de proportionnalité régissent l'exercice de ces compétences. 2. En vertu du principe d'attribution, l'Union n'agit que dans les limites des compétences que les États membres lui ont attribuées dans les traités pour atteindre les objectifs que ces traités établissent. Toute compétence non attribuée à l'Union dans les traités appartient aux États membres. 3. En vertu du principe de subsidiarité, dans les domaines qui ne relèvent pas de sa compétence exclusive, l'Union intervient seulement si, et dans la mesure où, les objectifs de l'action envisagée ne peuvent pas être atteints de manière suffisante par les États membres, tant au niveau central qu'au niveau régional et local, mais peuvent l'être mieux, en raison des dimensions ou des effets de l'action envisagée, au niveau de l'Union. » Version consolidée du traité sur l'Union européenne, 2008/C 115/01, Journal officiel de l'Union européenne 9 mai 2008, C 115/ 20.

d'engager toutes les procédures pénales ou disciplinaires prévues par la législation nationale, à l'encontre des auteurs de la fraude et de tous ceux qui ont collaboré à sa réalisation et à sa dissimulation »[712]. Parmi ces argumentations, la Grèce a fait valoir que la justice nationale avait introduit une instruction judiciaire dont les résultats devaient être attendus. Toutefois, la Commission a contesté cet argument dans la mesure où cette action judiciaire n'avait pas été engagée par les autorités nationales, mais par une société concurrente[713].

La Cour a refusé cet argument. Elle a signalé l'absence de poursuites par les autorités grecques contre les personnes ayant commis la fraude[714]. Cette juridiction a dicté ainsi, que les autorités nationales doivent *« veiller à ce que les violations du droit communautaire soient sanctionnées dans des conditions, de fond et de procédure, qui soient analogues à celles applicables aux violations du droit national d'une nature et d'une importance similaires et qui, en tout état de cause, confèrent à la sanction un caractère effectif, proportionné et dissuasif»*[715]. La décision de la Cour a institué de cette manière les conditions essentielles des sanctions aux violations du droit communautaire : la proportionnalité, l'efficacité et le caractère dissuasif.

La proportionnalité est la relation entre la gravité de l'infraction et la sévérité de la sanction. Cela veut dire que la sanction doit être cohérente avec la violation commise. Cette cohérence va à être déterminée par l'intérêt

---

712 Commission des Communautés européennes contre République hellénique. *Op.Cit*, note n°708, §22.

713 Commission des Communautés européennes contre République hellénique. *Op.Cit*, note n°708, §27.

714 Commission des Communautés européennes contre République hellénique. *Op.Cit*, note n°708, §26.

715 Commission des Communautés européennes contre République hellénique. *Op.Cit*, note n°708, §24.

lésé, le dommage causé et la faute, soit-elle d'imprudence ou de négligence, simple ou délibérée, ou intentionnelle.

L'efficacité est la capacité à produire des effets. La sanction est efficace lorsqu'elle est appliquée. Cette efficacité est ainsi déterminé par les effets qu'elle produit, soient-ils ou pas envisagés par la législation.

La législation en vise particulier un : la dissuasion. L'effet dissuasif est le fait d'avoir peur de la sanction. Cette peur justifie que des personnes évitent la violation à la norme légale, afin d'éviter à leur tour, la sanction qui correspondrait.

Ces trois conditions sont applicables au niveau communautaire et concernent ainsi le droit agroalimentaire. Elles conditionnent les caractères des sanctions administratives et pénales applicables aux exploitants agroalimentaires. Ces sanctions sont complétées par celles de caractère civil instaurant de cette manière le régime applicable face aux violations des obligations propres du droit agroalimentaire, y compris de celle d'autocontrôle.

La définition des sanctions applicables à l'inexécution de cette obligation fait partie de l'analyse de ces effets. A présent nous allons étudier les limites potentielles à cette exécution.

CHAPITRE II. LES LIMITES POTENTIELLES A L'EXECUTION

352. L'exécution de l'obligation d'autocontrôle pourrait faire l'objet de limitations potentielles. Nous nous intéressons en particulier à celles qui peuvent résulter de la protection de l'activité des exploitants dans le cadre de la propriété industrielle. Ces limites s'instaurent d'une part par la protection des instruments de contrôle (Section 1) et d'autre part par la protection de l'information qui résulte de la gestion effectuée par l'exploitant (Section 2).

Section 1. La protection des instruments de contrôle

353. L'obligation d'autocontrôle confère à l'exploitant une liberté quant aux moyens. Cette liberté lui permet d'organiser les ressources et le fonctionnement de l'entreprise. Il peut, à ces fins, déterminer ou développer ses propres instruments pour garantir la sécurité des denrées.

Ces instruments, qui peuvent être des matériaux employés dans le contrôle des risques (§1) ou des méthodes (§2), pourront être soumis à une protection par la voie du brevet. Toutefois, cette protection pourrait s'avérer être une limitation à la mise en œuvre de cette obligation. Elle imposerait une restriction à l'emploi de ces matériaux et méthodes par d'autres exploitants.

§1. La brevetabilité des matériaux utilisés dans le contrôle des risques

354. L'exploitant peut breveter les matériaux employés pour effectuer le contrôle de risques des aliments qu'il a développé, lorsque ceux-ci réunissent les conditions de brevetabilité. La protection conférée par le brevet pourrait limiter la mise en œuvre de l'obligation d'autocontrôle par d'autres exploitants qui peuvent être contraints à utiliser tels matériaux. L'application des nanotechnologies dans l'industrie agroalimentaire peut être à l'origine d'une grande quantité de substances capables de servir au contrôle de l'innocuité, et qui peuvent aussi faire l'objet de brevetage. L'exemple de la nanotechnologie peut illustrer la manière dont le brevet pourrait limiter la mise en œuvre de l'obligation d'autocontrôle.

355. Les nanotechnologies[716] peuvent servir comme matériaux de contrôle des risques inhérents aux denrées. L'application des nanotechnologies dans l'agroalimentaire[717] s'illustre entre autres, avec les matériaux dits *« actifs », « intelligents »* ou des technologies « *nouvelles* » pouvant servir à accomplir certaines activités de maîtrise des risques.

Les matériaux « *actifs* » sont ceux « *destinés à prolonger la durée de conservation ou à maintenir ou améliorer l'état de denrées alimentaires emballées. Par exemple, ils empêchent la formation des gaz qui endommagent le produit ou libèrent des agents conservateurs ou antioxydants.*»[718] Ces matériaux font « *appel à des nanoparticules d'argent à l'effet antibactérien (facteurs-éliminateurs du fer indispensables au métabolisme bactérien) pour limiter la prolifération de bactéries sur l'aliment, et ainsi diminuer les risques d'intoxication pour le consommateur* »[719]. Ces matériaux sont définis par l'AFSSA comme « *antimicrobiens* »[720]. Il est clair que leur utilisation pourrait s'avérer très utile pour accomplir les obligations prévues par la législation alimentaire, concernant les mesures d'hygiène par exemple.

Les matériaux « *intelligents* » sont des composants ou objets conçus « *pour développer une interaction avec l'aliment ou son*

---

716 Voir *supra* §220 et ss.

717 GUILBERT (S) (rapporteur). *Conseil national de l'alimentation. Avis sur le développement des nouvelles technologies dans la fabrication, le conditionnement et la conservation des denrées alimentaires : conséquences, responsabilité des opérateurs et acceptabilité sociale.* Avis n°64, 10 juin 2009, Avis n° 65, p.11. Aussi, COLONNA (P). *Les nanotechnologies dans le domaine de l'agroalimentaire : (re) découvertes et nouveautés.* IN, *Lettre scientifique de l'Institut français pour la nutrition.* Janvier 2009, n°31, p. 4.

718 Agence française de la sécurité sanitaire des aliments. *Nanotechnologies et nanoparticules dans l'alimentation humaine et animale.* Mars 2009, p. 14.

719 Ibid,

720 Ibid.

environnement immédiat, permettant de suivre les conditions de conservation (ex : couple temps/température) ou de détecter certaines substances indicatrices de la qualité microbiologique ou organoleptique d'une denrée alimentaire »[721]. Les applications de ces matériaux sont multiples et sont particulièrement évidentes par rapport aux matériaux d'emballage. Ainsi, « *des bio-indicateurs miniaturisés sont d'ores et déjà en cours de développement pour détecter rapidement in situ (sans transfert d'échantillons au laboratoire) des contaminants, des toxines ou des agents pathogènes dans l'aliment.»*[722] Leur incorporation dans l'emballage alimentaire permettrait de « *suivre l'évolution de la qualité du produit pendant le transport, le stockage voire jusqu'au moment de la consommation.*»[723]

Ces matériaux « *peuvent incorporer des nano-capteurs permettant la détection de contaminations microbiennes (les salmonelles par exemple) ou d'arômes représentatifs d'une maturité du produit (pour les fruits en particulier). La détection se traduit alors par un changement de couleur du capteur sur l'étiquette.*»[724] Ce type de matériau présente une application très avantageuse pour la mise en œuvre de l'obligation d'autocontrôle. Son utilisation rendrait très efficace la réalisation d'actions de contrôle ainsi que la démonstration des résultats.

Des technologies de type « *RFID* » (Radio Frequency Identification Technologies) sont utilisées, par exemple, dans la constatation de la chaîne

---

721 Ibid.

722 Ibid.

723 Agence française de la sécurité sanitaire des aliments. *Op.Cit*, note n°718, p. 16.

724 Ministère de l'écologie, de l'énergie, du développement durable et de la mer ; Ministère de l'économie, de l'industrie et de l'emploi ; Ministère du travail, des relations sociales, de la famille, de la solidarité et de la ville Ministère de l'enseignement supérieur et de la recherche, Ministère de la défense ; Ministère de la santé et des sports. Ministère de l'alimentation, de l'agriculture et de la pêche. *Dossier de présentation, Débat 2009 : Développement et régulation de nanotechnologies*, p 32.

du froid ou de la traçabilité de l'animal à la denrée alimentaire par les emballages. Ces technologies permettent de stocker et de « *récupérer des données à distance grâce à des « étiquettes électroniques » [...] Ces technologies, utilisées notamment à des fins d'identification, sont censées remplacer à terme les codes-barres.* » Dans ces cas, l'instrument est non seulement un moyen d'exécution de l'obligation de traçabilité, mais aussi de la vérification de son accomplissement.

356. L'utilisation actuelle de ces matériaux dans l'agroalimentaire n'est pas clairement établie. Selon le Conseil national de l'alimentation « *les entreprises agroalimentaires affirment ne pas utiliser aujourd'hui de nanotechnologies pour la fabrication des denrées alimentaires mises sur le marché européen.*»[725] Au niveau national les professionnels affirment ne pas les utiliser. Le débat qui se tient au sein de la Commission a cependant laissé entrevoir leur usage. [726] Aussi, il semblerait que leur emploi est réel et actuel. Les usages industriels et la valeur économique de ces matériaux ne sont pas négligeables. Cela motive leur protection juridique par la voie du brevet. C'est ainsi que les nanomatériaux, les nano-substances ou les nano-aliments peuvent faire l'objet de brevet.

---

725 GUILBERT (S) (rapporteur). *Op.Cit*, note n° 717, p.12

726 « *La DG Sanco des Communautés européennes organise chaque année, son Colloque intitulé « Safety for success dialogue ». [...] En 2007, les organisateurs ont centré les échanges sur l'agro-alimentaire [...] D'une côté, les associations demandaient un étiquetage des nanoproduits, de l'autre côté, les industriels soulignaient « l'impossibilité de définir les nanoaliments car beaucoup d'éléments naturels tels les micelles du lait sont nanométriques ». Excédé par la résistance à donner de l'information des représentantes des géant agro-alimentaire présents (Danone, Nestlé, Kraft, Coca-Cola, Unilever, Cargill...) Robert Madelin, Directeur de la DG Sanco, les sommés ainsi : « Que les industriels qui ne font pas de nanoproduits se lèvent ! » Constatant qu'ils restaient assis,...* ». BENOIT-BROWAEYS (D). *Nanotechnologies : le point de vue des associations*. IN, *Revue du Haut Conseil de la Santé Publique*. Paris : La documentation française, n°64, septembre 2008, p.66.

357. En droit français, l'article L611-10 §1 du Code de la propriété intellectuelle établit la brevetabilité d'une création industrielle qui puisse être considérée à la fois comme étant une « *invention* », qui soit « *nouvelle* », qui résulte de l'activité inventive et qui soit susceptible d'une application par l'industrie. Un brevet est accordé si les quatre conditions sont réunies.

En premier lieu, la notion d'invention n'est pas définie dans la loi. Lors de l'analyse de la brevetabilité, l'Office européenne de brevets (OEB) examine « *si l'homme du métier aurait pu trouver des raisons à partir de l'état de la technique de résoudre le problème défini [...] par la mise à disposition du procédé revendiqué.* »[727] La condition d'invention implique que le produit ou procédé en question apporte donc la « *solution technique d'un problème technique* »[728].

En deuxième lieu, la « *nouveauté* » dans le sens commun du terme est la qualité de ce qui apparait pour la première fois[729]. Dans le sens juridique, la nouveauté est la distinction de l'innovation par rapport à l'état de la technique. Selon l'article L611-11 du Code la propriété intellectuelle « *une invention est considérée comme nouvelle si elle n'est pas comprise dans l'état de la technique* ». L'état de la technique comporte « *les informations accessibles au public avant la date de dépôt de la demande de brevet* »[730].

---

727 Chambres de recours de l'office européen des brevets. Recours T 0503/07 - 3.3.01, SOLVAY S.A c/The Dow Chemical Company, 11 décembre 2009, §5.10 et 5.11. Dans le même sens, Chambres de recours de l'office européen des brevets. Société des produits Nestlé S.A. c/: Friesland Brands B.V. Numico Research B.V. (Produit laitier diététiquement équilibré). Recours T 0703/07 - 3.3.09, p. 28, §4.3.

728 SCHMIDT-SZALEWSKI (J). *Droit de la propriété intellectuelle.* Paris : Dalloz. 7ème éd, 2009, p. 7.

729 REY-DEBOVE, (J); REY, (A). *Op.cit,* note n°5, p. 1747.

730 SCHMIDT-SZALEWSKI (J). *Droit de la propriété intellectuelle.* Paris: Dalloz. 7ème éd, 2009. p. 8. Aussi, SCHMIDT-SZALEWSKI (J), PIERRE (L). *Droit de la propriété industrielle.* Paris : Litec, 3ème éd, 2003 § 79.

L'information antérieure à cette date élimine le caractère nouveau de l'invention.

En troisième lieu, l'invention doit résulter d'une activité inventive. Ceci implique au sens du droit français que « *pour un homme du métier, elle ne découle pas d'une manière évidente* »[731]. L'homme du métier est le « *technicien moyen* » du domaine scientifique ou technique dans lequel s'évoque l'invention. L'activité créative suppose, de la même manière que dans la condition de nouveauté, une comparaison de l'invention à l'état de la technique de manière à déterminer la « *non-évidence* »[732]. La non-évidence peut être appréciée dans un sens subjectif, en analysant le travail intellectuel de l'invention, afin de déterminer l'effort créateur[733]. Dans une perspective objective, elle est définie par des aspects liés à l'invention en soi. Ainsi par exemple, sont appréciés des aspects tels quel l'utilisation de techniques totalement différentes ou la rupture de méthodes traditionnelles.

Enfin, l'invention doit être susceptible d'application industrielle. Cette exigence est accomplie lorsque l'utilisation de l'objet de l'invention peut aux termes de l'article L611-15 du Code de la propriété intellectuelle, être fabriquée dans tout genre d'industrie, y compris dans l'agriculture.

358. Les quatre conditions sont remplies par les nanotechnologies. Leur application dans l'industrie agroalimentaire suppose des avantages très importants d'un point de vue économique. Ainsi, les matériaux de contrôle peuvent faire l'objet d'un brevet. Le brevet d'invention confère à son titulaire un droit exclusif d'exploitation sur la création protégée pendant un temps limité. Il suppose donc un monopole.

---

[731] Article 611-14 du Code de la propriété intellectuelle.

[732] SCHMIDT-SZALEWSKI (J), PIERRE (L). *Op.Cit*, note n°730, §98.

[733] SCHMIDT-SZALEWSKI (J), PIERRE (L). *Op.Cit*, note n°730, §103.

C'est justement sur ce point que nous nous interrogeons à propos des effets sur la mise en œuvre de l'obligation d'autocontrôle. L'obligation d'autocontrôle exige de l'exploitant qu'il instaure son propre système de contrôle. Dans cette démarche, il peut développer ses propres matériaux, lesquels pourraient être brevetés. S'ils s'avéraient être utiles au regard de la sécurité des denrées, ils pourront être brevetés.

Toutefois, ce brevet pourrait devenir une restriction pour les autres exploitants non -titulaires. Alors, l'obligation d'autocontrôle serait respectée exclusivement par ceux qui pourraient breveter les instruments de maîtrise des risques. Serait-ce une façon implicite d'exclure les concurrents du marché ? Nous considérons que cela pourrait être effectivement le cas.

359. Une telle situation pourrait être comparable au phénomène des marques de certification utilisées dans le cadre des référentiels. Les marques de certification servent à indiquer que les produits ou les services qu'elles désignent présentent les « *caractères précisés dans son règlement* »[734]. Elles attestent le respect des cahiers des charges des référentiels. Elles viennent signaler et distinguer l'exploitant qui remplit les conditions. Ainsi, elles sont utilisées pour sélectionner les fournisseurs[735].

Même si dans le cas des référentiels leur utilisation est volontaire, il existe deux points communs avec la brevetabilité des outils d'autocontrôle. D'une part, dans un cas comme dans l'autre, les outils ou les moyens d'exécution de l'obligation d'autocontrôle peuvent être protégés par la voie de la propriété intellectuelle. D'autre part, dans les deux cas, la protection conférée par le droit de la propriété intellectuelle permet d'établir un avantage par rapport aux concurrents.

---

[734] Article 715-1 du Code de la propriété intellectuelle.

[735] *Supra,* § 315.

360. En ce qui concerne la marque de certification dans les référentiels[736], elle atteste du respect d'un cahier des charges, qui étant volontaire, permet au distributeur de sélectionner ses fournisseurs, ce qui a été déjà mis en question du point de vue de la libre concurrence[737]. Par rapport au brevet sur les matériaux d'autocontrôle (substances, nanoaliments ou nano-objets), les enjeux peuvent être encore plus importants: si des matériaux ou des substances s'avèrent être d'utilisation obligatoire, notamment dans la pratique commerciale, les exploitants non-titulaires du brevet seront-ils écartés du marché? Est-ce que les instruments d'autocontrôle issus de la nanotechnologie, dans le domaine du contrôle de la sécurité des denrées devraient-être considérés comme « *non brevetables* »? Devraient-ils faire l'objet d'une brevetabilité spécifique[738]?

361. Cette analyse prospective montre des limites possibles à la mise en œuvre de l'obligation d'autocontrôle. Ces limites ont pour origine le croisement entre le droit de la propriété industrielle et le droit agroalimentaire. De même, d'autres limites pourraient découler de la brevetabilité des méthodes de contrôle.

---

736 Voir ainsi par exemple, « *Accord de sous-licence & de certification* » de Global-GAP, disponible sur http://www.globalgap.org/cms/upload/The_Standard/IFA/French/FR_GR_ANNEX_I5_SLCA_website_V3_Commented.pdf. Sur les marques collectives et de certification, voir MATHELY (P). *Marques collectives et de certification.* IN, Mélanges offerts à Albert Chavanne. Paris : Litec, 1990, 241-243, spécif. p. 242.

737 *Supra voir note n° 735, aussi §.*

738 *"La brevetabilité. Elle doit aussi être précisément définie. On peut concevoir qu'un seul brevet pourrait prévaloir dans de nombreux secteurs industriels des nanotechnologies en raison de son potentiel à couvrir tous les aspects fondamentaux. Détenir le brevet d'une technique de base de fabrication de nano-objet donnerait ainsi les moyens de bloquer ou de faire payer très cher tous ceux qui seraient contraints de l'utiliser." LORRAIN (J-L) et RAOUL, (D) (D). Rapport sur « Nanosciences et progrès médical».* Office parlementaire d'évaluation des choix scientifiques et technologiques. Assemblée Nationale, n° 1588, p. 112.

§2. La brevetabilité de méthodes de contrôle

362. L'obligation d'autocontrôle implique l'instauration de méthodes de contrôle des risques. Ces méthodes pourraient faire l'objet d'un brevet. Cependant, ceci suppose que des limitations à l'application de l'obligation d'autocontrôle pourraient être établies dans la mesure où l'accès à ces méthodes serait restreint aux titulaires du brevet. La brevetabilité des méthodes peut être analysée soit à partir de moyens qui matérialisent la méthode, soit en relation à la méthode elle-même.

363. En principe, en droit français et européen[739] les méthodes ne sont pas considérées comme des inventions, c'est-à-dire, comme des « *inventions nouvelles impliquant une activité inventive et susceptibles d'application industrielle* »[740]. Cette exclusion comprend les méthodes commerciales (*business méthodes*)[741]. De ce fait, les méthodes ne sont pas brevetables. La brevetabilité des moyens qui matérialisent une méthode est au contraire possible. Elle résulte de l'interprétation de la loi, laquelle n'autorisant pas le brevet sur les méthodes, accepte pour autant celui des moyens qui montrent son application.

---

739 « *Inventions brevetables (1) Les brevets européens sont délivrés pour les inventions nouvelles impliquant une activité inventive et susceptibles d'application industrielle. (2) Ne sont pas considérés comme des inventions au sens du paragraphe 1 notamment : a) les découvertes ainsi que les théories scientifiques et les méthodes mathématiques ;b) les créations esthétiques ; c) les plans, principes et méthodes dans l'exercice d'activités intellectuelles, en matière de jeu ou dans le domaine des activités économiques, ainsi que les programmes d'ordinateurs;* » Article 52 de la Convention européen de brevets, CBE 1973.

740 Article L611-10 du code de la propriété intellectuelle.

741 GAUMONT-PRAT (H). *Droit de la propriété intellectuelle.* Paris : Lexis-Nexis, 2009, p. 83.

Il est reconnu que les moyens matériels permettant l'application pratique des méthodes sont brevetables[742]. La Cour de cassation a considéré comme brevetable une feuille d'enregistrement des résultats d'analyses biologiques dans la mesure où elle « *ne procédait pas d'une simple méthode intellectuelle, mais est un objet matériel, que son application est indiquée par le brevet et que sa fonction procurait un résultat industriel,...».*[743] Cette juridiction avait considéré déjà en 1894, que même si la découverte de la cellulose n'était pas en tant que telle brevetable, l'application de ce produit au remplissage des cloisons étanches des navires pouvait faire l'objet d'un brevet[744].

La jurisprudence a aussi déclaré valable le brevet portant sur l'application du phénomène de la fermentation d'un champignon microscopique à la fabrication de la vitamine B12, en signalant que « *la découverte d'un produit naturel ignoré (en l'espèce, la vitamine B12), dont sont indiquées des applications industrielles, est susceptible de brevetabilité. L'application nouvelle d'un phénomène naturel en vue d'un résultat industriel est brevetable. Ainsi est brevetable, non pas la fermentation du streptomyces griseus en elle-même, mais l'application nouvelle de cette fermentation à la fabrication de la vitamine B12 ; et il importe peu que la fermentation du streptomyces griseus ait déjà été employée, dès l'instant que c'était à des autres fins* »[745]. De même, il a été accepté la brevetabilité des plans des

---

[742] SCHMIDT-SZALEWSKI (J), PIERRE (L). *Op.Cit*, note n° 730, § 76.

[743] Cass. com. 22 mai 1979, Sté. Precibio et autres c/ Sté. Technicon Instruments Corp. LARERE (X) *Ann.prop.ind.* 1979, 257-261, spécif. 257. Voir dans le même sens, Cass. com. 13 février 1973, *Bull.* 1973 IV no. 72 p.63 (rejet). Cass.com, 28 mai 1975, IV no. 142, p.118 (rejet).

[744] Cass. req., 27 févr. 1894, *Ann. prop. ind.* 1894, Torrilhon c/Ministre de la Marine, p. 166, art. 3725.

[745] T. Civ. Seine, 3ème Ch. 9 mai 1957, Sté Merck et Cie c/SIFA. *Ann. propr.ind*, 1963, n° 3, 329, note DE HASS (M).

structures d'un bâtiment industriel car « *le requérant ne s'est pas arrêté au stade de l'abstraction mais a clairement défini le moyen concret permettant d'obtenir le résultat recherché, et relevant que le moyen de l'invention est la structure de bâtiments dont le premier (la fonction) est de rapprocher les parties essentielles d'une usine procurant ainsi les avantages du raccourcissement de tous les circuits ce qui constitue l'effet second du moyen.* »[746] Ainsi, lorsque les moyens matériels montrent l'application réelle d'une méthode, ils peuvent faire l'objet d'un brevet.

364. Dans le cadre de l'obligation d'autocontrôle, les moyens matériels qui assurent l'application de méthodes de maîtrise des risques pourraient être brevetables par l'exploitant. Ces moyens sont ordonnés et mis en application afin d'obtenir un résultat industriel. Ce résultat est le contrôle du risque associé aux produits de l'exploitation.

L'application industrielle des moyens matériels dans l'agroalimentaire au regard de l'obligation d'autocontrôle pourrait satisfaire l'une des conditions de la brevetabilité. Ainsi, à condition de prouver les autres conditions de nouveauté, d'innovation, du fait de résulter de l'activité créative, l'exploitant pourrait breveter les moyens qu'il développe. La brevetabilité des moyens de contrôle lui apporterait en plus d'un monopole temporel et la preuve de l'organisation de son propre système de contrôle.

On pourrait néanmoins s'interroger sur le fait de savoir si la brevetabilité de moyens n'est pas en soi, une brevetabilité de matériaux[747]. Cependant, à différence de ces derniers qui constituent des objets brevetables indépendants, les moyens qui mettent en œuvre une méthode sont liés à celle-ci. Leur brevetabilité est conditionnée au fait qu'ils assurent

---

[746] Paris, 13 décembre 1990, AZEMA (J). *RTD com* 1992, p. 177.

[747] *Supra* §354.

l'application réelle de la méthode qui demeure théorique. Par conséquent, les moyens matériels qui permettent l'application d'une méthode de contrôle sont brevetables à partir de critères différents de ceux appliqués lors de l'analyse de la brevetabilité d'outils de contrôle comme par exemple, les nano-objets.

365. Il est possible aussi d'envisager à l'avenir, une modification du droit européen permettant la brevetabilité des méthodes en tant que telles. En ce sens, le droit américain prévoit déjà la brevetabilité des « *business methods* » ou « *méthodes des affaires* » et son utilisation commence à être très répandue. Ces méthodes comprennent aussi « *bien des méthodes de management, des méthodes de traitement financières, que des techniques mises en œuvre informatiquement, concernant les domaines du sport, de l'éducation, [...] ils couvrent des méthodes utilisées par les entreprises dans les contacts directs entre elles et leurs clients, des procédés permettant à une firme de fonctionner en interne, ainsi que dans ses rapports avec ses fournisseurs ou les administrations* »[748]. De même, ils concernent les méthodes de marketing ou de conseil.[749] Ceci pourrait influencer le droit communautaire.

La doctrine n'écarte pas la brevetabilité des méthodes des affaires. Le professeur Vivant signale que si l'on décèle dans cette définition un procédé, et si « *l'on admet la définition selon laquelle l'invention est une innovation prenant appui sur des connaissances issues des sciences dures, quelque soit la nature de l'effet produit, alors, il n'y a aucune raison de ne pas admettre qu'un procédé à des fins commerciales soit brevetable. Pour autant,*

---

[748] LIOTART(I). *Les brevets sur les méthodes commerciales : états de lieux et perspectives économiques*. IN, *Propriété intellectuelle*. Avril 2004, n° 11, p. 1-16, spécif. 2.

[749] LIOTART (I). *Op.Cit*, note n° 748, p. 3.

bien sûr, qu'il satisfasse aux autres conditions de brevetabilité.»[750] Même si leur application de nos jours concerne principalement le domaine des méthodes informatiques dédiées à l'internet[751], la brevetabilité de méthodes s'étend à d'autres champs comme c'est le cas du secteur financier. Cela laisse ouverte la possibilité de breveter, d'autres méthodes appartenant à d'autres domaines. Il serait ainsi possible d'envisager, à terme, la brevetabilité des méthodes d'organisation du management de la qualité ou du contrôle sanitaire dans l'agroalimentaire, comme il est prétendu au niveau international[752].

---

750 VIVANT (M). *Invention et business methods.* IN, *Protéger les inventions de demain. Biotechnologies, logiciels et méthodes d'affaires.* Paris : INPI, La documentation française, 2003, p.96, §68.

751 LIOTART (I). *Op.Cit*, note n°748, p. 2. Aussi, DELBECQ, (C). *La brevetabilité des méthodes commerciales aux Etats-Unis et en Europe*. Thèse, Université de Montréal, 2004. 139 p. VAVER (D*). Des conceptions divergentes de la brevetabilité. Les méthodes d'affaires (business methods).* IN, *Protéger les inventions de demain. Biotechnologies, logiciels et méthodes d'affaires.* Paris : INPI, La documentation française, 2003, p. 287.

752 Au sein de l'Organisation mondiale de la propriété intellectuelle des demandes concernant de méthodes pour le contrôle des maladies qui affectent des animaux destinées à la consommation humaine ont été présentées. Ainsi par exemple, le procédé « *Détection de microorganismes de l'espèce yersinia pestis/yersinia pseudotuberculosis et/ou différenciation entre yersinia pestis et yersinia pseudotuberculosis* » suppose la brevetabilité d'une méthode pour détecter la présence des microorganismes qui affectent les animaux et éventuellement à homme. Cette invention concerne « *un procédé et des acides nucléiques servant à détecter des microorganismes de l'espèce Yersinia pestis/Yersinia pseudotuberculosis et/ou à effectuer une différenciation entre Yersinia pestis et Yersinia pseudotuberculosis dans un échantillon. L'objectif de l'invention est de mettre à disposition des procédés de détection et/ou de différenciation sûrs pour des microorganismes de l'espèce Yersinia pestis/Yersinia pseudotuberculosis. Le procédé selon l'invention comprend plusieurs étapes : (a) mise en contact de l'échantillon avec une combinaison d'au moins deux premiers acides nucléiques (amorces) qui réalisent une hybridation avec une zone, conservée dans l'espèce Yersinia pestis/Yersinia pseudotuberculosis, du génome microbien de l'échantillon ou d'une partie dudit génome ; (b) amplification du génome microbien ou d'une partie de ce dernier pour produire au moins un fragment d'amplification; (c) mise en contact du ou des fragments d'amplification, obtenus à l'étape (b), avec au moins un deuxième acide nucléique (sonde) qui comprend une séquence partielle, spécifique des microorganismes de l'espèce Yersinia pestis/Yersinia pseudotuberculosis, du génome amplifié ou d'une partie de ce dernier. Le deuxième acide nucléique (sonde) est hybridé avec au moins un fragment*

Sur cette hypothèse, l'application de l'obligation d'autocontrôle se verrait confrontée au monopole temporel du brevet. La mise en œuvre de l'obligation d'autocontrôle serait limitée par la protection des méthodes de maîtrise des risques conférée par la propriété industrielle. Cependant, le brevet n'est pas le seul outil de la propriété industrielle pouvant limiter la mise en œuvre de l'obligation d'autocontrôle. D'autres limitations sont aussi envisageables, concernant notamment la protection de l'information qui résulte de la gestion de l'exploitant.

---

d'amplification en formant au moins un acide nucléique hybride ; (d) détection d'au moins un acide nucléique hybride. » (WO/2002/095066), présenté le 28 novembre 2002.

Également, plus récemment la demande de brevetabilité de « *Compositions et procédés de lutte contre la maladie chez des animaux* » est une invention qui concerne « *des compositions destinées à traiter une maladie chez un animal et qui comprennent un extrait de levure de Saccharomyces cerevisiae, Bacillus licheniformis ou des spores de Bacillus subtilis, et un excipient. L'invention concerne aussi des compositions alimentaires pour animaux qui comprennent cette composition destinée à prévenir, à lutter contre et/ou à traiter une maladie chez un animal, et un aliment pour animaux. Ces compositions sont utiles pour prévenir, lutter contre et traiter des maladies telles que l'entérite nécrotique chez les volailles lorsqu'elles sont utilisées en combinaison avec un anticoccidien ionophore ou un vaccin contre la coccidiose.* » (WO/2010/068231), présentée le 17 juin 2010.

Section 2. La protection de l'information

366. L'application de la législation alimentaire, ainsi que sa vérification, constituent les objets du contenu de l'obligation d'autocontrôle. L'exploitant doit, dans un premier temps, vérifier par lui-même l'exécution de cette obligation. Dans un deuxième temps, il doit se soumettre aux constatations faites lors des contrôles officiels.

L'exploitant démontre l'exécution de l'autocontrôle aux autorités officielles par des documents qui prouvent la réalisation des mesures de maîtrise des risques. Toutefois, ces documents peuvent être considérés par l'exploitant comme une information dite « *non divulguée* » (§1). Dans ce cas, la protection accordée par le droit à cette information s'avère être une limitation à la mise en œuvre du contrôle officiel (§2).

§1. L'information issue de l'autocontrôle en tant qu'information « non divulguée »

367. Lorsque l'information issue de la mise en œuvre de l'obligation d'autocontrôle comporte des renseignements sur la démarche de l'entreprise ayant une valeur économique, l'exploitant peut la faire protéger. Cette protection peut avoir lieu dans le contexte de la propriété industrielle. Le secret des affaires offre l'encadrement à cette protection.

368. Le secret fait l'objet de protection juridique. Il est aussi connu sous la forme d'une information « *non divulguée* », traduction du terme anglo-saxon « *undisclosed information* ». D'après l'article 39.2 de l'Accord sur les aspects des droits de propriété intellectuelle qui touchent au

commerce (ADPIC), « *les personnes physiques et morales auront la possibilité d'empêcher que des renseignements licitement sous leur contrôle ne soient divulgués à des tiers ou acquis ou utilisés par eux sans leur consentement et d'une manière contraire aux usages commerciaux honnêtes ».* Trois conditions doivent être respectées pour accorder la protection à cette information.

Elle doit d'abord être secrète. Selon l'article précité, cette condition doit être considérée dans le sens que les renseignements, dans « *leur globalité ou dans la configuration et l'assemblage exacts de leurs éléments, [...] ne sont pas généralement connus de personnes appartenant aux milieux qui s'occupent normalement du genre de renseignements en question ou ne leur sont pas aisément accessibles*». Ceci implique que l'accès à l'information est très réservé.

Cette information doit ensuite avoir une valeur commerciale. La valeur commerciale est déterminée par l'impact économique qu'ont ces renseignements dans le développement de l'activité de l'entreprise. La valeur est ce qui justifie leur préservation.

Cette information doit enfin faire l'objet de dispositions raisonnables de protection du secret de la part de qui « *a licitement le contrôle de dispositions raisonnables,* ». Le caractère raisonnable du secret est assez évident. Comme le signale le professeur Vivant, « *quel meilleur moyen de conserver pour soi une idée, une technique, une information que de ne pas la communiquer !* »[753]. Or, la mesure prise par l'entrepreneur pour éviter la divulgation de ces renseignements est le secret.

---

753 VIVANT (M). *La privatisation de l'information par la propriété intellectuelle.* IN, *Revue international de droit économique*, 2006/4, t. XX, p. 361-388, spécif. 365.

Dès lors, l'information « *non divulguée* » ou secret des affaires, constitue une réponse pratique à la nécessité des entreprises d'assurer une protection efficace des leurs renseignements. Ceux-ci peuvent porter tant sur le développement de l'activité, par exemple, sur la stratégie commerciale ou la fabrication d'un produit, que sur des données résultants de l'activité industrielle. La protection de cette information est un moyen de mettre en valeur son activité et de la protéger[754] face aux éventuels préjudices[755].

A titre d'exemple, lors de la démarche de traçabilité, l'information résultante peut s'avérer utile pour démontrer le contrôle sanitaire sur la filière. Ceci pourrait même être considéré comme un avantage concurrentiel. Au contraire, cette même information pourrait mettre en évidence des défaillances dans la maîtrise des risques. Or dans les deux cas la protection des renseignements est justifiée.

369. Il faut cependant signaler que la conservation du secret ou de l'information non divulguée ne crée aucun droit de propriété sur l'objet qu'il comprend. A différence du brevet, où la déclaration de l'innovation donne un droit temporel de monopole, celui qui possède le secret n'a aucun droit exclusif d'exploitation, c'est-à-dire, qu'il n'existe pas de monopole légal.

---

[754] Voir en ce sens, MOUSSERON (J-M). SCHMIDT (J), VIGAND (P). *Traité des brevets.* Paris : CEIPI-LITEC, 1984, p. 18. SAINT-ALARY (R). *Rapport sur le secret des affaires en droit français.* IN, *Le secret et le droit.* Travaux de l'Association H. Capitant, Dalloz, 1976, p. 264. Plus largement, MAGNIN (F). *Le know-how et la propriété industrielle.* Paris : Litec, 1974, 479 p, spécf. n°34 et ss. MOUSSERON (J-M). *Aspects juridiques du Know-How.* IN, *Le Know-How. Cahiers de droit de l'entreprise*, n°1, 1972, p. 2. CHAVANNE (A), BURST (J-J). Droit de la propriété industrielle. Paris-Dalloz, 5ème éd. 1998, §614 et ss.

[755] En ce sens voir, PORACCHIA (D). *La protection juridique des secrets de l'entreprise.* IN, *Dr. et patrim.*, Pratique des affaires. No. 85, Septembre, 2000, p. 20. Sur ce point l'auteur signale, que même, dans certains cas, les informations préjudicielles « *doivent être automatiquement publiées même si cette formalité cause un préjudice. Tel est en particulier les cas des comptes annuels des sociétés par actions.* » Sur ce point, CHAMPAUD (C), DANET (D). *RTD, com. 1999*, p. 876. Aussi, GAVALDA (CH). *Le secret des affaires.* IN, *Mélanges R.Savatier*, 1964, p. 291-316, spécif. 293.

Toutefois, dans la mesure où le secret ne sera pas révélé, il offre un avantage par rapport au brevet la protection n'expirant pas. La protection de l'information non divulguée comporte donc un intérêt pour l'industrie aussi bien économique que managérial.

370. L'ADPIC impose l'obligation générale de protéger l'information non divulguée. Selon ce texte, les mécanismes de protection doivent être définis au niveau national. Ainsi par exemple, en droit costaricien la protection de cette information est prévue dans la « *ley de información no divulgada* »[756]concernant« *l'information non divulguée relative aux secrets commerciaux e industriels qui garde comme confidentielle, une personne physique ou juridique* [...]»[757]. La loi costaricienne met l'accent sur la protection de certains renseignements, en indiquant que cette information concerne «*spécialement, la nature, les caractéristiques et les finalités des produits et les méthodes ou procédés de production* »[758]. La protection de cette information est établie par quatre voies.

En premier lieu, la « *ley de promoción de la competencia y defensa efectiva del consumidor*»[759] interdit tout acte contraire à la concurrence déloyale[760], comprenant les violations à la propriété industrielle. En deuxième

---

756 *Ley de información no divulgada*, n°7975 du 4 janvier 2000. Journal officiel *"La Gaceta"* no. 12 publié le 18 janvier 2000.

757 *"Artículo 2: la información no divulgada referente a los secretos comerciales e industriales que guarde, con carácter confidencial, una persona física o jurídica* [...]".Ley de información no divulgada, *Op.Cit*,note n° 756.

758 Artículo 2, párrafo quinto: *"La información no divulgada se refiere, en especial, a la naturaleza, las características o finalidades de los productos y los métodos o procesos de producción."*Ley de información no divulgada. Op.Cit,note n° 756.

759 Ley de promoción de la competencia y defensa efectiva del consumidor, n° 7472, 20 décembre de 1994.

760 *"Artículo 17: [...] También son prohibidos cualesquiera otros actos o comportamientos de competencia desleal, de naturaleza análoga a los mencionados, que distorsionen la*

lieu, la « *ley de información no divulgada* » impose dans son article 7, l'obligation de confidentialité dans les relations commerciales et de travail. En troisième lieu, la « *ley de procedimientos de observancia de los derechos de propiedad intelectual* »[761] comprend des procédures administratives, pénales et civiles applicables à la protection de toute forme de propriété industrielle. Parmi les mesures prévues, il faut souligner les «*medidas cautelares*» ou mesures de conservation qui permettent d'arrêter la violation du droit en question avant d'initier la procédure judiciaire ou administrative[762] et qui s'avèrent très efficaces[763].

A ces mesures, il faut en ajouter une quatrième. Celle-ci est prévue par le « *reglemento a la Ley de información no divulgada* »[764]. Il s'agit d'une protection particulièrement favorable aux exploitants qui gardent ce type

---

transparencia del mercado en perjuicio del consumidor o los competidores." Ley de promoción de la competencia y defensa efectiva del consumidor. *Op.Cit*, n° 759.

761 Ley de procedimientos de observancia de los derechos de propiedad intelectual, n° 8039, 12 octobre 2000. Journal officiel " La Gaceta" no. 206, 27 octobre 2000.

762 "*Artículo 3.- Adopción de medidas cautelares. Antes de iniciar un proceso por infracción de un derecho de propiedad intelectual, durante su transcurso o en la fase de ejecución, la autoridad judicial competente, el Registro de la Propiedad Industrial o el Registro Nacional de Derechos de Autor y Derechos Conexos, según corresponda, adoptará las medidas cautelares adecuadas y suficientes para evitarle una lesión grave y de difícil reparación al titular del derecho y garantizar, provisionalmente, la efectividad del acto final o de la sentencia. Una medida cautelar solo se ordenará, cuando quien la pida acredite ser el titular del derecho o su representante y presente las pruebas razonablemente disponibles, con el fin de establecer, a su satisfacción, un grado suficiente de certidumbre de que el derecho del demandante es objeto o va a ser objeto inminente de infracción.*" Ley de procedimientos de observancia de los derechos de propiedad intelectual, *Op.Cit*, note n° 761.

763 " Artículo 5º—Medidas. Podrán ordenarse, entre otras, las siguientes medidas cautelares: a) El cese inmediato de los actos que constituyen la infracción. b) El embargo de las mercancías falsificadas o ilegales. c) La suspensión del despacho aduanero de las mercancías, materiales o medios referidos en el inciso b). d) La caución, por el presunto infractor, de una fianza u otra garantía suficiente. » Ley de procedimientos de observancia de los derechos de propiedad intelectual, *Op.Cit*, note n° 761.

764 *Reglamento a la Ley de información no divulgada.* Decreto Ejecutivo n° 34927-J-COMEX-S-MAG. Publiée dans le Journal officiel « *La Gaceta* » n° 238 du 9 décembre 2008.

d'information. L'article 6.5 du « *reglamento a la Ley de Información no divulgada* » établit que si lors de la communication des renseignements non divulgués à l'administration, ils sont rendus accessibles au public, le titulaire de l'information peut présenter une demande de brevet, tout en ayant un avantage en relation avec les autres dossiers. Dans cette demande, l'autorité ne doit pas prendre en considération lors de l'évaluation de l'état de la technique, l'information divulguée dans l'année antérieure décomptée à partir de la présentation de la demande[765]. Or, la loi établit « *un délai réservé*» pour présenter la demande de brevet sur l'information tenue comme non divulguée. Ainsi, cette information est considérée comme un secret industriel brevetable, dont la loi reconnaît une exception aux conditions générales établies pour le brevet, en particulier, la nouveauté.[766]

371. En droit français, la protection de ces informations peut être établie par deux moyens. D'une part par via la réservation du savoir-faire et, d'autre

---

765 *"En caso de que la información comunicada a una autoridad administrativa llegue a ser accesible al público, [...] el titular legítimo de la información o la persona autorizada por éste, podrá beneficiarse del plazo de gracia para el registro de una eventual patente previsto en el artículo 2.3 de la Ley de patentes de invención, dibujos y modelos de utilidad". Op.Cit,* note n° 764, art. 6.5.

Article 2.3 de la loi 6867, *"Una invención es nueva cuando no existe previamente en el estado de la técnica. El estado de la técnica comprenderá todo lo divulgado o hecho accesible al público en cualquier lugar del mundo y por cualquier medio, antes de la fecha de presentación de la solicitud de patente en Costa Rica o, en su caso, antes de la fecha de prioridad aplicable. [...] El estado de la técnica no comprenderá lo divulgado dentro del año anterior a la fecha de presentación de la solicitud en Costa Rica o, en su caso, dentro del año anterior a la prioridad aplicable, siempre que tal divulgación resulte, directa o indirectamente, de actos realizados por el propio inventor o su causahabiente o del incumplimiento de contrato o acto ilícito cometido contra alguno de ellos."* Ley de patentes de invención, dibujos y modelos de utilidad, no. 6867 du 25 avril 1983. Colección de Leyes y Decretos, semestre 1, p. 110. Modifiée au 5 novembre 2008.

766 D'après la « *Ley de patentes de invención, dibujos y modelos de utilidad*» l'une de conditions pour la brevetabilité d'une invention est la nouveauté. Cette nouveauté est considérée selon l'état de la technique. Ce dernier est évalué au moment de présentation du dossier de registre. Artículo 2.3 de la *Ley de patentes de invención, dibujos y modelos de utilidad. Op.Cit,* note n° 765.

part, par le secret de fabrique. Le professeur Mousseron explique que le savoir-faire représente « *connaissances techniques, transmissibles, non immédiatement accessibles au public*»[767]. Les informations de nature technique incluent celles relatives à « *la découverte, ou une méthode de gestion ou d'ordre commercial* »[768]. En ce sens, les méthodes ou les systèmes peuvent intégrer un savoir-faire. Il s'agit des informations qui doivent servir au développement de la démarche industrielle.

Le caractère «*non immédiatement accessible au public*» suppose que l'information est détenue par un nombre restreint de personnes. Ce caractère justifie que la transmission de l'information comporte une valeur économique. L'information doit ainsi pouvoir être transmissible à titre onéreux car elle constitue un bien de l'entreprise.

372. En ce qui concerne le secret de fabrique, la jurisprudence a signalé que « *pour constituer un secret de fabrique au sens de l'article 418 C.pén., il n'est pas nécessaire qu'il s'agisse d'une invention nouvelle brevetée ou brevetable ; il suffit que le procédé de fabrication, offrant un intérêt pratique ou commercial, soit mis en œuvre par un industriel et tenu par lui caché de ses concurrents* »[769]. Pouvant faire partie de la catégorie du savoir-faire, les caractères du secret de fabrique sont toutefois particuliers. D'une part, son objet est beaucoup plus spécifique, car il ne concerne que les procédés de fabrication. D'autre part, il s'agit d'un savoir-faire qui doit être clairement défini. D'après la jurisprudence, les secrets de fabrique comportent une certaine « *originalité, bien que d'une hauteur inventive modeste, [...] offrent un intérêt pratique et commercial pour celui qui les met en*

---

767 MOUSSERON (J-M). SCHMIDT (J), VIGAND (P). *Op.Cit*, note n° 754, p. 18 § 12.

768 Ibid.

769 *Cass. crim.* 29 mars 1935. Weber c/ Soc. la Houppe. *Gaz. Pal.* 1935, 1ère semaine, p. 928.

œuvre... »[770]. Tout comme le savoir-faire, le secret de fabrique ne doit pas être connu des tiers. A cette fin, la loi accorde au secret de fabrique une protection spéciale. L'article L621-1 du Code de la propriété intellectuelle réprime sa divulgation par les salariés ou employés de l'entreprise.

373. Ainsi, il y a des points de concordance entre la protection du secret dans la législation française et costaricienne. En premier lieu, dans les deux cas la protection est prévue dans le cadre des relations de travail. En deuxième lieu, toutes les deux prévoient la protection particulière des méthodes industrielles. Cependant, il faut signaler que la notion d'information non divulguée et les moyens établis pour la protection en France et au Costa Rica sont différents.

D'une part, la doctrine française assimile « *l'information non divulguée* » au secret. Or, par définition le secret n'est pas brevetable. Cette information est aussi envisagée par la législation costaricienne, mais contrairement au droit français, elle peut faire l'objet d'un brevet. La législation costaricienne établie ainsi une protection plus large du secret que celle accordée par la législation française.

D'autre part, dans la législation française, ces renseignements sont protégés conformément aux mécanismes traditionnels de l'action en concurrence déloyale, considérés même parfois comme « *symboliques et non dissuasifs* »[771] tandis qu'au Costa Rica, leur protection comporte des mesures administratives et judiciaires additionnelles et spécifiques, comme les mesures conservatoires. Celles-ci renforcent la protection du secret.

---

770 *Cass. crim.* 20 juin 1973. *Ann. Propr.ind.*, 1974, p. 85. *Bull. Crim.* n°. 289, p. 684. Aussi, *Cass.crim.* 29 juin 1960, *Bull. Crim.* 1960, n° 350, p. 706 (rejet).

771 GALLOCHAT (A). *L'industrie face au secret.* IN, *La propriété industrielle et le secret.* Paris : LITEC. Collection du CEIPI, Librairies techniques 1996, no. 40, p. 60.

374. L'industrie agroalimentaire fait recours au secret. Il est tout à fait normal que dans le développement de l'activité de production ou de transformation de denrées, l'exploitant garde certaines informations essentielles sous la protection du secret. L'exemple du Coca-Cola sert à illustrer cette situation[772]. En faisant le choix de conserver secrète la formule de la boisson, l'entreprise s'est assurée une protection qui dépasse la période qui aurait été accordée par le brevet. La recette demeure secrète depuis plus d'un siècle, tandis que la protection du brevet expire après 20 ans.[773]

Même si dans ce cas le secret concerne la formule du produit, la protection peut se référer aussi aux procédés. Compte tenu de la portée large de la notion de savoir-faire, toute méthode et tout système peut faire l'objet de protection. Ainsi, les méthodes de contrôle des risques développées par l'exploitant au sein de son exploitation pourraient faire l'objet d'une protection en tant que savoir-faire.

Au regard de la législation costaricienne, les méthodes de contrôle de risques peuvent être protégés par la « *ley de información non divulgada* », dès lors que l'information est secrète, qu'elle se trouve sous le contrôle d'une personne qui prend des mesures pour sa protection et qu'elle a une valeur commerciale. Ce texte indique qu'il protège l'information qui se réfère explicitement « *a la naturaleza, las características o finalidades de los productos y los métodos o procesos de producción*»[774]. Dans la perspective

---

772 VIVANT (M). *Op.Cit*, note n° 753, p.365.

773 "*La Société Coca-Cola, menacée par la nationalisation de la majorité de son capital, affirma, par exemple, il y a quelques années, préférer la perte du considérable marché indien à la communication à la société indo-américaine projetée de la formule de son ingrédient secret, le 7X, qui donne à ce breuvage son goût particulier et qui conserve sa confidentialité depuis cent ans.*» MOUSSERON (J-M). Op.Cit, note no. 767, p. 17, §11.

774 Article 3.5 de la *Ley de información no divulgada*, *Op.Cit*, note n° 756.

de cette loi, il suffit que la méthode remplisse les conditions précitées pour qu'elle soit protégée.

Par rapport au droit français, il est possible d'envisager la protection des méthodes de maîtrise des risques sous la forme du secret de fabrique dans la mesure où cette protection vise spécifiquement les procédés. Toutefois, ces méthodes peuvent aussi constituer un savoir-faire, c'est-à-dire des informations de nature techniques, secrètes et transmissibles. En ce sens, les méthodes de maîtrise des risques sont des procédés qui comportent des informations techniques. Leur technicité résulte de la nature du risque alimentaire. Ce risque comporte des dangers, chimiques, physiques ou biologiques pouvant être présents dans les denrées dont les informations sont issues de la recherche scientifique. Ainsi, lorsque les méthodes de contrôle des risques comprennent des renseignements concernant le danger et les actions visant à le maîtriser, ils comportent des renseignements techniques.

375. Les renseignements concernant les méthodes de maîtrise des risques peuvent avoir un caractère « *secret* ». Or, si l'exploitant décide de les protéger par ses propres moyens et qu'ils ne sont pas accessibles au public, ce caractère est accompli. Celui-ci se manifeste lorsque les personnes ayant accès à cette information sont contraintes par une obligation de confidentialité. De ce fait, les renseignements relatifs à la maîtrise de risques peuvent faire l'objet d'une transmission onéreuse, devenant donc un bien propre de l'entreprise et assujetti à une protection particulière.

376. L'information résultante de la maîtrise des risques devient un bien de l'entreprise agroalimentaire. Dans la mesure où c'est un bien protégé par les règles de la propriété industrielle et que l'accès à ce bien devient restreint et limité, il faut se demander si une telle protection n'impose pas une limitation à la vérification faite par les autorités officielles quant à l'exécution de l'obligation d'autocontrôle.

§2. L'information issue de l'obligation d'autocontrôle en tant que limitation du contrôle officiel

377. L'obligation d'autocontrôle constitue la base du système de contrôle officiel. L'information résultante de la mise en œuvre de cette obligation fait l'objet de contrôles effectués par les autorités nationales, communautaires ou bien par les autorités des pays tiers dans le cadre des échanges internationaux. A cette fin, l'information résultante de l'exécution de l'obligation d'autocontrôle s'avère être indispensable à la réalisation des contrôles officiels. La limitation à l'accès de cette information constitue un obstacle à la mise en œuvre de ces contrôles.

Le contenu de l'obligation d'autocontrôle comporte à la fois l'application de la législation alimentaire et leur vérification. La portée large de ce contenu comprend la mise en œuvre des obligations établies dans la législation alimentaire. Ainsi, la démarche de l'exploitant s'avère être une tâche complexe, dans laquelle le respect de la législation constitue sa responsabilité primaire.

Parallèlement à cette responsabilité, la législation a accordé à l'exploitant une liberté de moyens qui lui permet d'organiser la maîtrise des risques alimentaires. Dans le cadre de cette liberté, la protection des outils, des méthodes ou de tout autre moyen de mise en œuvre de l'obligation d'autocontrôle est envisageable. Il est ainsi de même pour l'information qui résulte de sa gestion.

Ces renseignements ont une valeur très précieuse pour l'industriel. Ils témoignent entre autres, de l'expérience acquise, du développement de son travail, des investissements, des défaillances dans les systèmes de production ou des relations avec ses clients et fournisseurs. Cependant, cette information est aussi très importante au regard des autorités. Cela devient évident lors de l'application de l'obligation de traçabilité. Selon l'article 18 du règlement CE 178/2002, « *les exploitants du secteur alimentaire et du secteur de l'alimentation animale doivent être en mesure d'identifier toute personne leur ayant fourni une denrée alimentaire, un aliment pour animaux, un animal producteur de denrées alimentaires ou toute substance destinée à être incorporée ou susceptible d'être incorporée dans des denrées alimentaires ou dans des aliments pour animaux. À cet effet, ces exploitants disposent de systèmes et de procédures permettant de mettre l'information en question à la disposition des autorités compétentes, à la demande de celles-ci.* » Cette obligation exige des exploitants de retracer le cheminement de l'aliment par l'identification des fournisseurs et des clients.

Toutefois, sous la perspective de la protection de l'information de l'entreprise, non seulement le parcours de la denrée est mis en évidence, mais aussi par exemple, les quantités de commandes ou des ventes, ou encore les études de marché[775]. Ces renseignements pourraient intéresser les commerçants concurrents. Cette information pourrait servir à développer une nouvelle stratégie de production ou de commercialisation ou à « *connaître les éventuelles faiblesses de son rival* »[776]. Ceci justifie que l'exploitant choisisse de maintenir ces renseignements sous le secret.

378. Dès lors, il faut réfléchir au fait que cette information doit être communiquée aux autorités. Au regard de l'obligation de traçabilité[777] les « *exploitants disposent des systèmes et procédures permettant de mettre*

---

[775] GALLOCHAT (A). *Op.Cit*, note n°771, p. 52.

[776] PORACCHIA (D). *Op.Cit*, note n°755, p. 20.

[777] Institué dans l'article 18§3 du règlement CE 178/2002.

l'information en question à la disposition des autorités compétentes, à la demande de celle-ci ». Or, les exploitants doivent communiquer cette information pour démontrer qu'ils ont mis en application l'obligation.

Plus largement, les exploitants ont l'obligation de communiquer sur les risques aux autorités et aux consommateurs. Conformément aux articles 19 et 20 du règlement CE 178/2002, lorsque l'exploitant a connaissance d'un risque ou le soupçonne, il doit transmettre cette information aux autorités et prendre les mesures de contrôle nécessaires ce qui implique aussi la communication du risque aux consommateurs. Cette obligation ne fait pas de distinction entre la nature de ces renseignements ou leurs modes de protection.

Or, si la présentation de ces renseignements constitue une condition à l'agrément ou à l'autorisation de la mise sur le marché de denrées, quelles sont les garanties de l'administration pour maintenir leur confidentialité ? Au regard de l'article 7§2 du règlement CE 882/2004 « *l'autorité compétente adopte les mesures nécessaires pour faire en sorte que les membres de son personnel soient tenus de ne pas révéler les informations obtenues dans l'exercice de leurs tâches de contrôle officiel et qui sont, par leur nature, couvertes par le secret professionnel dans des cas dûment justifiés. La protection du secret professionnel ne s'oppose pas à la diffusion par les autorités compétentes des informations visées au paragraphe 1, point b).»* Ainsi, en principe la législation prévoit la protection de l'information obtenue par les contrôles officiels.

Cependant, nous nous interrogeons sur le fait de savoir si les fonctionnaires peuvent effectivement assurer la confidentialité des dossiers et des secrets auxquels ils ont accès?[778] Si cette information est révélée, contre

---

[778] GALLOCHAT (A). *Op.Cit*, note n° 771, p. 61.

qui devrait-être envisagée l'action en responsabilité : contre l'État membre, contre la Commission dans le cas des contrôles communautaires ou contre le fonctionnaire ? Si les contrôles sont effectués par délégation de contrôles officiels, contre qui pourrait-agir l'entreprise affectée ? Là, il appartiendra à la jurisprudence de dire le droit.

Dans la perspective des autorités, nous nous interrogeons aussi sur l'accès réel que peuvent avoir les autorités à l'information concernant la maîtrise des risques qu'effectue l'exploitant. Ce dernier donnera-t-il dans tous les cas les informations pertinentes, même si ces renseignements contiennent des données désirées par la concurrence ? Si l'information issue de l'autocontrôle est soumise à une protection dans le cadre de la propriété industrielle, dans la mesure où elle est considérée comme un bien immatériel de l'entreprise, pourrait-on considérer qu'il s'agisse d'une « *privatisation de l'information* »[779] ? Pourrait-on justifier la protection de l'information de l'entreprise afin de ne pas provoquer des préjudices économiques, même si cela peut avoir des conséquences sur la protection de la santé publique ?

379. Il en résulte la nécessité d'établir un équilibre entre les intérêts privés et publics qui motivent l'obligation d'autocontrôle et les contrôles officiels. Concernant l'intérêt privé de l'exploitant, il s'agit d'une part, de protéger l'activité industrielle et de fomenter son développement. Pour cela, la protection des procédés, des méthodes et des outils de contrôle sanitaire de l'entreprise agroalimentaire s'avère être très importante du point de vue économique et managérial. D'autre part, il est indispensable que l'exploitant organise et développe ses propres moyens et méthodes de contrôle. Cela est

---

779 VIVANT (M). *Op.Cit,* note n°753, p. 366. Aussi, HILTY (M). *La privatisation de l'information par la propriété intellectuelle : problème et perspectives*. Introduction. IN, *Revue Internationale de Droit Economique*, 2006/4, t. XX, 4, p. 353-359. BUYDENS (M). *Remèdes à la privatisation de l'information par la propriété industrielle : le domaine technique.* IN, *Revue Internationale de Droit Economique*, 2006/4, t. XX, 4, p. 433-474.

cohérent avec la responsabilité primaire qui lui a été attribuée par la législation. La protection tant d'instruments de contrôle que de l'information qui résulte de la démarche de l'exploitant, pourrait être même considérée comme une conséquence logique de la mise en œuvre de l'obligation d'autocontrôle. La méconnaissance de la protection de ces instruments serait contradictoire à la responsabilité primaire de l'exploitant agroalimentaire.

Concernant l'intérêt public, la vérification de la sécurité des denrées par les autorités impose l'évaluation des renseignements liés à la mise en œuvre de l'obligation d'autocontrôle. Or, l'exploitant doit fournir les renseignements qui prouvent qu'il a effectivement accomplit ses obligations. C'est au regard de la protection de la santé publique et de la sécurité des personnes que la législation alimentaire a été dictée. Et c'est donc au regard de ces objectifs que l'obligation d'autocontrôle doit aussi être mise en œuvre.

Le contrôle de la sécurité des denrées s'avère être une action dans laquelle les exploitants et les autorités sont contraints de travailler ensemble. C'est à partir de l'information fournie par l'exploitant que les contrôles officiels sont effectués. L'autocontrôle est à la base du contrôle officiel ce qui impose un équilibre entre l'intérêt privé, particulier et l'intérêt public.

Les exploitants alimentaires se trouvent encore sous le choc d'une règlementation nouvelle. L'obligation d'autocontrôle, ainsi que les règles arrêtées dans les « *paquets* » d'hygiène et des contrôles, n'ont pas encore été complément assimilées par les exploitants. Ils sont en train de mettre en œuvre des systèmes renforcés et plus performantes d'autocontrôle. Le moment viendra où il va falloir protéger ces investissements logistiques et managériales. Les divers instruments de la propriété industrielle vont très vite être employés en tant que moyens de protection. C'est à ce moment là que le juge sera amené à fixer des règles visant l'équilibre entre les intérêts privés et les intérêts publics.

CONCLUSION DU TITRE II

380. L'analyse des effets de la mise en œuvre de l'obligation d'autocontrôle nous permet d'extraire deux enseignements principaux.

En premier lieu, nous venons de démontrer que la sanction de leur inexécution motive la rénovation du droit positif, déjà initiée par le règlement CE 178/2002. Les mécanismes classiques de mise en responsabilité, civile, pénale et administrative peuvent être utilisés dans la sanction de l'inexécution de cette obligation tout en donnant lieu à une réflexion sur les limites qu'ils peuvent présenter. Il s'agit donc de mettre en perspective les instruments de droit commun lors de l'application de cette obligation.

En second lieu, nous avons constaté que l'application de cette obligation pourrait faire l'objet de limitations à la lumière de la propriété industrielle. Ces limitations répondent à l'intérêt de l'exploitant de protéger l'investissement et les connaissances résultants de la mise en œuvre de l'autocontrôle. Or, la protection de l'intérêt privé de l'exploitant est confrontée à l'intérêt commun qui motive l'obligation d'autocontrôle. Le point d'équilibre sera à déterminer par le juge.

Par conséquent, nous pouvons affirmer que les effets de l'application ou de l'inexécution de l'obligation d'autocontrôle sont à l'origine d'une réflexion concernant à la fois le droit commun et le droit agroalimentaire. Cette réflexion s'oriente vers la considération de du contenu de l'obligation d'autocontrôle et de la pertinence des instruments propres du droit commun pour assurer son efficace application.

CONCLUSION DE LA SECONDE PARTIE

381. La mise en œuvre de l'obligation d'autocontrôle s'établie dans un contexte juridique caractérisé d'un côté, par les différentes modalités d'application et la liberté de moyens que la loi a accordée à l'exploitant, et d'un autre côté, ce contexte se caractérise par la sanction de l'inexécution à partir des règles de droit commun qui s'avèrent être limitées pour encadrer efficacement l'application de l'autocontrôle et des limites qui peuvent être imposées par l'exploitant lui-même lorsqu'il décide de protéger tant les instruments de contrôle que l'information qui résulte de sa gestion. Ces caractéristiques montrent donc les difficultés possibles à la mise en œuvre de cette obligation.

L'analyse des modalités de mise en application de l'autocontrôle instituées par la loi nous a permis de constater d'une part, que dans la mesure où la législation alimentaire définit la procédure de maîtrise de risques HACCP en tant que modalité de base de mise en œuvre de cette obligation, le contenu rigide de cette procédure rend difficile son application principalement pour les petits exploitants. D'autre part, nous avons démontré que les guides de bonnes pratiques sont privilégiés en tant que modalités légales de mise en œuvre de l'obligation d'autocontrôle. A cette fin, ils sont tenus comme obligatoires malgré le caractère « *volontaire* » que leur attribue la législation. Même si cette contradiction met en évidence l'objectif implicite de la législation alimentaire de promouvoir la responsabilisation des exploitants, elle manifeste aussi un manque de clarté.

D'autre part, l'étude des modalités volontaires issues de la liberté managériale et contractuelle de l'exploitant, telles que l'audit et la certification, nous a permis de déterminer qu'elles peuvent aussi être à l'origine de difficultés. Ces difficultés concernent l'objectivité de la vérification du résultat de la gestion de l'exploitant et les pratiques concurrentielles. Malgré l'utilisation courante de ces instruments par les exploitants, il est évidente, que dans les deux cas, la mise en œuvre de l'obligation pourrait être mise en cause tant à la lumière du conflit d'intérêts qui s'inscrit dans la réalisation des audits et des certifications que par les entraves qu'ils pourraient présenter au regard du développement de la concurrence sur le marché.

382. D'autres difficultés liées à la mise en œuvre de l'obligation d'autocontrôle se sont rendues également évidentes lors de l'étude de la sanction de l'inexécution et au regard de la protection que l'exploitant pourrait accorder aux instruments de contrôle et à l'information issue de sa démarche. Ainsi, nous avons constaté que même si la sanction de l'inexécution de l'obligation d'autocontrôle peut être effectuée par la voie du droit commun, on pourrait s'interroger sur le fait de savoir si cette obligation devrait comporter un régime autonome de sanction, compte tenu de la spécificité à la fois de l'aliment et de la sécurité sanitaire qui motive la mise en œuvre de cette obligation.

Il reste enfin les difficultés relatives à la protection dont pourrait faire l'objet les instruments utilisés par l'exploitant dans le contrôle de la sécurité des denrées ainsi que l'information issue de sa gestion. Tant les instruments de contrôle que l'information sur la maîtrise des risques, acquièrent aux yeux de l'exploitant une valeur économique qui justifie leur protection en tant que biens de l'entreprise, de même qu'ils sont indispensables au regard de la constatation que font les autorités officielles. Sur ce point, la mise en œuvre de l'obligation d'autocontrôle pourrait être mise en question, ce qui mérite une réflexion pour déterminer la conciliation entre le droit de l'exploitant de protéger ses valeurs entrepreneuriales et son obligation de contrôler les risques des denrées qu'il produit, de manière à assurer la santé des personnes.

CONCLUSION GENERALE

383. L'autocontrôle est établi comme une obligation dont l'objectif est de combler l'insuffisance du contrôle officiel pour contrôler la sécurité des denrées. Cette insuffisance a été mise en lumière pendant les crises sanitaires des années quatre-vingt dix, démontrant que l'action des autorités et des exploitants agroalimentaires ne permettait pas d'assurer l'innocuité des denrées. Ceci a motivé la redéfinition des rôles de ces acteurs dans la filière au regard de la sécurité des denrées.

La redéfinition de ces rôles a été effectuée en suivant l'approche de l'analyse des risques. Sur la base de cette approche, les activités d'évaluation, de gestion et de communication des risques se distinguent à partir de leurs objectifs. L'évaluation cherche l'identification et la caractérisation des risques, la gestion a pour but leur maîtrise et la communication vise l'information sur les risques. La législation définit qui sont les personnes chargées de mettre en œuvre chacune des étapes de l'analyse des risques. Il s'agit d'organiser un système de contrôle de la sécurité des denrées dans lequel tous les acteurs de la filière interviennent de manière efficace.

Les autorités ainsi que les exploitants réalisent des analyses de risques dans un sens large. Néanmoins, des activités spécifiques sont définies pour chacun de ces deux acteurs. Les exploitants sont d'abord tenus de maîtriser les risques. Ensuite, ils doivent communiquer sur la suspicion ou la connaissance des risques. Enfin, ils doivent mettre en œuvre des activités de retrait et de rappel qui comportent à la fois une communication et une gestion des risques face aux consommateurs.

Les autorités assument un rôle d'analyse des risques, de communication et principalement, de contrôle de l'application de la législation alimentaire. La redéfinition des rôles dans le système de contrôle a abouti à la responsabilisation de l'exploitant agroalimentaire. Celui-ci est donc tenu du contrôle de risques alimentaires.

384. C'est sur la base de cette responsabilisation qu'est établie l'obligation d'autocontrôle. Elle part du fait que l'exploitant est le responsable de la sécurité des aliments qu'il produit, qu'il transforme ou qu'il distribue, et donc que c'est à lui à que revient la contrainte de contrôler les risques propres à ses produits. C'est ainsi que s'impose l'obligation d'autocontrôle à l'exploitant agroalimentaire.

385. Cette étude a démontré que l'autocontrôle constitue une obligation autonome. Par rapport au contenu, on pourrait la rapprocher des obligations de conformité ou de sécurité. Cependant, à la différence de la première, l'obligation d'autocontrôle ne vise pas à éliminer le défaut qui peut rendre l'aliment impropre à l'usage prévu. De même, elle se distingue de l'obligation de sécurité par rapport à deux aspects. D'une part, elle réfère non pas aux dangers anormaux qui constituent les défauts de sécurité, mais aux risques liés aux aliments qui comprennent tant des dangers anormaux que normaux. D'autre part, elle ne poursuit non l'élimination des risques mais leur contrôle. Ainsi, l'obligation d'autocontrôle se distingue des obligations de sécurité et de conformité par son contenu.

La force de cette obligation réaffirme aussi son autonomie. L'autocontrôle ne constitue ni une obligation de moyens ni une obligation de résultat. L'exploitant n'accomplit cette obligation qu'en mettant des aliments sûrs sur le marché. Des moyens de contrôle doivent également être mis en œuvre. Or, l'objectif de cette obligation est double. Elle vise la sécurité des denrées, tout en imposant la réalisation d'un ensemble de moyens de maîtrise des risques. A cette fin, l'obligation d'autocontrôle est autonome au regard de la distinction des obligations de moyens et de résultat.

Cette autonomie a été constatée lorsque nous avons analysé l'objectif et le contenu de l'autocontrôle. L'objectif poursuivi est de contraindre les opérateurs agroalimentaires à maîtriser les risques de manière à rendre sûrs les aliments. De ce fait, l'autocontrôle est établi comme une obligation de l'exploitant agroalimentaire, selon laquelle, il est tenu non seulement de « *respecter* » la législation en mettant en œuvre l'ensemble des mesures de contrôle des risques, mais aussi de « *vérifier l'efficacité* » du contrôle sanitaire effectué. Cette vérification a lieu lorsque l'exploitant constate la sécurité des denrées.

Ce contenu vient d'ailleurs à conditionner les modalités de mise en œuvre. Elles doivent permettre à l'exploitant d'accomplir à la fois l'application de prescriptions de la législation et la vérification de l'innocuité des aliments. Nous avons ainsi démontré que la législation agroalimentaire accorde à l'exploitant une liberté des moyens, de manière qu'il puisse organiser librement son activité managériale tout en considérant la maîtrise des risques.

386. Nous pensons avoir prouvé que cette liberté de moyens est aussi à l'origine des limitations qui concernent la mise en œuvre de l'autocontrôle. L'obligation d'autocontrôle s'inscrit dans un contexte où l'intérêt de l'industriel, en termes de performance économique, est placé à côté de l'intérêt public qui lui ordonne la protection de la sécurité des personnes au regard des risques alimentaires. Dans la confrontation de ces intérêts, les moyens choisis par l'exploitant pour exécuter cette obligation peuvent devenir paradoxalement des limites à la mise en œuvre de cette même obligation.

Or, nous considérons que cette étude de l'obligation d'autocontrôle n'est pas définitive. Nous avons analysé dès ses origines à ses possibles limites. Nous avons fait ressortir son existence et son développement récent, dans un domaine du droit économique également en évolution : celui du droit agroalimentaire.

Toutefois, des précisions seront nécessaires à l'avenir, lorsque peu à peu cette obligation sera complètement mise en application. Ces précisions concernent principalement l'évolution du régime de sanction et les limitations envisageables à la mise en œuvre de cette obligation, issues de la protection accordée par le droit de la propriété industrielle. Des analyses juridiques complémentaires deviendront donc nécessaires.

BIBLIOGRAPHIE

1. Ouvrages généraux, Traités, Manuels, Dictionnaires

BELLISENT (J). *Contribution à l'analyse de la distinction des obligations de moyens et des obligations de résultat.* Paris : L.G.D.J.2001.

BENABENT (A). *Les contrats spéciaux civils et commerciaux.* Paris : Montchrestien. 8ème éd. 2008.

BENABENT (A). *Droit Civil : Les obligations.* Paris : Montchrestien. 11ème éd. 2007.

BERNAULT (C), CLAVIER (J-P). *Dictionnaire de droit de la propriété intellectuelle.* Paris : Ellipses, 2008.

BIGOT (J). *Traité de droit des assurances.* t.1, *Entreprises et organismes d'assurance,* L.G.D.J, 2ème éd. 1996.

- *Traité de droit des assurances.* t.2, *L'intermédiaire de l'assurance,* L.G.D.J, 2ème éd. 2009.

- *Traité de droit des assurances.* t.3, *Le contrat d'assurance,* L.G.D.J, 2002.

- *Traité de droit des assurances.* t.4, *Les assurances de personnes,* L.G.D.J, 2007.

BOULOUIS (J), FASQUELLE (D), CHEVALLIER (R-G), BLANQUET (M). *Les grands arrêts de la jurisprudence communautaire.* Paris : Dalloz. 5ème éd. 2002.

BOUTONNET (M). *Le principe de précaution en Droit de la responsabilité civile.* Paris : LGDJ, 2005, p. 695.

BOY (L). *Droit économique.* L'Hermes, Vol.1, 2002.

BOY (L) RACINE (J.B), SIIRIAINEN (F). *Sécurité juridique et droit économique.* Bruxelles: Lancier, 2008.

CALAIS-AULOY, (J), STEINMETZ, (F). *Droit de la consommation.* 7ème éd. Paris: Dalloz, 2006.

CAPITANT (H), MAZEAUD (H.L) TUNC (A). *Traité théorique et pratique de la responsabilité civile délictuelle et contractuelle*, t. I, Montchrestien, 6ème éd. 1965.

CARBONNIER (J). *Droit Civil : Les obligations.* Paris : P.U.F. Collection Quadrige. Ed. refondue 2004.

- *Flexible droit.* Paris : L.G.D.J, 10ème édition, 2001.

CHADEFAUX (M). *L'audit fiscal*. Paris : Litec, 1987.

CHAVANNE (A), BURST (J-J). *Droit de la propriété industrielle.* Paris-Dalloz, 5ème éd. 1998, §614 et ss.

CHAUMET (F). *Les assurances de responsabilité de l'entreprise,* L'argus de l'assurance, 4ème éd. 2008.

CLUZEL-METAYER (L). *Le service public et l'exigence de qualité.* Paris : Dalloz. 2006, §53

COLLART DUTILLEUL, (F) et DELEBECQUE, (P). *Contrats civils et commerciaux.* 8ème éd. Paris: Dalloz, 2007.

CORNU, (G). (sous la direction de), Association Henri Capitant. *Vocabulaire Juridique.* 8ème édition, Paris: Quadrige, Presses Universitaires de France, 2007.

- *Linguistique juridique.* Paris : Montchrestien. 3ème éd. 2005.

COULON (C). *L'obligation de surveillance*. Paris: Economica. 2003.

COURET (A), IGALENS (J) ET PENAN (H). *La Certification.* Paris : Presses Universitaires de France. 1995, Collection Que sais-je?, n°3006, p. 114.

COZIAN (M), VIANDIER (A), DEBOISSY (F). *Droit des sociétés.* 17ème édition. Paris: LexisNexis, 2002.

DEMOGUE (R). *Traité des obligations en général.* Paris : Éditions Rousseau. T.V.1925.

DESCHÉ (B). *La vente.* (GHESTIN (J), Sous la direction de) Paris : L.G.D.J, 1990.

DUHEM (J), JAMMES (M). *Audit & gestion fiscale de l'entreprise*. Paris : EFE, Édition formation entreprise, 1996.

FABRE-MAGNAN (M). *De l'obligation d'information dans les contrats.* Paris : L.G.D.J, 1992.

- *Droit des obligations 2. Responsabilité civile et quasi-contrats.* P.U.F. 2007.

FINES (F). *Etude de la responsabilité extracontractuelle de la Communauté Economique Européenne.* Paris : L.G.D.J, 1990.

FLOUR (J), AUBERT (J-L), SAVAUX (E). *Droit civil- Les obligations- L'acte juridique.* Paris : Sirey, 13ème éd. 2008.

- *Droit civil. Les obligations. 2. Le fait juridique.* Paris : Sirey, 13ème, 2009.

FLOUR (J), AUBERT (J-L), SAVAUX (E), FLOUR (Y). *Droit civil. Le rapport de l'obligation.* Paris : Sirey, 6ème, éd. 2009.

FONTAINE (M). *Les effets du contrat à l'égard des tiers. Comparaisons franco-belges.* (GHESTIN (J), Sous la direction de), Paris : L.G.D.J, 1992.

FOUCHER (K). *Principe de précaution et risque sanitaire.* Paris : L'Harmattan, 2002.

FOYER (J), VIVANT (M). *Le droit de brevets.* Paris : PUF, 1991.

FROSSARD (J). *La distinction des obligations des moyens et des obligations de résultat.* Paris : L.G.D.J, 1965.

GAMBELLI (F). *Aspects juridiques de la normalisation et de la réglementation technique européenne.* Paris: Ed. Eyrolles, 1994.

GAUMONT-PRAT (H). *Droit de la propriété intellectuelle.* Paris : Lexis-Nexis, 2009.

GIUDICELLI-DELAGE (G), DELMAS-MARTY (M), LAMBERT-ABDELGAWAD (E). *L'harmonisation des sanctions pénales en Europe.* Paris: Société de Législation comparée. 2003.

GODARD (O), HENRY (C), LAGADEC (P), MICHEL-KERJAN (E). *Traité des nouveaux risques. Précaution, risque, assurance.* Paris : Ed. Gallimard. Coll. Folio actuel, n°100, 2002.

GOUBEAUX (G). *Traité de Droit Civil. Introduction générale.* (GHESTIN (J), Sous la direction de) Paris : L.G.J.D, 4ème éd.1994.

HEUZÉ (V). *Traité des contrats. La vente internationale de marchandises.* (GHESTIN (J), Sous la direction de), L.G.D.J, 2000.

HIRSH (M). *Ces peurs qui nous gouvernent. Sécurité sanitaire: faut-il craindre la transparence ?* Paris : Alban Michel. 2002.

HONORAT (J). *L'idée de l'acceptation des risques dans la responsabilité civile.* Paris: L.G.D.J, 1969.

HUET (J). *Les principaux contrats spéciaux.* Paris : L.G.D.J, 1996.

JACQUET (J-M), DELEBECQUE (P), CORNELOUP (S). *Droit du commerce international.* Paris : Dalloz, 2007.

JADOT (B), OST (F). *Elaborer la loi aujourd'hui, mission impossible ?* (Sous la direction de), Bruxelles : Publications des Facultés universitaires Saint-Louis.1999.

JAMIN (CH), BILLIAU (M). *Les effets du contrat.* (GHESTIN (J). Sous la direction de) Paris : L.G.D.J, 2001.

KOURILSKY, (P) et VINEY, (G). *Le principe de précaution. Rapport au Premier ministre.* Paris : La Documentation Française, Éditions Odile Jacob, 2000.

KRAJESKI (D). *Intuitus personae dans les contrats.* Toulouse : Imprimerie La Mouette, 2001.

LALANDE, (A). *Vocabulaire technique et critique de la philosophie.* Paris : PUF, Coll. Quadrigue, 1992. p. 692.

LAMBERT (T). *Contrôle fiscal: principes et pratiques.* Paris : Economica. 1988.

LARROUMET (Ch). *Droit civil- Les Obligations : le contrat, t.3, vol, 1, Conditions de la formation,* Paris: Economica. Collection Droit Civil, 6ème éd, 2007.

- *Droit civil. Les obligations. Le contrat, t. 3, vol 2, Effets,* Economica, 6ème éd. 2007.

- *Droit civil. Introduction à étude du droit privé.* Economica, 5ème éd. 2006.

LASCOUMES (P), CALLON (M), BARTHE (Y). *Agir dans un monde incertain, essai sur la démocratie technique.* Paris: Ed Seuil, coll. La couleur des idées, 2001.

LE TOURNEAU (P). *Droit de la responsabilité et des contrats.* Dalloz action, 7ème éd. 2009.

- *Responsabilité des vendeurs et fabricants.* Dalloz, 3ème éd. 2009.

MAGNIN (F). *Le know-how et la propriété industrielle.* Paris : Litec, 1974.

MALAURIE (Ph), AYNES (L) GAUTIER (P-Y). *Les contrats spéciaux.* Paris : Défrénois. 3ème éd. 2007.

MALAURIE (Ph), AYNES (L), STOFFEL-MUNCK (Ph). *Les obligations.* Paris : Défrenois. 4ème éd, 2009.

MALAURIE-VIGNAL (M). *Droit de la distribution.* Paris : Sirey- Université, 2006, p. 225.

MARTIN (A-C). *L'imputation des risques entre cocontractants.* Paris : L.G.D.J, 2009, 382 p.

MARTY (G), RAYNAUD (P). *Droit civil- Les obligations : les sources*. Paris : Sirey. T.I., 1956, n°534 et ss. p. 657.

MAZEAUD (H), MAZEAUD (L), MAZEAUD (J), CHABAS (F). *Leçons de droit civil. Obligations: théorie générale.* Paris : Montchrestien. 9ème éd, T. II, vol. I. 1998,

MAZEAUD (H), MAZEAUD (L), MAZEAUD (J), CHABAS (F). *Sûretés. Publicité foncière.* Paris : Montchrestien. 7ème éd, assurée par PICOD (Y),1999.

MAZEAUD (H), MAZEAUD (L). *Responsabilité civile*, t. 3, vol. 2, Montchrestien, 6ème éd, 1983.

MAZEAUD (H), MAZEAUD (L). *Traité théorique et pratique de la responsabilité civile délictuelle et contractuelle.* Paris : Sirey, t. 1, t.2, 1938.

MILHAC (O). *La notion de condition dans les contrats à titre onéreux*. Paris : L.G.D.J, 2001.

MOMMSEN, (T), MARQUARDT (J), KRUGER (P). *Le droit pénal romain.* Paris : Ancienne Librairie Thorin et Fils, 1907.

MOUSSERON (J.M). *Technique contractuelle.* Paris: Ed. Lefebvre. 2ème éd. 1999, p. 737.

MOUSSERON (J-M). SCHMIDT (J), VIGAND (P). *Traité des brevets.* Paris : CEIPI-LITEC, 1984.

OUDOT (P). *Le risque de développement. Contribution au maintien du droit à la réparation.* Dijon : Editions Universitaires de Dijon, 2005.

OGUS. (A.) *Economie du droit: les cas français*, Ed. Panthéon Assas, 2002.

OST, (F) et VAN DE KERCHOVE, (M). *De la pyramide au réseau?* Bruxelles : Publications des Facultés Universitaires Saint –Louis, 2002.

PERELMAN (CH). *Logique juridique.* Paris : Dalloz, 2ème éd. 1999.

PENNEAU, (A). *Règles d'art et normes techniques*. Paris : LGDJ, 1989.

PERETTI (J-M), VACHETTE (J.L). *L'audit social.* Paris : Éd. d'organisation, 1987.

QUOC –DINH, (N), DAILLER (P), PELLET, (A). *Droit international public.* Paris: Libraire générale de droit et de jurisprudence (LGDJ). 7ème éd. 2002.

RAVALEC (J.P). *L'audit social et juridique.* Paris: Ed. Montchrestien, 1986.

REIM (F). *La notion de transparence dans le droit de la concurrence.* Paris : L'Harmattan. 2002.

RENARD, (J), CHAPLAIN, (J-M), GALLOIS, (L). *Théorie et pratique de l'audit interne.* Paris : Éditions d'Organisation 6ème éd. 2006.

ROLAND (H), BOYER (L). *Droit civil-Les obligations-Contrat.* Paris-Litec. T. II, 6ème, 1998.

RONTCHEVSKY (N). *L'effet de l'obligation.* Paris : Econommica, 1998.

SAVATIER (R). *Traité de la responsabilité civile.* Paris : L.G.D.J, t. I, 2ème éd. 1951.

SCHICK, (P) EVRAERT, (S) VERA (J). *Memento d'audit interne.* Paris : DUNOD. 2007, 1 vol.

SCHMIDT-SZALEWSKI (J), PIERRE (L). *Droit de la propriété industrielle.* Paris : Litec, 3ème éd, 2003.

SCHMIDT-SZALEWSKI (J). *Droit de la propriété intellectuelle.* Paris: Dalloz. 7ème éd, 2009. p. 8.

STARCK (B), ROLAND (H), BOYER (L). *Les Obligations, 2. Contrat,* Litec, 6ème éd.1998.

TERRE (F), SIMLER (P), LEQUETTE (Y). *Les obligations*, Dalloz, 10ème éd. 2009.

TUNC (A), *Responsabilité civile*, Economica, 2ème éd., 1990.

VINEY (G), JOURDAIN (P). *Introduction à la responsabilité.* Paris : L.G.D.J. 3ème éd, 2008.

VINEY (G), JOURDAIN (P). *Les conditions de la responsabilité.* Paris: L.G.D.J. 3ème éd. 2006.

VINEY (G), JOURDAIN (P). *Les effets de la responsabilité.* Paris: L.G.D.J. 3ème éd. 2006.

VIOLET (F). *Articulation entre la norme technique et la règle de droit.* Marseille: Presses Universitaires d'Aix Marseille, Faculté de droit et science politique, 2003.

VIRASSAMY (G), BEHAR-TOUCHAIS (M). *Les contrats de la distribution*. Paris : L.G.D.J. 1999, p. 783.

WILLEMS (P). *Droit public romain : depuis l'origine de Romme jusqu'à Constantin Le Grand. Les antiquités romaines envisagées au point de vue des institutions politiques.* Louvain : Peeters éd. 1872.

2. Articles

ALEMANO (A). *Le principe de la reconnaissance mutuelle au-delà du marché intérieur : phénomène d'exportation normative ou stratégie de « colonialisme » réglementaire ?*. IN, *Revue de Droit de l'Union européenne,* n°2, 2006, p. 273-309.

ANTONA (J-P). *L'audit social.* IN, *LPA*, n°108, 1985, p. 57.

AUTIN (J-L). *Réflexions sur l'usage de la régulation en droit public*. IN, *La régulation entre droit et politique.* p.14.

BOY (L) *Normes techniques et normes juridiques*. IN, *La normativité. Cahiers du Conseil constitutionnel*, n° 21, 2006, p. 119-126.

- *La valeur juridique de la normalisation.* IN, *Les transformations de la régulation juridique.* Sous la direction de CLAM (J), MARTIN (G). Paris : L.G.D.J. 1998, p. 183 et ss.

- *Les ambigüités de l'élaboration internationale de la normalisation (l'exemple de l'agroalimentaire.* IN, *Droit et négociations internationales. Las prise en compte des aspects scientifiques et économiques.* Paris : INRA, 1999, n°16, p. 52

- *Les liens entre la norme technique et la norme juridique en droits communautaire et international.* IN, *Les enjeux de normalisation technique international, entre environnement, santé et commerce international.* Sous la direction de BROSSET (E) et TRUILHE-MARENGO (E). Paris : La documentation française, 2006, p. 57.

- *Normes.* IN, *Revue International de Droit Économique (RIDE)*. 1998, n°2, 129.

BRUN (Ph), JOURDAIN (P). *Responsabilité civile*. IN. *Recueil Dalloz*, 2007 juillet, 2006 - juin 2007. p. 2897

BRUN (Ph). *La directive du 25 juillet 1985, le législateur français et la Commission européenne: propos désabusés sur la réalisation d'un marché de dupes*. IN, *Mélanges B. Dutoit, Droz*, Genève, 2002, p. 21.

BUYDENS (M). *Remèdes à la privatisation de l'information par la propriété industrielle : le domaine technique*. IN*, Revue Internationale de Droit Economique*, 2006/4, t. XX, 4, p. 433-474.

CALAIS-AULOY (J). *L'attente légitime : une nouvelle source du droit subjectif ?* IN, *Mélanges en l'honneur d'Yves Guyon.* Paris : Dalloz, 2003, p. 171-181.

- *Ne mélangeons plus conformité et sécurité.* IN, *D.* 1993. p. 130.

- *Les rapports entre la Directive de 1985 sur la responsabilité du fait des produits et celle de 1992 concernant la sécurité des produits.* IN, *RED Consom.* 1994, 159-165.

CALENDINI (J.M). *L'audit contentieux. Un exemple d'audit juridique.* IN, *Petits affiches*, n°. 108, 1985 p, 43.

CHAMPIGNEULLE-MIHAILOV (J). *Les conflits à l'utilisation des normes par les professionnels.* IN, *LPA, Aspects juridiques de la normalisation technique,* févr. 1998, n°18, p. 21, sur normes et marques de certification, §III et p. 27, sur la protection de la crédibilité de la certification.

CHEVALLIER (J). *De quelques usages du concept de régulation.* IN, *La régulation entre droit et politique.* Sous la direction de MIAILLE (M). Paris : L'Harmattan, 1995, p. 71 et ss.

COLIN (P). *L'audit juridique externe d'une entreprise.* IN, *Petits affiches,* n°108, 1985.

COLLART-DUTILLEUL (F), BORGUETTI (J-S), BOUGNICOURT (J-Ph). *Le droit de la responsabilité à l'épreuve du droit spécial de l'alimentation: premières questions.* IN, *Recueil Dalloz,* 2010, p. 1101.

DAVIS (A). *La directive relative à la sécurité générale des produits.* IN, *RED Com*, 1992, 132-135.

DEFFERRARD (F). *Une analyse de l'obligation de sécurité à l'épreuve de la cause étrangère.* IN, *D.* 1999, chron, 364.

DELEBECQUE (PH). *La dispersion des obligations de sécurité dans les contrats spéciaux.* IN, *Gaz.Pal.*1997, p. 1184.

DESCOTTE (R). *Gestion du personnel : audit ou diagnostique ?*, IN, *Petits affiches*, n°. 108, 1985, p. 19.

DESFOUGÈRES (E). *Le renforcement de la sécurité lié à l'adoption du premier contrat type en matière de transport routier de personnes.* IN, *Revue de droit des transports*, n° 1, Janvier 2009.

DEYSINE (J-P) L'*audit juridique, audit et auditeur.* Pour une définition. IN, *Petits affiches,* n°. 108, 1985, p. 11.

DUPONT (E). *La normalisation : une profonde évolution du contenu, des acteurs, des enjeux.* IN, *Enjeux,* n°137, septembre 1993, p.41.

ESMEIN (P). *L'idée de l'acceptation des risques en matière de responsabilité civile. Revue internationale de droit comparé.* 1952, Vol.4, No.4, p. 683-691, spécialement p.687.

- *L'obligation et la responsabilité contractuelle.* IN, *Le Droit privée français au milieu du XXème siècle. Etudes offerts à Georges Ripert.* T. II, Paris : L.G.D.J. 1950, p..

- *Remarques sur de nouvelles classifications des obligations.* In, *Etudes de droit civil à la mémoire d'Henri Capitant.* Dalloz, Paris, 1939, p.

FARJAT (G). *Le droit économique et l'essentiel (pour un colloque sur l'éthique).* IN, *Revue internationale de droit économique.* 1/2002 (t. XVI, 1), p. 153-166, spécif. 161.

- *Nouvelles réflexions sur les codes de conduite privée.* IN, *Les transformations de la régulation juridique.* Sous la direction de CLAM (J) et MARTIN (G). Paris : L.G.D.J, 1998, p. 164.

- *Réflexion sur les codes de conduite privés.* IN, *Le droit des relations économiques internationales, Mélanges offerts à Berthold Goldman*. Paris: Litec, 1987.

FELDMAN (J-Ph). *Le trouble voisinage du principe de précaution sur l'arrêt de la cour de Versailles du 4 février 2009, Bouygues Télécom c/ Lagouge.* IN, *Recueil Dalloz*, 2009 p. 1369.

FERRY (N). *Un nouvel aspect de l'audit : l'audit contractuel de l'entreprise.* IN, *Petites affiches*, 1985, p. 52.

GALLOCHAT (A). *L'industrie face au secret.* IN, *La propriété industrielle et le secret.* Paris : LITEC. Collection du CEIPI, Librairies techniques 1996, no. 40, p. 60.

GAMBELLI (F). *Définitions et typologies des normes techniques.* IN, *LPA, Aspects juridiques de la normalisation technique,* 1998, n°18, p.5.

GARCIA (F). *L'obligation de collaboration des entreprises en matière de sécurité des produits. Eléments d'un renouveau de la responsabilité civile par le droit communautaire.* IN, Revue de la Recherche Juridique. Droit prospectif. 2010, *à paraître.*

GAVALDA (CH). *Le secret des affaires.* IN, *Mélanges R.Savatier*, 1964, p. 291-316, spécif. 293.

GHESTIN (J). *Le nouveau titre IV bis du Livre III du Code civil " De la responsabilité du fait des produits défectueux. L'application en France de la directive du fait des produits défectueux après l'adoption de la loi n°98-389 du 19 mai 1998. JCP éd. G* 1998, I, n° 148.

\- *Normalisation et contrat.* IN, *Le droit de normes professionnelles et techniques. Commission Droit et vie des affaires,* Université de Liège. Colloque Spa-Balmoral, 1983. Suisse : Bruxelles: éd. Bruylant, 1985, p. 493.

GOHIN (A). *La sélection des produits agricoles sensibles : le cas européen.* IN, *Revue d'études en agriculture et environnement,* n°87, 2008, p.49-76.

GONI (Ph). *La responsabilité pénale de l'agriculteur du fait de ses produits.* IN. *Revue de droit rural,* n° 276, octobre 1999, p. 457.

GONZALEZ VAQUE (L). *L'arrêt Commission/Allemagne du 15 novembre 2007 : la Cour précise les contours des définitions de « denrée alimentaire » et de « médicament ».* IN, *Revue du droit de l'Union européenne,* n°2, 2008.

GRENARD (A). *Normalisation, certification : quelques éléments de définition.* IN, *Revue d'économie industrielle. Vol. 75. 1er trimestre 1996.*

GUYENOT (J). *Typologie des fonctions de l'audit juridique dans ses rapports avec l'entreprise.* IN, *LPA,* n°. 108, 1985 p. 29.

HERMITTE, (M-A) et DORMONT, (D). *Propositions pour le principe de précaution à la lumière de l'affaire de la vache folle.* IN, KOURILSKY, (P) et VINEY, (G). *Le principe de précaution. Rapport au Premier ministre.* Paris : La Documentation Française, Éditions Odile Jacob, 2000, p. 350 annexe 3, p. 341-386.

HILTY (M). *La privatisation de l'information par la propriété intellectuelle: problème et perspectives. Introduction.* IN, *Revue Internationale de Droit Economique*, 2006/4, t. XX, 4, p. 353-359.

IACONO (G). *La certification d'assurance qualité : De nouvelles questions pour le Droit*? IN, *Revue Internationale de Droit Économique*, n°63, 1994, p. 63.

JOURDAIN (P). *Commentaire de la loi n°98-389 du 19 mai 1998 sur la responsabilité du fait des produits défectueux.* IN, *JCP éd. E* 1998, p. 1204, obs.

JOURDAIN (P). *Commentaire de loi n°98-389 du 19 mai 1998 sur la responsabilité du fait des produits défectueux.* IN, *JCP, éd. E,* 1998, p.1204-1215 n°30.

JOURDAIN (P). *L'obligation de sécurité: à propos de quelques arrêts récents.* IN, *Gaz. Pal.* 24 sept. 1993, p. 6.

JOURDAIN (P). *Obligation de sécurité : la valse hésitation de la Cour de cassation.* IN, *RTD Civ.* 1998, p. 116.

JOURDAIN (P). *Risque et préjudice (suite) : réparation au titre de troubles du voisinage du préjudice généré par la présence d'antennes relais de téléphonie mobile.* IN, *RTD Civ.* 2009, p. 327.

JOURDAIN (P). *Risque et préjudice : indemnisation des pertes de revenus volontairement subies par des salariés pour échapper à la réalisation du risque créé par l'exposition à l'amiante (Paris, 18e ch. C, 18 sept. 2008, SA ZF Masson et autres c/ Roca et autres, n° 07/00454).* IN, *RTD Civ.* 2009, p. 325.

JOURDAIN (Ph). *Les dépenses destinées à prévenir un risque de dommage constituent un préjudice réparable (Civ. 2e, 15 mai 2008, Billy c/ Valmory, n° 07-13.483.* IN, *RTD Civ.* 2008 p. 679.

LE TOURNEAU (Ph). *Contrats et obligations. Classification des obligations- Principe de la distinction des obligations de moyens et des obligations de résultat.* IN, *J-CL. Civ* Art. 1136 à 1145, Fasc. 20.

LEDOUBLE (D). Pour une théorie de l'audit juridique. IN, *LPA,* n°. 108, 1985, p.21.

LEMOINE (P). *La loyauté de la preuve (à travers quelques arrêts récents de la chambre criminelle.* IN, *Rapport annuel 2004,* spécif. II, sur la loyauté des preuves produites par les parties.

LEQUESNE (C). *La transparence vice ou vertu des democraties [sic]? IN, La transparence dans l'Union Européenne : Mythe ou principe juridique ?* Paris: L.G.D.J, 1999, p. 11.

LEVENEUR (J). *Le défaut. Colloque sur la responsabilité du fait des produis défectueux.* IN, *LPA,* décembre 1998, p. 28-36, n°6.

LIOTART(I). *Les brevets sur les méthodes commerciales: états de lieux et perspectives économiques.* IN, *Propriété intellectuelle.* Avril 2004, n°11, p. 1-16, spécif. 2.

LORVELLEC (L) et COLLART DUTILLEUL, (F). *L'évolution de la pédagogie du droit.* IN, *Mélanges en l'honneur de Henry Blaise,* Económica, 1995.

LORVELLEC (L). *L'enseignement du droit rural dans les établissements français d'enseignement supérieur.* IN, *RD rur* 1991, n° 191.

- *L'Alma mater au prétoire, la responsabilité des facultés de droits aux Etas-Unis d'Amérique.* IN, *Revue Justices,* 1996, n°5.

MANIET (F). *La transposition de la Directive 92/59 relative à la sécurité générale de produits dans les Etats membres de l'Union Européenne.* IN, *RED Consom.* 1997, p. 176.

MARTON (G). *Obligations de résultat et obligations de moyens.* IN, *RTD Civ.* 1935, 499 à 543.

MASCALA (C). *Accidents de gare: le « déraillement » de l'obligation de sécurité.* IN, *D.* 1991 p. 80.

MATTERA (A). *L'arrêt « Cassis de Dijon » : une nouvelle approche pour la réalisation et le bon fonctionnement du marché intérieur.* IN, *Revue du Marché Commun, 1980, p. 505.*

- *L'article 30 du Traité CE, la jurisprudence Cassis et le principe de la reconnaissance mutuelle.* IN, *Revue du Marché Unique Européen,* n°4, 1992, p. 13.

- *L'arrêt « fois gras » : porteur d'une nouvelle impulsion pour le perfectionnement du Marché unique européen.* IN, *Revue de droit de l'Union européenne,* n°4, 1998, p. 17.

- *Le principe de la reconnaissance mutuelle et le respect des identités et des traditions nationales, régionales et locales.* IN, *Mélanges Jean-Victor Louis,* Bruylant, 2004, p. 287.

MATHELY (P). *Marques collectives et de certification.* IN, *Mélanges offerts à Albert Chavanne.* Paris : Litec, 1990, 241-243, spécif. p. 242

MAURY (F). *Réflexions sur la distinction entre obligations de moyens et obligations de résultat. RRJ*, 1998, 1243 à 1255.

MAZEAUD (H). *Essai de classification des obligations : Obligations contractuelles et extracontractuelles ; obligations déterminées et obligation générale de prudence et diligence.* IN,*RTD civ.* 1936, 1 à 58.

McMILLAN (J). *Qu'est que c'est la normalisation.* IN, *Revue du marché commun.* 1985, n°284, p. 93.

MONTUREUX (M). *L'Europe des normes et de la certification.* IN, *Enjeux,* avr.1990, p. 55.

MOUSSERON (J-M). *Aspects juridiques du Know-How.* IN, *Le Know-How.* Cahiers de droit de l'entreprise, n°1, 1972, p. 2.

MOUSSERON (J-M). L'audit de la propriété industrielle. IN, *Petits affiches,* 1985, n°. 108.

NGUYEN-THANH BOURGEAIS (D). *La certification des produits industriels et des services.* IN, *Contrats, conc. consom. D.* 1996, Chron. 355.

NGUYEN-THANH BOURGEAIS (D). *La normalisation.* IN, *JCL Conc. Consomm.* 1990, Fasc. 530.

PAISANT (G). *L'obligation de sécurité et le droit de la consommation. Gaz. Pal.* n° spécial: «*L'obligation de sécurité* » 23 septembre 1997, p. 1189-1195, n°9. *Doctr.* 15.

PANHALEUX (L). *Le devoir d'information juridique.* IN, *Revue juridique de l'Ouest*, 1990, n°2, p. 134 et s. 154.

PENNEAU (A), PERINET-MARQUET (H). *La certification de produits et de services dans le domaine de la construction.* IN, *Etude pour le ministère de l'équipement des transports et du logement*. Janvier 2004, 92 p.

PENNEAU (A). *Les nouveaux aspects des limites de la normalisation.* IN, *JCP*, 1996.

PERNOLLET (J). *Le processus d'élaboration des normes techniques aux plans national, communautaire et international.* IN, *Petits Affiches, Aspects juridiques de la normalisation technique*. 1998, n°18, p.12.

PIRE (V). *La Directive 2001/95/CE du Parlement européen et du Conseil du 3 décembre 2001 relative à la sécurité générale des produits.* IN, *RED. Consom. 2001 ,245-267.*

PLANCQUEEL (A). *Obligations de moyens, obligations de résultat- Essai de classification des obligations contractuelles en fonction de la charge de la preuve en cas d'inexécution.* IN, *RTD civ.* 1972, p. 334 à 340.

PONTIER (J-M). *La certification, outil de la modernité normative*. IN, *Recueil Dalloz Sirey,* 1996, n°41, Chronique, p.356.

PORACCHIA (D). *La protection juridique des secrets de l'entreprise.* IN, *Dr. et patrim.*, Pratique des affaires. No. 85, Septembre, 2000, p. 20.

RACINE (J-B). *Normalisation, certification et droit de la concurrence.* IN. *Revue international de droit économique*. 1998, n°2, p. 147 et ss.

REN (J). *La transposition et la mise en œuvre des dispositions de l'OMC en faveur de la santé publique : le cas du droit chinois.* IN, *Revue internationale de droit comparé.* Paris : n°1, 2008.

RODIERE, (R). *Le régime légal de l'obligation de sécurité due par les transporteurs à leurs voyageurs.* IN, *JCP,* 1952, I. 997, n°30 et s.

ROYON (M). *L'émergence de systèmes nationaux de normalisation. Certification et leur connexion internationale*. IN, Revue internationale de droit économique. 1999, p. 107.

SAINT-ALARY (R). *Rapport sur le secret des affaires en droit français*. IN, *Le secret et le droit.* Travaux de l'Association H. Capitant, Dalloz, 1976, p. 264. Plus largement,

STOFFEL-MUNCK (Ph). *La théorie des troubles du voisinage à l'épreuve du principe de précaution: observations sur le cas des antennes relais*. IN, *Recueil Dalloz* 2009 p. 2817.

SUPIOT (A). *Du nouveau au self-service normatif : la responsabilité sociale des entreprises*. IN, *Analyse juridique et valeurs en droit social : mélanges en l'honneur de Jean Pélissier.* Paris : Dalloz, p. 541-558.

TESTU (F-X), MOIRTY (J-H). *La responsabilité du fait des produits défectueux. Commentaire de la loi 98-389 du 19 mai 1998.* IN, *D. Affaires*, suppl. au n°125, 1998, p. 3-18, n°16.

THOMAS (C). *La distinction des obligations de moyens et de résultat.* IN, *Rev. crit. lég. et jur.* 1937, 636 à 656.

TIMSIT (G). *Normativité et régulation*. IN, *La normativité. Cahiers du Conseil constitutionnel*, n° 21, 2006, p. 127- 132.

TUNC (A). *La distinction des obligations de résultat et des obligations de diligence.* IN, *JCP* 1945, I, 499.

VAVER (D). *Des conceptions divergentes de la brevetabilité. Les méthodes d'affaires (business methods).* IN, *Protéger les inventions de demain. Biotechnologies, logiciels et méthodes d'affaires.* Paris : INPI, La documentation française, 2003, p. 287.

VINEY (G) *L'introduction en droit français de la directive communautaire du 25 juillet 1895 relative à la responsabilité du fait de produits défectueux ».* In, *D.*1998, p. 291-299, n°12.

VINEY (G). *L'indemnisation des atteintes à la sécurité des consommateurs.* IN, *Sécurité des consommateurs et responsabilité du fait des produits.* Colloque de l'Université de Paris I, LGDJ, 1987, p. 71.

VIOLET (F). *Articulation entre la norme technique et la règle de Droit.* Presses Universitaires d'Aix-Marseille : Marseille, 2003.

VIVANT (M). *Invention et business methods.* IN, *Protéger les inventions de demain. Biotechnologies, logiciels et méthodes d'affaires*. Paris : INPI, La documentation française, 2003, p.96.

VIVANT (M). *La privatisation de l'information par la propriété intellectuelle*. IN, *Revue international de droit économique*, 2006/4, t. XX, p. 361-388.

3. Chroniques, notes et observations

AZEMA (J), note sous Paris, 13 décembre 1990, *RTD com* 1992, p. 177.

BOULOC (B), note sous Cass. Crim. 9 mars 1999, *RTD com*, 1999, n°997.

BOULOC (B), note sous Cass. crim 7 avril 1999, *RTD com.* 1999, n° 997.

BOULOC (B), note sous, Cass. crim. 9 mars 1999, *RSC, 1*999, n°809.

BOULOC (B), obs. sous, Cass. crim. 6 avril 2004, *RTD com* 2004, n° 829.

BRUN (P), note sous Commission c. France, affaire n° C-52/00, *RDC* 2003, chron. p. 107.

CALAIS-AULOY (J), obs. sous CJCE, 25 avril 2002, Commission c. France, affaire n° C-52/00, *D.* 2002, p. 2458.

CARTOU, (L) obs. sous, CJCE, 11 mai 1989, Aff. 25/88, Veuve Bouchara et Sté Norlaine, MM. O. Due. Van Gerven, av. gén, *D.* 1990, somm. 94.

DABURON (C), note sous CJCE, 25 avril 2002, Commission c. France, affaire n° C-52/00, *LPA* 2002, n° 221, doctr. p. 11.

DE HASS (M), note sous T. Civ. Seine, 3ème Ch. 9 mai 1957, Sté Merck et Cie c/SIFA. *Ann. propr.ind*, 1963, n°3, 329.

ESMEIN (P), note sous Cass. 2ème Civ, 13 mars 1957. J*CP G* 1957, II, 10084,

FOURGOUX, note sous Cass. crim. 7 avril 1999, *RSC* 2000. 626.

GOSSELIN-GORAND (A), note sous CJCE, 25 avril 2002, Commission c. France, affaire n° C-52/00, *LPA* n° 252, doct. p. 4.

JONQUET (N), MAILLOLS (A-C), VIALLA (F). *D.* 2003, point de vue p. 1299.

JOURDAIN (P), note sous, CA Toulouse du 1er déc. 2000, 22 févr. 2000 *RTD Civ.* 2007 p. 580.

JOURDAIN (P); VINEY (G), note sous Gonzàlez Sanchez c/Medicina Asturiana S.A, affaire n° C-183/00, Rec. 2002, I, p. 3901, (recours en intérprétation), *RTD civ.* 2002, p. 523.

LAPORTE (C), note sous CJCE, 25 avril 2002, Commission c. France, affaire n° C-52/00, Rec. 2002 CJCE, p. I-3827. *Contrats. conc. consom.* 2002, chron. n°20.

LAPORTE (C), note sous CJCE, 25 avril 2002, Commission c. France, affaire n° C-52/00, *RCA* 2002, chron. n° 11.

LARROUMET (C) note sous CJCE, 25 avril 2002, Commission c. France, affaire n° C-52/00, jurispr. p. 2462

LARROUMET (C), note sous Commission c. France, affaire n° C-52/00. *D.* 2002, p. 2462.

LARROUMET (C), note sous Gonzàlez Sanchez c/Medicina Asturiana S.A, affaire n° C-183/00, *D.* 2002, jurisp. p. 2462.

LARERE (X), note sous Cass. 22 mai 1979. IN, *Ann.prop.ind.* 1979, 257-261, spécif. 257.

LUBY (M), note sous CJCE, 14 mars 2006, Commission c. France, affaire n° C-177/04, Rec. CJCE 2006, I, p. 2461, *RTD. Com.* 2006, p. 515.

LUBY (M). note sous CJCE, 25 avril 2002, Commission c. France, affaire n° C-52/00, *JCP G* 2002, *I,* 153, n°14,

LUBY (M). note sous Commission c. Grèce, affaire n° C-154/00, Rec. 2002, I, p. 3879. *RTD com.* 2002, chron. p. 585 n°1.

LYON-CAEN (CH); note sous Cass. civ., 27 janv. 1913, S. 1913, p. 177, note DP 1913, 1, p. 253.

MAZEAUD (D), comm. sous Commission c. France, affaire n° C-52/00, *D.* 2003, p. 463.

MEURISSE (R), note sous Cass. 2ème Civ, 13 mars 1957. *S* 1958, p. 77.

MOUSSERON (J), Cass. crim. 6 avril 2004, *Dr. et Patr,* nov. 2004. p. 102.

OUDOT (P), note sous CJCE, 25 avril 2002, Commission c. France, affaire n° C-52/00, Rec. 2002 CJCE, p. I-3827. *Contrats. conc. consom.* 2003, chron, n°8.

PENNEAU (A),obs. sous, Arrêt de la Cour (cinquième chambre) du 29 mai 1997. Commission des Communautés européennes contre Royaume-Uni de Grande-Bretagne et d'Irlande du Nord. Affaire C-300/95, *D.* 1998, p. 488,

PIZZIO (J.P), note sous Paris 20 février 1995, *D*, 1995, somm. 315.

PIZZIO (J-P), note sous Gonzàlez Sanchez c/Medicina Asturiana S.A, affaire n° C-183/00, *D.* 2002, 2937.

PIZZIO (J-P), note sous, Cass. crim. 9 mars 1999, *IR*, 116.

PIZZIO (J-P), obs. sous CJCE, 25 avril 2002, Commission c. France, affaire n° C-52/00, p. 2937.

PIZZIO (J-P), obs. sous Commission c. France, affaire n° C-52/00. *D.* 2002. somm. p. 2935 et 2937.

PIZZIO, (J-P), note sous Cass. Crim. 30 octobre 1990, pourvoi n°89-83827, et CJCE, 17 déc. 1981, Produit biologiques, *D.* 1995, somm. 315.

RADOUANT (J), note sous Cass. 2ème Civ, 13 mars 1957, *D.* 1958, p. 73.

RAYMOND (G), note sous CJCE 8 sept. 2005, *CCC* 2006, n° 97.

RAYMOND (G), comm. sous CJCE, 25 avril 2002, Commission c. France, affaire n° C-52/00, Rec. 2002 CJCE, p. I-3827. n° 117.

RAYMOND (G), note nous Cass. crim. 10 avril 1997, *RDJA* 1997, n°1133.

RAYMOND (G), note sous Cass. crim 13 juin 2006, *CCC* 2006, n°218.

RAYMOND (G), note sous Cass. crim 13 juin 2006, *JCP* 2006, IV. 2517.

RAYMOND (G), note sous Cass. crim. 10 avril. 1997, *CCC* 1997, n°161.

RAYMOND (G), note sous Cass. crim. 7 avril 1999, *CCC* 1999, n°186.

RAYMOND (G), note sous Gonzàlez Sanchez c/Medicina Asturiana S.A, affaire n° C-183/00, Rec. 2002, I, p. 3901, *Contrats, cons. consom,* 2002, comm. n°117,

RAYMOND (G), note sous Paris 25 mars 1996, *CCC* 1996, n° 214.

RAYMOND (G), note sous Paris, 18 mars 1992, *CCC* 1992, n°212.

RAYMOND (G), note sous TGI Versailles, 11 mars 2004, *CCC*, 2004, n° 146.

RAYMOND (G), note sous, TGI Versailles, 11 mars 2004. *CCC*, 2004, n° 146.

RAYMOND (G), obs. sous Cass. Crim 9 mars 1999, *CCC* 1999, n° 121.

RAYMOND (G), obs. sous, Cass. crim. 6 avril 2004, *CCC* 2004, n°118.

RAYMOND (G), obs. sous, CJCE 8 septembre 2005, *CCC* 2006, n° 97.

RAYNARD (J), note sous Commission c. Grèce, affaire n° C-154/00, Rec. 2002, *I,* p. 3879, *RTD.civ*, 2002, chron. p. 868, n° 5.

REBUT, (D) note sous, Cass. Crim. 9 mars 1999, *RSC*, 2000, n°211.

REMY-CORLAY (P), note sous CJCE, 10 janvier 2006, Skov Æg c/ Bilka affaire n° C-402/03, Rec. CJCE 2006, I, p. 199, *RTD. civ.* 2006, p. 265, obs.

RICARTE (J). BORGUETTI (J-S), obs. sous Arrêt de la Cour (cinquième chambre) du 29 mai 1997. Commission des Communautés européennes contre Royaume-Uni de Grande-Bretagne et d'Irlande du Nord. Affaire C-300/95. LPA, 17 décembre 1997, p.31.

ROBERT (J.H), obs. sous Cass. crim. 7 avril 1999, *Dr. pénal,* 1999. comm. 103.

ROBERT (J.H), note sous Cass. crim. 6 avril 2004, *AJ Pénal,* 2004, n° 244.

ROBERT (J.H), note sous Cass. crim 13 juin 2006, *Dr. pénal* 2006, n° 143.

ROBERT (J.H), note sous Cass. crim. 10 avril 1997, *Dr. pénal* 1997, comm. 113.

ROBERT (J.H), note sous Cass. crim. 6 avril 2004, *Dr. pénal,* comm. 114.

ROBERT, (J.H), obs. sous, Paris 20 février 1995, *Dr. pénal,* comm. 125.

RONDEY (C) note sous CJCE, 25 avril 2002, Commission c. France, affaire n° C-52/00. p. 1670.

RONDEY (C), note sous Cass. crim. 13 juin 2006, *AJ pénal* 2006, 362.

RONDEY (C), note sous Commission c. France, affaire n° C-52/00. *D.* 2002, p, 1670.

ROUJOU DE BOUBEE, obs. sous Cass. crim. 7 avril 1999, *IR*, somm.130.

ROUX (J-A). Cass. crim. 29 mars 1935. Weber c/ Soc. la Houppe. *Gaz. Pal.* 1935, 1ère semaine, p. 928.

SARRUT (L), note sous Cass. civ., 21 nov. 1911. D. 1913, 1, p. 249.

TANON (M), note sous, Cass. req., 27 févr. 1894, *Ann. prop. ind.* 1894, Torrilhon c/Ministre de la Marine, p. 166, art. 3725.

VINEY (G), note sous CJCE, 25 avril 2002, Commission c. France, affaire n° C-52/00, *JCP G,* 2002, *I,* p.177, n°44;

VINEY (G), obs. sous Arrêt de la Cour (cinquième chambre) du 29 mai 1997. Commission des Communautés européennes contre Royaume-Uni de Grande-Bretagne et d'Irlande du Nord. Affaire C-300/95, *JCP éd. G*, 1997.I.4070, n°31.

4. Ouvrages en espagnol

ABDELNOUR GRANADOS (R.M). *La responsabilidad civil derivada del hecho punible*. San José : Juricentro. 1984.

ALBALADEJO GARCIA, (M). *Derecho de obligaciones.* Madrid: Edisofer, 2008, vol 2, 13ª edición, 1006 p.

ANÍBAL ALTERINI (A), AMEAL (OJ), LÓPEZ CABANA (R.M). *Derecho de obligaciones: civiles y comerciales. Buenos Aires: Abeledo-Perrot.* Réimpr. 2000, 917 p.

BAUDRIT CARRILLO (D). *Derecho civil. Teoría general del contrato*. Vol. I, Tomo IV. San José: Juricentro, 2000.

BRENES CÓRDOBA (A). *Tratado de los contratos*. San José: Juricentro 5ª éd, 1998.

LEVI-STRAUSS (L). *Mitológicas. Lo crudo y cocido.* México: Fondo de Cultura Económica, 1996.

DIEZ-PICAZO (L), GULLÓN (A). *Sistema de derecho civil. El contrato en general.* Madrid: Tecnos, 7ª edición. 1995, Vol. 1/4, p. 145.

FLANDRIN (J-L). *Historia de la alimentación.* Ediciones TREA, 2004.

GARCÍA DE ENTERRIA (E). *Reflexiones sobre la ley y los principios generales del Derecho.* Madrid: Civitas, 1986, 182 p.

HABA (E-P), BARTH (J). *Los principios generales del derecho.* San José: IJSA, 2004.

LASARTE ÁLVAREZ, (C). *Derecho de obligaciones. Principios generales del Derecho Civil.* Madrid : Barcelona, Buenos Aires: M. Pons, 12ª edición. 2008. p. 47.

LLOBET RODRIGUEZ (J), RIVERO SANCHEZ (J-M). *Comentarios al Código Penal.* San José: Juriscentro, 1989.

PARIS (H). *Los contratos privados en la jurisprudencia de casación.* San José: Comisión Nacional para el mejoramiento de la Administración de la Justicia. 1991.

PEREZ VARGAS (V). *Responsabilidad civil extra-contractual.* San José: INS, 1984.

RIVERO SANCHEZ (J). *Responsabilidad civil.* Medellín: Arete. 2ª. Ed, 2001.

SANTOS BRIZ (J), SIERRA GIL DE LA CUESTA (I), GONZÁLEZ POVEDA, (P). *Tratado de derecho civil. Derecho de obligaciones: teoría y práctica.* Barcelona: Bosch, 2003. Tomo III, 1 Vol.

TRIGO REPRESAS (F), STIGLITZ (R). *Seguros y responsabilidad civil.* Buenos Aires: Astrea, 1987.

URTEAGA (L). *Teoría de los climas y los orígenes del ambientalismo.* Geo-crítica. Universitat de Barcelona, 1993.

VARGAS PACHECO (J-M). *Doctrina general del contrato.* San José : Juricentro. 1984.

5. Ouvrages en anglais

EECKHOUT (P). *The European internal market and international trade: A legal analysis* USA: Oxford University Press, 1994.

MAC LEAN (R). *Law of the European Union: Revision Workbook.* London. Old Bailey Press Revision Workbook, 2 ed. 1999.

MÖRTH (U). *Soft law in governance and regulation.* England: Cheltenham, UK ; Northhampton, MA : E. Elgar Pub., 2004.

KIPLE (K-F), CONEE ORNELAS (K). *The Cambridge World History of Food.* Cambridge University Press; 2000.

6. Thèses et mémoires

ALONSO (J-P). L'adaptation de la propriété industrielle au secteur économique de l'agriculture. Sous la direction de François COLLART DUTILLEUL. Mémoire de Master II : Mention Droit de la propriété intellectuelle, Université de Nantes, 2008.

BAUDOUIN, (M). *L'accord SPS et les PED : Le défi de la sécurité sanitaire des aliments.* Sous la direction de Jean Pierre DOUSSIN. Mémoire DESS : Droit de l'agroalimentaire. Université de Nantes, 2001.

BIENAIME, (Y-M). *L'obligation de traçabilité au regard du règlement 178/2002 du 28 janvier 2002.* Sous la direction de Marine FRIANT-PERROT. Mémoire DESS : Droit de l'Agroalimentaire. IQUABIAN, Université de Nantes, 2004.

BRAMAT (E). *L'obligation de sécurité (produits et services mis sur le marché).* Thèse Montpellier I, 2000.

BUTAULT (J). *Le règlement par l'OMC des différends liés à la sécurité sanitaire dans le commerce international des aliments.* Sous la direction de François Collart Dutilleul. Thèse Nantes, 2008.

DANET (J). *Droit et disciplines de production et de commercialisation en agriculture.* Sous la direction de Jean-Denis BREDIN. Thèse Paris I, 1982.

DELBECQ, (C). *La brevetabilité des méthodes commerciales aux Etats-Unis et en Europe.* Thèse, Université de Montréal, 2004.

GARCIA (F), *Le défaut indécelable de la chose en droit de la responsabilité civile.* Sous la direction de COLLART DUTILLEUL (F), Thèse Nantes, 2008.

GUÉHPENEUC (Y-G). *Un cadre pour la traçabilité des motifs de conception.* Sous la direction de COINTE (P). Thèse Nantes, 2003.

HOTZ (E), DELARUE (M), *Les normes ISO : 2000 et la certification.* Thèse 2003.

JORAT, (M), *La traçabilité dans le domaine alimentaire et sanitaire. Étude du devenir juridique d'une norme technique*. Sous la direction de FROMENT (J-Ch), Thèse 2006.

LEON GUZMAN (M). *Le bien-être animal dans les législations de l'Amérique Latine.* Mémoire du Master 2 Droit des affaires, Spécialité Droit de l'agro-alimentaire, Université de Nantes, sous la direction du Professeur François COLLART DUTILLEUL, du M. Antonio PETRINI et M. David WILSON, 2005.

MATHIAS, (J). *L'épizootie en élevage.* Mémoire DESS, Droit de l'agroalimentaire, IQUABIAN, Université de Nantes. Sous la direction du Professeur Jean DANET, 1997.

MORERA LARA (M), RIVERA VALLE (O). *La presencia de los elementos del derecho alimentario en la legislación costarricence.* Sous la direction de ISSA EL KHOURY J (H). Tesis de Licencitaura en Derecho, Universidad de Costa Rica, 1991.

MUÑOZ UREÑA, (H-A) *L'information, une expression de la transparence dans la consommation alimentaire, Etude comparative entre le droit français et le droit costaricien*, Mémoire du Master 2 Droit des affaires, Spécialité Droit de l'agro-alimentaire, Université de Nantes, sous la direction du Professeur Raphaël ROMI et de Mme. Laure SOULIAC, 2007.

ROCHDI (G). *L'harmonisation européenne des législations nationales relatives aux produits agro-alimentaires*. Sous la direction de Blumann (C), Thèse Poitiers, 1994.

SOURD, (J). *L'obligation de sécurité en droit privé.* Thèse Bordeaux, IV, 2005.

VIALE (B). *Le statut juridique de l'alimentation en Droit communautaire.* Sous la direction de CHARLES-LE BIHAN (D), GADBIN (D). Thèse Rennes, 2001.

ZAMPHIROFF, (O). *Esquisse d'une théorie juridique de la normalisation.* Sous la direction de CASS (G), Thèse Marseille, 1990.

7. Ouvrages en Droit de l'agroalimentaire

Ouvrages en français

BECHMANN (P), MANSUY (V). *Le principe de précaution. Environnement, santé et sécurité alimentaire.* Paris : Litec, 2002.

BOSSIS (G). *La sécurité sanitaire des aliments en droit international et communautaire : rapports croisées et perspectives d'harmonisation.* Belgique: Bruyland, 2005, 543 p.

BOY (L), COLLART DUTILLEUL (F). *La régulation du commerce communautaire et international des aliments.* Premières rencontres de droit économique du CREDECO. Bruxelles (Belgique), éd. de Boeck, *Les dossiers de la RIDE* n°1, 2007.

CONSEIL GENERAL VETERINAIRE. *Conseil Général Vétérinaire. (Ouvrage collectif). Histoire des services vétérinaires français,* Paris : Ministère de l'agriculture et de la pêche, 2006, p 25.

DOUSSAN (I), NGO (M-A), SIIRIAINEN (F). *Droit économique dans les secteurs agricole et agroalimentaire et débats autour de thèmes d'actualité du droit économique.* Deuxièmes rencontres de droit économique du CREDECO. Bruxelles (Belgique), éd. de Boeck, *Les dossiers de la RIDE* n°2, 2009.

DUBOUIS (L). *Les agences sanitaires nationales.* Aix-En-Provence : Presses Universitaires d'Aix-Marseille, t.I, II, 2006.

DURAND (F), NESTOR (J), VERLIAC (F), GRIVEL (N). *L'articulation entre expertises nationale et européenne en matière de sécurité alimentaire.* Paris : La documentation française.

FERRIERES, (M). *Histoire des peurs alimentaires du Moyen Age à l'aube du XIX siècle*. Paris: Seuil, 2002.

LORVELLEC (L). *Ecrits de droit rural et agroalimentaire.* Paris : Dalloz, 2002.

NGO (M-A). *La qualité et la sécurité des produits agro-alimentaires. Approche juridique.* Paris : L'Harmattan. 2006.

PEDROT (P). *Traçabilité et responsabilité.* Paris : Economica, 2003.

Ouvrages en espagnol

LEON GUZMAN, (M). *El análisis de riesgos y su aplicación en el comercio internacional de alimentos. Editorial Investigaciones Jurídicas S.A. 2004.*

MUÑOZ-UREÑA, (H). *Legislación alimentaria costarricense.* San José: INIDA, 2009, p.

- *Consideraciones Sanitarias en el Comercio Internacional -Estudio Introductorio* -, IJSA, 2004, p. 276.

NUÑEZ SANTIAGO (B). *Derecho Alimentario, Consumidor, Productor y Estado frente a la Alimentación y los Productos Alimentarios.* Editorial Abeledo Perrot, Buenos Aires, Argentina, 1992.

- *La institución de la responsabilidad frente a la decisión de aprobación y comercialización de alimentos novedosos.* Departamento de Publicaciones de la Facultad de Derecho y Ciencias Sociales de la Universidad de Buenos Aires, 1996.

PACHECO MARTINEZ (M). *Derecho alimentario mexicano.* México: Ed. Porrúa, 2001.

QUINTANA LOPEZ, (T). *Derecho veterinario: epizootias y sanidad animal.* Marcial Pons y Universidad de León. Madrid, 1993.

RODRIGUEZ ROVIRA, (E). *Legislación alimentaria básica.* Ed. Civitas. Madrid, 1995.

ULATE (E), VASQUEZ (R). *Introducción al Derecho Agroalimentario.* Editorial Jurídica Continental: San José, 2008.

Ouvrages en anglais

ALEMANO (A). *Trade in food.* London: Cameron May, 2007.

ANSEL (C), VOGEL (D). *What's beef? The contested governance of European food safety.* Boston: MIT Press, 2006.

CONNOR, (J), ROGERS, (R), MARION (B), MUELLER, (W). *The food manufacturing industries: Structure, strategies, performance, and policies.* Massachusetts/Toronto: Lexington Books, D.C. Health and Company, 1985.

HUTT (P), MERRILL (R), GROSSMAN (L), HUTT (P). *Food and Drug Law. University Casebook Series: Cases and Materials*. 3ed. 2007.

LUGT, (M). *Enforcing European and national food law.* Utrecht: Ed. Koninklijke, 1999.

KELLAM (J). *International food law.* Australia : The stationnery office. 2000.

MÖRTH (U). *Soft law in governance and regulation.* England: Cheltenham, UK ; Northhampton, MA : E. Elgar Pub., 2004, 224 p.

O'ROURKE, (R). *European Food Law.* London : Thomson, Sweet and Maxwell, 3ème Éd. 2005.

VAN DER MEULEN (B), VAN DER VELDE. *European food law hadbook.* European Institute for food law series n°2. The Netherlands: Wageningen Academic Publishers, 2008.

VOS (E), WENDLER (F). *Food Safety Regulation in Europe.* Ius Commune: European and Comparative Law Series, Vol. 62. February, 2007.

8. Articles en droit de l'agroalimentaire

Articles en français

AIGREF. Association professionnelle des Ingénieurs du Génie Rural, des Eaux et des Forêts *L'analyse de risque dans les contrôles officiels en matière de sécurité sanitaires des aliments : quels enjeux pour demain*? IN, *Revue du GREF*. 2009, N°22, dossier 27, p. 5-13.

AUBRY-CAILLAUD, (F). *Sécurité alimentaire en Europe: la mise en place du nouveau cadre juridique.* IN, *Journal des Tribunaux.* No. 114, 12ème année, Bruxelles : Lancier, décembre 2004, p, 289.

BANET (C). *Une responsabilisé accrue pour les opérateurs du secteur alimentaire : le nouveau cadre réglementaire entré en vigueur le 1er janvier 2006.* IN, *Gazette du Palais*, n°210, p. 7-15.

BANET (J). *La gestion du risque chimique au prisme de la proposition REACH.* IN, *Gazette du Palais*, nov. 2005, n° 328, p. 24.

BENOIT-BROWAEYS (D). *Nanotechnologies : le point de vue des associations.* IN, *Revue du Haut Conseil de la Santé Publique.* Paris : La documentation française, n°64, septembre 2008, p.66.

BERTRAND (C). *La traçabilité des marchandises et le droit communautaire.* IN, *Revue du marché commun et de l'Union européenne,* n°479, juin 2004.

- *Le risque, condition « de droit » de la responsabilité civile, au nom du principe de précaution ?* IN, *Recueil Dalloz*, 2009. p. 819.

BIDAT (E), BARANES (T), FEUILLET-DASSONVAL (C), ROSSIGNOL (B). *De l'importance de lire attentivement les étiquettes avant de consommer...des spaghettis.* IN, *Revue Française d'Allergologie et d'Immunologie Clinique,* Volume 46, Issue 4, Juin 2006, p. 413-415.

BLANCHEMANCHE (S), BONNET (M), BARCELORD (I). *Etat des lieux quantitatif et qualitatif de la certification de conformité de produit.* Rapport MAAPAR-DPEI. 2003.

BLANCOU, (J). *La sécurité sanitaire des aliments, des temps passés à nos jours.* IN, Histoire et *Sciences Sociales, n°10, vol. 17, octobre 2001, p. 1040.*

BOUGHERARA (D), THIEBAUT (L), GROLLEAU (G). *L'exclusion des produits agroalimentaires du dispositif d'éco- labellisation.* IN: *Économie rurale.* N°275, 2003. pp. 83-90.

BUTAULT, (J). *Les causes juridiques de la crise de la vache folle,* 2010, publié dans le site web du Programme Lascaux. www.droit-aliments-terre.eu.

CASTANG (M-CH). *Pour une approche globale de la qualité alimentaire*. IN, *B.I.D,* n°1, 1998, p. 37 s.

COLLART DUTILLEUL, (F). *Le droit agroalimentaire en Europe: Entre Harmonisation et uniformation.* IN, *Revista para el Análisis del Derecho.* Barcelona : INDRET, Julio 2007,.

- *Éléments pour une introduction au droit agroalimentaire.* IN, *Études sur le droit de la concurrence et quelques thèmes fondamentaux. Études en l'honneur d'Yves Serra.* Paris : Dalloz, 2006, p. 97.

- *Les transformations du droit agro-alimentaire ou l'histoire d'un trait d'union.* IN, *Études offerts au professeur René Hostiou.* Paris : Litec, 2008, p. 103 et ss.

- *Le consommateur face au risque alimentaire. IN, Liber amicorum Jean CALAIS-AULOY.* Paris: Dalloz, 2004, p. 323.

- *Sur quelques éléments de la doctrine de Louis Lorvellec en droit rural et agroalimentaire.* IN, *Perspectives du droit public, Mélanges offerts à Jean–Claude Hélin, sous la direction du CRUARAP*, Litec, 2004, p. 179

- *Le principe de précaution dans le règlement communautaire du 28 janvier 2002.* IN, *Prodotti agricoli e sicurezza alimentare,* sous la direction de A. Massart, Éd. Giuffre, 2003, p. 239.

- *La régulation juridique du développement durable et le droit agroalimentaire européen.* IN, *Production et consommation durables: de la gouvernance au consommateur –citoyen,* Actes du colloque international du CEDE, sous la direction de G. Parent, éd. Yvon Blais, Québec, Canada, 2008, p. 393

COLLART DUTILLEUL (F), GARCIA (F). *Dans le domaine de l'alimentation, quels "droits à" dans le "droit de" ? ».* IN, BOY, L. (sous la coordination), *Droit économique et droits de l'Homme*, Editions Larcier, 1[a] ed, 2009, pp. 497-508.

COLONNA (P). *Les nanotechnologies dans le domaine de l'agroalimentaire : (re) découvertes et nouveautés.* IN, *Lettre scientifique de l'Institut français pour la nutrition*. Janvier 2009, n°31, p. 4.

CREYSSEL (P). *Agroalimentaire : pour une stratégie de la normalisation.* IN, *Enjeux*, n°13, fév. 1993.

DOUSSIN, (J.P). *Effectivité de la loi du 1er août 1905, évolution des textes, évolution des contrôles.* IN, *1905-2005: un siècle de protection du marché et protection du consommateur.* Direction générale de la concurrence, de la consommation et de la répression des fraudes. Colloque du 25 novembre 2005, Université de Pau et des Pays de l'Adour. Paris : La Documentation française, 2007, p.318.

DOUSSIN, (J.P.) *Sur le contrôle public dans les entreprises du secteur agroalimentaire.* IN, *Contrats, conc. consomm.* 1993, n°74, p, 29.

DU-PERROUT (J). *La sécurité des denrées alimentaires en Suisse: une application lacunaire.* IN, *La vie économique. Revue de politique économique*, n° 9-2004, p. 55

FOQUE (F). *La certification des produits agricoles.* IN, *Le produit agroalimentaire et son cadre juridique communautaire.* Rennes : Ordre des Avocats de la Cour d'Appel de Rennes. 1996, p. 69 et ss.

FRIANT-PERROT, (M). *La sécurité alimentaire: nouvelles enjeux pour les secteurs agricoles et alimentaires. Revue de Droit Rura*l. IN, *RD rur.* Paris : Dalloz, n°327, novembre 2004, étude 3, p.14.

HAVSTEEN (C), BARREAU (N). *Comment signaler efficacement un risque en matière de sécurité des produits*. IN, *JCP entreprise et affaires*, n°43-44, du 26 octobre 2006, p. 1849.

HERBERT (F). *L'utilisation protectionniste des mesures de certification*. IN, *Le produit agro-alimentaire et son cadre juridique communautaire.* Rennes : Ordre des Avocats de la Cour d'Appel de Rennes, 1996, p. 85.

HOUINS (G). *L'approche belge de la sécurité de la chaîne alimentaire: l'Agence fédérale pour la Sécurité de la Chaîne alimentaire (AFSCA)*, de 2002 à 2006. Janvier 2007, p. 12.

JEANNIN (V). *1er Janvier 2005 : naissance du droit alimentaire européen.* IN, *D. 2004,* p. 3057.

LECOURT (A). *La loi du 1er août 1905 : protection du marché ou protection du consommateur.* IN, *Direction Générale de la concurrence, de la consommation et de la répression des fraudes.* p. 242

LORVELLEC, (L) et COLLART DUTILLEUL, (F). *Principe de précaution et responsabilité dans le secteur alimentaire.* IN, *Écrits de droit rural et agroalimentaire*. Paris: Dalloz, 2002.

LORVELLEC, (L). *L'action des autorités publiques françaises dans la crise de la vache folle. RD rur,* n° 252, 1997, p. 214-225.

- *Les contrats agro-industriels.* IN, *Études offertes à Henri-Daniel Cosnard, La terre, la famille, le juge,* Economica, 1990.

- *Quels signes de qualité pour les produits de la pisciculture et l'aquaculture ?* IN, Colloque *Pisciculture et environnement,* BREST: IFREMER, 1994.

- *Réponse à l'article du professeur Jim Chen (Protection des appellations d'origine)*. IN, *RD rur*, 1997, n°249.

- *Aspects juridique et principes prévalant dans le règlement des conflits internationaux.* IN, *Ecole Chercheur INRA, Normes et obstacles aux échanges,* Paris. 1998, 99-103.

MARTIN (J-Y). *La politique de qualité des produits agroalimentaires en France.* IN, *Différenciation et qualité des produits alimentaires.* Ed. Clermont-Ferrand, 1995, p. 30.

MAZE (A), AUBRY (C), PAPY (F). *La certification des exploitations agricoles.* IN: *Économie rurale. N°258, 2000. Les signes officiels de qualité. Efficacité, politique et gouvernance.* pp. 134-139, spécif. 137.

MERCIER (C), BARREAU (N). *Comment signaler efficacement un risque en matière de sécurité des produits ?* IN, *JCP E,* 2006, n°43-44, p.1849.

MULLER (P). *Le nouveau droit des denrées alimentaires face aux réalités de l'autocontrôle.* IN, *La Vie économique. Revue de politique économique*, n°12-2005. p. 49.

OLIVIER (M). *Les experts institutionnels de l'Agence française de sécurité sanitaire des aliments.* IN, *Gaz. Pal.* 2004, n°10, p.14.

PASCAL (G). *La loi du 1er août 1905 et l'évaluation scientifique.* IN. *La loi du 1er août 1905 : cents ans de protection des consommateurs.* Direction Générale de la concurrence, de la consommation et de la répression des fraudes. Paris : La documentation française, 2007,353 p.

PENNEAU, (A). *Aspects juridiques de la normalisation et stratégies d'entreprise.* IN, *LPA.* Colloque Paris IX, 27 nov. 1997.

PETIT (C). *Les règles de sécurité alimentaire : de l'influence de la réglementation sanitaire sur les productions alimentaires et animales.* IN, *Revue de Droit rura*l n° 349, Janvier 2007, étude 8, p. 17.

PIZZIO (J.-P), *La protection du consommateur par le droit commun des obligations.* IN *RTD.com.* 1998, p. 53.

PIZZIO (J.-P), *L'introduction de la notion de consommateur en droit français.* IN, *D.* 1982, Chron. p. 91.

RAFFI (R). *La communication sur les risques alimentaires dans le droit européen et le droit francais.*IN, *LPA,* 2006, n°195, p. 6.

RELOT, (A), CAILLART, (B). *L'écolabellisation dans le domaine de la pêche.* IN, *Éthique et économique/Ethics and Economics.* No. 6 (2), 2009, p.3.

ROCHARD (D). *Qualité, identification et sécurité des produits.* IN, *RD rur,* n° 247, p. 369.

SEGUIN, (E). *La crise de la vache folle au Royaume-Uni : Quelques explications possibles.* IN, *Revue française de science politique.* Paris: Presses de la Fondation nationale des sciences politiques, vol. 52, n° 2-3, avril-juin 2002, p. 273-289.

THEVES, (G). *L'inspection des viandes au cours de la 2ème moitié du XIXe siècle, reflet du progrès des sciences appliquées.* IN, *Bull. Soc. Sci. Méd.* p.35-n° 1/2002, p. 53.

VALCESCHINI (E), BLANCHEMANCHE (S). *La certification de conformité de produit sur les marchés agroalimentaires: différenciation ou normalisation ?* IN, *Notes d'études économiques*. n°24, décembre 2005, pp. 7-40.

WATTS, (S). *Boucherie et hygiène à Paris au XVIII siècle*. IN, *Revue d'histoire moderne et contemporaine,* 51-3, juill-sept. 2004, p. 80.

WEILL (C). *La réglementation européenne: Reach et nano industries*. IN, DAB (W), LE DUFF (F), GEORGE-GUITON (A). *Nanotechnologies et santé publique. Actualité et dossier en santé publique. Revue du Haut conseil de la santé publique.* Paris : La Documentation française. Septembre 2008, numéro 64, p. 66.

Articles en espagnol

AMARO-LOPEZ, (M). *Higiene, inspección y control de los alimentos.* IN, *Historia, presente y futuro.* España: Universidad de Córdoba, 2006. p. 5.

LEON GUZMAN, (M). *El criterio o principio de equivalencia en el contexto de las medidas sanitarias y fitosanitarias*. Revista de Ciencias Jurídicas No. 99. Colegio de Abogados-Facultad de Derecho de la Universidad de Costa Rica. San José, Costa Rica. Setiembre-Diciembre 2002. pag. 39-54.

- *El Bienestar animal en las legislaciones de América Latina.* Revista de Ciencias Veterinarias, Costa Rica, Editorial de la Universidad Nacional, Vol. 2, N° 24, 2006, pp. 185-221.

LORVELLEC (L). *La aplicación del derecho de la concurrencia en el sector agrícola. Aspectos de los derechos francés y comunitario.* IN, *Revista argentina de derecho agrario y comparado,* 1995, n° 6, p. 211-232.

MUÑOZ UREÑA, (H). *El Certificado Veterinario de Operación: ¿Un Permiso Sanitario de Funcionamiento con otro nombre*? IN, Revista Agricultura, Ambiente y Alimentación, IJSA, n°1, 2009 (En coautoría C. Arroyo Borroni);

Articles en anglais

AHN (S.S), FURLONG (T.J), WEISS (C), SICHERER (S.H). *Consumer Attitudes and Response to New Food Allergen Labeling.* IN, *Journal of Allergy and Clinical Immunology,* Vol.121, Issue 2, Supplement 1, February 2008, Page S182.

ARCHER, (D) *The Need for Flexibility in HACCP.* IN, *Food Technology.* 1990, n°44 (5) 174-178.

BLANCHFIELD (J.R). *Due diligence - defence or system?* IN, *Food Control.* Vol. 3, Issue 2, 1992, p. 80-83.

BONNAUD (L), COPPALLE (J). HOOKER (N), TERATANAVAT (R), SALIN (V). *Crisis management effectiveness indicators for US meat and poultry recalls.* IN, *Food Policy.* 2005. Vol. 30, Issue 1, February 2005, p. 63-80, spécif.p. 67. IN, *Sociologie du travail.* 2008. Vol. 50. 15–30, spécif. p.18.

BUZBY (C), FRENZEN (P). *Food control and product liability.* IN, *Food Policy.* Vol. 24, Issue 6, December 1999, pages 637-651.

BUZBY (J), FRENZEN (P), RASCO (B). *Product liability and microbial foodborne illness.* IN, *Agricultural Economic Report* no. 799, april. 2001, 41 p.

CHARLIER (C) and VALCESCHINI (E). *Food Safety, Market Power and Private Standards. An Analysis of the Emerging Strategies of Food Operators. Paper prepared for presentation at the 1st International European Forum on Innovation and System Dynamics in Food Networks Officially endorsed by the European Association of Agricultural Economists (EAAE), Innsbruck-Igls, Austria.* February 15-17, 2007, p. 5.

CHRISTOFOROU (T). *Settlement of science-based disputes in the WTO: a critical review of developing case law.* IN, *NYU, Environmental Law of Journal,* n°3, 2000, p. 53.

CREMONA (M). *Rhetoric and reticence. EU External commercial policy in a multilateral context.* IN, *Common market law review,* n°38, 2001, p. 359.

ESKIN (S). *Putting all your eggs in one basket: egg safety and the case for a single Food-Safety Agency.* IN, *Food and Drug Law Journal,* Vol. 59, 2004, p. 441-452.

FIDLER (D). *Due diligence and quality assurance in the UK.* IN, *Food Control,* Volume 1, Issue 2, April 1990, p.117-121.

FORTIN (N). *The Hang-Up With HACCP: The Resistance to Translating Science Into Food Safety Law.* IN, *Food and Drug Law Journal,* 2003. Vol 58, p. 567, spécif. n°II.

GARCIA JIMENEZ (G). *Technical standards in a context of regional integration agreements.* IN, DEMARET (P), BELLIS (J-F), GARCIA JIMENEZ (G). *Regionalism and multeralism after the Uruguay.* Bruxelles, 1997.

GIOVANNUCCI, (D), MORTON, (S). *Food quality issues: understanding HACCP and others management techniques.* IN, *A Guide to developing agricultural markets and agro-enterprises,* 2007, p. 3.

GROSSMAN (L). *Foods, Drugs and Droods: An historical consideration of definitions and categories In American Food and Drug Law.* IN, *Cornell Law Review.* Vol 93, n°5, 2008.

HART, (F.L). *A history of the adulteration of food before 1906.* IN, *Food, Drug and Cosmetic Law Journal, 1952.* Vol. 7, no. 1, p. 7

HAVIGHURST, (C). *The Place of private accrediting among the Instruments of Government.* IN, *Law and Contemporary problems.* 57, 1994, 1, pp. 10 à 13.

HEFLE (S), FURLONG (T), NIEMANN (L), LEMON-MULE (H), SICHERER (S), TAYLOR (S). *Consumer attitudes and risks associated with packaged foods having advisory labeling regarding the presence of peanuts.* IN, *Journal of Allergy and Clinical Immunology,* Volume 120, Issue 1, Décembre, 2007, page 171, 171-176.

HOBBS (J), FEARNE (A), SPRIGGS (A). *Incentive structures for food safety and quality assurance: an international comparison.* IN, *Food Control.* Vol. 13, Issue 2, March 2002, Pages 77-81.

HORTON (L). *Food from developing countries: Steps to improve compliance.* In, *Food and Drug Law Journal.* Washington: Institute of Food Law. 1998, Vol. 53, p. 142.

HUTT (P), HUTT (P). *A history of government regulation of adulteration and misbranding of food.* IN, *Food Drug and Cosmetic Journal.* Chicago: III Commerce Clearing House, 1984, Vol. 39, 2-73.

HYMAN (P-M). *Legal overview of the FDA authority over imports.* IN, *Food and Drug Journal.* Washington DC: Food and Drug Law Institute. 1994, Vol. 47, p. 525-532.

JUKES (D). *Regulation and enforcement of food safety in the UK.* IN, *Food Policy,* Vol. 18, Issue 2, April 1993, p. 131-142.

KILLINGWORTH (F.K). *Import control under Federal Laws*. IN, *Food and Drug Cosmetic* L.Q. 1947, Vol. 2, p. 498.

KREBS (J). *Establishing a single, independent foods standards Agency: The United Kingdom's experience*. In, *Food and Drug Law Journal*. Vol. 59, Washington: Food and Drug Law Institute, 2004, p. 387.

KREBS (J). *Establishing a single, independent foods standards Agency: The United Kingdom's experience*. In, *Food and Drug Law Journal*. Vol. 59, Washington: Food and Drug Law Institute, 2004, p. 387.

LAW, (M. T.) *How do Regulators Regulate? Enforcement of the Pure Food and Drugs Act,* 1907-38. *IN, Journal of Law, Economics, and Organization,* Vol. 22, No. 2, Fall 2006, p. 6.

LOADER (R), HOBBS (J). *Strategic responses to food safety*. IN, *Food Policy,* Vol.24, 1999, 685–706, spécif. p. 696-697

LORVELLEC (L). *French agricultural Law and diversification*. In, *Drake Law Review*. Etats-Unis, 1997, vol. 45, n°2, p. 455-470.

- *The future of production rights from the viewpoint of Community law and international law*. In, *Production rights in European Agriculture*. Edition of Elsevier Science, 2001.

LYON, (J). *Coordinated food systems and accountability mechanisms for food safety: A law and economics approach*. IN, *Food and Drug Law Journal*, no. 53, p. 743.

MANNING (L), BAINES (R.N) *Effective management of food safety and quality*. In, *Emerald Group Publishing Limited British Food Journal*. 2004. Vol. 106 Issue, 8, p. 598 – 606.

NORTHEN (J). *Using farm assurance schemes to signal food safety retailers in the UK*. IN, *International food and agribussiness management review*. Vol. 4, 2001, p. 37-50.

O'REILLY, (J). *Diminished food safety perceptions*. IN, *Food and Drug Law Journal*. Washington: Food and Drug Law Institute. 2004, Vol. 59, p. 419.

PIERETTI (M.M), CHUNG (D), PACENZA (R), SLOTKIN (T), SICHERER (S). *Audit of manufactured products: Use of allergen advisory labels and identification of labeling ambiguities*. In, *Journal of Allergy and Clinical Immunology,* Vol. 124, Issue 2, Août 2009, p. 337-341.

PIERETTI (M.M), PACENZA (R), SLOTKIN (T). SICHERER (S.H). *Frequency and Language Used in Allergen Advisory Labels ("May contain"): A Survey of 20,241 Commercially Available Products*. IN, *Journal of*

Allergy and Clinical Immunology, Vol. 121, Issue 2, supplément 1, février 2008, p. S182.

PRUITT (S), PETERSON (D). *Security price reactions around product recall announcements.* IN, *Journal of financial research.* Vo. IX, n°2, Summer, 1986.

PINSTRUP-ANDERSEN, (P). *Ethics and economic policy for the food system.* IN, *American Journal of Agricultural Economics.* 2005, no. 87/5, 1097-1112.

PLUNKETT (D), SMITH DeWALL (C). *Who is responsible for the safety of food in a global market? Government certification v. importer accountability as model for assuring the safety of internationally traded foods.* In, *Food and Drug Law Journal.* Washington: Food and Drug Law Institute. 2008, Vol.63, p. 658 et ss.

RASPOR (P). *Total food chain: how good practice can contribute?* IN, *Trend in food science & tecnologie*. Vol. 19, 2008, 405-412.

RENTROP (T). *The European Food Model: Transparency through an ISO Norm on Labelling*. IN, *Journal of European Integration*, 1477-2280, Volume 23, Issue 2, 2001, p. 215 –222.

SHROFF (A). *FDA initiatives in the United States and abroad.* IN, *Food and drug law journal.* Vol. 49, 1994, p. 575-580.

SKEES (J), BOTTS (A), ZEULI (K). *The potential for recall insurance to improve food safety*. IN, *International food and agribussiness management review*. Vol. 4, 2001, p. 99-111.

SMITH (W), KELLY (S). *Science, technical expertise and the human environment.* IN, *Progress in Planning*. 2003. Vol. 60, Issue 4, November, p.321-394, spécif. p. 326-327.

SPERBER (W. H). *HACCP does not work from Farm to Table.* IN, *Food Control,* no. 16, 2005, p. 511-514.

SURAK (J). *HACCP and ISO: development of a food safety management standard.* IN, *Annual Quality Congress*, Kansas City, MI, Vol. 57, June 2003, pp. 463-468, spécif. 464.

TAYLOR (M). *Preparing America's food safety system.* IN, *Food and Drug Law Journal.* Washington: Food and Drug Law Institute. 1997, Vol. 52, p. 16, 21.

UNNEVEHR (L), JENSEN (H). *The economic implications of using HACCP as a food safety regulatory standard National Academy of Sciences.* IN, *Food Policy.* 1999, No.24, p. 625–635, spécif.p. 628.

VAN DER MEULEN (B). *The Duty for food business operators to keep themselves informed.* IN, *European Food and Feed Law Journal.* No. 3, 2007, p. 1.

VAN DER MEULEN (B). *Implementation of Directive 2002/46/EC in the Netherlands.* IN, *Europena Food and Feed Review.* Berlin: Lexxion, n°1, 2006, 57.

VAN DER MEULEN, (B.M.J.) and FRERIKS, (A). *Millefeuille: The Emergence of a Multi-Layered Controls System in the European Food Sector.* In, *Utrecht Law Review,* Vol. 2, No. 1, pp. 156-176, June 2006, p. 159.

VAN DER MEULEN, (B.M.J.), FRERIKS, (A). *Beastly bureaucracy: Traceability, identification and labelling in EU Law.* IN, *Journal of Food Law § Policy.* 2006, Vol. 2, p. 355.

VAN DER MEULEN (B.M.J), POVEL (C). *Scientific substantiation of health claims.* IN, *European food and feed law review,* n°2, 2007.

VAN SCHOTHORST (M), S. JONGENEEL (S). *HACCP, product liability and due diligence.* IN, *Food Control*, Vol. 3, Issue 3, July 1992, p. 122-124.

VAN SCHOTHORST (M). *Microbiological Risk Assessment of foods in international trade.* IN, *Safety Science.* Vol. 40, Issues 1-4, February-June 2002, p. 359-382, spécif.§1.2.

WHITE (P). *International memoranda of understanding on inspections*. In, *Food and Drug Law Journal.* Washington: Food and Drug Law Institute. 1994, Vol.49, p. 171 et ss.

XIN (H) STONE (R). *Tainted milk scandal: Chinese Probe Unmasks High-Tech Adulteration With Melamine.* IN, *Science.* 28 November 2008. p. 1310-1311.

ZENOBIA, (C) WING-FU (L). *Revisiting the Melamine contamination event in China: implications for ethics in food technology.* IN, *Trends in Food Science & Technology*. No. 20, 2009, p.366- 373, spécif. 369.

ZSCHALER (R). *Good Manufacturing Practice (GMP) in the food industry.* IN, *Zentralblat fur Bakteriologie Mikrobiologie und Hygiene.* Vol. 87, issue, 4-6, 1989, p. 546-556.

ZWART, *H. A short history of food ethics.* IN, *Journal of Agricultural and Environmental Ethics*. 2000, no. 12, 113-126.

9. Propositions, Rapports et Avis

AFSSA. *Avis de l'Agence française de sécurité sanitaire des aliments concernant les références applicables aux denrées alimentaires en tant que critères indicateurs d'hygiène des procédés.* Saisine n° 2007-SA-0174. Maisons-Alfort, le 13 mars 2008.

AFSSA. *Avis de l'Agence française de sécurité sanitaire des aliments relatif au Bisphénol A dans les biberons en polycarbonate susceptibles d'être chauffés au four à micro-ondes.* Saisine 2008-SA-0141 du 24 octobre 2008.

AFSSA. *Avis de l'Agence française de sécurité sanitaire des aliments relatif à l'analyse critique des résultats d'une étude de toxicité sur le développement du système nerveux ainsi que d'autres données publiées récemment sur les effets toxiques du bisphénol A.* Saisine n°2009- SA-0270 du 29 janvier 2010.

AFSSA. *Avis de l'Agence française de sécurité sanitaire des aliments relatif à l'évaluation comparative du risque sanitaire lié à la consommation de viandes bovines et de produits bovins portugais, éligibles au DBES, et de viandes.* AFSSA – Saisine n° 2003-SA-0019.

AFSSA. *Nanotechnologies et nanoparticules dans l'alimentation humaine et animale.* Mars 2009.

AFSSA. *Rapport sur les Allergies alimentaires et étiquetage de précaution.* Novembre 2008.

AFSSA. *Signaux précoces et leçons tardives: le principe de précaution*, 1896-2000. Environnemental Issue Report, 2001.

ALDERSON, (N). *BPA (Bisphenol-A).* Food and Drug Administration Rapport. May 14, 2008.

ASSEMBLEE PERMANENTE DES CHAMBRES D'AGRICULTURE. *Contribution des démarches Qualité/Environnement au développement de l'agriculture raisonnée répertoire des démarches mises en place dans les exploitations.* Version 1 - mai 2006.

BRUNE (A). *La certification, clé d'un nouvel essor économique. Rapport à la Direction générale des stratégies industrielles. Ministère de l'Industrie, des poster et télécommunications et du commerce extérieur. Imprimerie nationale.* Fév. 1993.

CHEMINFO SERVICES INC. *Technical and Socio-Economic Background Study of Specific Uses of Bisphenol A.* 19 janvier 2009.

CHEVALLIER, (D) et LEYZOUR, (F). *Rapport fait au nom de la Commission d'enquête sur la transparence et la sécurité sanitaire de la filière alimentaire en France.* Rapport d'information n°2297, Paris : Assemblée nationale, 2000.

COMITE DE LA PREVENTION ET DE LA PRECAUTION ET DE LA PRECAUTION. *Rapport Nanotechnologies, nanoparticules : quels dangers, quels risques* ? Mai 2006.

COMITE ECONOMIQUE ET SOCIAL EUROPEEN. *Avis du Comité économique et social européen sur la Proposition de règlement du Parlement européen et du Conseil établissant des exigences en matière d'hygiène des aliments pour animaux.* (COM(2003) 180 final—2003/0071 (COD))(2004/C 32/21), JOCE C 32/97, du 5 février 2004.

COMITE ECONOMIQUE ET SOCIAL EUROPEEN. *Avis du Comité économique et social européen sur la Proposition de règlement du Parlement européen et du Conseil relatif aux contrôles officiels des aliments pour animaux et des denrées alimentaires.* COM (2003), 52 final 2003/0030 /COD/(2003)/234/08, §2.12. JOUE 234/25 du 30 septembre de 2003.

COMITE ECONOMIQUE ET SOCIAL EUROPEEN. *Avis du Comité économique et social européen sur le thème «Règles d'hygiène et entreprises artisanales de transformation»*, JOUE, (2006/C 65/25, C 65/141), 2006.

COMITE ECONOMIQUE ET SOCIAL EUROPEEN. *Avis du Comité économique et social européen sur la Proposition de règlement du Parlement européen et du Conseil établissant des exigences en matière d'hygiène des aliments pour animaux.* (COM(2003) 180 final—2003/0071 (COD))(2004/C 32/21), JOCE C 32/97, du 5 février 2004.

COMITE ECONOMIQUE ET SOCIAL EUROPEEN. *Avis du Comité économique et social européen sur la Proposition de règlement du Parlement européen et du Conseil relatif aux contrôles officiels des aliments pour animaux et des denrées alimentaires.* COM (2003), 52 final 2003/0030 /COD/(2003)/234/08, §2.12. JOUE 234/25 du 30 septembre de 2003.

COMITE ECONOMIQUE ET SOCIAL EUROPEEN. *Avis du Comité économique et social européen sur la «Proposition de règlement du Parlement européen et du Conseil modifiant le règlement no 11 concernant la suppression de discriminations en matière de prix et conditions de transport, pris en exécution de l'article 79, paragraphe 3, du traité instituant la Communauté économique européenne et du règlement (CE) no.852/2004 du Parlement européen et du Conseil relatif à l'hygiène des denrées alimentaires.* COM(2007) 90 final, 2007/0037 (COD) (2007/C 175/09). JOUE C 175/37, 27.07.2007.

COMITE ECONOMIQUE ET SOCIAL EUROPEEN. *Avis sur le «Recours au principe de précaution»,* du 12 juillet 2000, C 268/04, JOCE, 19.9.2000.

COMITE PERMANENT DE COORDINATION DES INSPECTIONS. Inspection générale des affaires sociales Ministère de l'agriculture, de l'alimentation, de la pêche et des affaires rurales. Evaluation de l'application de la loi du 1er juillet 1998 relative au renforcement de la veille et du contrôle sanitaires. VACHEY (L), CARRE (A), CHEREAU (C), DELOMENIE (P) GAGNEUX (M), BOUVIER (M).Tome I, mai, 2004.

COMMISSION DE L'ENVIRONNEMENT, DE LA SANTE PUBLIQUE ET DE LA POLITIQUE DES CONSOMMATEURS. *Rapport sur la proposition de règlement du Parlement européen et du Conseil relatif aux contrôles officiels des aliments pour animaux et des denrées alimentaires.* (COM (2003) 52- C5-0032/2003-2003/0030 (COD), final, A5-0449/2003, 4 décembre 2003.

COMMISSION DE L'ENVIRONNEMENT, DE LA SANTE PUBLIQUE ET DE LA POLITIQUE DES CONSOMMATEURS. *Rapport sur la proposition de règlement du Parlement européen et du Conseil relatif aux contrôles officiels des aliments pour animaux et des denrées alimentaires.* (COM (2003) 52- C5-0032/2003-2003/0030 (COD), final, A5-0449/2003, 4 décembre 2003.

COMMISSION DES COMMUNAUTES EUROPEENNES. *Projet Document d'orientation sur l'application des procédures fondées sur les principes HACCP et leur aide à leur mise en œuvre dans certaines entreprises du secteur alimentaire.* Bruxelles, C (2005) final.

COMMISSION DES COMMUNAUTES EUROPEENNES. *Projet Document d'orientation sur l'application des procédures fondées sur les principes HACCP et leur aide à leur mise en œuvre dans certaines entreprises du secteur alimentaire.* Bruxelles, 2005, SANCO/1955/2005 Rev.3 (PLSPV/2005/1955/1955R3-FR.doc).

COMMISSION DES COMMUNAUTES EUROPEENNES. *Proposition de Règlement du Parlement Européen et du Conseil relatif aux contrôles officiels des aliments pour animaux et des denrées alimentaires.* Bruxelles, 5 février 2003, COM (2003) 52 final, 2003.

COMMISSION DES COMMUNAUTES EUROPEENNES. *Proposition de Règlement du Parlement européen et du Conseil établissant des exigences en matière d'hygiène des aliments pour animaux.* Bruxelles, le 14.04.2003 COM(2003) 180 final 2003/0071 (COD), p. 5. Non publié au JOCE.

COMMISSION DES COMMUNAUTES EUROPEENNES. *Proposition de Règlement du Parlement européen et du Conseil, relative a l'hygiène des denrées alimentaires, Proposition de Règlement du parlement européen et du conseil fixant les règles spécifiques d'hygiène applicables aux denrées alimentaires d'origine animale, Proposition de Règlement du Parlement européen et du Conseil fixant les modalités d'organisation des contrôles officiels concernant les produits d'origine animale destines a la consommation humaine, Proposition de Règlement du conseil fixant les règles de police sanitaire régissant la production, la mise sur le marche et l'importation des produits d'origine animale destines a la consommation humaine proposition de directive du Parlement européen et du Conseil abrogeant certaines directives relatives a l'hygiène des denrées alimentaires et aux règles sanitaires régissant la production et la mise sur le marche de certains produits d'origine animale destines a la consommation humaine, et modifiant les directives 89/662/CEE et 91/67/CEE.* Bruxelles, le 14.07.2000, Com(2000) 438 final, 2000/0178 (cod), 2000/0179 (cod), 2000/0180 (cod), 2000/0181 (cns), 2000/0182 (cod), p. 12, §IV.1. JO, C 365E du 19.12.2000.

COMMISSION DES COMMUNAUTES EUROPEENNES. *Proposition de Règlement du Parlement européen et du Conseil modifiant le règlement n°11 concernant la suppression de discriminations en matière de prix et conditions de transport, pris en exécution de l'article 79, paragraphe 3, du traité instituant la Communauté économique européenne et du règlement (CE) n°852/2004 du Parlement européen et du Conseil relatif à l'hygiène des denrées alimentaires.* Bruxelles, le 6.3.2007 COM(2007) 90 final 2007/0037 (COD) SEC(2007) 301, {SEC (2007) 302,2007.

COMMISSION DES COMMUNAUTES EUROPEENNES. *Rapport de la Commission au Parlement européen et au Conseil sur les dispositions juridiques, les systèmes et pratiques en vigueur dans les États membres et au niveau communautaire concernant la responsabilité des secteurs de production de denrées alimentaires et d'aliments pour animaux et sur les systèmes applicables de garanties financières dans le secteur de l'alimentation animale, conformément a l'article 8 du Règlement (CE) n° 183/2005 du Parlement européen et du Conseil du 12 janvier 2005 établissant des exigences en matière d'hygiène des aliments pour animaux.* Sec (2007)1066. Bruxelles, le 14.8.2007.

COMMISSION DES COMMUNAUTES EUROPEENNES. *Rapport de la Commission au Conseil et au Parlement Européen concernant l'expérience acquise dans l'application des règlements (CE) n° 852/2004, n° 853/2004 et n° 854/2004 du Parlement européen et du Conseil du 29 avril 2004 relatifs à l'hygiène des denrées alimentaires Bruxelles*, le 28.7.2009 COM(2009) 403 final, {SEC(2009) 1079, p. 4.

COMMISSION EUROPEENNE. *Direction générale de la santé et de la protection des consommateurs. Document d'orientation sur la mise en œuvre de certaines dispositions du règlement (CE) n° 853/2004 concernant l'hygiène des denrées alimentaires d'origine animale. Bruxelles, le 21 décembre 2005 p. 12 §5.6.*

COMMISSION EUROPEENNE. Direction générale: Santé et Protection des Consommateurs. *Document d'orientation concernant l'application de certaines dispositions du règlement (CE) n°852/2004 relatif à l'hygiène des denrées alimentaires.* Bruxelles, 16 février 2009, p. 12.

COMMISSION EUROPEENNE. *Document de travail des services de la Commission. Document accompagnant la Proposition de Règlement du Parlement européen et du Conseil modifiant le règlement n°11 concernant la suppression de discriminations en matière de prix et conditions de transport, pris en exécution de l'article 79, paragraphe 3, du traité instituant la Communauté économique européenne et du règlement (CE) n°852/2004 du Parlement européen et du Conseil relatif à l'hygiène des denrées alimentaires. Résumé d'évaluation d'impact (règlement (CE) n°852/2004 - hygiène alimentaire, HACCP-*. COM(2007) 90 final, SEC (2007) 301, SEC(2007) 303, SEC(2007), 304 /SEC/2007/0302, p. 1.

COMMISSION EUROPEENNE. *Rapport de la Commission au Parlement européen et au Conseil concernant l'application du règlement CE n°882/2004 du Parlement européen et du Conseil du 29 avril 2004 relatif aux contrôles officiels effectués pour s'assurer de la conformité avec la législation sur les aliments pour animaux et les denrées alimentaires et avec les dispositions relatives à la santé animale et au bien-être des animaux.* Bruxelles, 8 juillet 2009.

COMMISSION EUROPEENNE. *Rapport de la Commission au Parlement européen et au Conseil sur les dispositions juridiques, les systèmes et pratiques en vigueur dans les états membres et au niveau communautaire concernant la responsabilité des secteurs de production de denrées alimentaires et d'aliments pour animaux et sur les systèmes applicables de garanties financières dans le secteur de l'alimentation animale, conformément à l'article 8 du règlement (CE) n°183/2005 du Parlement européen et du Conseil du 12 janvier 2005 établissant des exigences en matière d'hygiène des aliments pour animaux.* Sec (2007) 1066, Bruxelles, du 14.8.2007, COM (2007), 469 final, p. 2. Non publié au JOUE.

COMMISSION EUROPRENNE. *Recommandation 2003/361/CE de la Commission, du 6 mai 2003, concernant la définition des micro, petites et moyennes entreprises*. JOUE L 124 du 20.05.2003.

COMMISSION EUROPEENNE. *Recommandation de la Commission du 7 février 2008 concernant un code de bonne conduite pour une recherche responsable en nanosciences et nanotechnologies.* JOUE, 30.4.2008 L 116, p.49.

COMMITTEE ON THE FOOD CHAIN AND ANIMAL HEALTH. *Guidance on the implementation of articles 11, 12, 14, 17, 18, 19 and 20 of regulation (EC) 178/2002 On General Food Law* . 26 janvier 2010.

CONSEIL ECONOMIQUE ET SOCIAL. CAPP, (G) Rapporteur. *La sécurité sanitaire des aliments : un enjeu majeur*. Paris : Assemblée Nationale, 2001, p. 111.

CONSEIL NATIONAL DE L'ALIMENTATION. COLLART DUTILLEUL (F) (Rapporteur). *Avis sur la mise en œuvre de la réforme des signes d'identification de la qualité et de l'origine des produits agricoles et agroalimentaires. Conseil national de l'alimentation*. Avis n°61, Conseil National de l'Alimentation, du 12 juin 2008, p. 34.

CONSEIL NATIONAL DE L'ALIMENTATION. COLLART DUTILLEUL, (F). (Rapporteur). *Avis sur la préparation de l'entrée en vigueur au 1er janvier 2005, de certains dispositions du règlement CE n°178/2002 du Parlement européen et du Conseil, qui concernent les entreprises*. Ministère de l'agriculture, de l'alimentation, de la pêche et des affaires rurales, Avis n° 48, adopté le 9 novembre 2004.

CONSEIL NATIONAL DE L'ALIMENTATION. COLLART DUTILLEUL (F). (Rapporteur). *Propositions du CNA pour l'entrée en application du « paquet hygiène »*. Ministère de l'agriculture, de l'alimentation, de la pêche et des affaires rurales, Avis n°52 adoptée le 3 novembre 2005.

CONSEIL NATIONAL DE L'ALIMENTATION. DEL CONT (C) (Rapporteur). *Les nouveaux facteurs légitimes de régulation du commerce international des denrées alimentaires*. Avis n°59 du Conseil National de l'Alimentation. 7 février 2008, p. 33.

CONSEIL NATIONAL DE L'ALIMENTATION. GAYET (J) (Rapporteur). Ministère de l'agriculture, de l'alimentation, de la pêche et des affaires rurales. *Avis Prévenir les impacts des crises sanitaires en améliorant la communication sur les risques.* Avis n° 57 du 29 juin 2006.

CONSEIL NATIONAL DE L'ALIMENTATION. GUILBERT (S) (Rapporteur). Ministère de l'agriculture, de l'alimentation, de la pêche et des affaires rurales *Avis sur le développement des nouvelles technologies dans la fabrication, le conditionnement et la conservation des denrées alimentaires: conséquences, responsabilité des opérateurs et acceptabilité sociale.* Avis n°64, 10 juin 2009, Avis n° 65, p.11.

CONSEIL NATIONAL DE L'ALIMENTATION. GUILBERT (S). (Rapporteur). Ministère de l'agriculture, de l'alimentation, de la pêche et des affaires rurales, *Avis sur le développement des nouvelles technologies dans la fabrication, le conditionnement et la conservation des denrées alimentaires : conséquences, responsabilité des opérateurs et acceptabilité sociale*. Avis, n°65, du 20 juillet 2009.

CONSEIL NATIONAL DE L'ALIMENTATION. NAIRAUD (D), SUBERVILLE (S). (Rapporteurs). *Propositions du CNA pour la mise en place d'une expertise socio-économique dans le cadre de l'analyse des risques alimentaires.* Ministère de l'agriculture, de l'alimentation, de la pêche et des affaires rurales, Avis n°50 du 1 février 2005.

CONSEIL NATIONAL DE L'ALIMENTATION. PASCAL (G) (Rapporteur). «*Comment mieux cerner et satisfaire les besoins des personnes intolérantes ou allergiques à certains aliments*?». Ministère de l'agriculture, de l'alimentation, de la pêche et des affaires rurales, Avis, n° 66, du 12 janvier 2010.

CONSEIL NATIONAL DE L'ALIMENTATION. GAILING (M-O) et COLLART DUTILLEUL (F) (Rapporteurs). *Rapport et avis sur le principe de précaution et la responsabilité dans le domaine alimentaire* ; Paris, Ministère de l'agriculture, de l'alimentation, de la pêche et des affaires rurales, 2001.

CONSEIL NATIONAL DE L'ALIMENTATION. VERMERSCH (D). Rapporteur *Avis sur la consommation de produits issus d'animaux clonés et de leur progéniture.* Ministère de l'agriculture, de l'alimentation, de la pêche et des affaires rurales, Avis n°62 du 13 octobre 2008.

COUR DE CASSATION. Rapport annuel 2002. *La responsabilité.* Paris: La documentation française, 2003, 783 p.

COUR DE CASSATION. *Rapport annuel 2005. L'innovation technologique.* Paris: La documentation française, 2005, 538 p.

COUR DE CASSATION. *Rapport annuel 2007. La santé dans la jurisprudence de cassation.* Paris: La documentation française, 2008, 610 p.

DERIOT, (G). (Rapporteur). *Commission des affaires sociales. Rapport du Sénat, tendant à interdire le Bisphénol A dans les plastiques alimentaires.* 23 janvier 2010, p. 9.

DERIOT, (G). (Rapporteur). *Rapport remis à Monsieur le Président du Sénat de la commission d'enquête sur les conditions d'utilisation des farines animales dans l'alimentation des animaux d'élevage et les conséquences qui en résultent pour la sante des consommateurs, créée en vertu d'une résolution adoptée par le sénat le 21 novembre 2000.* Rapport, n° 321, tome I, 2001. p.131.

DERIOT, (G). (Rapporteur). *Rapport remis à Monsieur le Président du Sénat de la commission d'enquête sur les conditions d'utilisation des farines animales dans l'alimentation des animaux d'élevage et les conséquences qui en résultent pour la sante des consommateurs, créée en vertu d'une résolution adoptée par le sénat le 21 novembre 2000.* Rapport, n° 321, tome I, 2001. p.131.

DIRECTION GENERALE DE LA SANTE ET CONSOMMATEURS. *Office alimentaire et vétérinaire.* Programme d'audits et d'inspections 2010, p.4.

DIRECTORATE GENERAL FOR HEALTH AND CONSUMERS. *Study on fees or charges collected by the Member States to cover the costs occasioned by official controls.* European Commission. Bruxelles, 28 janvier 2009, 152 p.

EFSA. *Autorité européenne de sécurité des aliments. Avis du groupe scientifique sur les additifs alimentaires, les arômes, les auxiliaires technologiques et les matériaux en contact avec les aliments [AFC] relative au 2,2-BIS (4-HYDROXYPHÉNYL) PROPANE (Bisphénol A) Question no EFSA-Q-2005-100. The EFSA Journal. 2006. 428:1-75.* INRP. National Toxicology Program (US). November 2007.

ENVIRONNEMENT CANADA ET SANTE CANADA. *Évaluation préalable finale pour le défi concernant le Phénol, 4,4' -(1-méthyléthylidène)bis (Bisphénol-A),* Numéro de registre du Chemical Abstracts Service 80-05-7, octobre 2008.

EUROPEAN COMMISSION. *Competitiveness of the European Food Industry An economic and legal assessment.* The Hague: WIJNANDS, (J.H.M), VAN DER MEULEN (B.M.J), POPPE (K.J), (Éds), November 28, 2006, p. 85.

EUROPEAN COMMISSION. *Competitiveness of the European Food Industry. An economic and legal assessment.* The Hague: WIJNANDS, (J.H.M), VAN DER MEULEN (B.M.J), POPPE (K.J), (Éds), November 28, 2006, p. 85.

EUROPEAN COMMISSION. *Health & Consumer protection Directorate-. Food and Veterinary Office Final report of a mission carried out in Colombia from 15 to 23 march 2006 in order to assess the public health controls and the conditions of production of fishery product and aquaculture.* DG (Sanco)/8164/2006. p. 10 et 11. Le souligné est nôtre.

EUROPEAN COMMISSION. *Health & Consumer Protection. Directorate-General. Food and Veterinary Office Final report of a mission carried out in Chile from 7 to 15 march 2007 concerning the evaluation of the control of residues and contaminants in live animals and animal products, including controls on veterinary medicinal products.* DG(SANCO)/2007-7316.

EUROPEAN COMMISSION. *Health and consumers protection Directorate general. Register for national guides to goods practices*, 2010.

EUROPEAN COMMISSION. *Health and Consumer Protection Directorate General. General guidance on EU import and transit rules for live animals and animal products from third countries.* 2007. n°5, §3 p, 10.

EUROPEAN COMMISSION. Health and consumers protection directorate-general. *Final report of a mission carried out in Chile from 16 to 25 november 2009 in order to evaluate the food safety control systems in place governing the production of poultry meat and poultry meat products Intended for export to the European Union.* DG (Sanco) 2009-8345.MR final. § 5.3.3, p. 12.

EUROPEAN COMMISSION. *Health and consumers protection directorate-general. Report of a mission carried out in Colombia from 15 to 23 march 2006 in order to assess the public Health controls and the conditions of production of fishery product and aquaculture. DG (SANCO)/8164/2006 – MR Final Final.* § 2.3, p. 5.

EUROPEAN FOOD SAFETY AUTHORITY. *Opinion of the Scientific Panel on Biological Hazards of the European Food Safety Authority on the application of the United Kingdom for Moderate Risk BSE status.* (Question N° EFSA-Q-2003-013) Adopted on 21 April 2004, 21 p.

EUROPEAN FOOD SAFETY AUTHORITY. *Opinion of the Scientific Panel on Biological Hazards of the European Food Safety Authority on the scientific justification for proposing amendments to the United*

Kingdom Date Based Export Scheme (DBES) and to the Over Thirty Months (OTM) rule. The scientific justification for proposing amendments to the United Kingdom Date Based Export Scheme and the Over Thirty Months rule. (Question N° EFSA-Q-2003-13) Adopted on 21 April 2004. EFSA Journal (2004) 56, 1-4. Sur la position de la France, AFSSA – Saisine n° 2003-SA-0261.

EUROPEAN FOOD SAFETY AUTHORITY. *Opinion on the determination of the BSE risk status of Portugal. Opinion of the European Food Safety Authority on the determination of the BSE risk status of Portugal.* Question N° EFSA-Q-2003-093 Adopted on 1st of December 2004. EFSA Journal (2004) 143, p. 1-5.

GAO. Food Safety. *Selected Countries' Systems can offer insights safety and responding to foodborne illness.* United States Government Accountability Office. Report to congressional requesters. GAO-08-794, June 2008.

LORRAIN (J-L) et RAOUL, (D) (D). *Rapport sur «Nanosciences et progrès médical».* Office parlementaire d'évaluation des choix scientifiques et technologiques. Assemblée Nationale, n°1588, p. 112.

Ministère de l'écologie, de l'énergie, du développement durable et de la mer; Ministère de l'économie, de l'industrie et de l'emploi ; Ministère du travail, des relations sociales, de la famille, de la solidarité et de la ville Ministère de l'enseignement supérieur et de la recherche, Ministère de la défense ; Ministère de la santé et des sports. Ministère de l'alimentation, de l'agriculture et de la pêche. *Dossier de présentation.* Développement et régulation de nanotechnologies. Débat 2009 :

NTP-CERHR. *Monograph on the Potential Human Reproductive and Developmental Effects of Bisphenol A. National Toxicology Program U.S. Department of Health and Human Services.* Center September 2008 NIH Publication No. 08 – 5994, p. 8.

OFFICE PARLEMENTAIRE D'EVALUATION DES CHOIX SCIENTIFIQUES ET TECHNOLOGIQUES. Assamblée National. *Le renforcement de la veille sanitaire et du contrôle de la sécurité sanitaire des produits destinés à l'homme : application de la loi du 1er juillet 1998.* Rapport n°2108, 2005.

ORGANE PARLEMENTAIRE DE CONTROLE DE L'ADMINISTRATION. *Sécurité des denrées alimentaires : évaluation de leur mise en œuvre en Suisse. Rapport à l'attention de la Commission de gestion du Conseil National.* Berne 26 juin 2003, p. 19, §3.3.1.

PARLEMENT EUROPEEN. *Proposition de Règlement du Parlement européen et du Conseil établissant les principes généraux et les prescriptions générales de la législation Alimentaire, instituant l'autorité alimentaire européenne et fixant des procédures relatives à la sécurité des denrées alimentaires.* Bruxelles, le 8.11.2000 COM (2000) 716 final 2000/0286 (COD). JOCE, C 96E du 27.3.2001, p. 6.

PARLEMENT EUROPEEN. *Proposition du Règlement du Parlement européen et du conseil modifiant le règlement n°11 concernant la suppression de discriminations en matière de prix et conditions de transport, pris en exécution de l'article 79, paragraphe 3, du traité instituant la Communauté économique européenne et du règlement (CE) n°852/2004 du Parlement européen et du Conseil relatif à l'hygiène des denrées alimentaires.* Bruxelles, le 6.3.2007 COM(2007) 90 final 2007/0037 (COD).

PRUGUE (M) (Rapporteur). *Conseil Economique et Social. Une Agriculture productive soucieuse de prévenir les risques sanitaires et environnementaux*, 3 juillet 2008.

PRUGUE (M-M) (Rapporteur). *Rapport du Conseil économique et social : Une agriculture productive soucieuse de prévenir les risques sanitaires et environnementaux. Séances du 25 et 28 juin 2008.* Année 2008 - N° 22, NOR : C.E.S. X08000122V, Jeudi 3 juillet 2008.

UNITED NATIONS CONFERENCE ON TRADE AND DEVELOPMENT. *Food Safety and Environmental Requirements in Export Markets - Friend or Foe for Producers of Fruit and Vegetables in Asian Developing Countries?* Genève, New York: HOFFMANN, (U). VOSEENAAR, (R). STEVENSON, (A). (éds), 2007.

UNITED NATIONS CONFERENCE ON TRADE AND DEVELOPMENT. *Food Safety and Environmental Requirements in Export Markets - Friend or Foe for Producers of Fruit and Vegetables in Asian Developing Countries?.* Genève, New York: HOFFMANN, (U). VOSEENAAR, (R). STEVENSON, (A). (éds), 2007.

USDA, Economic Research Service. BUZBY, (J). (Ed). *International trade and food safety. Agriculture Economic Report* n° 828, 2003.

VALCESCHINI (E), SOULAIS (L), BARREY (S). *Articulation entre règlementation, normalisation et référentiels privés dans les industries agroalimentaires. Ministère de l'Agriculture et de Pêches.* Direction des politiques économiques et internationale. Rapport final. Décembre 2005.

WORLD UNION OF WHOLESALE MARKETS. *Community Guide to Good Hygienic Practices Specific to Wholesale Market Management in the European Union*, 2009, 77 p.

10. Documents techniques

BOUTOU (O). *Management de la sécurité des aliments.* Paris : AFNOR, 2006, p. 149.

CHEVALIER, (F); DESCAMPS, (P). JUDDE, (A); LEBRUN, (G); LEVESQUE, (C) ; MAJOU, (D). *Qualité § sécurité des aliments.* Guide pratique d'utilisation des référentiels. Paris : ACTIA, 2008.

COFRAC (Comité français d'accréditation). *Règlement d'accréditation.* Document INS REF 05. Révision O5, Déc. 2009.

CRUCHANT, (L). *La qualité.* Paris: Presses universitaires de France, 2000.

ECO-CERT. *Référentiel définissant les produits cosmétiques écologiques et biologiques, dans le cadre du Décret n° 95-354 du 30/03/95 sur la certification des produits industriels et des services.* Version, janvier 2003.

GLOBAL-GAP. *Interpretation Guideline France Integrated Farm Assurance. Modules: All Farm, Crops Base, Fruit and Vegetables.* V3.0-2 Sep 07.

GLOBAL-GAP. *Puntos de Control y Criterios de Cumplimiento. Aseguramiento Integrado de Fincas. Introducción. Versión interina final en español. V3.0-2 Sep 07.*

GOGUE, (J.M.) *Management de la qualité.* Economica. 4ème édition, 2005.

NASA, *Aerospace Technology Innovation.* Vol 6, n°. 1, January 1998.

OTAN, *Exigences OTAN d'assurance de la qualité pour la conception, le développement et la production.* AQAP 2110, 2ème édition, Novembre 2006. In *Nuclear Power Plants: A Code of Practice.* N° 50-C-QA STI/PUB/504, 1979. 7 Dec. 1979.

OTAN. *Politique de l'OTAN sur une approche intégrée de la qualité pour tout le cycle de vie des systèmes.* AQAP-100, 3ème édition, septembre 2002.

SHEWHART, (W.A.) *Les fondements de la maîtrise de la qualité*, Economica, 1989.

SMITH, (M.), RAPP, (R); HUBER (C); RAMBAUT, (P); HEIDELBAUGH, (N). *Apollo experience report-Food Systems*. National Aeronautic and Space Administration, July 1974.

INDEX

C

D

N

O

TABLE DE MATIERES

Photocomposition :

Instituto de Investigación en Derecho Alimentario S.A. (INIDA)

Dépôt légal: juin 2011

Made in the USA
Monee, IL
05 November 2026

67985674R00300